U0824621

中华人民共和国

# 行政处罚法评注

李洪雷 主 编
李 霞 副主编

中国法制出版社
CHINA LEGAL PUBLISHING HOUSE

# 作者简介

李洪雷，中国社会科学院法学研究所研究员、副所长兼宪法行政法研究室主任，《环球法律评论》杂志主编，博士后合作导师。中国社会科学院大学（研究生院）教授、博士生导师。中国社会科学院文化法制研究中心副主任。中国政法大学法学学士、硕士，北京大学法学博士，中国社会科学院应用经济学博士后，美国哥伦比亚大学、埃默里大学和英国伦敦经济政治学院访问学者。获第九届“全国杰出青年法学家”称号。兼任中国法学会行政法学研究会常务理事兼副秘书长、政府规制专业委员会副会长、行政法案例专业委员会副主任委员，中国法学会网络与信息法学会常务理事，中国法学会农业与农村法制研究会（中国农业经济法研究会）法律事务委员会副主任委员。司法部备案审查专家咨询委员会委员，教育部教育行政执法改革专家指导组成员，国务院办公厅信息公开专家咨询组成员，北京市行政复议委员会委员等。主要研究领域：行政法释义学，比较行政法，行政组织法和地方制度，政府规制。

李霞，中国社会科学院法学研究所宪法与行政法研究室副主任、副研究员，中国社会科学院文化法制研究中心秘书长。北京大学法学学士、法学硕士，中国社会科学院研究生院法学博士。美国哥伦比亚大学法学院、匈牙利中欧大学法学院、台湾地区“中央研究院”法律学研究所访问学者。兼任中国法学会行政法学研究会理事暨政府规制专业委员会委员、网络与信息法学研究会理事，中国投资发展促进会经济与法律专业委员会主任委员，中国社会科学院廉政研究中心研究员，中国人民大学比较行政法研究所研究员，中国政法大学国家监察与反腐败研究中心研究员，对外经济贸易大学数据经济与法律创新研究中心高级研究员。主要研究领域：行政法学、政府规制、廉政制度、PPP等。

卢超，中国社会科学院法学研究所宪法与行政法研究室副研究员。南开大学法学学士、管理学学士、法学硕士，上海交通大学法学博士。纽约大学法学院Furman土地与都市政策研究所访问学者。兼任中国法学会网络与信息法学会理事，最高人民法院行政审判庭–浙江大学“行政审判案例研究基地”特聘研究员，中国政法大学检察公益诉讼研究基地研究员，中国人民大学法学院比较行政法研究所研究员。主要研究领域：政府规制（社会性规制）、行政诉讼、都市法、行政法社会学。

冯子轩，西南政法大学人工智能法学院副教授，网络信息与人工智能法教研室主任，中国社会科学院法学研究所博士后研究人员，最高人民法院（西政）应用法学研究基地副主任，西南大数据法律研究中心副主任，智能司法研究重庆市2011协同创新中心研究员。西南政法大学法学硕士、法学博士。加拿大约克大学Osgoode Hall法学院公派访问学者。兼任中国法学会立法学研究会理事、中国法学会网络与信息法学研究会理事等。主要研究领域：行政法学、政府规制、网络信息与人工智能法。

杨靖文，西南政法大学行政法学院监察法教研室副主任，中国社会科学院法学研究所博士后研究人员。西南政法大学法学学士、法学硕士、法学博士。兼任中国廉政法制研究会理事，重庆市人民检察院民事行政检察基地研究员，《监察法论丛》副主编。主要研究领域：行政法学、监察法学。

张亮，上海社会科学院法学研究所助理研究员，中国社会科学院法学研究所博士后研究人员。西南政法大学法学硕士，浙江大学法学博士。台湾大学法律学院、香港大学法学院访问学者。兼任民革上海市委社法委委员、中国法治现代化研究院特邀研究员、中国政法大学检察公益诉讼研究基地兼职研究员。主要研究领域：行政法与行政诉讼法、政府规制与合作治理、行政检察监督与公益诉讼。

戴杕，中国社会科学院法学研究所博士后研究人员。北京大学法学学士、法学硕士、法学博士。主要研究领域：行政法学、行政诉讼法学、宪法学。

刘绍宇，中国社会科学院法学研究所博士后研究人员。华东政法大学管理学学士，中国政法大学法学硕士、汉堡大学法律硕士，中国政法大学和慕尼黑大学联合培养法学博士。主要研究领域：行政法学、网络法学。

江海桥，中国政法大学法学院宪法行政法专业博士研究生。主要研究领域：行政法学、立法学。

# 编写说明

行政处罚是行政执法和行政管理的一种基本手段，也是一类重要的法律责任形式，行政处罚制度是国家行政法律体系中的一项基本制度。1996年制定的《中华人民共和国行政处罚法》（以下称《行政处罚法》）是一部在我国行政法治乃至整个法治建设进程中具有里程碑意义的法律。《行政处罚法》实施25年来，对保障和监督行政机关实施行政管理，维护公共利益和社会秩序，保护公民、法人或其他组织合法权益，发挥了重要作用。但是，随着我国经济、社会和法治发展水平的不断提升，《行政处罚法》在制度设计方面存在的缺失日益凸显。尽管全国人大常委会曾分别于2009年和2017年对本法作了修改，但均是针对个别条文，仍未能满足法治实践对更加完善的行政处罚制度的需求。在此背景下，全国人大常委会于2018年启动《行政处罚法》第三次修改工作，2019年10月法工委形成修改草案征求意见稿，2020年6月委员长会议将修订草案提请十三届全国人大常委会一审，2020年10月再次审议，2021年1月22日三审通过。新修订的《行政处罚法》将于2021年7月15日起施行。

新修订的《行政处罚法》共8章86条。新修订的《行政处罚法》，有多处重大变化：它明确了行政处罚的概念，新增了行政处罚种类，适当扩大了行政法规、地方性法规的行政处罚设定权限，增加了行政处罚实施评估制度，增加了综合行政执法制度，增加了行政处罚权下放乡镇街道办，纳入了行政执法“三项制度”，落实了行政执法人员持证上岗和资格管理制度要求，增加了疫情防控有关行政处罚程序规定，明确了行政处罚案件办理期限，延长了重点领域违法行为的追责期限，完善了听证制度，明确了法制审核的范围，新增了“首违不罚”制度，增加了对行政处罚裁量基准的规定，建立了电子送达文书、电子支付缴纳罚款等制度，加强了对非现场执法的规范，确定了重大行政处罚公示制度，完善了行政处罚和刑事司法衔接机制。这些修订落实了党中央关于行政执法制度改革的重大决策部署，有助于推进严格规范公正文明执法、更好地防范行政不作为、乱作为，是新时代推进全面依法治国的一部标志性立法。

法律的生命力在于实施，法律的权威也在于实施。为了帮助社会各界准确理解新修订的《行政处罚法》,保证本法的有效实施，我们九位行政法领域的专家学者，共同编写了《行政处罚法评注》一书。在评注时，我们追溯了各个条文的由来与沿革，明确了其规范目的与功能，阐明了其规范内容与要求，力图在对《行政处罚法》乃至整个行政法制度进行体系性和整体性把握的基础上，对各个条文加以精准注释与分析。我们还筛选和整理了具有代表性的裁判案例，提示了理解和适用中需要特别予以注意之处。对于争议问题，我们既总结和提炼了通说观点和通行做法，也提出和论证了自己的观点和立场。

统稿及各章撰写分工如下：

李霞：第一章；李洪雷、江海桥：第二章；戴杕：第三章；卢超：第四章；冯子轩：第五章第一、二节；杨靖文：第五章

第三、四节；张亮：第六章；刘绍宇：第七章、第八章；全书由李洪雷统稿。

我们为保证本书的质量尽了最大的努力，但因编写时间和水平所限，错漏在所难免，恳请广大读者不吝指正。

本书编者

2021年5月

# 目 录

CONTENTS

# 第一章

# 总则

## 第一条【立法目的和依据】

为了规范行政处罚的设定和实施，保障和监督行政机关有效实施行政管理，维护公共利益和社会秩序，保护公民、法人或者其他组织的合法权益，根据宪法，制定本法。

### 法条沿革

本条是关于立法目的和依据的规定，沿袭旧法，本次未予修改。

### 规范目的或功能

立法目的和依据，通常规定在一部法律的第一条中，以开宗明义、总览全法。概括来看，《行政处罚法》[①]的目的和宗旨主要包括两个方面：一方面是规范行政处罚的设定与实施，保障和监督行政机关有效进行行政管理；另一方面是保护公民、法人或者其他组织的合法权益。1996年《行政处罚法》制定过程中，关于将二者中的何者置于前，有过争论。有意见认为，《行政处罚法》应当首先立足于保护公民和组织的合法权益，其次才是保障行政机关有效进行行政管理；《行政诉讼法》就将保护公民、法人和其他组织的合法权益放在维护行政机关依法行使行政职权前面。而立法部门同志认为，《行政诉讼法》与《行政处罚法》的调整对象不同，前者主要解决“民告官”的问题，

① 为方便阅读，本书中法名统一略去“中华人民共和国”。

后者则主要是解决“官管民”的问题，因此，《行政处罚法》首先强调规范行政处罚的设定和实施，保障和监督行政机关有效实施行政管理，制裁违法行为，其根本目的也还是为了维护公共利益和社会秩序，保护全体公民和组织的合法权益。[①]近年来，法学理论研究和执法司法实务中，对于行政处罚的性质、目的和功能，设定和实施行政处罚的目的，均有新的思考；对于《行政处罚法》的立法目的，亦有不少讨论。[②]此次《行政处罚法》修订过程中，曾有意见提出对《行政处罚法》的立法目的进行微调，以更好地统领和容纳新法全部的具体规范。修订后的《行政处罚法》对本条最终未予修改。

## 规范内容

### 一、《行政处罚法》的立法目的，主要体现在以下四个方面：

（一）规范行政处罚的设定和实施。开创了从设定与实施两个方面规范行政权的立法模式，初步确立中国式阶层化的法律保留制度，是《行政处罚法》对中国行政法治做出的一个突出贡献。[③]

---

① 陈延庆、张世诚：《行政处罚法的意义及其基本原则》，载《中国法学》1996年第2期。

② 王贵松：《论行政处罚的制裁性》，载《法商研究》2020年第6期；熊樟林：《行政处罚的目的》，载《国家检察官学院学报》2020年第5期；曹鎏：《论“基本法”定位下的我国〈行政处罚法〉修改》，载《政治与法律》2020年第6期等。

③ 李洪雷著：《行政法释义学：行政法学理的更新》，中国人民大学出版社2014年版；李洪雷：《论我国行政处罚制度的完善——兼评〈中华人民共和国行政处罚法修订草案〉》，载《法商研究》2020年第6期。

行政处罚作为典型的侵益性行政行为，其本质属性之一即在于惩戒性，[①]必须予以严格限制。《行政处罚法》对行政处罚的种类作了明确规定，对行政处罚的设定权作了严格规范，还对行政处罚的实施机关、行政处罚的管辖与适用、行政处罚的决定程序、行政处罚的执行措施等内容都作了详细规定，既为行政机关如何设定和实施行政处罚提供了完整的法律依据，也为规范行政处罚的设定和实施创建了坚实的制度基础。所谓行政处罚的设定，是指哪些国家机关可以自主规定行为规范，并规定对违反这些行为规范的行为给予什么行政处罚，它规范的是立法机关与行政机关的抽象行为。所谓行政处罚的实施，是指哪些国家机关能够给予公民、法人或者其他组织行政处罚，以及怎样给予行政处罚，它规范的是行政机关的具体行政行为。

（二）保障和监督行政机关有效实施行政管理。制定《行政处罚法》以规范行政处罚的设定和实施，就是既要保障行政机关有效实施行政管理，也要对行政机关的执法活动进行监督。保障和监督实际上是一个问题的两个方面。监督的目的也是为了保障行政机关正确行使职权，有效实施行政管理。本法对行政处罚的实施机关作了明确规定，即行政处罚由具有行政处罚权的行政机关在法定职权范围内实施，同时对授权执法和委托处罚的内容作了明确规定，这既为行政机关和有关组织依法实施行政处罚、有效实施行政管理提供了法律保障，也避免和防止了实践中随意扩大处罚主体、不具备行政处罚权的行政机关和有关组织滥施处罚情形的发生。《行政处罚法》有不少条文体现了对行政机关的监督。例如，规定了作出罚款决定的行政机

① 王贵松：《论行政处罚的制裁性》，载《法商研究》2020年第6期。

关应当与收缴罚款的机构分离的原则，规定行政机关应当建立健全对行政处罚的监督制度，行政机关实施行政处罚应当接受社会监督，等等。

（三）维护公共利益和社会秩序。行政机关对违法行为人实施行政处罚的目的是制裁违法行为，同时预防违法行为的再发生，以维护公共利益和社会秩序。[①]本法有多处规定体现了维护公共利益和社会秩序的立法目的。例如，明确规定当事人应当履行依法作出的行政处罚决定；为了保证行政机关有效实施行政处罚，赋予行政机关当场处罚权、保存证据权；等等。

（四）保护公民、法人或者其他组织的合法权益。这是《行政处罚法》立法宗旨的基本方面。[②]在整部法律中，涉及行政机关的权力与公民、法人或者其他组织的权益之间的权衡时，首先考虑的是公民、法人或者其他组织的合法权益；法律规范行政处罚的设定和实施，保障和监督行政机关有效实施行政管理，有效制裁违法行为，也正是为了维护公共利益和社会秩序，保护公民、法人或者其他组织的合法权益，包括行政处罚相对人和社会公众的合法权益。本法严格规定行政处罚的设定权和行使行政处罚权的主体资格，从法律制度上防范行政机关的侵权行为，以避免有些执法人员用手中的处罚权做交易，以权谋私。本法有关行政处罚程序的规定，注重保障当事人的合法权益。

---

① 关于行政处罚目的的讨论，参见熊樟林：《行政处罚的目的》，载《国家检察官学院学报》2020年第5期。

② 全国人大常委会法制工作委员会国家法室、行政法室编著：《〈中华人民共和国行政处罚法〉释义》，法律出版社1996年版，第1页。

例如，本法明确规定，行政机关在作出行政处罚决定之前，应当告知当事人拟作出的行政处罚内容及事实、理由、依据，并告知当事人依法享有的陈述、申辩、要求听证等权利。当事人有权进行陈述和申辩，行政机关必须充分听取当事人的意见，对当事人提出的事实、理由和证据，应当进行复核；当事人提出的事实、理由或者证据成立的，行政机关应当采纳。行政机关不得因当事人陈述、申辩而给予更重的处罚。行政机关作出较大数额罚款、没收较大数额违法所得、没收较大价值非法财物、降低资质等级和吊销许可证件、责令停产停业、责令关闭、限制从业等行政处罚决定之前，应当告知当事人有要求听证的权利，当事人要求听证的，行政机关应当组织听证，等等。

## 二、行政处罚法的依据

宪法是国家的根本法，是我国法律体系的基石。宪法规定了国家的根本制度、公民的基本权利和义务、国家机构的组成和运行的基本原则等国家和社会生活最基本的问题，具有最高的法律效力和权威。《宪法》第5条规定："中华人民共和国实行依法治国，建设社会主义法治国家。国家维护社会主义法制的统一和尊严。一切法律、行政法规和地方性法规都不得同宪法相抵触。一切国家机关和武装力量、各政党和各社会团体、各企业事业组织都必须遵守宪法和法律。一切违反宪法和法律的行为，必须予以追究。任何组织或者个人都不得有超越宪法和法律的特权。"为了保证立法活动符合宪法精神，《立法法》第3条中明确规定："立法应当遵循宪法的基本原则。"

《行政处罚法》是规范行政处罚设定和实施的法律，是对宪法所规定的一些原则的具体化，以保障宪法的贯彻实施。制定和修改《行政处罚法》，一是根据宪法的基本原则，二是根据宪法的有关原则和规定，如宪法所规定的公民的基本权利和义务、国家行政机关活动的原则和准则等。

### 第二条【行政处罚的定义】

行政处罚是指行政机关依法对违反行政管理秩序的公民、法人或者其他组织，以减损权益或者增加义务的方式予以惩戒的行为。

## 法条沿革

本条是对行政处罚的定义，为此次修订新增的条文。

1996年《行政处罚法》制定过程中，曾考虑过对行政处罚进行定义，但囿于有限的立法和实践经验，最终未能实现这一设想，而仅在第3条规定行政处罚法定原则时规定行政处罚针对的是“公民、法人或者其他组织违反行政管理秩序的行为”，并在第8条中以具体列举加兜底的模式规定了行政处罚的种类。《行政处罚法》也因此是“行政三法”（《行政处罚法》《行政许可法》《行政强制法》）中，唯一未对法律的调整对象下定义的一部法律。

《行政处罚法》颁行25年来，随着社会经济和科技的高速发展、社会治理方式和手段的不断创新，法律所列举的相对狭窄和封闭的行政处罚类型与实践需要之间的鸿沟越来越明显，立法规范供给不足的情况越来越严重。为提高执法效能，一些地方和部门以规章甚至其他规范性文件的形式，创设了一些行政管理措施。其中部分措施明显具有惩罚性质（如失信“黑名单”

和失信惩戒措施等），但因无法依托概念定义对其进行准确定性，又不在《行政处罚法》明确列举的行政处罚种类之中，故而游离于《行政处罚法》的有效规范之外，导致该法的适用范围被不当限缩。这些“其他行政处罚”的数量十几年前就已远远超过“法定行政处罚”的种类，[①]与《行政处罚法》“绕道走”，偏离了法治轨道。概言之，出于解决认识分歧、遵循立法技术、有效实施《行政处罚法》、解决行政处罚“逃逸”问题等的需要，在立法中增加行政处罚的定义已迫在眉睫。[②]

此次《行政处罚法》修订过程中，立法者在是否明确定义行政处罚这一问题上的观点，经历了转变。最初公布的《行政处罚法（修订草案征求意见稿）》中仍未出现行政处罚的定义。经过充分的调研和讨论，立法者接受了确有必要趁《行政处罚法》修改之机定义行政处罚的意见。本条规定首次出现于《行政处罚法（修订草案一次审议稿）》第2条，其内容为：“行政处罚是指行政机关在行政管理过程中，对违反行政管理秩序的公民、法人或者其他组织，以依法减损权益或者增加义务的方式予以惩戒的行为”；《行政处罚法（修订草案二次审议稿）》第2条删去了其中“在行政管理过程中”的表述，并将“依法”二字移至“对违反行政管理秩序的公民、法人或者其他组织”之前；最终公布的修订后的《行政处罚法》维持了《行政处罚法（修订草案二次审议稿）》中的表述。

---

① 胡建淼：《“其他行政处罚”若干问题研究》，载《法学研究》2005年第1期。

② 黄海华：《行政处罚的重新定义与分类配置》，载《华东政法大学学报》2020年第4期。

## 规范目的或功能

为解决旧法在行政处罚概念方面存在缺失的问题，《行政处罚法（修订草案二次审议稿）》从规定行政处罚的定义（第2条）和增加行政处罚的种类（第9条）这两个方面进行了完善。其中，第2条增加了对行政处罚的明确定义，使得对行政处罚的界定不再如此前那样单纯依靠形式标准，而是从该行为的本质和实质出发来识别其是否属于行政处罚，进而判定其是否必须受到《行政处罚法》中程序与实体性规则的约束。实践中，那些行政机关所创造的，“以措施之名，行处罚之实，但较法定的行政处罚类型对当事人的权益影响更大，适用范围更广”[①]的行政措施，只要符合行政处罚的识别标准，就必须适用《行政处罚法》。可以说，“行政处罚定义的确立，对我国行政法理论可谓是一个重要进步和贡献，不仅在形式上使行政三法实现了体例结构上的统一和完整，更重要的是在划清行政处罚界限的问题上作了大胆尝试，填补了一个重要行政行为的概念空白”[②]。

## 规范内容

行政处罚的定义承载着界定行政处罚行为概念内涵的功能，

---

① 张晓莹：《行政处罚视域下的失信惩戒规制》，载《行政法学研究》2019年第5期。

② 应松年、张晓莹：《〈行政处罚法〉二十四年：回望与前瞻》，载《国家检察官学院学报》2020年第5期。

是抽象的实质性识别标准。[①]本条关于行政处罚的定义，明确了识别行政处罚的三个要素。

## 一、行政处罚的主体，是行政主体

行政处罚是一类具体行政行为，实施行政处罚的主体是拥有行政职权的主体，即行政主体。

对这一要素，有三点应予明确：第一，所谓行政主体，是指在法律上能独立地以自己的名义行使行政职权、承担相应法律后果的组织，包括行政机关和法律法规规章授权的组织。第二，行政处罚只能由特定的行政主体实施。并非任何行政主体都可以实施行政处罚，只有经合法授权、依法享有行政处罚权的行政机关和组织才能实施行政处罚。并且，享有行政处罚权的行政机关或组织并非对所有领域和事项都拥有行政处罚权，特定的行政处罚权只能由特定的主管行政机关或法定组织行使，其他非主管机关或组织无权行使。第三，监察机关、法院、检察院等非行政机关所实施的某些制裁行为，不属于行政处罚的范围。不同主体的制裁行为可能有相同的名称，对这些行为性质的认定需要结合行政处罚的定义进行综合判断。例如，警告可能是行政主体依据《行政处罚法》对违反行政管理秩序的相对人实施的行政处罚，也可能是处分决定机关依据《公务员法》对违纪违法的公务员作出的处分，还可能是监察机关依据《监察法》和《公职人员政务处分法》对违法的公职人员作出的政务处分决定；罚款可

---

① 黄海华：《行政处罚的重新定义与分类配置》，载《华东政法大学学报》2020年第4期。

能是行政处罚，也可能是《行政强制法》规定的行政强制执行措施（执行罚），还可能是法院依照《民事诉讼法》等规则对违反规则的人作出的处罚。

## 二、行政处罚的对象，是违反行政管理秩序的行政相对人

违反行政管理秩序即违反行政法律规范。行政管理秩序是行政机关在行政管理活动中所追求的秩序。具体而言，是指法律以及在法定权限内制定的、内容不与宪法法律相抵触的法规和规章所规定的行政相对人的行为规则，以及行政机关与行政相对人之间的权利义务关系。维护行政管理秩序是行政权存在和使用的重要目的。为实现行政秩序，行政相对人必须遵守行政法律规范设定的各项作为与不作为义务，否则就可能成为行政处罚的对象。

对这一要素，有五点应予明确：第一，行政处罚的对象，不仅包括本条中规定的“公民、法人或者其他组织”，也包括处在行政相对人地位的国家机关、公职人员以及在中华人民共和国领域内有违法行为的外国人、无国籍人、外国组织等。第二，行政处罚的对象，必须实施了违反行政管理秩序的违法行为。依据这一要素，可以将部分撤销行政许可、区域限批排除在行政处罚之外。根据《行政许可法》第69条第1款的规定，行政机关违法作出行政许可的，可以撤销行政许可，这里并不存在当事人违反行政管理秩序的违法行为。区域限批的适用情形是超过国家重点大气污染物排放总量控制指标或者未完成国家下达的大气环境质量改善目标，适用对象是某个地区，必然会限制当事人申请行政许可，但针对的是某

个地区环保整体不达标，而不是当事人违反行政管理秩序的违法行为。[①]第三，本条中的“依法”强调的是行政处罚应依法进行，但仅具有提示性意味，“依法”惩戒并不是构成行政处罚的要件。从法理上来说，行政处罚的定义是解决一个行为是否构成行政处罚的问题（成立问题），而行政处罚是否“依法”是解决一个行政处罚是否是合法的行政处罚的问题（合法性问题），二者是不同层面的问题。易言之，违法的行政处罚仍然是行政处罚。第四，行政处罚通常不以行为人的主观过错为必备要件。在某些情况下，即使行政相对人实施违法行为时没有故意或过失，但只要客观上违反了行政管理秩序、损害了公共利益和他人合法权益，也应当受到制裁和惩戒（详见本书对本法第31条的评注）。第五，实践操作中，为准确判定相对人的行为是否应受行政处罚，有时需要进一步区分行为人违反的是宪法规范还是行政法规范、权利性规范还是义务性规范、实体性规范还是程序性规范、倡导性规范还是强制性规范。在许多场合下，违反权利性规范或某些程序性规范，只会给行为人带来某些不利的法律后果或者使行为人不能实现预期的法律后果。违反行政法上的非强制性义务，也不必然导致行政处罚；只有在行为人违反行政法上的强制性义务（包括作为或不作为的义务）时，才会导致行政处罚。强制性并非义务的天然属性，比如，相当一部分法律、法规为相对人设定了义务，但没有规定义务不履行时的法律责任，这种义务实际上就是非强制性义务。

---

① 黄海华：《行政处罚的重新定义与分类配置》，载《华东政法大学学报》2020年第4期。

## 三、行政处罚的本质属性和核心特征，是其惩戒性

惩戒是指通过惩罚来警戒。①行政处罚的主要功能有三：一是确认相对人的违法行为，二是使相对人承担因此而生的不利益，三是吓阻其将来再度违反。②可见，作为已高度类型化的一类行政行为，行政处罚的核心在于对相对人违法行为予以负面评价，评价的方式是使其承担行政法上的法律责任，以此实现惩戒。本条使用“惩戒”一词，既有惩亦有戒，兼顾了行政处罚的惩罚、教育和预防几大功能，体现了处罚与教育相结合的理念。

惩戒所采取的方式是“减损权益或者增加义务”。从比较法上看，我国台湾地区“行政罚法”第2条将行政处罚的性质明确为“裁罚性之不利处分”，其中“裁罚性”就指的是行政处罚的制裁特性。制裁的核心是剥夺当事人已有的利益或给予其新的不利益。制裁所针对的利益应当认定为一种事实上的、价值中性的利益，而不过多考虑其适法性。

对于“减损权利或者增加义务”，实践中应作相对扩大的解释——对权益的限制和剥夺、科处义务或负担、施加新的不利益，都应当被认定。我国法治实践中的行政处罚概念比其他法域宽泛许多，不仅包括以惩罚过去违法行为为主要目的的行政措施（狭义行政处罚），也包括以危险防御或者危害排除为主要目的、同时兼具处罚目的的行政措施（管制罚）。从比较法上看，

---

① 中国社会科学院语言研究所词典编辑室编：《现代汉语词典》（第7版），商务印书馆2016年版，第170页。

② 曹志：《关于〈中华人民共和国行政处罚法（草案）〉的说明——1996年3月12日在第八届全国人民代表大会第四次会议上》，载《中华人民共和国全国人民代表大会常务委员会公报》1996年第3期。

德国的秩序罚法仅将罚锾（罚款）作为处罚的形式，日本的行政秩序罚也如此。但考虑到我国目前尚不存在行政程序法和行政法典，对于不利行政行为缺乏统一的规范，在此情况下，通过扩大行政处罚范围的办法加强对不利行政行为的规范，对于行政法治建设具有实际意义。这也正当化了修订后的《行政处罚法》第9条所列举的其中一些行政处罚类型。例如，降低资质和警告，严格来讲并未减损相对人的何种权利或是增加何种义务，但具有制止危害发生、惩罚等多重功能；限制开展生产经营活动和限制从业等，属于在惩罚违法之外还具有危险防御、危害排除等多重目的或多重性质的行政措施；没收违法所得，尽管多数人认为没收的并不是违法者的合法财产，因而只是"一种不具处罚成分的准不当得利之措施"，但由于没收违法所得对当事人造成的实际影响与罚款并无不同，基于规范没收权行使的需要将其纳入行政处罚概念之中，使其接受严格的法律规制，既与我国对行政处罚概念的宽泛理解相一致，又具有重要的法治价值。

是否具有惩戒性和制裁性，是区别行政处罚与其他行政管理措施的要素之一。责令限期改正、责令赔偿、生态恢复责任、撤销因当事人弄虚作假获得的行政许可，以及责令类行政管理措施、收回土地使用权、责令停止建设中的大部分，属于减损非法利益、增加应当履行的义务，是要求当事人做本应该做的事情，涉及是非问题，本质上属于法律秩序的恢复，并没有减损合法权益或增加新的义务，谈不上惩戒和制裁，因此不属于行政处罚。[①]征收社会抚养费等也不属于行政处罚，因为《人

① 黄海华：《行政处罚的重新定义与分类配置》，载《华东政法大学学报》2020年第4期。

口与计划生育法》第41条之所以规定对不符合该法第18条规定生育子女的公民征收社会抚养费，是考虑到超生给社会增加了负担，要求当事人对社会给予适当补偿，因此不属于惩戒和制裁。[①]加收滞纳金等，属于间接行政强制执行方式，其目的是通过增加当事人的经济负担来迫使当事人自动履行行政义务，而不是以惩戒和制裁为目的，因此也不是行政处罚。行政处罚与行政强制的区别，首先就在于二者的法律性质不同：行政处罚是行政机关对行政相对人违反行政管理秩序但未构成犯罪的违法行为实施行政制裁，而行政强制的性质是维护社会安全秩序和强制行政相对人履行特定义务，本身并非一种制裁或惩罚。与迥异的法律性质相关联，二者的起因和目的也不完全相同。行政处罚的起因在于相对人违反法定的或行政处理所设定的义务；行政强制的起因可能是行政相对人不履行行政主体在行政处理中为其所依法设定的义务，也可能是行政机关为制止违法行为、防止证据损毁、避免危害发生、控制危险扩大等。行政处罚的目的在于：首先，通过对义务违反者的惩罚，确保行政义务得到履行，从而维护行政管理秩序；其次，通过制裁违法者，确保公民、法人和其他组织的合法权益以及公共利益免受违法者的侵犯；最后，通过行政处罚，防微杜渐，预防和减少违法犯罪行为的发生。行政强制的目的则在于维护社会安全秩序或强制相对人履行特定的义务。

---

① 《关于人口与计划生育法（草案）的说明》；乔晓阳主编：《人口与计划生育法释义及实用指南》，中国物价出版社2002年版，第193页。

## 实务应用

### 刘阳某与安徽省广德市公安局等强制拘留纠纷上诉案①

2013年10月22日，刘阳某与刘立某互殴，广德市公安局对刘阳某作出行政拘留5日的处罚。刘阳某以眼部受伤需治疗为由提出暂缓执行行政拘留申请，行政拘留当日未执行。2017年10月18日，广德市公安局两名民警依据此前的行政处罚决定书对刘阳某实施强制拘留，使用警械将其带至该市拘留所执行拘留。刘阳某对该强制拘留行为提起复议，被驳回后提起行政诉讼。一审法院经审理认为，案涉强制拘留行为的性质是行政强制措施，现行法律法规没有规定未执行的拘留决定经过一定期限可以不执行，故刘阳某关于广德市公安局不应执行已过4年的行政处罚决定的主张没有法律依据，判决驳回刘阳某的诉讼请求。一审宣判后，刘阳某不服，提起上诉。二审法院认为，广德市公安局执行行政拘留处罚的行为属于行政处罚。行政拘留本身就包含行政强制的内容，该强制行为系行政拘留过程中的一个要素或环节，不具有独立性，不是法定意义上的行政强制行为。即使执行行政拘留行为具有行政强制执行的表征，基于其隶属于行政处罚行为的特性，也不应独立成讼。因前述行政强制行为被行政拘留本身所吸收，故对当事人权利义务产生实际影响的仍是行政拘留决定。即在行政拘留决定作出后，公安局机关及时将被处罚人送达拘留所执行的情形下，当事人仅能针对行政拘留决定提起行政诉

---

① 参见〔2018〕皖1821行初10号行政判决书、〔2019〕皖18行终165号行政判决书。

讼，而不得就强制执行拘留的行为另行提起行政诉讼。基于强制执行行政拘留行为的性质依然属于行政处罚，故人民法院对该强制行为的审查还是应当遵循与治安管理处罚相关的法律、法规所规定之程序，而非遵循行政强制法的相关程序性规定。但广德市公安局的拘留处罚决定已明显超过了法定起诉期限，在强制执行行政拘留时已对刘阳某的权利义务明显产生了实际影响，在刘阳某对行政拘留决定已经丧失诉权的情形下，为了充分保障其合法权益，应当赋予其单独对该强制执行拘留行为提起行政诉讼的权利。二审法院遂判决：撤销一审判决，撤销宣城市公安局的行政复议决定，驳回刘阳某一审其他诉讼请求。

二审法院最终认为强制拘留行为的性质既非行政强制措施，也非行政强制执行，而是行政处罚中的过程性行为，属于行政拘留行为的组成部分。具体理由如下：其一，从要素构成上而言，行政拘留处罚本身就包含行政强制的内容，所谓拘留中的“拘”即为强制，“留”即为留置，故强制拘留行为仅是行政拘留行为中的必备要素及重要组成部分，并非一个单独的行政行为，其与拘留决定、听取陈述申辩及送达文书等行为构成行政拘留行为的统一整体；其二，从效力根源上而言，行政拘留决定作出并生效后，强制拘留只是执行行政拘留决定中载明的事项，并未对当事人增设新的义务，其法律效果已被行政拘留处罚行为所吸收，故不单独对外发生法律效力；其三，从法律规定上而言，《治安管理处罚法》第103条规定：“对被决定给予行政拘留处罚的人，由作出决定的公安机关送达拘留所执行。”据此，本案所涉的强制拘留行为是指公安机关作出行政拘留决定后将当事人送至拘留所的送达行为，而非强制执行行为。根据上述规定并结合《公安部关于治安拘留时间如何计算问题的批复》可知，被拘留人进入拘留所后，拘留执行行为才正式起算，即被处罚人进入拘留所之前的行为均非执行行为，而是行政处罚行为。因此，公安机关实施强制拘留行为属于行政拘留过程中的一个环节，其性质仍属于行政处罚，故当事人若对拘留行为不服，只能起诉行政拘留决定，而不能起诉强制拘留本身。但强制拘留行为若在拘留决定的起诉期限之外作出，因法院在审查拘留决定时无法一并对强制拘留行为的合法性予以审查，应当赋予当事人针对强制拘留行为单独提起行政诉讼的权利。

**邵仲某诉黄浦区安监局安全生产行政处罚决定案**①

2005年8月10日，麦克公司员工姜继某在操作粉糠机时，右手被卷入粉糠机内，经诊断：姜继某的右手尺、桡骨骨折，右手第2、4掌骨粉碎性骨折。事故发生后，麦克公司及其上级部门黄浦粮油公司组成调查小组，对事故进行了调查，制作了调查笔录，并于2005年9月20日作出《姜继某重伤事故调查报告》。报告认定的事故原因有：粉糠机结构不合安全要求，开关设置不合理，留有安全隐患；麦克公司安全管理制度留有漏洞，盲目安排新手上重点岗位操作；重点岗位无安全操作规程；等等，并认为麦克公司主要负责人邵仲某对此次事故应负主要责任。10月17日，邵仲某在其撰写的《关于发生姜继某工伤事故的思想认识》中也承认，事故发生的主要原因是麦克公司安全管理工作松懈，安全生产责任制不完善，安全生产规章制度和安全生产操作规程不健全，作为公司主要负责人，其负有不可推卸的责任。黄浦区安监

① 《中华人民共和国最高人民法院公报》2006年第8期，第43—48页。

局于10月26日向邵仲某发出《行政处罚事先告知书》，告知拟对邵仲某进行行政处罚的内容和依据，并告知其在7日内有陈述和申辩的权利。因邵仲某未在期限内提出陈述和申辩，黄浦区安监局于11月7日作出行政处罚决定，认定该起事故为重伤事故，邵仲某违反了《安全生产法》第17条第1项、第2项、第4项的规定，依照《安全生产法》第81条第2款规定，决定对邵仲某处以罚款2万元。邵仲某不服该处罚决定，提起行政诉讼。

该案的争点之一在于，邵仲某是否为麦克公司此次工伤事故的主要负责人，能否成为行政处罚的对象。对此，法院认为，《安全生产违法行为行政处罚办法》①第36条第2款第1项规定，生产经营单位主要负责人有未建立、健全本单位安全生产责任制，未组织制定本单位安全生产规章制度和操作规程，未督促、检查本单位安全生产工作，及时消除生产安全事故隐患等违法行为，导致发生重伤事故的，对主要负责人处二万元以上五万元以下罚款。此次工伤事故发生后，在麦克公司及其上级公司组成的事故调查小组所作的《姜继某重伤事故调查报告》中，不但肯定了姜继某所受伤情为重伤，而且还指出，麦克公司存在安全生产管理缺陷，安全管理工作松懈，安全生产责任制不完善，安全生产制度和安全生产操作规程不健全，粉糠机操作这一重点岗位缺少安全规程，姜继某在操作粉糠机之前未经岗位培训等问题。该调查报告认为，事故的发生与管理者安全意识淡薄、工作责任心不强有着必然联系，因此确定原告邵仲某对此次事故负主要责

---

① 2015年4月2日国家安全监管总局令第77号修正的《安全生产违法行为行政处罚办法》为现行有效的规定。

任。邵仲某在其撰写的《关于发生姜继某工伤事故的思想认识》中，也认同调查报告对事故主要原因的分析，承认其作为公司主要负责人，负有不可推卸的责任。被告黄浦区安监局审查上述材料后，根据这些材料，认定邵仲某在事故发生前未依法履行安全生产监督管理职责，依法应承担责任，并无不当。同时，《安全生产法》第81条第1款、第2款规定："生产经营单位的主要负责人未履行本法规定的安全生产管理职责的，责令限期改正；逾期未改正的，责令生产经营单位停产停业整顿。生产经营单位的主要负责人有前款违法行为，导致发生生产安全事故，构成犯罪的，依照刑法有关规定追究刑事责任；尚不够刑事处罚的，给予撤职处分或者处二万元以上二十万元以下的罚款。"其中"前款违法行为"，是指"未履行本法规定的安全生产管理职责"行为。法院认为，黄浦区安监局的执法经过，符合《安全生产违法行为行政处罚办法》第13条、第14条、第21条、第22条、第24条规定的程序。黄浦区安监局对邵仲某作出的行政处罚决定，有利于从根本上促进企业落实安全生产岗位责任，健全安全生产制度，防止和减少安全生产事故，保护劳动者合法权益，执法目的是正当的，且罚款数额符合法律规定的处罚幅度。据此，法院判决维持被告黄浦区安监局对原告邵仲某所作的行政处罚决定。

**第三条【适用范围】**

行政处罚的设定和实施，适用本法。

## 法条沿革

本条是关于《行政处罚法》适用范围的规定，为《行政处罚法》1996年颁布时就存在的条文，原条文为第2条。在之前历次及本次修法过程中，本条均得到了保留，未作修改。此次修法过程中，各方面没有对本条提出修改建议。

## 规范目的或功能

法律的适用范围是法律所适用的效力范围，通常包括空间、时间和对象范围。在立法上一般对对象范围加以规定。本条规定行政处罚的设定和实施适用本法，也就是说有关行政处罚的立法行为和执法行为，都要以《行政处罚法》的规定为依据。

## 规范内容

### 一、行政处罚的设定，适用《行政处罚法》的规定

《行政处罚法》关于行政处罚设定权的规定，在立法上首次贯彻了法律保留原则和法律优先原则，[①]是一大创举，也为其后《行政许可法》和《行政强制法》的制定起到了良好的示范作用。

设定行政处罚，是指法律规定的有权国家机关首次独立自主地规定何种行为是违法行为，并规定给予何种行政处罚；在此之前，正在实施的有效的法律规范均未认为该种行为违法并规定给予行政处罚。设定行政处罚是行政处罚的第一环节，是行政处罚的基础。行政处罚的设定问题，实质上是行政处罚设定权限的分配问题，即哪一级的国家机关、哪一类性质的国家

① 应松年：《规范行政处罚的基本法律》，载《政法论坛》1996年第2期。

机关有设定何种行政处罚的权力，也即法律、行政法规、地方性法规以及规章分别具有设定哪一种行政处罚的权力。修订后的《行政处罚法》对行政处罚设定权的规范，既符合我国统一而多层次的立法体制，又区别了各类行政处罚的不同情况，谨慎地加以不同对待。《行政处罚法》所规定的行政处罚设定权，概括起来是：法律可以设定各种行政处罚；行政法规可以设定除限制人身自由以外的行政处罚；地方性法规可以设定除限制人身自由、吊销营业执照以外的行政处罚；尚未制定法律、法规的，规章可以设定警告、通报批评或者一定数额罚款的行政处罚；除法律、法规、规章外，其他规范性文件不得设定行政处罚。超越上述规定的权限设定行政处罚的行政法规、地方性法规和规章是无效的，即所谓的“越权无效”。

近年来，随着政府监管体系的不断精细化发展，具体领域的处罚依据主要表现为部门法规范。[①]多数情况下《行政处罚法》并非各级行政机关实施行政处罚实体层面的直接依据，但其作为处罚领域独具总则地位的功能逐渐凸显，更多地表现为设定权制度框架下判断行政处罚决定在适用法律法规方面是否合法的根本依据。[②]

## 二、行政处罚的实施，适用《行政处罚法》的规定

实施行政处罚是指有权的行政处罚行为主体依照法定依据和法定程序给予违法人行政处罚。实施行政处罚是行政处罚中的第

---

① 比如，治安处罚的依据主要为《治安管理处罚法》，交通处罚的依据主要为《道路交通安全法》《城市道路管理条例》《道路交通安全违法行为处理程序规定》等，食品安全领域的处罚依据主要为《食品安全法》《食品安全法实施条例》等。

② 曹鎏：《论“基本法”定位下的我国〈行政处罚法〉修改》，载《政治与法律》2020年第6期。

二个环节，也是行政处罚程序的中心环节。与行政处罚的设定相比，行政处罚的实施是一项更为艰巨的社会工程。它是要将法律上的权利和义务予以实现，是调整各种社会利益、团体利益乃至个人利益的具体体现，涉及十数亿公民、几百万组织的切身利益。

行政处罚的实施主要涉及两个问题，一是实施的主体；二是实施的程序。

不是所有的行政机关都有行政处罚权，哪些行政机关有行政处罚权，由法律、行政法规和规章规定。根据本法规定，行政处罚的实施主体是具有行政处罚权的行政机关，有关组织根据授权或者委托也可以实施一定的处罚权。

强化程序控权功能和实现正当程序法定化是《行政处罚法》的一大贡献，近一半的法律条文涉及程序规则，也为其他类型行政行为的立法提供了范本。《行政处罚法》作为实体规则的纲领性文件以及程序规则的直接依据的“基本法”定位，在程序供给方面，是通过程序性条款实现对各类处罚行为应当遵守的最低限度的程序要求作出明确规定。①

## 实务应用

**鹤壁市蔡庄垃圾处理有限责任公司不服鹤壁市淇滨区渔政监督管理站行政处罚决定案②**

2011年3月9日，鹤壁市淇滨区渔政监督管理站根据《水

① 曹鎏：《论“基本法”定位下的我国〈行政处罚法〉修改》，载《政治与法律》2020年第6期。

② 参见鹤壁市淇滨区人民法院〔2011〕淇滨行初字第17号行政判决书。

污染防治法》第83条“造成渔业污染事故或者渔业船舶造成水污染事故的，由渔业主管部门进行处罚；其他船舶造成水污染事故的，由海事管理机构进行处罚”的规定，对鹤壁市蔡庄垃圾处理有限公司作出行政处罚决定书，该决定书主要内容为：1.罚款3万元。2.修复阀门达到渗滤液不外流。3.写出保证以后按规定把渗滤液运到污水厂处理、不得向外排放。4.应赔偿冷泉鱼塘因污染造成的直接经济损失。决定书于2011年3月9日送达。鹤壁市蔡庄垃圾处理有限公司不服该行政处罚决定，向鹤壁市淇滨区人民法院提起行政诉讼。法院认为，行政机关在作出行政处罚时应严格按照法律规定的处罚种类来行使职权，擅自改变行政处罚种类、幅度是一种超越职权的行政违法行为。《行政处罚法》中规定，对公民、法人或者其他组织实施行政处罚必须有法定依据。行政机关在法律、法规和规章规定的行政处罚的种类和幅度内，可以根据情况自由作出裁决。行政机关及其工作人员在实施处罚时超越了法律、法规规定的处罚种类和幅度的，属于违法行为。本案中，被告作出的处罚决定书第2、3、4项内容均非法律、法规和规章规定的行政处罚的种类，故第2、3、4项属于超越职权的行政违法行为。该行政处罚决定书第1项为罚款3万元，依据的是《水污染防治法》第83条之规定，而该条第2款规定“对造成一般或者较大水污染事故的，按照水污染事故造成的直接损失的百分之二十计算罚款”，经河南省渔业检测中心作出的鉴定报告中显示冷泉鱼塘直接经济损失为160153元，行政处罚罚款数额应为160153元×20%＝32030.6元，故被告区渔政监督管理站处罚3万元显然未按法律规定进行处罚，属滥用职权的行政违法行为。故此，法院判决撤销被告鹤壁市淇滨区渔政监督管理站于

2011年3月9日作出的行政处罚决定书。

### 第四条【行政处罚法定原则】

公民、法人或者其他组织违反行政管理秩序的行为，应当给予行政处罚的，依照本法由法律、法规、规章规定，并由行政机关依照本法规定的程序实施。

## 法条沿革

此次《行政处罚法》修订中，本条有两处改动：一是将修订前的《行政处罚法》第3条第1款中的“依照本法由法律、法规或者规章规定”修改为“依照本法由法律、法规、规章规定”，即将法规与规章中间的“或者”改为了顿号。“法律、法规或者规章”的表述强调的是规章较之于法律、法规更低的效力位阶，修改后“法律、法规、规章”的表述则重在强调法律、法规、规章三者均可作为行政处罚设定依据。

二是删去了修订前的《行政处罚法》第3条第2款“没有法定依据或者不遵守法定程序的，行政处罚无效”，而将相关规定体现在修订后的《行政处罚法》第38条中，表述为：“行政处罚没有依据或者实施主体不具有行政主体资格的，行政处罚无效。违反法定程序构成重大且明显违法的，行政处罚无效。”

1996年《行政处罚法》颁行时，针对当时大量行政处罚行为缺乏规范约束，被处罚人知情、申辩等程序权利缺乏保障的情况，初步构建了一套可遵循、有刚性的行政处罚程序规则。其中第3条第2款规定：“没有法定依据或者不遵守法定程序的，行政处罚无效。”但对于处罚无效的具体法律后果，未予详细解释和说明。司法机关审查行政处罚程序违法争议案件，虽然有时援引1996年《行政处罚法》第3条第2款，但在实际处理上，对违反法定程序的行政处罚并没有采取“一刀切”的方式予以全盘否定，而是主要依循《行政诉讼法》及其司法解释中关于行政行为违反法定程序的相关规定来进行裁判。具体来说，在《行政诉讼法》修正前的司法实践中，法院对于程序审查的标准尺度相对灵活，法院将较低程度的程序违法视为程序上的轻微瑕疵，一般作出维持判决。2000年《最高人民法院关于执行〈中华人民共和国行政诉讼法〉若干问题的解释》实施后，法院对于程序轻微瑕疵的处理增加了驳回原告诉讼请求的方式。2014年修改的《行政诉讼法》第74条第1款第2项规定，“行政行为程序轻微违法，但对原告权利不产生实际影响的”，人民法院判决确认违法，但不撤销行政行为。①

2020年7月，全国人大常委会法工委面向社会征求意见的《〈行政处罚法〉（修订草案）》删除了本条第2款“不遵守法定程序的，行政处罚无效”的内容。总则中不再规定行政处罚违反法定程序的法律责任和后果问题。但鉴于行政处罚作为侵益性行政行为的特性、程序法规范对于保障实体公正的特殊重要

---

① 据此，确认违法但不撤销，需要同时具备两个条件：程序违法本就属于轻微违法，不包括动摇程序法治基本价值的程序违法；不影响当事人权利，包括实体权利和基本的程序权利。《行政诉讼法》作此规定，旨在平衡程序法治与行政效率。《最高人民法院关于适用〈中华人民共和国行政诉讼法〉的解释》将“程序轻微违法”界定为三种情形：处理期限轻微违法；通知、送达等程序轻微违法；其他程序轻微违法的情形。同时，对于程序违法、结果正确的行政处罚行为，单独评价程序违法的法律责任的同时，维持行政行为的效力，可以避免不必要地重作行政行为。

性，增加了第38条第2款“违反法定程序构成重大且明显违法的，行政处罚无效”和第48条第2款“公开的行政处罚决定被依法变更、撤销、确认违法或者确认无效的，行政机关应当在三日内撤回行政处罚决定信息并公开说明理由”，进一步完善了行政处罚程序违法的法律责任。之后的所有版本直至修订后的《行政处罚法》，对该规定均未作新的修改。

## 规范目的或功能

《行政处罚法》第4条至第6条，是对行政处罚基本原则的规定。所谓行政处罚的基本原则，是指作为行政处罚法律规则基础的原理或准则，是设定和实施行政处罚所必须遵守的法律准则。[①]它是行政处罚制度和活动的本质、精神及其特点的概括和反映，[②]在行政处罚法律规则中占据主导地位。行政处罚的基本原则具有基础性和根本性、宣示性和指导性、全面性和贯穿性。[③]

## 规范内容

本条规定的是行政处罚法定原则，它是行政处罚最重要的原则。行政处罚涉及公民的人身、财产权利，必须有明确的法律依据并且严格按照法定程序进行。行政处罚法定原则是行政

① 应松年、刘莘主编：《行政处罚法理论与实务》，中国社会出版社1996年版，第22页；周佑勇著：《行政法原论》，中国方正出版社2000年版，第221页。

② 冯军著：《行政处罚法新论》，中国检察出版社2003年版，第101页。

③ 关保英主编：《行政处罚法新论》，中国政法大学出版社2007年版，第13—17页。

法的合法原则或行政法治原则在行政处罚领域的集中表现。行政处罚法定原则可分解为以下几个方面的要求：

## 一、主体法定

主体法定，即实施行政处罚的主体及其职权是法定的。实施行政处罚的主体是行政机关，但不是所有的行政机关都有行政处罚权。行政机关是否拥有行政处罚权、拥有多大的行政处罚权，要视法律、法规和规章的具体规定。行政处罚由具有行政处罚权的行政机关在法定权限范围内实施；法律、法规、规章授权的具有管理公共事务职能的组织可以在法定授权的范围内实施行政处罚；受委托的组织在委托范围内以委托行政机关的名义实施行政处罚，受委托的组织本身不是行政处罚的主体。也就是说，只有法律、法规、规章规定有权行使行政处罚权的行政机关和法律、法规、规章授权行使行政处罚权的组织才可作为行政处罚的主体，其他任何机关、组织和个人都不得作为行政处罚主体来行使行政处罚权。负责管理行政机关内部事务，不与行政相对人直接接触的机关一般也没有行政处罚权。

## 二、依据法定

依据法定，即行政处罚的依据必须是法定的。1957年发布的《治安管理处罚条例》曾有“类推条款”的规定，[①]1986年公布的《治安管理处罚条例》则采取了处罚法定原则，删去了原

① 《治安管理处罚条例》（1957年）第31条：“本条例没有列举的违反治安管理行为，市、县公安局可以比照本条例第五条至第十五条中最相类似的条款处罚，但是应当经过市、县人民委员会核准。”

条例中的类推条款，明确了对于违法行为的认定必须有法律明确的规定，是法治的重大进步。

公民、法人或者其他组织违反行政管理秩序的行为，必须是依照法律、法规或者规章明文规定应予行政处罚的，才应当给予行政处罚；没有明文规定，任何行政机关或者其他组织都不得实施行政处罚。这里的法定依据，首先是宪法。宪法是国家的根本法，具有最高的法律效力，是制定法律、法规、规章的根本依据，也是行政处罚的根本根据。法律是行政处罚的基本依据；地方性法规是行政处罚的补充依据；规章是行政处罚的具体依据；自治条例和单行条例是行政处罚的特殊依据。[①]

## 三、应受行政处罚的行为法定

第一，应受行政处罚行为的行为人是公民、法人或者其他组织。行政机关与其公务员之间的内部关系，不适用行政处罚。公民是具有中华人民共和国国籍的人即为中华人民共和国公民；法人是依法成立的，有一定组织机构、住所和独立的财产，并能以自己的名义享有民事权利、承担民事义务的社会组织，包括企业事业组织、社会团体等；其他组织一般指一些非法人组织。除不满十四周岁的未成年人以及精神病人、智力残疾人在不能辨认或者不能控制自己行为时有违法行为，不予行政处罚的外，其他任何公民和组织有违反行政管理秩序的违法行为的，行政机关都应当依法进行管理，纠正违法行为，依法给予行政处罚。本条中的“公民、法人或者其他组织”，例外情况下也包

---

① 王连昌：《论依法行政的实质和依据》，载《重庆行政》2000年第2期。

括处在行政相对人地位的，在中华人民共和国领域内有违法行为的外国人、无国籍人、外国公司和外国组织等。

第二，行为人实施了违反行政管理秩序的行为。行政管理秩序，是法律以及在法定权限内制定的、内容不与宪法法律相抵触的法规和规章，所规范的行为规则及社会秩序。行为人实施的违反行政管理秩序的行为，是客观存在的侵犯行政管理秩序的违法行为。

第三，行为人实施的违反行政管理秩序的行为是应当给予行政处罚的。违反行政管理秩序的行为，并非全部应给予行政处罚，应当区分不同情况作出不同的处理。如果违反行政管理秩序的行为十分严重，构成犯罪的，应当根据刑法的规定给予刑事处罚，不能以罚代刑。一般来讲，违法行为构成犯罪，首先应当追究刑事责任；人民法院已经判了罚金，行政机关就不能再处罚款；如果行政机关已经先处以罚款，那么法院判处罚金时，罚款就要折抵相应的罚金；又如，法院已经判了徒刑，就不能再处行政拘留了，如果已先处了行政拘留，那么判处徒刑时，要折抵相应的刑期。但是，在某种情况下，判了刑罚后，还需要给予行政处罚，如吊销当事人的执照或者许可证，因为这是专属于行政机关的职权。还要注意的是，并不是所有的违法行为都要给予行政处罚。对于违法行为轻微并及时改正，没有造成危害后果的，不予行政处罚；初次违法且危害后果轻微并及时改正的，可以不予行政处罚。依法不予行政处罚的，行政机关应当对当事人进行教育。

## 四、程序法定

程序法定，即实施行政处罚应当由行政机关依照法定程序实施。行政机关实施行政处罚，要严格依法进行。实施行政处罚必须遵守法律规定的程序，既包括《行政处罚法》规定的程序，也包括其他行政法律关于程序的规定。《行政处罚法》针对不同情况，规定了简易程序和一般程序，以及行政处罚如何执行等内容。行政机关在具体执法过程中，应当严格依照本法规定的程序对违法行为人实施处罚。违法事实确凿并有法定依据，对公民处以二百元以下、对法人或者其他组织处以三千元以下罚款或者警告的行政处罚的，可以当场作出行政处罚决定；其他处罚，在处罚前必须经过调查或检查、鉴定；有涉及重大公共利益或者案件情况疑难复杂、涉及多个法律关系的情形的，必须经过法制审核；在作出行政处罚决定之前，要向当事人说明作出行政处罚的事实、理由和依据，要听取当事人的陈述和申辩；拟作出重大的行政处罚决定（包括较大数额罚款，没收较大数额违法所得、没收较大价值非法财物，降低资质等级、吊销许可证件，责令停产停业、责令关闭、限制从业，其他较重的行政处罚和法律、法规、规章规定的其他情形），应当告知当事人有要求听证的权利，当事人要求听证的，行政机关应当组织听证。

## 实务应用

### 张某夫妇诉延安市公安局宝塔分局案

本案也被称为“夫妻看黄碟案”。2002年8月18日夜，延安市宝塔区万花乡派出所接到关于张某放黄碟的举报。两民警以看病为借口进入张某开设的诊所，其间张某反抗，民警受伤。当晚民警扣押了张某的电视机和影碟机，并将张某和其父带至派出所，次日缴纳了1000元暂扣款后被放回。10月，宝塔公安分局治安大队以“涉嫌妨碍公务”将张某刑事拘留16天后释放。案件于2002年12月以调解方式结束，案件处理结果是宝塔公安分局解除了对案件当事人张某的取保候审，并撤销了对该案件的诉讼。在其后的处理中，当事人张某得到了行政赔偿，相关负责人和直接责任人都被给予了行政处分。

对本案中民警行使治安管理处罚权和刑事侦查权的行为，从不同角度可作丰富解读。从行政处罚的法定原则来看，夫妻在私人处所“观看”黄碟是否应查处，仅有1985年《国务院关于严禁淫秽物品的规定》涉及，而这一规定已经被2001年国务院令第319号发布的《关于废止2000年底以前发布的部分行政法规的决定》所废止。其他所有关于查禁淫秽物品的法律法规和文件中，都没有关于“观看”淫秽物品的规定。因此，民警出警的行政处罚行为没有法律依据，违反了行政处罚法定原则。

**建阳市第二建筑公司诉建阳市第二轻工业局处罚决定案**

1996年9月27日，原告建阳市第二建筑公司与该市某银行签订装修工程合同。10月5日，二建公司在取得市建委的建筑施工许可证后，开始施工。随后，被告建阳市第二轻工业局发现二建公司违法施工，即进行制止，并两次发出书面通知要求原告办理有关手续。原告未予理睬，继续施工。12月3日，被告以二建公司未取得室内装饰施工资质等级证书和未办理施工许可证书进行室内装修活动，违反了国务院的国办通〔1992〕31号文件和中国轻工总会的轻总室〔1996〕4号文件的有关规定，依据南平市（地区）人民政府的《南平市室内装饰行业管理规定》第14条规定，对二建公司罚款5000元，二建公司不服该处罚决定，向建阳市人民法院提起行政诉讼。一审法院撤销了建阳市第二轻工业局的行政处罚决定。一审宣判后，双方当事人在法定期限内均未提出上诉。

该案中，被告建阳市第二轻工业局作出的行政处罚所涉及的三个文件——国务院的国办通〔1992〕31号文件、中国轻工总会的轻总室〔1996〕4号文件和南平市（地区）人民政府的《南平市室内装饰行业管理规定》，均属于规范性文件，不能设定行政处罚。因此，被告的行政处罚属于没有法律依据的行政行为。

**顾建某诉海宁市交通局行政处罚案**[①]

戴某于2000年3月6日驾驶原告顾建某的浙FC12××夏利轿车载客1人，收取乘客车费6元整。因该车无道路运输经营许可证，擅自从事客运出租活动，被交通行政执法人员当场查获，给予顾建某罚款8500元的行政处罚。原告不服，提起行政诉讼。

一审法院认为，原告是行政管理相对一方当事人，其所有的车辆违反有关行政法规，无道路运输经营许可证从事道路运输活动时，对原告作出相应的行政处罚并无不当，判决维持行政处罚决定。顾建某不服提起上诉。二审法院认为，根据《行政处罚法》第3条第1款规定，行政处罚的对象是违反行政管理秩序的行为人即违法行为人。海宁市交通局所作的现场笔录中

① 参见浙江省海宁市人民法院〔2000〕海行初字第2号行政判决书、浙江省嘉兴市中级人民法院〔2000〕嘉行终字第3号行政判决书。

明确写明，戴某在2000年3月6日下午违法从事客运出租活动并被当场查获，所以该案违法行为人是戴某。上诉人顾建某确实是浙FC12××夏利车的车主，但顾建某不论从客观上还是从主观上都没有实施违反道路运输行政管理的行为和故意，在二审庭审中，被上诉人也不能提供若行为人与车主不一致时，应处罚车主的法律依据。所以，被上诉人认定戴某从事违法经营活动，却处罚车主即上诉人顾建某，属行政处罚对象错误。

**第五条【行政处罚公正、公开原则】**

行政处罚遵循公正、公开的原则。

设定和实施行政处罚必须以事实为依据，与违法行为的事实、性质、情节以及社会危害程度相当。

对违法行为给予行政处罚的规定必须公布；未经公布的，不得作为行政处罚的依据。

## 法条沿革

本条为《行政处罚法》1996年颁布时就存在的条文，原条文为第4条。在之前历次及本次修法过程中，本条均得到了保留。在对《行政处罚法（修订草案二次审议稿）》的审议过程中，有人曾建议删去本条第3款中有关违法行为给予行政处罚的规定必须公布的规定，理由是《立法法》已经规定了法律、法规和规章必须向社会公开。考虑到这款是行政处罚公开原则的具体化展开，为了更好地彰显该原则，修订后的《行政处罚法》对此未予修改。

## 规范目的或功能

本条是关于行政处罚公开、公正原则的规定。行政处罚公正原则是对处罚法定原则的重要补充。行政处罚公正原则要求有权机关设定和实施行政处罚必须以违法行为的事实、性质、情节以及社会危害程度为依据，不得任意进行。行政处罚公正原则是处罚法定原则和处罚公正原则的外在表现，是《行政处罚法》为保证行政主体及其执法人员合法、公正地实施行政处罚所设立的一道重要屏障。

## 规范内容

### 一、行政处罚公正原则

根据本条第1款规定，行政处罚应当遵循公正、公开的原则。

行政处罚的公正原则，是指行政处罚必须以事实为依据，以法律为准绳。处罚的轻重应与违法行为的事实、性质、情节以及社会危害程度相当，防止行政处罚的偏私和畸轻畸重。处罚公正原则，是处罚法定原则的重要补充。为了确保行政处罚体现公正原则，《行政处罚法》规定了若干具体措施。例如，规定对当事人的同一个违法行为，不得给予两次以上罚款的行政处罚；同一个违法行为违反多个法律规范应当给予罚款处罚的，按照罚款数额高的规定处罚；设定和实施行政处罚必须以事实为依据，与违法行为的事实、性质、情节以及社会危害程度相当；实行行政拘留与刑期折抵制度；实行案件调查人员与处罚决定人员相分离的原则；设立回避制度；设置处罚听证程序；等等。

行政处罚公正原则主要包含以下四个方面的内容：

1.过罚相当。法律设定行政处罚的目的是维护公共利益和行政管理秩序，而相对人违反行政管理秩序的行为表现各不相同，行为的危害程度和后果也不尽相同，这就有必要根据违法行为的性质、危害程度相应地设定和实施行政处罚。行政处罚作为法律制裁的主要形式之一，也必须遵循这一“阶梯规则”。那么，如何做到过罚相当？本条第2款就是对“过罚相当”所作的高度概括，是法律首次对处罚公正原则内容进行的界定。有权机关在设定和实施行政处罚时必须贯彻执行。

对何种违法行为给予何种处罚，在法律、法规、规章设定行政处罚时就应事先通盘考虑，要体现过罚相当的原则。在1996年《行政处罚法》制定过程中，有些部门在设定罚款的额度上要求权力大些，提出不重罚就解决不了违法行为。实际上，行政处罚不是一服包治百病的良药，它只是对轻微的违法行为起一种惩戒和教育作用，认为重罚就可以解决一切问题的想法是不符合过罚相当的原则的，也是不切实际的。行政机关也没有权力剥夺一个人的基本生存条件，“罚得他倾家荡产”，因为如果一个人的违法行为需要给予非常重的惩罚，那么其违法行为一定已产生了非常严重的社会危害性，可能构成犯罪，行政处罚的手段已并不适用。基于这点，强调设定行政处罚要与社会危害程度相适应，更有其现实意义。[①]

---

① 陈延庆、张世诚：《行政处罚法的意义及其基本原则》，载《中国法学》1996年第2期。

行政处罚机关在实施行政处罚时应做到：首先，处罚的轻重程度与违法行为的事实、性质、情节以及社会危害程度相当。这要求行政机关及其执法人员根据案件的事实对行政违法行为的性质、情节、危害性大小有一个正确的认定和评价。评价正确，处罚就会轻重得当，否则，必然会失重失轻。其次，处罚的从重、从轻、减轻或免除要与违法行为的事实、性质、情节以及社会危害性相当。

2.正确行使自由裁量权。在行政处罚立法中，给行政机关一定的自由裁量权，使之灵活地运用自己的权力，这也符合现代行政的要求。但要做到公平正直，没有偏私，不能形成自由裁量权力的滥用，影响行政的权威：首先，实施行政处罚，必须基于行政管理的目的，处罚动因应符合立法和行政目的，不得徇私枉法，不得有任何偏私。实施处罚不能对相同违法行为实施不相同的处罚，对不相同行为实施相同的处罚。行政机关实施处罚不能有不当的目的，如为了增加行政收入而进行处罚或重罚，也不能因为被处罚人的态度不同而加重或减轻处罚，更不能出于打击报复发泄私仇等目的。其次，实施行政处罚，其具体形式应和违法行为的事实、情节以及对社会的危害程度相适应，必须坚持罚当其害。在实施处罚时，实施机关不能以被处罚人的政治地位、个人出身、社会背景、个人经历、个人缺陷等因素而加重或减轻甚至免予处罚。处罚公正，要做到过罚相当，也就是做到处罚与违法行为的事实、情节和对社会的危害程度相适应。最后，实施行政处罚，必须是行政机关的处罚行为合乎理性，要坚持社会主义人道主义，必须保障被处罚人最低生活水平和维持其生活的财力与能力。不能违背常理常规，不能违背共同道德和价值。对于实在难以支付罚款的违法相对人，可以酌情适当减免。

3.以事实为依据。以事实为依据，是实事求是原则在行政执法工作中的体现。行政机关在处理违法行为时，应当依照《行政处罚法》以及有关法律规定的程序进行调查，认定客观存在的事实，切忌主观性、片面性。要全部了解违法事实的情况、经过及原因，要尽可能多地依法取得证据。将违法事实调查清楚，就有了正确实施行政处罚的基础，一方面能够适当地给予违法当事人行政处罚，另一方面也为以后可能出现的行政复议或者行政诉讼做准备。这一原则在《行政处罚法》总则中有明确规定，在其他条款中也有所体现。

4.相同情况相同对待。行政处罚主体对于具有相同或类似行政违法行为的相对人，应当给予大致相同的行政处罚，这是宪法中法律面前人人平等原则的具体要求。只有这样，行政处罚才能获得社会的认同，才能产生实施行政处罚的社会效果。在实施行政处罚过程中，要充分体现法律面前人人平等的原则精神，任何人都不应当有法外特权，不论何人只要其行为违反了行政法律规范都应当受到相应的行政处罚，从而真正体现社会主义民主和法治的平等性。

实践中，要注意行政处罚显失公正的问题。所谓显失公正，是指行政机关及其工作人员和法律、法规授权的组织在法律、法规规定的范围和幅度内，所作出的行政行为明显不适当。也就是说，该行政处罚决定虽然在形式上合法，但是存在明显的不合理性。行政处罚明显的不合理、不恰当违背了法律、法规设立行政处罚的目的，是不合法的行政处罚。行政处罚显失公正主要有以下几种情形：一是同责不同罚。法律面前人人平等是我国法律的一项基本原则，对公民、法人或者其他组织违反法律、法规的行为，性质、情节相同的，应当给予相同的行政处罚，如果对同样责任者给予不同轻重的行政处罚，就违反了法律面前人人平等的法律原则，损害了行政机关的权威。二是同一案件中，重责轻罚或者轻责重罚。这将使得被处罚者难以心服口服，甚至产生对抗社会的心理，不仅不能解决问题，还会激化矛盾，对社会稳定造成不利影响。三是未考虑应当考虑的因素。未考虑应当考虑的因素是指行政主体在作出具体行政行为时，没有考虑到基本的法定因素或者一般的常理因素，如违法情节、认错态度、是否过失等。四是反复无常。行政主体及其工作人员对同一案件在情势未发生变化的情况下，根据自己的情绪或好恶无标准地反复变化，无视法律、法规的严肃性，使行政相对人无所适从。

## 二、行政处罚公开原则

公开是确保权力正当行使的基本条件，是防止权力滥用的最佳手段。行政处罚公开原则是公正原则的必然要求和必要保障。行政处罚公开原则是指行政处罚的依据、过程和决定等都是公开而非秘密的，它的具体内容包括：

1.行政处罚的依据必须公开。一方面，行政处罚的依据必须事先向社会公开。公开是法的本质所在，是法生效的不可缺少的要件之一。法的规范作用必须以公众了解为前提，否则就失去了其存在的理由和基础。因此，本条第3款规定："对违法行为给予行政处罚的规定必须公布；未经公布的，不得作为行政处罚的依据。"另一方面，行政处罚的依据必须向受处罚人公开。行政机关在作出行政处罚决定前，应当告知当事人作出行政处罚决定的事实、理由和依据。向受处罚人公开行政处罚的依据是行政程序公开的主要内容之一，这有助于受处罚人了解行政机关是否在认真地执行法律。《行政处罚法》将处罚依据是否向受处罚人公开作为处罚决定是否合法有效的要件之一。如果行政主体及其执法人员在作出行政处罚决定之前，不依法告知受处罚人给予处罚的理由和依据，处罚决定不能成立。

2.行政处罚程序必须公开，即处罚过程必须公开。“程序公开原则，至低程度可以防止行政机关采用武断的、专横的程序。”它对于提高广大公众对行政机关的信任度，促进执法人员廉洁自律具有不可低估的作用，同时也便于公众监督行政机关及其工作人员依法行政。公开原则在行政处罚过程中主要通过以下制度加以体现：①表明身份制度。行政执法人员通过出示执法身份证件，公开表明自己的身份，使相对人了解其身份及其执法内容。②告知制度。行政机关在作出处罚决定之前，应当告知当事人给予处罚的事实、理由和依据，并告知当事人享有的权利。③申辩、听证制度。《行政处罚法》着重落实了当事人的陈述和申辩权，并强调行政机关和当事人的意见，还明确否定了“态度罚”。同时，《行政处罚法》第一次将听证制度引入行政处罚程序，从而更好地体现了处罚公开原则。行政机关作出责令停产停业、吊销许可证、较大数额罚款等行政处罚决定前，应当告知当事人有要求听证的权利。当事人对违法事实的认定与行政机关有重大分歧而要求听证或者行政机关认为有必要听证的，行政机关应当组织听证。

3.行政处罚结果必须公开。行政主体及其执法人员无论是依据简易程序还是一般程序作出行政处罚决定，都必须采取书面形式，即制作行政处罚决定书送达当事人。

## 实务应用

### 王忠某等不服安宁市烟草专卖局烟草专卖管理处罚案①

王忠某、赵艳某、周子1、周子2四人均系持有安宁市烟草专卖局颁发的“烟草专卖许可证”的零售卷烟、雪茄烟的经营者。2000年7月21日，四人从昆明裕辉市场购买“云烟”“红河”等品牌的卷烟70件，价值人民币134650元，运往安宁市途中被查获。2000年8月10日，安宁市烟草专卖局作出安烟〔2000〕专罚字第13号、14号行政处罚决定书，给予四人罚款65.575元及没收“福牌”卷烟1件的行政处罚。四人不服，提起行政诉讼。安宁市人民法院于2000年11月21日作出判决：撤销〔2000〕专罚字第13号行政处罚决定和第14号处罚决定，责令重新作出具体行政行为。2001年2月7日，安宁市烟草专卖局作出安烟〔2001〕专罚字第3号行政处罚决定书，根据《烟草专卖法》第31条及《烟草专卖法实施条例》第55条第1项的规定，给予四人各自卷烟总价值45%的罚款。四人仍不服，向安宁市人民法院提起行政诉讼。一审法院认为：安宁市烟草专卖局所作的行政处罚事实清楚，证据确凿，适用法律法规正确，程序合法，处罚在法律规定的幅度内进行，未显失公正；原告的诉讼请求及理由与法律法规的规定相悖，其诉讼请求不能成立，判决维持该行政处罚决定。四人不服，向昆明市中级人民法院提起上诉。

---

① 参见云南省安宁市人民法院〔2001〕安法行初字第1号行政判决书、云南省昆明市中级人民法院〔2001〕昆行终字第36号行政判决书。

二审法院认为，按照我国《烟草专卖法》和《烟草专卖法实施条例》的规定，“无准运证托运或者自运烟草专卖品”的行为和“取得烟草专卖零售许可证的个人未在当地烟草专卖批发企业进货”的行为都属于违法行为。依法应予处罚，但处罚罚款存在不同的额度。前者比后者危害程度大，罚款幅度更高。四上诉人的行为是上述两种违法行为的竞合行为，依照“重行为吸收轻行为”的法律适用一般原则，安宁市烟草专卖局的处罚决定认定四人的行为只属于“无准运证托运或自运烟草专卖品的行为”，适用法律并无不当。四上诉人认为其行为只应属于“取得烟草专卖零售许可证的个人未在当地烟草专卖批发企业进货的行为”的观点与法律适用的一般原则相悖，此观点不能成立。处罚公正原则是行政处罚的基本原则之一，其要求行政处罚必须公平、公正，没有偏私，实施行政处罚必须以事实为依据，与违法行为的事实、性质、情节以及社会危害程度相当。本案上诉人是在全国严厉打击制售假冒商标卷烟活动的期间实施的无准运证运输烟草专卖品的行为，具有依法从重处罚的情节，安宁市烟草专卖局依照《烟草专卖法》第31条和《烟草专卖法实施条例》第55条对四上诉人处以违法运输的烟草专卖品价值45%的罚款尚在法定处罚幅度内。但是，安宁市烟草专卖局的上述处罚决定在作出时应当考虑以前和近期对同种情况的违法行为给予的行政处罚程度的因素，其曾作出安烟〔1999〕专罚字第02号处罚决定，本案属相同情况，所作的处罚决定应对此予以考虑“同责同罚”。而本案未予考虑，且处罚幅度相差较大，与处罚公正原则相悖，显失公正。综上，安宁市烟草专卖局对四上诉人所作的行政处罚决定确有显失公正的情况，依法应予判决变更，上诉人认为处罚显失公正的观点成立，其诉讼请求本院予以部分支持。基于上述理由，判决撤销安宁市人民法院〔2001〕安法行初字第1号行政判决，并变更安宁市烟草专卖局安烟〔2001〕专罚字第3号行政处罚决定为给予四上诉人违法运输卷烟总价值134650元的30%的罚款，即罚款总额40395元人民币。

**资中县银山鸿展工业有限责任公司诉原内江市环境保护局环境保护行政处罚案**①

资中县银山鸿展工业有限责任公司是内江市废水国家重点监控企业及四川省水环境重点排污单位。2018年3月4日，四川省岷、沱江流域水污染防治强化督查组会同内江市环境执法支队对鸿展公司进行现场检查时，发现该公司位于废水总排污口的在线监测设备未按每两小时一次开展自动取样监测采集数据，取样泵损坏已不能正常使用，固定采样管道不能采样，在线监测设备已不能实时监控排放废水水质情况，自动监控所测数据明显失真。经采样检测，当日化学需氧量、总磷的排放浓度分别超过排放限值1.61倍、1.05倍。原内江市环境保护局经立案调查和听证程序，依法对鸿展公司作出罚款70万元的行政处罚决定。鸿展公司不服，提起行政诉讼，请求撤销该行政处罚决定。四川省威远县人民法院一审认为，鸿展公司发现在线监测设备显示的化学需氧量超标、仪器无法采到水样后，未按规定及时通知运维人员检修、查找问题并向环境监管部门报

---

① 该案为最高人民法院2020年发布的十起长江经济带生态环境司法保护典型案例之八，参见四川省内江市中级人民法院〔2019〕川10行终29号行政裁定书。

告，对自动监测设备出现的异常情况持放任的态度，构成以不正常运行水污染防治设施等逃避监管的方式排放水污染物。原内江市环境保护局综合考量鸿展公司存在12个月内连续实施环境违法行为的从重处罚情形，污染物排放浓度非一般性超标，以及该公司能够配合执法，超标排放行为尚未造成严重后果等因素，依照《水污染防治法》第39条、第83条之规定，在法律规定的裁量范围内对鸿展公司作出罚款70万元的行政处罚决定，适用法律正确，过罚相当。一审法院判决驳回鸿展公司的诉讼请求。

该案是排污企业因违反环境监测管理规定受到环保监管部门行政处罚引发的行政诉讼案件。环境监测是环境管理的“哨兵”“耳目”，是环境监管最重要的基础性和前沿性工作。排污者自我监测是环境监测体系的重要组成部分，是弥补政府监测机构和社会第三方监测力量不足的重要方式。该案中，鸿展公司作为重点监控企业，对企业污染物排放的自我监测履责不到位，对自我监测中存在的问题听之任之并造成污染超标排放。环保监管部门针对鸿展公司的处罚决定，坚持处罚与教育相结合，既考虑存在从重情节，在法律规定的幅度范围内从重处罚，同时也考虑违法行为人的配合执法表现、未造成严重后果等因素，没有顶格处罚，过罚相当。法院依法支持环保监管部门的严格执法和合理裁量行为，体现司法在支持依法行政的同时保护行政相对人合法权益，有利于警示排污企业自我约束，诚实守信，严格执行自我监测规范和标准，不弄虚作假，确保监测过程规范和监测数据真实，同时自觉接受环保部门监管，共同促进长江流域水体质量和生态环境的有效改善。

### 第六条【行政处罚与教育相结合原则】

实施行政处罚，纠正违法行为，应当坚持处罚与教育相结合，教育公民、法人或者其他组织自觉守法。

## 法条沿革

本条是关于行政处罚与教育相结合原则的规定，为《行政处罚法》1996年颁布时就存在的条文，原条文为第5条。在之前历次及本次修法过程中，本条均得到了保留，未作修改。

## 规范目的或功能

处罚与教育相结合是行政处罚应当坚持的一项原则。行政处罚不仅要通过给予违法行为人经济上的制裁，更要通过执法部门的宣传教育，督促行为人增强法治观念，自觉守法。它不仅体现在《行政处罚法》中，也是我国执法和司法领域普遍适用的一条原则。例如，1986年《治安管理处罚条例》第4条规定："公安机关对违反治安管理的人，坚持教育与处罚相结合的原则。"；2017年《无证无照经营查处办法》第10条规定："查处部门依法查处无证无照经营，应当坚持查处与引导相结合、处罚与教育相结合的原则，对具备办理证照的法定条件、经营者有继续经营意愿的，应当督促、引导其依法办理相应证照。"

行政机关保障法律贯彻实施的手段之一就是对违法行为实施行政处罚，但给予行政处罚，绝不单纯是为了惩罚。行政处罚不是目的，而是一种手段，只有坚持处罚与教育并重的原则，才能真正达到处罚的目的。

## 规范内容

对于处罚与教育相结合原则的正确含义，必须从立法宗旨中去把握。曹志在八届全国人大第四次会议上所作的《关于〈中华人民共和国行政处罚法〉（草案）的说明》中讲到“处罚与教育相结合的原则”时指出：“行政处罚的目的，重在纠正违法行为，教育公民、法人或者其他组织自觉遵守法律。”[①]处罚与教育相结合原则具有以下两层含义：

1.实施行政处罚与纠正违法行为是不可分割的，行政处罚的直接和首要目的是“纠正违法行为”，不能为了处罚而处罚。这就要求执法机关和人员必须做到既使当事人接受行政处罚，又督促当事人改正违法行为。《行政处罚法》第28条第1款提出了具体的要求，即“行政机关实施行政处罚时，应当责令当事人改正或者限期改正违法行为”。从处罚的实际情况看，有时出现的只管处罚、不管纠正违法行为的情况是不符合法律要求的，这是在执行处罚与教育相结合原则时的一个误区，应当依法防止和纠正。因为如果不要求当事人“纠正违法行为”，表明处罚的首要目的落空，教育的手段和作用未能使用或者未发挥出来。

2.教育公民、法人或者其他组织守法是行政处罚的又一个目的，这是处罚与教育相结合原则的另一个基本含义。从此意义上说，任何忽视教育在该原则中的主导地位的认识都是不正确的。

---

① 曹志：《关于〈中华人民共和国行政处罚法（草案）〉的说明——1996年3月12日在第八届全国人民代表大会第四次会议上》，载《中华人民共和国全国人民代表大会常务委员会公报》1996年第3期。

例如，有一种误区，认为行政处罚只解决违法者的法律责任问题，教育是处罚过程之外的事情。在处罚过程中，处罚所带来的教育的目的有特殊和一般之分，教育的具体方法可以有多种。一方面，从当事人的角度来说，处罚与教育通过两种方式结合，实现特殊预防的目的（防止当事人自己再行违法）。一种方式是，通过实施处罚使当事人受到制裁，在受制裁中使当事人受到教育，不仅使当事人知其然，而且知其所以然。也就是说，处罚的本身就是一种教育，通过直接的处罚使当事人的利益受到影响达到教育当事人的目的。另一种方式是，处罚的过程应当始终贯穿着教育，二者不应当截然分开。在此方面的认识误区之一是认为处罚是处罚，教育是教育，它们是两回事，教育是其他过程中的事情、不是处罚过程中的任务。其实处罚本身也是一种教育。另一方面，从更广阔的对象理解，通过处罚违法者，可以使其他社会成员（包括试图违法者）懂法、理解法，增强法制观念，对试图违法者起到警戒的作用，遏制其他违法行为。这就是通过处罚（当事人）教育其他公民、法人或者组织不要违法的一般预防的目的。

处罚与教育相结合原则有两方面的要求：

1. 实施行政处罚，纠正违法行为，应当坚持处罚与教育相结合，教育公民、法人或者其他组织自觉守法。

2. 教育必须以处罚作为后盾，教育也不能代替处罚。为了达到制止并预防违法的目的，对受处罚的违法行为，应当既给予处罚，同时给予教育，两者不可偏废。《行政处罚法》第30条是对未成年人的特别规定，第32条是对从轻或者减轻行政处罚以及第33条对不予处罚等的规定，同样都体现了处罚与教育相结合的原则。在处罚与教育相结合原则中，教育是处罚的目的和基础，处罚是教育的手段和保证。两者相辅相成，缺一不可。

因此，要防止两种错误倾向：一种是对违法行为简单处罚了事，“不教而诛”；另一种是以教代罚。处罚只有以教育为目的，才能收到良好的社会效果。

## 实务应用

**农安县增塬房地产开发有限公司诉农安县住房和城乡建设局行政处罚案**[①]

农安县增塬房地产开发有限公司于2017年9月1日开始开发建设双鼎商务综合楼，但该工程开始建设时未取得《建设工程规划许可证》。2017年10月9日，被告对该处建筑进行现场勘验，当时该工程正在建筑工程基础及地上一、二楼。2018年4月25日农安县规划建设办公室测绘收取了增塬公司“研发和技术服务”测绘费；4月26日农安县规划设计室收取了增塬公司“研发和技术服务”规划设计费。4月23日，农安县住房和城乡建设局对增塬公司作出《行政处罚陈述、申辩（听证）告知书》；4月26日，农安县住房和城乡建设局以增塬公司违法建设为由，对其作出工程造价标准10%的罚款的行政处罚决定。增塬公司不服该行政处罚，提起行政诉讼。法院认为，被告作出的行政处罚决定程序违法，事实证据不足、违反行政执法原则，明显不当。

行政处罚必须坚持处罚与教育相结合。行政机关发现违法行为，应及时纠正，教育违法者，减轻违法行为的后果，而不应对违法行为放任不管，待行为实施终了再予以处罚。否则有

① 参见吉林省农安县人民法院〔2018〕吉0122行初43号行政判决书。

违处罚的目的和公正、适度原则。该案中，被告对原告提供的关于工程建设过程中行政单位实施的定点、验线、监督管理等行为的证据无异议，应认定在工程施工前行政单位工作人员到施工现场实施了四角定点、放线、验线和施工后进行现场安全、质量检查、监督的执法行为，并在作出行政处罚前收取了原告工程测绘费、规划设计费。依照《吉林省城乡规划条例》第39条的规定，被告单位工作人员在工程施工前到现场放线、验线的前提条件之一是工程已取得《建设工程规划许可证》，既然被告为该工程到施工现场进行了放线、验线，就是对建设工程要进入施工阶段的一种许可。行政机关工作人员给予验线的行为是属于施工许可的一个重要环节，原告认为此行为是对其施工建设的认可，也不无道理。且此时行政机关已明知原告要进行违法建设，不但不加以纠正，且予以了验线，待违法行为完成后，给予较重的行政处罚，与执法的原则与目的不符。原告在刚放线时违法行为刚实施，此时情节尚属轻微，且能及时纠正，不致于造成危害后果，被告此时应予及时制止。然而行政机关没有对原告的放线行为进行制止，且给予了验线，并在工程施工开始后，不间断地实施了安全检查、质量监督、检查等行政监管行为，在此种情况下，在工程建设完成后，又对原告实施处罚，明显违背了处罚与教育相结合等行政处罚应遵守的原则。

**常永某诉兰州市城运处交通行政处罚案**[①]

2015年11月28日兰州市城运处例行检查时，发现常永某驾

---

① 该案为甘肃高院发布2017年度甘肃省法院十大案件之八。参见甘肃省高级人民法院〔2017〕甘行终429号行政判决书。

驶轿车搭载乘客1人，协议收费10元。市城运处工作人员制作现场笔录及《车辆暂扣凭证》，当场送达并对常永某驾驶的车辆予以暂扣，几日后对常永某处以20000元的行政处罚。常永某不服该行政处罚决定，向兰州铁路运输中级法院提起行政诉讼。法院以行政处罚决定违反法定程序为由，判决撤销市城运处作出的行政处罚决定并责令其重新作出行政行为。2016年9月27日，城运处对常永某重新作出行政处罚决定，决定罚款20000元。常永某不服重新作出的行政处罚决定，提起行政诉讼。一审兰州铁路运输中级法院认为，常永某未取得出租汽车经营许可擅自从事出租汽车经营活动，兰州市城运处对其处以的罚款在处罚幅度内，具体罚款数额属于被告自由裁量权范畴，无明显不当，判决驳回诉讼请求。常永某不服，向甘肃省高级人民法院提起上诉。二审法院认为，行政机关实施行政处罚，纠正违法行为，应当坚持处罚与教育相结合的原则，教育公民、法人或者其他组织自觉守法；认为一审判决认定事实基本清楚，审判程序合法，但适用法律及判决结果不当，依法应予纠正。判决撤销兰州铁路运输中级法院的行政判决，同时变更罚款20000元的行政处罚决定，改为罚款5000元。

行政处罚的实施应该符合法律的目的和精神，行政机关行使自由裁量权时，综合考虑处罚相对人的主观过错程度、违法行为的情节、性质、后果及危害程度等因素，使“过罚相当”。本案中，常永某未取得出租客运经营许可，以营利为目的搭载乘客，从事出租汽车客运经营行为的事实清楚，但其行为属于第一次被发现，且协议收取费用为10元，在行驶途中即被查处，并未实际收取费用。兰州市城运处按照处罚上限作出20000元行政处罚时，既未考虑行为人只被查处一次违法行为且未实际收取费用的客观事实，也没有提供其违法行为对社会造成严重危害后果的事实证据，该行政处罚的结果与违法行为的社会危害程度之间明显不适当，其行政处罚20000元缺乏适当合理性和违反比例原则，属于行政处罚明显不当，依法应当予以变更。

同时，行政处罚不应该是目的，而是一种手段。应在保证行政管理目标实现的同时，保护行政相对人的合法权益，行政处罚以达到行政执法目的和目标为限，并尽可能使相对人的权益遭受最小的损害。处罚与教育相结合原则是行政处罚的重要原则，要求在实施行政处罚过程中对被处罚人说服教育，同时将被处罚的行为、处罚结果和理由，在一定范围内以一定的方式告知社会公众。它包含两方面的含义：一是处罚被处罚人与教育社会公众相结合。处罚要讲究社会效益，对被处罚的行为和处罚的理由和结果，以一定的方式加以公示，从而使公众知晓哪些行为是违法行为，哪些行为是合法行为以及违法应承担的法律后果，教育人们自觉守法，以达到预设的社会效果和法律效果。二是教育与处罚被处罚人相结合。教育与处罚均以违法行为的存在为前提，教育的方式主要是说服，向被处罚人说明其违法行为对自己、对他人都不利，使其接受教训，不再违法。

## 第七条【权利救济】

公民、法人或者其他组织对行政机关所给予的行政处罚，享有陈述权、申辩权；对行政处罚不服的，有权依法申请行政复议或者提起行政诉讼。

公民、法人或者其他组织因行政机关违法给予行政处罚受到损害的，有权依法提出赔偿要求。

## 法条沿革

本条是关于公民、法人或其他组织的权利救济的原则规定，为《行政处罚法》1996年颁布时就存在的条文，原条文为第6条。在1996年《行政处罚法》颁布前，我国行政处罚领域存在缺乏统一明确的程序规定，缺少必要的监督制约机制等问题，尽管当时的《治安管理处罚条例》等法律法规已经开始注重程序性规定，但其大多仍是从保障行政处罚权的角度进行规定，总体上仍存在“重实体，轻程序”的倾向。而《行政处罚法》的根本目的在于从法律制度上规范政府的行政处罚行为，保护公民、法人和其他组织的合法权益。因此，《行政处罚法》在起草过程中规定了包括听证在内的申辩制度，这样一是可以使行政机关在作出行政处罚时，注意以事实为根据、以法律为准绳，防止和减少错误。二是事先告诉当事人，由当事人申辩包括要求听证，有利于当事人维护自己的合法权利。三是符合重在教育的原则，使当事人知道自己的哪些行为违反了法律，有利于提高法制观念。[①]同时，当时生效的《行政诉讼法》《国家赔偿法》《行政复议条例》等法律法规已经对行政处罚相对人申请救济的权利进行了规定，《行政处罚法》对此再次予以明确，也有助于与上述法律法规之间形成衔接。在之前历次及本次修法过程中，

① 曹志：《关于〈中华人民共和国行政处罚法（草案）〉的说明——1996年3月12日在第八届全国人民代表大会第四次会议上》，载《中华人民共和国全国人民代表大会常务委员会公报》1996年第3期。

本条均得到了保留，未作修改。

## 规范目的或功能

本条规定了公民、法人或其他组织的权利，包括陈述和申辩权、申请行政复议或提起行政诉讼权，以及要求行政赔偿权。在1996年《行政诉讼法》颁布之时，我国已经颁布《行政诉讼法》《国家赔偿法》以及《行政复议条例》，这些法律法规的颁布实施在事后监督行政行为方面发挥了重要作用。本条在此基础上进一步明确了当事人申请事后救济的权利，并强调当事人在行政处罚实施过程中所享有的程序权利，对于完善对行政处罚的事中事后监督机制具有重要意义。特别是其将当事人的陈述、申辩权利作为一项法定权利进行确定，并以此为基础确立了包括听证在内一系列具体的程序制度，被认为是我国行政程序法制建设史上的一座里程碑，为确保行政机关依法行政、公正行使处罚权奠定了坚实的基础。

## 规范内容

本条规定了公民、法人或其他组织陈述、申辩的权利和申请事后救济的权利，具体内涵如下：

### 一、公民、法人或其他组织享有陈述、申辩的权利

《行政处罚法》之所以要赋予公民、法人或其他组织陈述、申辩的权利，一是出于公正、公开原则的要求。《行政处罚法》第5条规定，行政处罚遵循公正、公开的原则。行政公正原则要

求行政机关公平、合理地对待行政相对人和处理行政管理事项，具体包括实体公正，即行政行为在内容上须不徇私情、不存偏见、不武断专横，以及程序公正，即行政机关在作出行政行为时，必须遵循形式上符合正义要求的程序，包括不做自己案件的法官，不单方接触，以及作出不利决定前应听取相对人的意见。陈述、申辩的权利正是前述公正原则的反映，其要求行政机关在作出行政处罚决定前应事先通知相对人，并听取相对人对有关事实、理由的陈述、解释或申辩，同时行政机关也应对这些陈述和申辩进行适当的考量，不能先入为主。行政公开原则要求行政机关公开行政行为的内容、过程和相关信息，充分保障相对人的知情权。陈述、申辩的权利意味着行政机关在作出行政处罚前必须告知相对人相关的信息，听取其意见，并说明作出处罚的依据和理由，从而契合行政公开原则的要求。

二是尊重和保障人权的要求。我国《宪法》第33条规定，国家尊重和保障人权。在行政管理特别是行政处罚领域，行政机关与相对人之间并不处于完全对等的地位，行政机关作为公权力机关，有权依法对相对人实施一定的制裁，相对人有服从的义务。但这并不意味着行政机关在行政处罚的实施中有着“高人一等”的地位。相对人对于行政机关的事实认定和法律适用是否正确，可以提出自己不同的意见，亦可提出自己的主张和要求，并提供相关的证据。一些行政机关将当事人的申辩看作“态度不好”，予以加重处罚，这种观念亦应得到纠正，《行政处罚法》第45条第2款规定：“行政机关不得因当事人陈述、申辩而给予更重的处罚”，强调了陈述和申辩是当事人的正当权利，行政机关不得剥夺、限制或变相地剥夺、限制。

三是提高行政机关公信力的要求。《中共中央关于全面深化改革若干重大问题的决定》提出，要“增强政府公信力和执行力，建设法治政府和服务型政府”。行政处罚作为行政机关在行政管理中的一项重要活动，同时也是对相对人权利义务产生直接影响的活动，其实施是否合法公正直接关系广大人民群众对于政府的看法。在行政处罚中设置更为全面的程序保障，使行政机关能够直接听取当事人的意见，甚至广泛听取各方面的意见，有利于行政机关全面、客观、公正地查明案件事实，从而作出合法、公正的处罚决定，亦有利于形成公民参与行政决定、监督行政执法的良好机制，强化行政机关及其执法人员的自我约束与监督，最大限度避免权力滥用，确立广大民众对行政机关的信赖。同时，陈述、申辩权的确立亦有助于减少行政争议，提高行政效率。尽管这些程序本身会花费一定的时间，但在此过程中，行政机关可及时发现原先决定中可能存在的错误，及时予以纠正，同时，相对人进行申辩和行政机关说明依据与理由的过程也有助于使相对人更好地理解和服从最终的处罚决定，从而减少因此产生的纠纷，从总体上确保行政权行使的效率。

在相对人陈述、申辩权的具体内容上，《行政处罚法》第五章“行政处罚的决定”一章有着比较全面的规定。根据该章的规定，陈述、申辩权包含以下内容：一是告知制度，行政机关在作出行政处罚决定之前，应当告知当事人拟作出的行政处罚内容及事实、理由、依据，并告知当事人依法享有的陈述、申辩、要求听证等权利。二是听取意见制度，当事人有权进行陈述和申辩。行政机关必须充分听取当事人的意见，对当事人提出的事实、理由和证据，应当进行复核；当事人提出的事实、理由或者证据成立的，行政机关应当采纳。三是听证制度，对于对相对人权利义务影响较重的行政处罚，行政机关应当告知当事人有要求听证的权利，当事人要求听证的，行政机关应当组织听证，并根据听证笔录作出决定。四是对陈述、申辩权的保障制度，包括行政机关应采取信息化手段或者其他措施，为当事人查询、陈述和申辩提供便利，不得因当事人陈述、申辩而给予更重的处罚，以及除非当事人明确放弃陈述或者申辩权利，否则行政机关未向当事人告知拟作出的行政处罚内容及事实、理由、依据，或者拒绝听取当事人的陈述、申辩，不得作出行政处罚决定。

## 二、公民、法人或其他组织享有申请行政复议和提起行政诉讼的权利

行政复议与行政诉讼是监督行政机关和对行政相对人施以救济的重要方式。行政复议指的是国家行政机关在行使其行政管理职权时，与作为被管理对象的行政相对方发生争议，根据行政相对方的申请，由上一级国家行政机关或者法律、法规规定的其他机关依法对引起争议的具体行政行为进行复查并作出决定的一种行政活动。行政复议是一种上级国家行政机关对下级国家行政机关实施的一种制度化的监督。现行《行政复议法》第6条规定："有下列情形之一的，公民、法人或者其他组织可以依照本法申请行政复议：（一）对行政机关作出的警告、罚款、没收违法所得、没收非法财物、责令停产停业、暂扣或者吊销许可证、暂扣或者吊销执照、行政拘留等行政处罚决定不服的……"该规定明确各类行政处罚属于行政复议的范围。行政诉讼则是指公民、法人或其他组织认为行政行为侵犯其合法权益，依据《行政诉讼法》的规定向人民法院提起诉讼，人民

法院依法对行政行为是否合法等进行审查的活动。《行政诉讼法》第12条规定："人民法院受理公民、法人或者其他组织提起的下列诉讼：（一）对行政拘留、暂扣或者吊销许可证和执照、责令停产停业、没收违法所得、没收非法财物、罚款、警告等行政处罚不服的……"亦明确将行政处罚纳入受案范围。需要指出的是，可以提起行政复议或行政诉讼的公民、法人或其他组织并不仅限于被处罚人，与行政处罚结果有利害关系的主体，例如行政违法行为的受害者，认为行政机关未依法对违法者施以行政处罚，或者认为行政机关所作出的处罚决定过轻的，同样可以依法提起行政复议或行政诉讼。

## 三、公民、法人或其他组织享有申请行政赔偿的权利

行政赔偿是指行政机关及其工作人员在行使职权过程中违法侵犯公民、法人或其他组织的合法权益并造成损害，国家对此承担的赔偿责任，其与司法赔偿均属于国家赔偿的一部分。我国《宪法》第41条第3款规定："由于国家机关和国家工作人员侵犯公民权利而受到损失的人，有依照法律规定取得赔偿的权利。"这一方面有利于保障公民、法人和其他组织的合法权益，使其已经遭受侵害的权利得以恢复和补救，并减少和防止侵权现象的发生；另一方面也可以有效地监督和促进国家机关依法行使职权，提升国家机关及其工作人员的责任心和使命感。《国家赔偿法》第3条规定："行政机关及其工作人员在行使行政职权时有下列侵犯人身权情形之一的，受害人有取得赔偿的权利：（一）违法拘留或者违法采取限制公民人身自由的行政强制措施的……"第4条规定："行政机关及其工作人员在行使行政职权时有下列侵犯财产权情形之一的，受害人有取得赔偿的权

利：（一）违法实施罚款、吊销许可证和执照、责令停产停业、没收财物等行政处罚的……”根据《国家赔偿法》的相关理论与规定，本条规定可从以下三个方面来理解：首先，公民、法人或者其他组织提出赔偿请求的前提是行政机关违法实施行政处罚，包括违反行政处罚的法定主体、案件事实不清、主要证据不足、适用法律错误、违反法定程序等；其次，行政机关违法实施行政处罚，对公民、法人或其他组织造成损害，其违法行为与损害之间需存在因果关系；最后，对于损害的赔偿范围，应以直接损失为原则，对于人身权损害的赔偿方式包括支付赔偿金、精神损害抚慰金，以及消除影响，恢复名誉，赔礼道歉等，对于财产权损害的赔偿方式包括返还财产、恢复原状、支付赔偿金及经常性费用开支等。

## 实务应用

### 李某某不服宁德市公安局某分局治安行政处罚决定案[①]

李某某与第三人张某某住所相邻，张某某利用业余时间在家辅导学生练钢琴，2006年3月至6月间李某某女儿高考复习准备阶段，李某某为了不影响女儿复习，要有一个安静的学习环境，于2006年3月12日通过发短信的方式向张某某提出要求，但李某某没有讲清自己的身份与住所，双方各执己见，互不相

① 该案为国家法官学院、中国人民大学法学院编：《中国审判案例要览（2008年行政审判案例卷）》收录案例，参见福建省宁德市蕉城区人民法院〔2006〕蕉行初字第31号行政判决书、福建省宁德市中级人民法院〔2007〕宁行终字第19号行政判决书。

让，出现了过激的言辞。2006年8月底，张某某向宁德市公安局某分局蕉北派出所报案，蕉北派出所立案后于9月8日传唤李某某及其女儿并制作询问笔录，当日下午经协调，李某某等与张某某达成一致意见，并制作“关于赔礼道歉及精神损失调解书”。9月11日11时10分，蕉北派出所工作人员向李某某制作告知笔录，问是否提出陈述和申辩。李某某回答，要求陈述和申辩。当日12时22分，宁德市公安局某分局向李某某送达公安行政处罚决定书，认定其于2006年3月至5月间多次用手机向张某某发送信息，干扰其正常生活，依据《治安管理处罚法》第42条第5项之规定，决定给予行政拘留3天的处罚。李某某申请行政复议，宁德市公安局作出维持的行政复议决定，李某某不服提起行政诉讼。

一审法院认为，宁德市公安局某分局认定李某某的行为构成发送信息干扰他人正常生活的行为没有事实根据，且处罚决定程序违法。在程序违法方面的主要理由有：（1）本案宁德市公安局某分局虽然按照《行政处罚法》第31条规定，履行告知程序，但在李某某要求陈述和申辩时，宁德市公安局某分局没有按照《行政处罚法》第32条规定保障李某某行使权利。李某某于2006年9月11日11时10分在告知笔录上签名要求陈述和申辩，宁德市公安局某分局于2006年9月11日12时22分就送达了公安行政处罚决定书。李某某要求陈述、申辩后，宁德市公安局某分局如何让李某某行使权利以及原告作怎样的陈述、申辩，均没有证据体现。也没有对当事人提出的事实、理由和证据进行复核的材料。（2）《行政处罚法》第41条规定：“行政机关及其执法人员在作出行政处罚决定之前，不依照本法第三十一条、

第三十二条的规定向当事人告知给予行政处罚的事实、理由和依据，或者拒绝听取当事人的陈述、申辩，行政处罚决定不能成立……”本案在李某某要求陈述和申辩的情况下，宁德市公安局某分局没有听取陈述和申辩就送达处罚决定书，可视为拒绝听取当事人的陈述和申辩，行政处罚决定不能成立。宁德市公安局某分局上诉后，二审法院维持原判。

本案显示了行政处罚当事人所享有的陈述、申辩权利，以及当权利被剥夺时可以享有的法律救济渠道。《行政处罚法》规定，“公民、法人或者其他组织对行政机关所给予的行政处罚，享有陈述权、申辩权”，并在第五章“行政处罚的决定”中进行了具体规定。当事人陈述、申辩的权利一方面是相对人享有的正当权利，另一方面也是行政处罚决定公正性的保障，如果不充分确保相对人的陈述、申辩权，不但使处罚机关容易偏听偏信，违反行政处罚的公正性，同时也可能导致事实认定不清的局面。对于行政机关拒绝听取当事人的陈述、申辩的情况，当事人有权申请行政复议或提起行政诉讼。此外，对于本案受处罚行为的“受害”一方，即张某某，假如其认为行政机关处罚决定不合法，或者存在应予处罚但没有处罚的情况，亦享有申请行政复议和提起行政诉讼的权利。

## 第八条【行政责任与民事、刑事责任的关系】

公民、法人或者其他组织因违法行为受到行政处罚，其违法行为对他人造成损害的，应当依法承担民事责任。

违法行为构成犯罪，应当依法追究刑事责任的，不得以行政处罚代替刑事处罚。

## 法条沿革

本条是对行政责任与民事、刑事责任之间关系的规定，为此次修订中修改的条文。本次修法将第1款“公民、法人或者其他组织因违法受到行政处罚”修改为“公民、法人或者其他组织因违法行为受到行政处罚”，以便与下一句中“其违法行为对他人造成损害”保持一致。第2款“违法行为构成犯罪的，应当依法追究刑事责任”修改为“违法行为构成犯罪，应当依法追究刑事责任的”，因为本条的目的并不在于为犯罪行为设置刑事责任，而在于明确当某行为构成犯罪，应追究刑事责任时，行政机关应如何处理的问题。上述修改使《行政处罚法》的条文在表述上更为准确。

## 规范目的或功能

本条的目的在于解决行政责任与民事、刑事责任之间的关系。在行政责任与民事责任的关系上，行政责任不能取代民事责任，不能以行为人已受到行政处罚为由，而减轻其应承担的民事赔偿责任。在行政责任与刑事责任的关系上，过去由于法律规定不完善，存在个别行政机关“以罚代刑”的情形，同时，由于法条竞合的存在，行政处罚与刑事处罚交叉、重叠的现象在所难免，如果不对这些问题加以解决，很容易打乱法律秩序，造成执法主体之间权责不明、越权处罚、重复处罚或推卸责任不予处罚的现象。因此，本条对行政责任与刑事责任之间的关系予以明确，有助于不同部门法之间的衔接，确保法律体系内部的协调性。

## 规范内容

本条规定了行政责任与民事责任、刑事责任之间的关系，具体可从以下两个方面加以认识。

### 一、行政处罚与民事责任的关系

民事责任是民事主体因违反其民事义务，诸如违反合同义务、侵害他人人身财产权利等而应当承担的法律责任。《民法典》第1165条规定，行为人因过错侵害他人民事权益造成损害的，应当承担侵权责任。该规定明确了我国侵权责任上的过错责任原则。根据过错责任原则，侵权责任有违法行为、损害事实、因果关系和主观过错四个要件。其中违法行为指的是行为人实施的行为在客观上违反法律规定。[①]《行政处罚法》的立法目的在于维护公共利益和社会秩序，保护公民、法人或者其他组织的合法权益，很多违法行为正是因其直接侵害公民、法人或其他组织权益而应受到行政处罚。例如《治安管理处罚法》第三章中专辟一节，对“侵犯人身权利、财产权利的行为和处罚”进行了规定，这些行为的实施者在受到行政处罚的同时，自然也应就其侵权行为给受害人造成的损害予以赔偿。关于行政处罚中的罚款与民事责任之间的先后顺序，受处罚人无力同时承担罚款与民事赔偿责任，应以民事赔偿责任为先。例如《公司

---

① 最高人民法院民法典贯彻实施工作领导小组主编：《中华人民共和国民法典侵权责任编理解与适用》，人民法院出版社2020年版，第25—28页。

法》第214条规定，公司违反本法规定，应当承担民事赔偿责任和缴纳罚款、罚金的，其财产不足以支付时，先承担民事赔偿责任。这一点在刑事领域也有类似的规定，《最高人民法院关于刑事裁判涉财产部分执行的若干规定》第13条第1款规定："被执行人在执行中同时承担刑事责任、民事责任，其财产不足以支付的，按照下列顺序执行：（一）人身损害赔偿中的医疗费用；（二）退赔被害人的损失；（三）其他民事债务；（四）罚金；（五）没收财产。"这些规定体现了优先保护违法行为受害者权益的精神。

## 二、行政处罚与刑事处罚的关系

行政处罚与刑事处罚之间的关系涉及的是法条竞合问题，行为人的某一行为，可能既违反行政法规范中的某一规定，同时又触犯刑法中的某条规定，从而产生了行政处罚与刑罚的竞合。同时，同一种违法行为，在其情节较轻时可能是行政违法行为，在其情节较重时又可能构成刑事犯罪，这就会导致诸如行政机关先处理案件，但在处理过程中发现其情节已经构成犯罪，需要移送给司法机关，或者司法机关在处理时发现案件情节较轻需要移送给行政机关的情形。对于这些情况，需要注意以下三个问题。首先，应当给予行政处罚的，不得以行政处罚代替刑事处罚，已经给予行政处罚的，在作出刑事处罚时，在罚金和刑期方面应根据本法第35条的规定予以折抵，由于刑事处罚通常来讲严厉程度更高，因此在给予刑事处罚之后，就没有必要再由行政机关予以行政处罚。其次，行政处罚与刑事处罚之间并非完全相互排斥的关系，例如《公司法》第213条规定，利用公司名义从事危害国家安全、社会公共利益的严重违法行为的，吊销营业执照。第215条规定，违反本法规定，构成犯罪的，依法追究刑事责任。在此类情况下，行政处罚与刑事处罚可以并存。最后，对于构成犯罪，但依法不需要追究刑事责任或者免除刑罚的，行政机关仍应依据行政法律规范的规定，对行为人施以相应的行政处罚。我国《刑法》规定，危害社会行为情节显著轻微危害不大的，不认为是犯罪；对于犯罪情节轻微不需要判处刑罚的，可以免予刑事处罚。但这里的情节轻微是对比犯罪行为而言，不代表其行为不具有违法性，如果构成行政违法应施以行政处罚的，行政机关应继续履行实施行政处罚的职责。

## 实务应用

**赖某诉龙岩市地方税务局税务行政处罚决定案**[①]

赖某因非法出售发票涉嫌犯罪，于2003年4月11日被龙岩市公安局取保候审，2003年12月，新罗区人民法院以非法出售发票罪判处赖某管制6个月，并处罚金20000元。龙岩市地方税务局就赖某的同一违法事实，于2003年6月17日立案调查，期间申请延长期限150天。2003年12月2日，龙岩市地方税务局作出行政处罚决定书，对赖某作出罚款30000元的处罚决定。赖某不服，向福建省地方税务局申请复议。福建省地方税务局予以维持。赖某不服，向法院提起诉讼，认为龙岩市地方税务局在司法机关审理案件还无结论前，依法无权对其实施行政处罚。

---

① 该案为国家法官学院、中国人民大学法学院编:《中国审判案例要览（2006年行政审判案例卷）》收录案例，参见福建省龙岩市新罗区人民法院〔2004〕龙新行初字第28号行政判决书、福建省龙岩市中级人民法院〔2005〕岩行终字第8号行政判决书。

龙岩市地方税务局辩称，赖某倒买倒卖发票的行为，不仅违反了《发票管理办法》第38条的规定，而且还违反了《刑法》第209条的规定，触犯了刑律，具有双重处罚性，龙岩市地方税务局对其实施处罚并无不当，亦不违反“一事不再罚”原则。

一审法院认为，龙岩市地方税务局违反法定办案期限，属程序违法。同时，行政处罚是行政执法主体对行政相对人尚未构成犯罪的，违反行政管理秩序的行为给予处罚。《行政处罚法》第38条第1款第4项规定：“违法行为已构成犯罪的，移送司法机关。”本案赖某的行为已构成犯罪，且司法机关已在查处中，龙岩市地方税务局还进行行政立案，作出行政处罚，违反了《行政处罚法》第22条的规定和刑法的原则精神，属适用法律、法规错误，应予撤销。龙岩市地方税务局不服提起上诉。二审法院认为，本案龙岩市地方税务局报其上级审批延长期限并不违反法律法规规定。但《行政处罚法》第22条和国务院《行政执法机关移送涉嫌犯罪案件的规定》第12条、第13条规定，违法行为构成犯罪的，行政机关必须将案件移送司法机关，依法追究刑事责任。只有待司法机关认定当事人的违法行为不构成犯罪，不需要追究刑事责任后，行政执法机关才依法作出处理。本案中，龙岩市地方税务局明知赖某倒买倒卖假发票的行为已被公安机关刑事立案侦查，其本应依法待司法机关作出处理后，再决定是否追究行政责任，可龙岩市地方税务局却在刑事司法程序尚未对赖某处理的情况下，就先行对其作出罚款30000元的行政处罚，明显违反法律规定。最终，二审法院驳回上诉，维持原判。

本案体现了行政处罚与刑事处罚的关系问题。《行政处罚法》

规定，违法行为涉嫌犯罪的，行政机关应当及时将案件移送司法机关，依法追究刑事责任。国务院颁发的《行政执法机关移送涉嫌犯罪案件的规定》第12条规定："行政执法机关对公安机关决定立案的案件，应当自接到立案通知书之日起3日内将涉案物品以及与案件有关的其他材料移交公安机关，并办结交接手续；法律、行政法规另有规定的，依照其规定。"明确了当事人的违法行为已构成犯罪，行政机关就必须将案件移送司法机关追究刑事责任，应当给予刑事处罚的不得以行政处罚代替。上述规定从立法本意上亦隐含了对当事人的同一违法行为，当司法机关依刑事诉讼程序正在查处中，那么行政机关就应待司法机关在刑事诉讼程序中认定该违法行为不构成犯罪，而行政机关又确定其构成行政违法应受行政处罚的，才追究行为人行政责任作出行政处罚。本案中，刑事处罚与行政处罚系针对赖某非法出售假发票这一起违法行为作出，且该行为并不属于法律规定可同时适用行政处罚和刑罚双重处罚的情形，因此，龙岩市地方税务局先行追究赖某的行政责任，作出罚款3万元的行政处罚，明显违反了《行政处罚法》的规定，依法应予撤销。

**吉林省白山市人民检察院诉白山市江源区卫生和计划生育局、白山市江源区中医院环境行政附带民事公益诉讼案**[①]

白山中医院新建综合楼时，未建设符合环保要求的污水处理设施就投入使用。白山市人民检察院调查发现白山中医院通

---

① 该案为最高人民法院2019年发布的十起环境公益诉讼典型案例之十。参见吉林省白山市中级人民法院〔2016〕吉06行初4号行政判决书、吉林省白山市中级人民法院〔2016〕吉06民初19号民事判决书。

过渗井、渗坑排放医疗污水。经对白山中医院排放的医疗污水及渗井周边土壤取样检验，化学需氧量、五日生化需氧量等均超过国家标准。白山市卫生和计划生育局在白山中医院未提交环评合格报告的情况下，对其《医疗机构执业许可证》校验为合格。白山市人民检察院提起诉讼，请求判令白山市卫生和计划生育局于2015年5月18日为白山中医院校验《医疗机构执业许可证》的行为违法；白山市卫生和计划生育局履行法定监管职责，责令白山中医院限期对医疗污水净化处理设施进行整改；白山中医院立即停止违法排放医疗污水。

白山市中级人民法院一审认为，在白山中医院未提交环评合格报告的情况下，白山市卫生和计划生育局对其《医疗机构执业许可证》校验合格，违反相关法律法规规定，该校验行为违法。白山中医院违法排放医疗污水，导致周边地下水及土壤存在重大污染风险，白山市卫生和计划生育局未及时制止，其怠于履行监管职责的行为违法。白山中医院未安装符合环保要求的污水处理设备，通过渗井、渗坑实施了排放医疗污水的行为，产生了周边地下水及土壤存在重大环境污染风险的损害结果，应当承担侵权责任。遂判决确认白山市卫生和计划生育局于2015年5月18日对白山中医院《医疗机构执业许可证》校验合格的行政行为违法；责令其履行监管职责，监督白山中医院在三个月内完成医疗污水处理设施的整改；白山中医院立即停止违法排放医疗污水。一审宣判后，双方当事人均未上诉，一审判决已生效。

本案涉及卫生行政许可及医疗污水污染地下水水体、土壤等环境要素的保护问题，系检察机关提起的全国首例行政附带民事公益诉讼，行政公益诉讼判决与民事公益诉讼判决由法院同一合议庭于同日分别作出。人民检察院依法创新环境公共利益司法保护方式，积极提起行政附带民事公益诉讼，督促行政机关依法履行监管职责，监督行政管理相对人履行环境保护法定义务并承担停止侵害的民事责任，避免了重大环境污染事件的发生，取得了良好的法律效果和社会效果。人民法院采取了行政公益诉讼与民事公益诉讼分别立案，由同一审判组织一并审理、分别裁判的方式，在行政诉讼中将白山中医院作为行政诉讼第三人，充分保障了行政管理相对人发表意见的权利，同时通过民事诉讼程序依法确定白山中医院的民事责任，对于妥善协调同一污染行为引发的行政责任和民事责任具有示范意义。本案凸显了行政附带民事公益诉讼在审理程序上的巨大优势，即在两种诉讼中存在着某些共同的事实和证据问题时，通过附带诉讼的方式，由同一审判组织在同一程序中查明这些事实、认定这些证据，既可以节省时间，又能够避免相互矛盾的判断。对于两种诉讼中相异的事实及证据，合议庭可以行使诉讼指挥权，将两种程序分开处理。

# 第二章

# 行政处罚的种类和设定

## 第九条【行政处罚的种类】

行政处罚的种类：

（一）警告、通报批评；

（二）罚款、没收违法所得、没收非法财物；

（三）暂扣许可证件、降低资质等级、吊销许可证件；

（四）限制开展生产经营活动、责令停产停业、责令关闭、限制从业；

（五）行政拘留；

（六）法律、行政法规规定的其他行政处罚。

## 法条沿革

本条是行政处罚种类的规定，本次修订将行政处罚种类由八类扩展到十三类，增加了通报批评、降低资质等级、责令关闭、限制开展生产经营活动、限制从业五类。

修订前的《行政处罚法》第8条规定了八类行政处罚种类，包括："（一）警告；（二）罚款；（三）没收违法所得、没收非法财物；（四）责令停产停业；（五）暂扣或者吊销许可证、暂扣或者吊销执照；（六）行政拘留；（七）法律、行政法规规定的其他行政处罚。"1996年制定《行政处罚法》的主要目的是解决行政处罚乱的突出问题，因此从规范角度，试图将我国行政处罚种类限定于这八类[①]。经过二十多年的发展，随着市场主体多元化、市场行为多样化，行政执法领域的情况日趋复杂，原八类行政处罚种

① 全国人大常委会法制工作委员会国家法室、行政法室编著：《〈中华人民共和国行政处罚法〉释义》，法律出版社1996年版，第19页。

类难以适应执法实践需求，现行法律、法规、规章中行政处罚种类增加到二十三类，具体表述有一百五十多种，主要增长在名誉罚、资格罚和行为罚方面[①]，因此本次修改将实践中行之有效、适用较为普遍的行政处罚种类予以明确列举，增加了行政处罚种类。

《行政处罚法（修订草案）》第9条规定："行政处罚的种类：（一）警告、通报批评；（二）罚款、没收违法所得、没收非法财物；（三）暂扣许可证件、降低资质等级、吊销许可证件、不得申请行政许可；（四）责令停产停业、限制开展生产经营活动、限制从业、责令停止行为、责令作出行为；（五）行政拘留；（六）法律、行政法规规定的其他行政处罚。"在初审后，有些意见认为不得申请行政许可作为行政处罚种类不够清晰，难以精确表达在行政许可撤销或者吊销后的一段时间内不得申请同类行政许可，禁止从事相关生产经营和执业活动的行政处罚种类，可不在《行政处罚法》中列举，由单行法律法规中规定。同时，有些意见认为责令停止行为、责令作出行为作为行政处罚种类也不够清晰，与责令停止违法行为、责令恢复原状等非行政处罚行为容易混淆。另外，有些意见认为责令关闭是一项较为严厉的行政处罚种类，在生态环保领域运用较为普遍，应当纳入《行政处罚法》种类中予以规范。据此，《行政处罚法（修订草案二次审议稿）》第9条删去了"不得申请行政许可、责令停止行为、责令作出行为"，增加了"责令关闭"，规定："行政处罚的种类：（一）警告、通报批评；（二）罚款、没收违法所得、没收非法财物；（三）暂扣许可证件、降低资质等级、吊销许可证件；

---

① 黄海华：《行政处罚行为的重新定义与分类配置》，载《华东政法大学学报》2020年第4期。

（四）责令关闭、责令停产停业、限制开展生产经营活动、限制从业；（五）行政拘留；（六）法律、行政法规规定的其他行政处罚。”删去三类行政处罚种类颇让人感到遗憾，但不影响其行政处罚性质。此后，行政处罚种类的规定基本定型，《行政处罚法（修订草案三次审议稿）》对行政处罚种类规定未作修改。在修订草案三审阶段，行政处罚种类也未作实质调整，唯一变化之处在于将行为罚按照严厉程度不同进行了顺序调整，规定“责令停产停业、限制开展生产经营活动、责令关闭、限制从业”。

## 规范目的或功能

我国实行行政主导的行政处罚体制，行政处罚行为成为行政机关实施行政管理的重要手段，行政处罚也成为行政执法中最为活跃、常用的执法措施。因此，《行政处罚法》有关行政处罚种类的规定具有指引、规范功能：一是明确列举行政处罚种类，可以为林林总总的行政执法措施定性提供指引，在我国行政行为法律规范尚有不少空白、薄弱之处的背景下，减少实践中某项行政行为是否属于行政处罚行为的争议，这种指引功能尤显重要。二是明确列举的行政处罚种类，应当受到《行政处罚法》有关设定、实施和法律责任规定的规范。三是抑制行政处罚种类过多的功能，除了《行政处罚法》明确列举的行政处罚种类和其他法律、行政法规创设的行政处罚种类外，地方性法规、规章及其他规范性文件不得创设新的行政处罚种类，约束地方性法规、规章及其他规范性文件创设行政处罚种类的冲动。值得一提的是，行政处罚种类规定是“双刃剑”，既有指引、规范功能，也有扩充行政处罚手段、加大处罚强度的间接功能，因此《行政处罚法》规定的行政处罚种类是“复制”其他法律法规中的行政处罚种类规定，本身不是创设；列举的数量既不是越少越好，也不是越多越好。

## 规范内容

本条根据行政处罚类型“五分法”的理论逻辑进行编排，第一项为名誉罚，第二项为财产罚，第三项为资格罚，第四项为行为罚，第五项为人身罚，第六项为兜底条款。

### 一、警告、通报批评

名誉罚，又称声誉罚、精神罚，是指行政机关向违法者发出警戒，申明其有违法行为，通过对其名誉、荣誉、信誉等施加影响，引起其精神上的警惕，使其不再违法的行政处罚，包括警告、通报批评等。

警告是指行政机关对有违法行为的公民、法人或者其他组织提出告诫，使其认识自己违法所在和如何改正的一种处罚种类[①]。警告是行政处罚中最轻的一种，一般适用于较为轻微、对社会危害程度不大的违法行为，可以当场作出。目前有95部法律、267件行政法规和大量地方性法规、部门规章、地方政府规章规定了警告的行政处罚。

通报批评是指行政机关对违法行为人通过书面批评加以谴责和告诫，指出其违法行为，避免其再犯[②]。目前，《慈善法》等

① 陈斯喜著：《行政处罚法理论与适用》，法律出版社1996年版，第16页。

② 应松年、马怀德主编：《中华人民共和国行政处罚学习辅导》，人民出版社1996年版，第64页。

7部法律、《船舶和海上设施检验条例》等19件行政法规、《建设项目环境影响评价行为准则与廉政规定》等8件部门规章、《浙江省广播电视管理条例》等14件地方性法规规定了通报批评的行政处罚。同时，证券管理领域运用较多的公开谴责等也属于通报批评。值得一提的是，通报批评的适用范围较广，不仅适用于对行政违法行为的惩处，也适用于行政机关内部监督和党内监督。对行政违法行为予以通报批评，属于行政处罚。上级行政机关对下级行政机关及其工作人员的违法违规行为予以通报批评，以及党组织对党员干部违规违纪行为予以通报批评，则属于党政问责的追责措施，不属于行政处罚。

## 二、罚款、没收违法所得、没收非法财物

财产罚是指行政机关剥夺违法者因违法行为所获经济利益及其部分财产，通过经济制裁手段实现惩戒目的的行政处罚，包括罚款、没收违法所得、没收非法财物等。

罚款是指行政机关对实施行政违法行为的当事人进行的一种经济性制裁，通过使当事人财产受到损失的方法起到惩戒的目的①。罚款是最为常用、最普遍的行政处罚种类，目前有176部法律、552件行政法规和大量地方性法规、部门规章、地方政府规章规定了罚款的行政处罚。

没收违法所得是指行政机关依法将当事人因从事违法行为而获得金钱收入强制无偿收归国有的一种行政处罚。目前有129部法律、195件行政法规和大量地方性法规、部门规章、地方政府规章规定了没收违法所得、没收非法所得、没收违法收入的

---

① 胡锦光著：《行政处罚研究》，法律出版社1998年版，第34页。

行政处罚。在修法过程中，有的学者认为没收违法所得剥夺的不是当事人的合法财产，不符合“新的不利负担”行政处罚定义，其功能属于恢复原状并不是制裁，我国刑事法律制度中没收违法所得也并不是财产刑，因此不属于行政处罚[①]。这次修法维持没收违法所得为行政处罚，主要考虑是：首先，社会科学不同于自然科学，找寻唯一性规律常是一种奢望，退而求其次“两害相权取其轻、两利相权取其重”才是现实。因此，自然科学领域中可以用一个反例来推翻相关定论，社会科学领域中应慎用以个例否定普遍标准的方法。“新的不利负担”标准可以解释绝大多数行政处罚行为，没收违法所得不完全符合这一标准，但涉及较大的财产利益，因此是法律据于更好保护而作的例外规定，可以看作一种法律拟制，也就是说换了一种方式实现相互衔接、相互融贯。其次，目前，除《行政处罚法》外，还有很多单行法律也将没收违法所得作为行政处罚，没收违法所得作为行政处罚的观念已经形成，并在行政执法实践中普遍实施。如作调整，大量法律、法规、规章需要予以修改，行政执法中观念认识需要改变，显性和隐性社会成本较高。仅仅为了理论逻辑圆满，是否值得付出如此之高的社会成本，需要作出权衡选择。再次，本次修法对没收违法所得作了界定，原则上是指实施违法行为所取得的款项，不扣除成本，因此违法所得中包括了当事人的合法财产，部分符合了“新的不利负担”的标准。最后，明确“新的不利负担”与恢复原状之间的界限。理解和把握“恢复原状”中的“原状”，既不能过窄，纵容违法行为，也不能过宽，增加当事人过多负担。具体可以有几条标准：（1）

① 王青斌：《行政法中的没收违法所得》，载《法学评论》2019年第6期。

法定性，优先由法律来判断什么是原状；（2）直接性，原则上应当与违法行为直接关联，不应扩大至违法行为造成的潜在影响；（3）确定性，需要充分考虑行政执法的效率需求，原状是明确、容易认定的。超出恢复原状的范围，就属于“新的不利负担”。

没收非法财物是指行政机关依法将当事人从事违法行为过程中的违禁物品、违法财物和违法工具强制无偿收归国有的一种行政处罚。这里争议较大的是违法工具是否一律予以没收的问题，应当依据法律法规的规定，结合违法行为的轻重情节，予以妥善处理。

## 三、暂扣许可证件、降低资质等级、吊销许可证件

资格罚是指限制或者剥夺当事人行政许可资格，以及行政机关认定、同意的其他非行政许可类资格的行政处罚，包括暂扣许可证件、降低资质等级、吊销许可证件等。

暂扣许可证件是指行政机关依法对违反行政管理秩序的当事人实行暂时扣留许可证件，以暂时剥夺当事人从事某项生产经营活动、执业的权利的行政处罚。这次修法将“暂扣许可证、暂扣执照”修改为“暂扣许可证件”，主要考虑与《行政许可法》相衔接，适应正在推行的证照改革。《行政许可法》第39条规定，行政许可证件包括：许可证、执照或者其他许可证书；资格证、资质证或者其他合格证书；行政机关的批准文件或者证明文件；法律、法规规定的其他行政许可证件。许可证件涵括性更大，包括许可证、执照，但不限于许可证、执照。按照证照改革的要求，开始探索将营业执照由行政许可改为行政确认，暂扣营业执照不再属于资格罚。

降低资质等级是指行政机关依法对违反行政管理秩序的当事人所取得的行政许可由较高等级降为较低等级，限制当事人生产经营活动的范围的行政处罚。目前，《城乡规划法》等4部法律、《地质灾害防治条例》等7件行政法规、《公路建设监督管理办法》等101件部门规章、《青海省物业管理企业资质管理规定》等320件地方性法规和地方政府规章规定了降低资质等级的行政处罚。此次修法增加列举降低资质等级行政处罚，细化了资格罚行政处罚种类。

吊销许可证件是指行政机关依法对违反行政管理秩序的当事人取消其所取得的行政许可证件，剥夺当事人从事某项生产经营活动、执业的权利的行政处罚。目前多部法律法规规定了吊销许可证、吊销营业执照、吊销登记证书、取消资格的行政处罚。

## 四、限制开展生产经营活动、责令停产停业、责令关闭、限制从业

行为罚又称义务罚，是指要求当事人不得作出某种行为或者要求当事人作出某种行为的行政处罚，包括限制开展生产经营活动、责令停产停业、责令关闭、限制从业等。

限制开展生产经营活动是指行政机关依法对违反行政管理秩序的当事人限制其从事新的生产经营活动的行政处罚，包括责令停止接受新业务，在吊销许可证件、注销登记、解除协议或者撤销特许经营权后在一定期限内禁止开展相关生产经营活动。这项行政处罚种类是新增的内容，是对当事人尚未从事生产经营活动的限制，体现了行政管理精细化趋势。

责令停产停业是指行政机关依法对违反行政管理秩序的当

事人，限制其在一定期限内停止全部或者部分生产经营活动的行政处罚。实践中，责令停产停业包括责令停业整顿、责令停止生产、责令停止经营、责令停止活动、责令限制生产、责令暂停相关业务、禁止参加政府采购、禁止参与招标活动等。《疫苗管理法》等78部法律、《快递暂行条例》等115件行政法规、《道路危险货物运输管理规定》等555件部门规章和大量地方性法规和政府规章规定了责令停产停业的行政处罚。

责令关闭是指行政机关依法对违反行政管理秩序的当事人停止全部生产经营活动的行政处罚。《水污染防治法》等25部法律、《人力资源市场暂行条例》等16件行政法规规定了责令关闭企业、场所、职业中介机构、公共图书馆、建设项目、网站等行政处罚。责令关闭是一类较为严厉的行政处罚种类，在实践中应当针对严重违法行为依法慎重作出。

限制从业是指行政机关依法对违反行政管理秩序的当事人限制其从事一定职业的行政处罚。限制从业针对的是公民而非企事业单位，同时限制的是非行政许可的从业活动。实践中《药品管理法》等30部法律、《认证认可条例》等29件行政法规、《江苏省征兵工作条例》等75件地方性法规和政府规章规定了公民不得担任单位法定代表人、负责人、董事、监事、高级管理人员，禁止在一定期限内从事相关工作的行政处罚。

## 五、行政拘留

人身罚也称自由罚，是指行政机关在一定期限内限制当事人人身自由的行政处罚，主要是指行政拘留。我国一直以来对限制人身自由的行政处罚均较为慎重，修订后的《行政处罚法》第18条第3款规定，限制人身自由的行政处罚权只能由公安机关和法律规定的其他机关行使。目前，限制人身自由的行政处罚只能由法律规定，行政法规、地方性法规和规章均无权设定，适用领域主要是治安管理以及环境保护、药品管理等领域，有权实施行政拘留的只有公安机关、国家安全机关和海警机构。

## 六、法律、行政法规规定的其他行政处罚

上述十三类行政处罚种类是行政处罚的基本种类，也是运用较为普遍的种类。考虑到行政管理的复杂性，不排除行政机关需要根据实际情况增加新的行政处罚种类，因此本条规定了兜底条款，法律、行政法规可以增加新的行政处罚种类。在修法过程中，有不少意见建议地方性法规也可以增加新的行政处罚种类。为规范行政处罚行为，防止行政处罚种类过多，维护国家法制统一，本项未作修改。

## 实务应用

一些容易产生争议的行政措施性质归属。

一是关于收缴非法财物和追缴违法所得。《治安管理处罚法》《海关法》等规定了收缴违禁品、违法工具和追缴违法所得，但未明确收缴和追缴为行政处罚。实践中，对其法律性质争议较大。多数意见认为收缴、追缴与没收的适用情形、处理对象、法律效果并无差别，属于行政处罚。如《动物防疫法》第103条规定，转让、伪造或者变造检疫证明、检疫标志或者畜禽标识的，由县级以上地方人民政府农业农村主管部门没收违法所得和检疫证明、检疫标志、畜禽标识。但是，有的法律规定的收缴，并非对违法行为的惩戒，而是一项事实行为，不属于行政

处罚。如《境外非政府组织境内活动管理法》第49条中规定，对被撤销登记、吊销登记证书的，由登记管理机关收缴其登记证书、印章并公告作废。

二是关于暂停许可类执业活动。暂停许可类执业活动，是指对已经取得行政许可资格的执业人员，在一定期限内暂停其执业活动，适用对象包括：律师、基层法律服务工作者、公证员、司法鉴定人员、注册会计师、执业医师、护士、专利代理师、注册建筑师、注册工程师、注册消防工程师等。资格罚脱胎于行为罚，限制或者剥夺资格，也就是限制或者禁止生产经营行为和执业行为，因此两者有交叉。同样是限制或者禁止生产经营行为和执业行为，有些法律法规规定的处罚限制或者剥夺违法者的资格，有些法律法规限制或者禁止违法者的相关行为。为保持统一性，将涉及资格的行政处罚归入资格罚，同时将暂停许可类执业活动纳入资格罚更为适宜。

三是关于不得申请行政许可。不得申请行政许可，是指在行政许可撤销或者吊销后的一段时间内不得申请同类行政许可，禁止从事相关生产经营和执业活动。有的规章中明确要求行政机关决定违法者一定期限内不得申请行政许可，应当作出行政处罚决定书。一定期限内不得申请行政许可性质属于行政处罚，可归入资格罚类型。

四是关于责令停止行为。在法律、法规和规章中，作为行政处罚的责令停止行为与属于责令改正的责令停止违法行为，由于用语近似、内容相近，容易被混淆，但在法理上是可以区分的。责令停止违法行为是责令违法者停止本不应作出的违法行为，没有增加违法者的义务和负担，因此不属于行政处罚。《行政处罚法》第28条第1款规定：“行政机关实施行政处罚时，应当责令当事人改正或者限期改正违法行为。”而责令停止行为是责令违法者停止其相关合法行为，增加了违法者的义务和负担，因此属于行政处罚。以责令停止建设为例，《安全生产法》规定未经许可从事核设施建造活动的，责令停止建设。这里的建设行为未经许可本身是违法的，因此责令停止建设属于责令改正。《防治海洋工程建设项目污染损害海洋环境管理条例》规定在围填海工程中使用的填充材料不符合有关环境保护标准拒不改正的，责令停止建设。这里的建设行为本身是合法的，但由于建设过程中出现了违法行为而被责令停止建设，因此责令停止建设属于责令停止行为的行政处罚。

五是关于责令作出行为。责令作出行为容易与责令改正中的责令恢复原状混淆。两者的区分标准也是是否额外增加了当事人的不利负担。以责令补种为例，《公路安全保护条例》规定责令补种擅自更新采伐的林木，这里的责令补种是责令恢复原状，没有增加违法者的义务和负担，因此属于责令改正。《森林法》规定滥伐林木，责令补种五倍滥伐林木株数。这里的责令补种超出了恢复原状的范围，增加了违法者的义务和负担，因此属于行政处罚。

六是关于行政处罚与行政强制措施。在不少法律、法规和规章中，有些行政处罚与行政强制措施的名称是相同或接近的，需要作出区分。如暂扣证照，《道路交通安全法》第110条中规定执行，职务的交通警察认为应当对道路交通违法行为人给予暂扣或者吊销机动车驾驶证处罚的，可以先予扣留机动车驾驶证。暂扣机动车驾驶证是行政处罚，先予扣留机动车驾驶证是行政强制措施。又如限制或者暂停部分业务，停止批准新增业务或者分支机构等。《证券法》《银行业监督管理法》在审慎监管措施中规定了上述措施，其性质属于行政强制措施，但不能因此就认为只要是这些名称的行政行为，就一律是行政强制措施，或者创设为一类非行政处罚监管措施。上述行政行为作为对违法行为的惩处手段，符合行政处罚定性的，就应当是行政处罚行为。

**第十条【法律设定行政处罚的权限】**

法律可以设定各种行政处罚。

限制人身自由的行政处罚，只能由法律设定。

## 法条沿革

本条是法律设定行政处罚权限的规定，原条文本次修订未作修改。在此次修法过程中，各方面没有对本条提出修改建议。

## 规范目的或功能

全国人大及其常委会制定的法律位阶仅次于宪法，只要不同宪法相抵触，可以规定任何事项，包括各种行政处罚。人身自由是公民最为基本的权利，限制人身自由是一种极其严厉的处罚，绝大多数国家的法律都不给予行政机关限制人身自由的权力。我国《宪法》明确规定："中华人民共和国公民的人身自由不受侵犯。"据于"少刑化"指导思想，我国规定了限制人身自由的行政处罚，类似于国外的轻罪，但也作了严格限制，秉持特别慎重的态度。《立法法》规定，对公民限制人身自由的强制措施和处罚，只能制定法律。本条进一步规定，限制人身自由的行政处罚只能由法律设定。也就是说，除了法律，其他任何形式的规范性文件均不得规定限制人身自由的行政处罚。

## 规范内容

本条对法律设定行政处罚权限作了规定。

### 一、法律可以设定各种行政处罚

《立法法》第7条规定："全国人民代表大会和全国人民代表大会常务委员会行使国家立法权。全国人民代表大会制定和修改刑事、民事、国家机构的和其他的基本法律。全国人民代表大会常务委员会制定和修改应当由全国人民代表大会制定的法律以外的其他法律；在全国人民代表大会闭会期间，对全国人民代表大会制定的法律进行部分补充和修改，但是不得同该法律的基本原则抵触。"在我国法律体系中，法律的效力仅次于宪法。根据本条规定，法律可以设定第9条规定的任何行政处罚种类，也可以创设任何一种行政处罚。

法律可以设定各种行政处罚也不是没有边际的。《立法法》第87条规定："宪法具有最高的法律效力，一切法律、行政法规、地方性法规、自治条例和单行条例、规章都不得同宪法相抵触。"《宪法》第38条规定："中华人民共和国公民的人格尊严不受侵犯。禁止用任何方法对公民进行侮辱、诽谤和诬告陷害。"第40条规定："中华人民共和国公民的通信自由和通信秘密受法律的保护。除因国家安全或者追查刑事犯罪的需要，由公安机关或者检察机关依照法律规定的程序对通信进行检查外，任何组织或者个人不得以任何理由侵犯公民的通信自由和通信秘密。”据此，法律不得设定侮辱公民人格尊严的行政处罚，也不得设定限制或者剥夺公民通信自由和通信秘密的行政处罚。

## 二、限制人身自由的行政处罚只能由法律设定

《立法法》第8条中规定，限制人身自由的强制措施和处罚只能制定法律。限制人身自由的行政处罚属于法律保留事项。行政法规、地方性法规、自治条例和单行条例、规章以及其他规范性文件都不得设定限制人身自由的行政处罚。这是我国宪法原则在行政处罚领域的具体体现。当然，行政法规、地方性法规、自治条例和单行条例、规章在法律设定的限制人身自由行政处罚基础上，作进一步细化规定，不属于设定限制人身自由行政处罚，是可以的。

## 实务应用

实践中，限制人身自由的行政处罚只能由法律设定，得到了普遍遵循，已经深入人心。国家高度重视对公民人身自由、通信自由的保护，现举两个备案审查的例子来说明之。

《最高人民检察院关于人民检察院审查逮捕工作中适用“附条件逮捕”的意见（试行）》规定：“在重大案件中，现有证据已证明嫌疑人基本构成犯罪，侦查机关认为进一步侦查能收集到定罪所必需的证据，经检察长或检委会决定可以批准。”司法解释规定附条件逮捕，降低了逮捕的门槛，实际上设定了新的限制人身自由措施。第十二届全国人大常委会第三十一次会议审议的《全国人民代表大会常务委员会法制工作委员会关于

十二届全国人大以来暨2017年备案审查工作情况的报告》中提到:“对有关司法解释规定‘附条件逮捕’制度的问题进行审查研究，经与制定机关沟通，相关司法解释已于2017年4月停止执行。”

某省《道路交通安全条例》中规定:“应调查交通事故案件需要，公安机关交通管理部门可以查阅或者复制交通事故当事人通讯记录，有关单位应当及时、如实、无偿提供，不得伪造、隐匿、转移、销毁。”2019年第十三届全国人大常委会第十五次会议审议的《全国人民代表大会常务委员会法制工作委员会关于2019年备案审查工作情况的报告》中提到:“有的地方性法规规定，公安机关交通管理部门调查交通事故时可以查阅、复制当事人通讯记录。全国人大常委会法工委经审查认为，该规定不符合保护公民通信自由和通信秘密的原则和精神；对公民通信自由和通信秘密保护的例外只能是在特定情形下由法律作出规定，有关地方性法规所作的规定已超越立法权限。经向制定机关指出后，有关规定已经修改。”

## 第十一条【行政法规设定行政处罚的权限】

行政法规可以设定除限制人身自由以外的行政处罚。

法律对违法行为已经作出行政处罚规定，行政法规需要作出具体规定的，必须在法律规定的给予行政处罚的行为、种类和幅度的范围内规定。

法律对违法行为未作出行政处罚规定，行政法规为实施法律，可以补充设定行政处罚。拟补充设定行政处罚的，应当通过听证会、论证会等形式广泛听取意见，并向制定机关作出书面说明。行政法规报送备案时，应当说明补充设定行政处罚的情况。

## 法条沿革

本条是行政法规设定行政处罚权限的规定，本次修订增加了第3款，适当扩大了行政法规设定行政处罚的权限。

多年来，不少地方的同志在多种场合呼吁适当扩大地方性法规设定行政处罚的权限。此次修法一个主要的方面是回应地方同志的意见，适当扩大地方性法规设定行政处罚的权限，发挥地方性法规在地方治理中的积极作用。《行政处罚法（修订草案）》增加规定了地方性法规补充设定行政处罚权限后，有关部门提出行政法规也需要相应地补充设定行政处罚权限，因此《行政处罚法（修订草案二次审议稿）》增加了相应规定。之后，该规定基本定型，未作新的修改。

## 规范目的或功能

1996年《行政处罚法》，确定了不同位阶的法律规范有不同行政处罚设定权限的制度。对于行政法规能否设定行政处罚的问题，在充分讨论后，考虑到我国立法体制赋予国务院有制定行政法规的权限，行政管理涉及面较广，不可能都由法律来规范等实际情况，需要赋予行政法规较大的行政处罚设定权限。这次修法进一步明确，在已有上位法的情况下，行政法规原则上仍需在法律规定的给予行政处罚的行为、种类和幅度的范围内规定行政处罚，但是可以对法律规定了违法行为但未规定行政处罚的情况下，补充设定行政处罚。以此适当扩大了行政法规的行政处罚设定权限。

## 规范内容

行政法规设定行政处罚的权限可以从三个层面来理解。

### 一、尚未制定法律的情况下，行政法规可以作创制性规定，设定除限制人身自由行政处罚以外的其他行政处罚

《立法法》第65条规定："国务院根据宪法和法律，制定行政法规。行政法规可以就下列事项作出规定：（一）为执行法律的规定需要制定行政法规的事项；（二）宪法第八十九条规定的国务院行政管理职权的事项……"第9条规定："本法第八条规定的事项尚未制定法律的，全国人民代表大会及其常务委员会有权作出决定，授权国务院可以根据实际需要，对其中的部分事项先制定行政法规，但是有关犯罪和刑罚、对公民政治权利的剥夺和限制人身自由的强制措施和处罚、司法制度等事项除外。"因此，行政法规在没有上位法律的情况下，有相应的立法权限，尤其是可以对国务院行政管理职权的事项作出规定。本条进一步规定，行政法规可以设定除限制人身自由行政处罚以外的其他行政处罚，也就是说行政法规可以设定本法第8条第1项至第4项，以及第6项规定的行政处罚。

### 二、已经有上位法律的情况下，行政法规可以对法律规定的行政处罚作具体规定，但必须在法律规定的违法行为、处罚种类和幅度范围内作出规定

法律对违法行为作出行政处罚规定的，也就意味着法律对

什么是违法行为，什么是合法行为，对哪些违法行为给予行政处罚，给予何种行政处罚，给予多重的行政处罚等，均作出了规定。法律在我国法律体系中效力等级高于行政法规。为了执行法律，行政法规可以对法律规定的行政处罚作出具体规定，但为了维护国家法制统一，行政法规不得超越法律，只能在法律规定的给予行政处罚的行为、种类和幅度的范围内规定。也就是说，法律未认定的违法行为，作为下位法的行政法规原则上不得认定为违法行为；法律对某一违法行为规定了若干类行政处罚种类，作为下位法的行政法规不得增加新的较重的行政处罚种类；法律对某一违法行为规定了某一行政处罚种类，并规定了行政处罚的幅度，如一定幅度的罚款，作为下位法的行政法规不得超出最高限额。举例讲，法律规定了三种给予行政处罚的违法行为，作为下位法的行政法规不能在这三种违法行为之外增加给予行政处罚的新的违法行为。法律对某一违法行为规定了警告、处以五千元至二万元的罚款、没收违法所得，作为下位法的行政法规不能增加规定责令停产停业行政处罚，也不能超过上限二万元规定三万元的罚款。

《立法法》第88条第1款规定："法律的效力高于行政法规、地方性法规、规章。"第96条第2项规定，法律、行政法规、地方性法规、自治条例和单行条例、规章有下位法违反上位法规定的，由有关机关依照法定权限予以改变或者撤销。本条规定遵循了法律效力高于行政法规的法律位阶规定，是在行政处罚领域对"下位法不得违反上位法规定"所做的具体化规定。

## 三、已经有上位法律的情况下，上位法律对违法行为未作行政处罚规定，行政法规可以补充设定行政处罚

实践中，有两类特殊情况，法律对某一行为作了禁止性规定，或者明确了当事人的某项义务，但因各种因素，未对违反禁止性规定或者义务性规定的违法行为给予行政处罚。如《大气污染防治法》规定，机动车污染物排放超过规定排放标准的，不得上路行驶。但未对违法上路行驶的车主规定行政处罚。又如《文物保护法》规定，使用不可移动文物，必须遵守不改变文物原状的原则，负责保护建筑物及其附属文物的安全。但未对未经批准用火或者与文物保护无关的用电等违反保护义务的行为规定行政处罚。另外，还有一类特殊情况，法律对某一违法行为给予行政处罚，行政法规能否就同类或者相关违法行为给予行政处罚？如《人口与计划生育法》规定，伪造、变造、买卖计划生育证明的，处以罚款。行政法规能否对使用虚假计划生育证明的行为给予罚款。如果严格按照本条第2款的规定，行政法规就不得对违反上位法律禁止性规定或者义务性规定的行为，以及同类或者相关违法行为设定行政处罚。考虑到上位法律已经对某一行为的违法性作出了认定，为了进一步发挥行政法规执行法律的积极作用，本条明确行政法规可以补充设定行政处罚。既然是补充，行政法规在规定行政处罚时，应当充分考虑上位法律的立法精神和已规定的行政处罚整体框架，不能对较轻的违法行为规定较重的行政处罚，也不能对较重的违法行为规定较轻的行政处罚。同时，在补充设定行政处罚时，还应遵循本条第1款规定的设定权限规定。

为了规范行政法规补充设定行政处罚行为，本条同时增加

规定了补充设定行政处罚的事前、事后程序要求，强化监督制约。一是拟补充设定行政处罚的，应当事先通过听证会、论证会等形式广泛听取意见。在行政法规草案提交审议前拟补充设定行政处罚的，应当由起草单位召开听证会、论证会等听取意见。在行政法规草案审议过程中拟补充设定行政处罚的，应当由负责草案修改的单位召开听证、论证会等听取意见。同时，要求听取意见要广泛，不能限于行政机关内部征求意见。二是拟补充设定行政处罚的，向制定机关作出书面说明。草案起草单位或者修改单位，应当就拟补充设定行政处罚的事项，向国务院作出书面说明，充分阐明补充设定行政处罚的必要性、可行性、征求意见情况及主要考虑。三是行政法规报送备案时，应当说明补充设定行政处罚的情况。《立法法》第98条规定，自治条例、单行条例报送备案时，应当说明对法律、行政法规、地方性法规作出变通的情况；经济特区法规报送备案时，应当说明对法律、行政法规、地方性法规作出变通的情况。行政法规补充设定行政处罚，属于新的变通规定形式，也应当在报全国人民代表大会常务委员会备案时作出说明。

## 第十二条【地方性法规设定行政处罚的权限】

地方性法规可以设定除限制人身自由、吊销营业执照以外的行政处罚。

法律、行政法规对违法行为已经作出行政处罚规定，地方性法规需要作出具体规定的，必须在法律、行政法规规定的给予行政处罚的行为、种类和幅度的范围内规定。

法律、行政法规对违法行为未作出行政处罚规定，地方性法规为实施法律、行政法规，可以补充设定行政处罚。拟补充设定行政处罚的，应当通过听证会、论证会等形式广泛听取意见，并向制定机关作出书面说明。地方性法规报送备案时，应当说明补充设定行政处罚的情况。

## 法条沿革

本条是地方性法规设定行政处罚权限的规定，本次修订增加了第3款，适当扩大了地方性法规设定行政处罚的权限。

多年来，不少地方的同志在多种场合呼吁适当扩大地方性法规设定行政处罚的权限。此次修法一个主要的方面是回应地方同志的意见，适当扩大地方性法规设定行政处罚的权限，发挥地方性法规在地方治理中的积极作用。《行政处罚法（修订草案）》增加规定："地方性法规为实施法律、行政法规，对法律、行政法规未规定的违法行为可以补充设定行政处罚。地方性法规拟补充设定行政处罚的，应当通过听证会、论证会等形式听取意见，并向制定机关作出说明。"在修订草案提请全国人大常委会审议时，有些常委委员认为适当扩大地方性法规行政处罚设定权限是有必要的，但修订草案开的口子太大，会带来新的问题，建议放权要慎重。在之后书面征求各方面意见过程中，一些地方建议步子不要跨得太大。因此，《行政处罚法（修订草案二次审议稿）》修改为："法律、行政法规对违法行为未作出行政处罚规定，地方性法规为实施法律、行政法规，可以补充设定行政处罚。拟补充设定行政处罚的，应当通过听证会、论证会等形式广泛听取意见，并向制定机关作出书面说明。地方性法规报送备案时，应当说明补充设定行政处罚的情况。"之后，该规定基本定型，未作新的修改。

## 规范目的或功能

在1996年制定行政处罚法时，确定了不同位阶的法律规范有不同行政处罚设定权限的制度。对于地方性法规能否设定行政处罚的问题，在充分讨论后，总的想法是地方性法规可以在一定范围内，对带有地方特点的行政管理中的违法行为设定行政处罚，作为法律、行政法规的补充①。这次修法进一步明确，在已有上位法的情况下，地方性法规原则上仍需在法律、行政法规规定的给予行政处罚的行为、种类和幅度的范围内规定行政处罚，但是可以在法律、行政法规规定了违法行为但未规定行政处罚的情况下，补充设定行政处罚。以此适当扩大了地方性法规的行政处罚设定权限。

## 规范内容

地方性法规设定行政处罚的权限可以从三个层面来理解。

### 一、尚未制定法律、行政法规的情况下，地方性法规可以作一定创制性规定，设定除限制人身自由、吊销营业执照以外的行政处罚

《立法法》第72条规定："省、自治区、直辖市的人民代表

① 全国人大常委会法制工作委员会国家法室、行政法室编著：《〈中华人民共和国行政处罚法〉释义》，法律出版社1996年版，第28页。

大会及其常务委员会根据本行政区域的具体情况和实际需要，在不同宪法、法律、行政法规相抵触的前提下，可以制定地方性法规。设区的市的人民代表大会及其常务委员会根据本市的具体情况和实际需要，在不同宪法、法律、行政法规和本省、自治区的地方性法规相抵触的前提下，可以对城乡建设与管理、环境保护、历史文化保护等方面的事项制定地方性法规，法律对设区的市制定地方性法规的事项另有规定的，从其规定……”第73条规定：“地方性法规可以就下列事项作出规定：（一）为执行法律、行政法规的规定，需要根据本行政区域的实际情况作具体规定的事项；（二）属于地方性事务需要制定地方性法规的事项。除本法第八条规定的事项外，其他事项国家尚未制定法律或者行政法规的，省、自治区、直辖市和设区的市、自治州根据本地方的具体情况和实际需要，可以先制定地方性法规……”因此，地方性法规在没有上位法律、行政法规的情况下，有相应的立法权限，尤其是对属于地方性事务的事项。考虑到限制人身自由的行政处罚属于法律保留事项，吊销营业执照事关企业资格消灭这一重大事项，且已经有了公司法等全国统一执行的法律规范，因此本条进一步规定，地方性法规可以设定除限制人身自由、吊销营业执照以外的其他行政处罚。也就是说地方性法规可以设定本法第8条规定的其他行政处罚种类，但不得在法律、行政法规以外创设新的行政处罚种类。

考虑到地方性法规分为省级和设区的市级两个层级，对于设区的市地方性法规作创制性规定时，除了应尚未制定法律、行政法规之外，还应尚未制定本地的省级地方性法规。

**二、已经有上位法律、行政法规的情况下，地方性法规可以对法律、行政法规规定的行政处罚作具体规定，但必须在法律、行政法规规定的违法行为、处罚种类和幅度范围内作出规定**

法律、行政法规对违法行为作出行政处罚规定的，也就意味着法律、行政法规对什么是违法行为，什么是合法行为，对哪些违法行为给予行政处罚，给予何种行政处罚，给予多重的行政处罚等，均作出了规定。法律、行政法规在我国法律体系中效力等级高于地方性法规。为了执行法律、行政法规，地方性法规可以对法律、行政法规规定的行政处罚作出具体规定，但为了维护国家法制统一，地方性法规不得超越法律、行政法规，只能在法律、行政法规规定的给予行政处罚的行为、种类和幅度的范围内规定。也就是说，法律、行政法规未认定的违法行为，作为下位法的地方性法规原则上不得认定为违法行为；法律、行政法规对某一违法行为规定了若干类行政处罚，作为下位法的地方性法规不得增加新的较重的行政处罚种类；法律、行政法规对某一违法行为规定了某一行政处罚种类，并规定了行政处罚的幅度，如一定幅度的罚款，作为下位法的地方性法规不得超出最高限额。例如，法律、行政法规规定了三种给予行政处罚的违法行为，作为下位法的地方性法规不能在这三种违法行为之外增加给予行政处罚的新的违法行为。法律、行政法规对某一违法行为规定了警告、处以五千元至二万元的罚款、没收违法所得，作为下位法的地方性法规不能增加规定责令停产停业行政处罚，也不能超过上限二万元规定三万元的罚款。

《立法法》第88条规定：“法律的效力高于行政法规、地方性法规、规章。行政法规的效力高于地方性法规、规章。”第96条第2项规定，法律、行政法规、地方性法规、自治条例和单行条例、规章有下位法违反上位法规定的，由有关机关依照法定权限予以改变或者撤销。本条规定遵循了法律、行政法规效力高于地方性法规的法律位阶规定，是在行政处罚领域对“不得抵触”“下位法不得违反上位法规定”所作的具体化规定。

考虑到地方性法规分为省级和设区的市级两个层级，设区的市地方性法规在已经有法律、行政法规、省级地方性法规的情况下，可以对法律、行政法规、省级地方性法规规定的行政处罚作具体规定，但必须在法律、行政法规、省级地方性法规规定的违法行为、处罚种类和幅度范围内作出规定。

## 三、已经有上位法律、行政法规的情况下，上位法律、行政法规对违法行为未作行政处罚规定，地方性法规可以补充设定行政处罚

实践中，有两类特殊情况，法律、行政法规对某一行为作了禁止性规定，或者明确了当事人的某项义务，但因各种因素，未对违反禁止性规定或者义务性规定给予行政处罚。如非物质文化遗产法规定，禁止以歪曲、贬损等方式使用非物质文化遗产，但未对以歪曲、贬损等方式使用非物质文化遗产的行为规定行政处罚。又如文物保护法规定，进行大型基本建设工程，建设单位应当事先报请行政机关组织从事考古发掘的单位在工程范围内有可能埋藏文物的地方进行考古调查、勘探，但未规定未履行法定义务的行政处罚。另外，还有一类特殊情况，

法律、行政法规对某一违法行为给予行政处罚，地方性法规能否就同类违法行为给予行政处罚，如城市绿化条例对违反城市公共绿地、居住区绿地、风景区林地和干道绿化带等绿化工程，也就是配套绿化，规定了行政处罚。有的经济发达省市除了配套绿化外，还规定了立体绿化，并规定了相应的行政处罚。如果严格按照本条第2款的规定，地方性法规就不得违反上位法律、行政法规禁止性规定或者义务性规定的行为，以及同类违法行为设定行政处罚。考虑到上位法律、行政法规已经对某一行为的违法性作出了认定，为了进一步发挥地方性法规执行法律、行政法规的积极作用，本条明确地方性法规可以补充设定行政处罚。既然是补充，地方性法规在规定行政处罚时，就应当充分考虑上位法律、行政法规的立法精神和已规定的行政处罚整体框架，不能对较轻的违法行为规定较重的行政处罚，也不能对较重的违法行为规定较轻的行政处罚。同时，在补充设定行政处罚时，还应遵循本条第1款规定的设定权限规定。

为了规范地方性法规补充设定行政处罚行为，本条同时增加规定了补充设定行政处罚的事前、事后程序要求，强化监督制约。一是拟补充设定行政处罚的，应当事先通过听证会、论证会等形式广泛听取意见。在地方性法规草案提交审议前拟补充设定行政处罚的，应当由起草单位召开听证会、论证会等听取意见。在地方性法规草案审议过程中拟补充设定行政处罚的，应当由负责草案修改的单位召开听证会、论证会等听取意见。同时，要求听取意见要广泛，不能限于行政机关内部征求意见。二是拟补充设定行政处罚的，向制定机关作出书面说明。草案起草单位或者修改单位，应当就拟补充设定行政处罚的事项，向地方人大及其常委会作出书面说明，充分阐明补充设定行政处罚的必要性、可行性、征求意见情况及主要考虑。三是地方性法规报送备案时，应当说明补充设定行政的情况。根据《立法法》第98条的规定，自治条例、单行条例报送备案时，应当说明对法律、行政法规、地方性法规作出变通的情况；经济特区法规报送备案时，应当说明对法律、行政法规、地方性法规作出变通的情况。地方性法规补充设定行政处罚，属于新的变通规定形式，也应当在报全国人民代表大会常务委员会和国务院备案时作出说明。

考虑到地方性法规分为省级和设区的市级两个层级，设区的市地方性法规在已经有上位法律、行政法规、省级地方性法规的情况下，在上位法律、行政法规、省级地方性法规对违法行为未作行政处罚规定的情况下，可以补充设定行政处罚。

另外，在修法过程中，有些地方建议赋予自治条例和单行条例设定行政处罚的权限。这是一个老问题。1996年、2005年、2020年先后有多个省的人大常委会法制工作机构询问民族自治地方的单行条例能否设定行政处罚。总的原则是，有地方性法规制定权的地方人大及其常委会，在制定单行条例时可以设定行政处罚，没有地方性法规制定权的地方人大及其常委会，在制定单行条例时不得设定行政处罚。随着立法法将地方性法规制定主体扩大至设区的市，省级、设区的市级人大及其常委会制定单行条例时可以设定行政处罚，县级人大及其常委会制定单行条例时不得设定行政处罚。

## 实务应用

2020年第十三届全国人大常委会第二十五次会议审议的

《全国人民代表大会常务委员会法制工作委员会关于2020年备案审查工作情况的报告》中提到："有的地方性法规对运载垃圾、渣土、灰浆等易抛洒物和液体车辆未采取覆盖或者密闭措施的行为设定的行政处罚条件、种类、幅度与大气污染防治法不一致；有的地方性法规对利用无渗透措施的沟渠、坑塘等输送或者贮存有毒污染物的废水、含病原体的污水或者其他废弃物的行为设定的行政处罚种类、幅度与水污染防治法不一致；有的地方性法规对单位在饮用水水源一级保护区排放建筑垃圾、生活垃圾等行为设定的行政处罚幅度与水污染防治法不一致。已要求制定机关对上述规定作出修改，确保生态环境保领域法律得到严格执行。"

**第十三条【国务院部门规章设定行政处罚的权限】**

国务院部门规章可以在法律、行政法规规定的给予行政处罚的行为、种类和幅度的范围内作出具体规定。

尚未制定法律、行政法规的，国务院部门规章对违反行政管理秩序的行为，可以设定警告、通报批评或者一定数额罚款的行政处罚。罚款的限额由国务院规定。

## 法条沿革

本条是国务院部门规章设定行政处罚权限的规定，本次修订作了修改。

《立法法》第80条第1款规定："国务院各部、委员会、中国人民银行、审计署和具有行政管理职能的直属机构，可以根据法律和国务院的行政法规、决定、命令，在本部门的权限范围内，制定规章。”而且《立法法》第83条、第84条中使用了“部门规章”概念。因此，《行政处罚法（修订草案）》删去了原第12条第3款：“国务院可以授权具有行政处罚权的直属机构依照本条第一款、第二款的规定，规定行政处罚。”同时，将“国务院部、委员会制定的规章”修改为“国务院部门规章”。在修订草案初审后征求各方面意见过程中，有些部门建议适当扩大部门规章的行政处罚设定权限，考虑到部门规章在实践中发挥了较为重要的作用，因此《行政处罚法（修订草案二次审议稿》增加了“通报批评”的行政处罚。之后，该规定基本定型，未作新的修改。

## 规范目的或功能

在1996年制定行政处罚法时，确定了不同位阶的法律规范有不同行政处罚设定权限的制度。国务院部门规章在我国法律体系中处于较低的位阶。《立法法》第80条第2款中规定，“部门规章规定的事项应当属于执行法律或者国务院的行政法规、决定、命令的事项”。该规定将部门规章定位于执行而非创制规则。因此，本条首先明确国务院部门规章在法律、行政法规规定的给予行政处罚的行为、种类和幅度的范围内作出具体规定，同时在尚未制定法律、行政法规的情况下，赋予了部分较轻的行政处罚设定权限。需要指出的是，本次修法没有将补充设定行政处罚的权限赋予国务院部门规章。

## 规范内容

国务院部门规章设定行政处罚的权限可以从两个层面来理解。

## 一、国务院部门规章可以对法律、行政法规规定的行政处罚作具体规定，但必须在法律、行政法规规定的违法行为、处罚种类和幅度范围内作出规定

法律、行政法规对违法行为作出行政处罚规定的，也就意味着法律、行政法规对什么是违法行为，什么是合法行为，对哪些违法行为给予行政处罚，给予何种行政处罚，给予多重的行政处罚等，均作出了规定。法律、行政法规在我国法律体系中效力等级高于国务院部门规章。为了执行法律、行政法规，国务院部门规章可以对法律、行政法规规定的行政处罚作出具体规定，但为了维护国家法制统一，国务院部门规章不得超越法律、行政法规，只能在法律、行政法规规定的给予行政处罚的行为、种类和幅度的范围内规定。也就是说，法律、行政法规未认定的违法行为，作为下位法的国务院部门规章原则上不得认定为违法行为；法律、行政法规对某一违法行为规定了若干类行政处罚，作为下位法的国务院部门规章不得增加新的较重的行政处罚种类；法律、行政法规对某一违法行为规定了某一行政处罚种类，并规定了行政处罚的幅度，如一定幅度的罚款，作为下位法的国务院部门规章不得超出最高限额。例如，法律、行政法规规定了三种给予行政处罚的违法行为，作为下位法的国务院部门规章不能在这三种违法行为之外增加给予行政处罚的新的违法行为。法律、行政法规对某一违法行为规定了警告、处以五千元至二万元的罚款、没收违法所得，作为下位法的国务院部门规章不能增加规定责令停产停业行政处罚，也不能超过上限二万元规定三万元的罚款。在本次修法过程中，补充设定行政处罚的权限赋予了行政法规、地方性法规，但没

有赋予国务院部门规章。也就是说，在法律、行政法规对违法行为未作出行政处罚规定的情况下，国务院部门规章不得补充设定行政处罚。

## 二、尚未制定法律、行政法规的情况下，国务院部门规章可以设定警告、通报批评和一定数额罚款的行政处罚

在1996年制定行政处罚法时，国务院部门规章是否有设定行政处罚的权限是一个有争议的问题。权力原则上可以上授、他授，但不可自授。国务院部门规章制定程序较为简单。因此，有不少意见认为不宜赋予国务院部门规章设定行政处罚的权限。但考虑到在实践中国务院部门规章发挥着一定作用，允许其有限的行政处罚设定权限是必要的[①]。

2015年修改的立法法出台后，国务院部门规章能否设定行政处罚又成为一个讨论话题。《立法法》第80条第2款中规定，“没有法律或者国务院的行政法规、决定、命令的依据，部门规章不得设定减损公民、法人和其他组织权利或者增加其义务的规范，不得增加本部门的权力或者减少本部门的法定职责”。有的认为，原行政处罚法有关国务院部门规章可以设定警告、一定数额罚款的规定，设定警告、一定数额罚款减损了当事人的权利，增加了本部门的权力，与立法法上述规定不一致。这个问题当时考虑是特别法与一般法的关系，留待行政处罚法修改时进一步解决。

---

① 全国人大常委会法制工作委员会国家法室、行政法室编著:《〈中华人民共和国行政处罚法〉释义》，法律出版社1996年版，第30—31页。

在本次修法过程中，对于国务院部门规章的行政处罚设定权限有两种不同意见。有的认为，应当保留，少数认为应当进一步扩大，主要理由是实践中国务院部门规章在行政管理中的作用不可替代，相对而言，国务院部门规章能够更快回应行政管理需求，解决实际问题。同时，国务院部门规章的制定程序已经较为完备，备案审查更加规范。有的认为，我国法律体系已经建立，各行各业中法律、行政法规基本具备，国务院部门规章应当聚焦“具体执行”的主业，不宜保留创制性立法权，包括行政处罚设定权限。考虑到实践中法律、行政法规已经较为完备，但在行政管理方面仍有空白之处，特别是对金融、网约车等一些亟须规范的新兴事物，仍需要通过国务院部门规章来及时予以规范。因此，本次修法对国务院部门规章的行政处罚设定权限仍持谨慎态度。一方面是严控，在已经制定法律、行政法规的领域，国务院部门规章主要是具体执行，必须在法律、行政法规规定的违法行为、处罚种类和幅度范围内作出规定，不得超越、创制。另一方面是适度授权，在尚未制定法律、行政法规的领域，国务院部门规章有一定设定权限，设定权限限制在警告、通报批评、一定数额的罚款这三类较轻的行政处罚种类。对于本条规定与《立法法》第80条第2款规定之间关系的处理，可以将本条规定作为国务院部门规章设定行政处罚的法律依据，同时按照旧的一般法与新的特别法适用规则，优先适用本条规定。

## 第十四条【地方政府规章设定行政处罚的权限】

地方政府规章可以在法律、法规规定的给予行政处罚的行为、种类和幅度的范围内作出具体规定。

尚未制定法律、法规的，地方政府规章对违反行政管理秩序的行为，可以设定警告、通报批评或者一定数额罚款的行政处罚。罚款的限额由省、自治区、直辖市人民代表大会常务委员会规定。

## 法条沿革

本条是地方政府规章设定行政处罚权限的规定，本次修订作了修改。《立法法》第82条第1款规定："省、自治区、直辖市和设区的市、自治州的人民政府，可以根据法律、行政法规和本省、自治区、直辖市的地方性法规，制定规章。"该规定将地方政府规章的制定主体扩大至设区的市、自治州人民政府，同时使用了"地方政府规章"的概念。因此《行政处罚法（修订草案）》将原第13条第1款中"省、自治区、直辖市人民政府和省、自治区人民政府所在地的市人民政府以及经国务院批准的较大的市人民政府制定的规章"修改为"地方政府规章"。在修订草案初审后征求各方面意见过程中，有些地方建议适当扩大地方政府规章的行政处罚设定权限，考虑到地方政府规章在实践中发挥了积极作用，因此《行政处罚法（修订草案二次审议稿）》增加了"通报批评"的行政处罚。之后，该规定基本定型，未作新的修改。

## 规范目的或功能

在1996年制定行政处罚法时，确定了不同位阶的法律规范有不同行政处罚设定权限的制度。地方政府规章在我国法律体系中处于较低的位阶。《立法法》第82条第2款规定："地方政府规章可以就下列事项作出规定：（一）为执行法律、行政法规、地方性法规的规定需要制定规章的事项；（二）属于本行政区域的具体行政管理事项。"因此，本条首先明确地方政府规章在法律、行政法规、地方性法规规定的给予行政处罚的行为、种类和幅度的范围内作出具体规定，同时在尚未制定法律、行政法规、地方性法规的情况下，赋予了部分较轻的行政处罚设定权限。需要指出的是，本次修法没有将补充设定行政处罚的权限赋予地方政府规章。

## 规范内容

地方政府规章设定行政处罚的权限可以从两个层面来理解。

### 一、地方政府规章可以对法律、行政法规、地方性法规规定的行政处罚作具体规定，但必须在法律、行政法规、地方性法规规定的违法行为、处罚种类和幅度范围内作出规定

法律、行政法规、地方性法规对违法行为作出行政处罚规定的，也就意味着法律、行政法规、地方性法规对什么是违法行为，什么是合法行为，对哪些违法行为给予行政处罚，给予何种行政处罚，给予多重的行政处罚等，均作出了规定。法律、行政法规、地方性法规在我国法律体系中效力等级高于地方政府规章。为了执行法律、行政法规、地方性法规，地方政府规章可以对法律、行政法规、地方性法规规定的行政处罚作出具体规定，但为了维护国家法制统一，地方政府规章不得超越法

律、行政法规、地方性法规，只能在法律、行政法规、地方性法规规定的给予行政处罚的行为、种类和幅度的范围内规定。也就是说，法律、行政法规、地方性法规未认定的违法行为，作为下位法的地方政府规章原则上不得认定为违法行为；法律、行政法规、地方性法规对某一违法行为规定了若干类行政处罚，作为下位法的地方政府规章不得增加新的较重的行政处罚种类；法律、行政法规、地方性法规对某一违法行为规定了某一行政处罚种类，并规定了行政处罚的幅度，如一定幅度的罚款，作为下位法的地方政府规章不得超出最高限额。例如，法律、行政法规、地方性法规规定了三种给予行政处罚的违法行为，作为下位法的地方政府规章不能在这三种违法行为之外增加给予行政处罚的新的违法行为。法律、行政法规、地方性法规对某一违法行为规定了警告、处以五千元至二万元的罚款、没收违法所得，作为下位法的地方政府规章不能增加规定责令停产停业行政处罚，也不能超过上限二万元规定三万元的罚款。在本次修法过程中，补充设定行政处罚的权限赋予了行政法规、地方性法规，但没有赋予国务院部门规章和地方政府规章。也就是说，在法律、行政法规、地方性法规对违法行为未作出行政处罚规定的情况下，地方政府规章不得补充设定行政处罚。

## 二、尚未制定法律、行政法规的情况下，地方政府规章可以设定警告、通报批评和一定数额罚款的行政处罚

在1996年制定行政处罚法时，地方政府规章是否有设定行政处罚的权限是一个具有争议的问题。权力原则上可以上授、他授，但不可自授。地方政府规章制定程序较为简单。因此，有不少意见认为不宜赋予地方政府规章设定行政处罚的权限。

但考虑到在实践中地方政府规章发挥着一定作用，允许其有限的行政处罚设定权限是必要的。

2015年修改的立法法出台后，对于地方政府规章设定行政处罚主要有两个问题引起讨论。一是立法法将地方政府规章的制定主体扩大至设区的市人民政府，而原行政处罚法将行政处罚设定权限授予了较大的市人民政府，对于较大的市以外的设区的市人民政府能否设定行政处罚成为问题。当时的共识是，这个问题属于法律衔接问题，地方政府规章制定主体发生变化之后，相应的行政处罚设定权主体也应当相应扩大。二是《立法法》第82条第6款规定："没有法律、行政法规、地方性法规的依据，地方政府规章不得设定减损公民、法人和其他组织权利或者增加其义务的规范。"有的认为，原行政处罚法有关地方政府规章可以设定警告、一定数额罚款的规定，设定警告、一定数额罚款减损了当事人的权利，与立法法上述规定不一致。这个问题当时考虑是特别法与一般法的关系，留待行政处罚法修改时进一步解决。

在本次修法过程中，对于地方政府规章的行政处罚设定权限有两种不同意见。有的认为，应当保留，少数认为应当进一步扩大，主要理由是实践中地方政府规章在行政管理中的作用不可替代，相对而言，地方政府规章能够更快回应当地行政管理需求，解决当地实际问题。同时，地方政府规章的制定程序已经较为完备，备案审查更加规范。有的认为，我国法律体系已经建立，各行各业中法律、行政法规、地方性法规基本具备，地方政府规章应当聚焦"具体执行"的主业，不宜保留创制性立法权，包括行政处罚设定权限。考虑到实践中法律、行政法规、地方性法规已经较为完备，但在行政管理方面仍有空白之处，特别是对一些地方经济社会发展过程中的新兴事物，仍需要通过地方政府规章来及时予以规范。因此，本次修法对地方政府规章的行政处罚设定权限仍持谨慎态度。一方面是严控，在已经制定法律、行政法规、地方性法规的领域，地方政府规章主要是具体执行，必须在法律、行政法规、地方性法规规定的违法行为、处罚种类和幅度范围内作出规定，不得超越、创制。另一方面是适度授权，在尚未制定法律、行政法规、地方性法规的领域，地方政府规章有一定设定权限，设定权限限制在警告、通报批评、一定数额的罚款这三类较轻的行政处罚种类。对于本条规定与《立法法》第82条第6款规定之间关系的处理，可以将本条规定作为地方政府规章设定行政处罚的法律依据，同时按照旧的一般法与新的特别法适用规则，优先适用本条规定。

**第十五条【定期组织评估、清理】**

国务院部门和省、自治区、直辖市人民政府及其有关部门应当定期组织评估行政处罚的实施情况和必要性，对不适当的行政处罚事项及种类、罚款数额等，应当提出修改或者废止的建议。

## 法条沿革

本条是关于定期组织评估、清理的规定，为此次修订新增的条文。

党的十九届四中全会决定提出，“深化行政执法体制改革，最大限度减少不必要的行政执法事项”。为了贯彻落实党中央的决策部署，《行政处罚法（修订草案二次审议稿）》增加1条，规定："国务院部门和省、自治区、直辖市人民政府及其有关部门应当定期组织评估行政处罚的实施情况和必要性，对不适当的行政处罚事项，应当提出修改或者废止的建议。"在修订草案二次审议稿征求各方面意见过程中，有的提出实践中行政处罚的种类和罚款数额规定不当是突出问题，建议修订草案进一步明确。据此，《行政处罚法（修订草案三次审议稿）》在"行政处罚事项"之后增加"种类、罚款数的等"表述。

## 规范目的或功能

行政处罚法不仅对设定权限作出规定，保障行政处罚"产生"有序、规范，也对已经设定的行政处罚提出定期组织评估、清理的要求，形成有进有退、合理有度的良性发展。本条规定定期组织评估、清理制度，是为党中央关于最大限度减少不必要行政执法事项决策部署提供法律制度保障，有利于防止执法不公、执法随意、执法扰民。重点是：要坚决取消没有法律法规规章依据的执法事项，大力清理已无实施必要、交叉重复的执法事项，对涉及的相关法律法规规章及时进行清理修订[①]。

## 规范内容

本条对已经设定的行政处罚事项进行定期组织评估、清理

---

① 肖捷：《完善国家行政体制》，载《〈中共中央关于坚持和完善中国特色社会主义制度，推进国家治理体系和治理能力现代化若干重大问题的决定〉辅导读本》，人民出版社2019年版，第124页。

作了规定，可以从三个层面来理解。

## 一、由国务院部门和省、自治区、直辖市人民政府及其有关部门定期组织评估

立法后评估是一项促进法律制度有效实施、不断加强改进相关工作的重要制度。《立法法》第63条规定："全国人民代表大会有关的专门委员会、常务委员会工作机构可以组织对有关法律或者法律中有关规定进行立法后评估。评估情况应当向常务委员会报告。"这是关于立法机关相关部门可以开展立法后评估的规定，既可以是法律中几项制度的后评估，也可以是整部法律的后评估。本条规定的评估也属于立法后评估，具有以下特点：

一是由行政机关组织开展立法后评估。国务院部门作为草案起草单位或者实施单位，对法律、行政法规和国务院部门规章中的行政处罚规定，省、自治区、直辖市人民政府及其有关部门作为草案起草单位或者实施单位，对法律、行政法规、地方性法规和地方政府规章中的行政处罚规定，实施立法后评估。行政许可法、行政强制法均规定了立法后评估制度，由设定机关即立法机关定期进行评价，实施机关即政府及其部门适时进行评价。在这两部法律实施过程中，立法机关定期评价很难做到，实施机关适时评价刚性不足。在总结经验的基础上，本次修法聚焦行政机关开展立法后评估，这也是对立法法相关规定的补充。

二是开展立法后评估是行政机关的一项法定义务。本条的表述用了"应当"，也就是说开展立法后评估是相关行政机关的法定职责，应当依法履行。尽管本条未明确开展立法后评估的具体时间要求，但"定期组织评估"要求行政机关开

展立法后评估是一项常态性、长期性工作，而非临时性、一时性工作。

三是行政机关组织开展立法后评估主要是对行政处罚制度的评估，而非对整部法律规范的评估。对整部法律规范的评估，应当适用立法法等相关规定。

## 二、评估内容为行政处罚的实施情况和必要性

行政机关对行政处罚规定定期组织评估，评估的内容为该领域或者部门实施行政处罚的情况，可以包括总体实施情况，各类行政处罚种类的适用情况，行政处罚裁量权的行使情况，行政复议和行政诉讼情况，以及基层执法部门反映的突出问题等。在此基础上，还应对行政处罚规定的存在必要性进行评估，按照党中央的要求，最大限度减少不必要的行政处罚事项，重点是没有法律法规规章依据的行政处罚事项，多年来没有实施或者较少实施且已无实施必要的行政处罚事项，以及交叉重复的行政处罚事项。

## 三、评估的目的是对不适当的行政处罚事项及种类、罚款数额等提出修改或者废止的建议

经过评估，对于不适当的行政处罚事项，以及行政处罚事项是适当的，但行政处罚种类和罚款额度不适当的，国务院部门和省、自治区、直辖市人民政府及其有关部门应当向相关立法机关或者有权机关提出修改或者废止的建议。提出修改或者废止的建议，也是国务院部门和省、自治区、直辖市人民政府及其有关部门的一项法定职责，应当依法履行。

## 第十六条【无权设定行政处罚的禁止规定】

除法律、法规、规章外，其他规范性文件不得设定行政处罚。

### 法条沿革

本条是关于其他规范性文件无权设定行政处罚的禁止规定，本次修订只作了文字修改。

修改前的《行政处罚法》第14条规定："除本法第九条、第十条、第十一条、第十二条以及第十三条的规定外，其他规范性文件不得设定行政处罚。"《行政处罚法（修订草案）》保留了上述规定，根据条文顺序变化，对本条中所列条文的序号作了相应调整。考虑到根据立法法的规定，立法形式除了行政处罚法本章列举的法律、行政法规、地方性法规、国务院部门规章、地方政府规章以外，还有自治条例、单行条例、经济特区法规，符合条件的也可以视为地方性法规。为了法律条文更加精准，也为了表述更加简练，因此《行政处罚法（修订草案三次审议稿）》第16条规定："除法律、法规、规章外，其他规范性文件不得设定行政处罚。"

### 规范目的或功能

按照立法法的规定，我国立法形式包括法律、行政法规、地方性法规、国务院部门规章、地方政府规章。在1996年制定行政处罚法时，确定了不同位阶的法律规范有不同行政处罚设定权限的制度。本条从反面的角度，作了禁止性规定，进一步明确不属于立法形式的其他规范性文件不得设定行政处罚。

## 规范内容

本条对其他规范性文件无权设定行政处罚作了规定。

其他规范性文件，俗称“红头文件”，是指有权机关依照法定权限、程序制定并公布，涉及公民、法人和其他组织权利义务，具有普遍约束力，在一定期限内反复适用的公文。实践中，其他规范性文件是有权机关依法履行职能的重要方式，直接关系群众切身利益。主要表现形式为：一是国务院除行政法规、决定、命令以外的其他规范性文件，如通知、通告、批复、会议纪要等。二是国务院各部委除规章以外的其他规范性文件。三是省、自治区、直辖市人大及其常委会和设区的市人大及其常委会除地方性法规以外的其他规范性文件。四是省、自治区、直辖市和设区的市人民政府及其部门除规章以外的其他规范性文件。五是没有地方性法规和地方政府规章制定权的县（市）、市辖区、乡镇街道人大和政府的规范性文件。六是村委会、居委会的规范性文件。七是各种社会组织、企业事业单位的规范性文件等。根据本条规定，上述其他规范性文件均不得设定行政处罚。以上各种规范性文件设定了行政处罚，公民、法人和其他组织有权拒绝接受行政处罚，并有权提出纠正意见或者向有关国家机关检举控告[①]。

实践中有一类特殊情况，一些社会团体、行业协会根据法

---

① 汪永清主编：《行政处罚运行原理》，中国政法大学出版社1994年版，第45页。

律法规授权，按照章程对成员进行处罚。例如，体育法规定，在竞技体育中从事弄虚作假等违反纪律和体育规则的行为，由体育社会团体按照章程规定给予处罚。在体育运动中使用禁用的药物和方法的，由体育社会团体按照章程规定给予处罚。又如，律师法规定，律师协会可以制定行业规范和惩戒规则，履行对律师、律师事务所实施奖励和惩戒等职责。对上述处罚、惩戒措施的法律性质，尚有不同认识。从加强对社会团体、行业协会监督，防止行业封闭，以及法律关系属于管理与被管理关系等角度看，似应将这些处罚、惩戒措施作为行政处罚行为。如果作为行政处罚行为，那么相关章程、行业规范和惩戒规则，按照法律授权，设定了行政处罚，应当视为本条规定的例外情形。

行政处罚法实施二十多年来，其他规范性文件不得设定行政处罚的观念已经深入人心，很好地解决了行政处罚设定乱问题。本次修法保留了原有规定，严格行政处罚设定权的指导思想没有发生变化。实践中，2018年《国务院办公厅关于加强行政规范性文件制定和监督管理工作的通知》明确要求，严禁越权发文，行政规范性文件不得设定行政许可、行政处罚、行政强制等事项，不得违法减损公民、法人和其他组织的合法权益或增加其义务。同时，要求全面推行行政规范性文件合法性审核机制，严格审核是否违法设立行政许可、行政处罚、行政强制等事项。

# 第三章

# 行政处罚的实施机关

## 第十七条【行政机关实施行政处罚】

行政处罚由具有行政处罚权的行政机关在法定职权范围内实施。

### 法条沿革

本条是对行政机关实施行政处罚的规定，为《行政处罚法》1996年颁布时就存在的条文，原条文为第15条。

行政处罚一直是我国各级政府行使行政管理职权，保障法律贯彻执行的一项重要手段，但在《行政处罚法》颁布之前，由于行政处罚实施主体设置的混乱，导致不少没有行政处罚权的组织和人员随意实施行政处罚。为此，行政处罚法中专门就行政处罚的实施主体问题进行了规定。时任全国人民代表大会常务委员会秘书长曹志在草案说明中指出：行政处罚权是一项重要的国家行政权，应当由行政机关来行使。这是行政处罚与刑事处罚（由法院判决）的一个重要区别。因此，草案规定，行政处罚由具有行政处罚权的行政机关在法定职权范围内实施。第一，不是所有的行政机关都有行政处罚权，哪些行政机关有行政处罚权，由法律和行政法规规定。第二，行政机关只能对自己主管业务范围内的违反行政管理秩序的行为给予行政处罚。第三，每个行政机关有权给予什么种类的行政处罚，依法律、法规规定。[①]

---

① 曹志：《关于〈中华人民共和国行政处罚法（草案）〉的说明——1996年3月12日在第八届全国人民代表大会第四次会议上》，载《中华人民共和国全国人民代表大会常务委员会公报》1996年第3期。

行政处罚法1996年颁布之后，在2009年、2017年以及2021年等数次修订中，除法条序号外，本条文文本均未发生变动。不过随着时代的发展，本条的实际内涵也在不断变化，这具体体现在：（1）行政处罚的内涵在发生变化。例如，过去行政处罚种类主要限于立法中的明确列举，失信惩戒措施等一些带有惩戒性质的行为难以纳入法治轨道，而随着本次修法对行政处罚定义的明确，上述行为亦有望纳入本法的规制范围内，这也就意味着这些行为必须由具有行政处罚权的主体依法实施。（2）具有行政处罚权的主体及其具体职权亦在发生变化。例如，在推进相对集中行政处罚权和综合行政执法的过程中，一些原属于市政、工商、环保等部门的行政处罚权即被划归城管部门行使。不过无论前述具体内涵如何变化，行政处罚必须由法定主体在法定职权内实施，是《行政处罚法》的一项基本原则，亦是规范行政处罚行为，保障公民权利，防止处罚权滥用的必然要求。

## 三 规范目的或功能

行政处罚实施主体法定是行政处罚法定原则的一个重要组成部分，亦是全面推进依法治国、依法行政的应有之义。行政处罚实施主体法定，有助于防止行政机关滥用权力滥施处罚，对于促进行政机关依法行使职权，保护公民法人合法权益具有重要意义。在1996年《行政处罚法》制定时，我国行政处罚实施主体面临的主要问题是处罚主体过多、职权不清、执法队伍臃肿等。在《行政处罚法》制定后，党和政府在法律框架内采取了一系列执法体制改革举措，在城市管理等多个领域开展相对集中行政处罚权工作，有效解决多头执法、重复处罚、执法扰民等问题，明显地提高了行政执法的质量和水平。目前，我国行政体制改革已经进入新的发展阶段，党中央、国务院提出在城市管理、市场监管、生态环境、文化市场、交通运输、应急管理、农业等领域推行建立综合行政执法制度的新要求。这些要求在本次修法中亦得到了确认，从而确保将行政机关的行政处罚权行使保持在法定轨道上。

## 规范内容

本条规定了实施行政处罚的行政机关，其中包含三个重要要素。

### 一、何为“行政处罚权”

行政处罚权是行政权力的一个重要组成部分，它是国家为了实现其行政职能而创制的一种制裁性权力，与司法制裁权一道起着维护社会秩序、社会安全和保障公民合法权益的作用。[①] 行政处罚权由国家强制力保障实施，是国家行政机关制裁行政违法行为的内在需要，其以剥夺或限制被处罚人的权利和利益，增加因违法而课以新的义务为内容。由于行政处罚权的行使会对被处罚人造成直接不利后果，特别是可能涉及财产权、人身权等基本权利，如果不对这种权力加以严格限制，很可能导致对公民、法人和其他组织权利的不当侵害，因此必须对其加以

① 杨解君、程雁雷：《行政处罚权及规则》，载《南京大学法律评论》1995年春季号，第135页。

严格限制。具体而言，行政处罚的实施范围限于具有社会危害性的行政违法行为，其实施主体、处罚原则、处罚方式和处罚程度等均须受到法律限制，同时，被处罚人应当得到有效的救济手段。

在行政处罚权的理解上，需要与以下相关概念作出区分：一是行政管理权。行政处罚权是行政管理权的组成部分，但并非享有行政管理权的行政机关就一定具有行政处罚权。例如，在相对集中行政处罚权改革中，一些行政机关在特定事项上的处罚权已经集中由城市管理等部门行使，其虽然具有该事项上的行政管理职权，但并不具有相应的行政处罚权。二是行政处罚设定权。行政处罚设定权是指对行政处罚的条件、手段和幅度作出决定的权力。这一权力必须受到严格限定，如果任由行政机关自行设定行政处罚，部分行政机关可能会随意扩大自身处罚权，从而危及行政管理秩序和相对人合法权益。因此，《行政处罚法》第二章“行政处罚的种类和设定”部分对行政处罚的设定权进行了明确规定，不同种类的行政处罚必须分别由法律、法规和规章进行规定，其他规范性文件不得设定行政处罚。行政机关在实施行政处罚时必须根据法律、法规和规章中的规定进行，不得随意自行设定行政处罚。三是行政处罚执行权。根据我国现有的法律规定，部分情况下行政处罚的实施主体就具有行政处罚的执行权，但还有一些情况，行政处罚是由法院或其他机关执行。例如，《道路交通安全法》第109条规定：“当事人逾期不履行行政处罚决定的，作出行政处罚决定的行政机关可以采取下列措施：（一）到期不缴纳罚款的，每日按罚款数额的百分之三加处罚款；（二）申请人民法院强制执行。”根据该规定，行政处罚的实施机关需要强制执行的，必须通过法院进行，而不能自行执行。

## 二、何为“行政机关”

行政机关，即国家行政机关，是指国家根据其统治意志，按照宪法和有关组织法的规定设立的，依法享有并运用国家行政权，负责对国家各项行政事务乃至相应的社会公共事务进行组织、管理、指挥和监督的国家机关，具体包括中央行政机关和地方国家行政机关。中央行政机关包括国务院、国务院各部委、国务院的直属机构、国务院各部委管理的国家局，以及国务院的办公和办事机构等。地方国家行政机关包括：（1）地方各级人民政府。根据宪法和有关组织法的规定，按照行政区域的划分，我国地方各级人民政府分为省（自治区、直辖市）、市（自治州、直辖市的区）、县、乡（镇）四级；（2）地方各级人民政府的职能部门。根据宪法和有关法律的规定，县级以上地方各级人民政府可以根据工作需要，设立若干职能部门，承担某一方面行政事务的组织与管理职能；（3）地方人民政府的派出机关。地方人民政府的派出机关是指县级以上地方人民政府经有权机关批准，在一定区域内设立的行政机关。根据《地方各级人民代表大会和地方各级人民政府组织法》的规定，我国地方人民政府的派出机关有三种类型：省、自治区人民政府经国务院批准设立的派出机关，县、自治县人民政府经省、自治区、直辖市人民政府批准设立的区公所，以及市辖区、不设区的市人民政府经上一级人民政府批准设立的街道办事处。根据《行政处罚法》的规定，行政处罚原则上由县级以上人民政府具有行政处罚权的行政机关实施，不过乡镇人民政府、街道办事处经过省、自治区、直辖市授权，亦可作为行政处罚的实施机关。行政机关的内部机构和派出机构，除非有法律、行政法规的明确授权，否则不具有独立的法律地位，不能以自己的名义实施行政处罚，其所实施的行政处罚，法律后果应由其所属的行政机关承担。最后，并非所有行政处罚的实施主体都属于国家行政机关，行政处罚的实施主体还包括法律、行政法规授权的组织和受委托的组织，其在法律法规授权范围内或委托范围内行使行政处罚权，相关内容规定于本法第19条至第21条。

## 三、何为“法定职权范围内”

行政处罚的实施主体在实施行政处罚时，必须在法定职权范围内进行。这里的“法定职权范围”，一方面是指行政处罚的实施需符合法定的条件、手段和幅度，另一方面是指行政处罚的实施需符合实施主体管辖权。这里的管辖权具体包括四个方面的内容：一是事务管辖权。正如前文所说，具有某个事项管理权的行政机关未必具有相应的行政处罚权，这就要求行政机关在实施行政处罚时，要注意其是否依法具有相关事项的行政处罚权。二是地域管辖权。《行政处罚法》第22条规定：“行政处罚由违法行为发生地的行政机关管辖。法律、行政法规、部门规章另有规定的，从其规定。”这就要求行政处罚的实施主体在实施行政处罚时，必须严格遵守其地域管辖权，不得随意跨地域执法。三是级别管辖权。一些立法根据行政违法行为的严重程度和影响大小不同，将比较重大、复杂的违法案件交由较高级别的行政机关管辖，行政机关在处理相关事项时不得逾越本级机关的管辖权。四是行政机关与其他机关的管辖权界限。例如，《行政处罚法》第27条第1款中规定，违法行为涉嫌犯罪的，行政机关应当及时将案件移送司法机关，依法追究刑事责任。这意味着当违法行为涉嫌犯罪，而不仅仅是行政违法行为时，行政机关不再具有管辖权，必须及时移送司法机关处理。

## 实务应用

**陈某诉徐州市泉山区城市管理局行政处罚案**[①]

2002年8月21日晚，泉山区城市管理局行政执法人员以陈某擅自在徐州市淮海路与立达路交叉处附近占道经营，影响市容为由，将陈某在经营中使用的冰柜1台、手推车1辆及遮阳伞1把予以扣押，并于第二天向陈某出具了物品暂扣单，暂扣单上盖有综合整治指挥部（系城市管理局自行设立的内部工作协调机构，与该局合署办公）的印章。陈某不服，遂以泉山区人民政府、泉山区城市管理局为被告提起行政诉讼。陈某认为，综合整治指挥部无行政处罚权，有关工作人员在暂扣物品时未现场制作扣押物品清单和笔录，亦未在作出暂扣决定后7日内对暂扣物品进行处理，违反法律规定的行政处罚程序，故暂扣行为应予撤销，同时应返还违法扣押的冰柜、遮阳伞，赔偿手推车损失200元及食品、饮料损失1000元。城市管理局辩称，其在统一采取强制措施前已下发了通知，陈某未停止非法经营，对其采取行政强制措施并无不当；扣押陈某冰柜时已将里面的食品和饮料移交给陈某本人，暂扣物品后曾通知陈某领回冰柜和遮阳伞，由于对方拒领，故不存在违法扣押的情况，也不应该承担有关责任。

---

① 该案为《最高人民法院公报》2003年第6期公报案例。

法院认为，综合整治指挥部是城市管理局的内设协调机构，且2002年8月21日晚暂扣陈某物品行为是城市管理局工作人员实施的，该局是依法成立具有行政主体资格的行政组织，故本案中城市管理局应作为适格的被告，暂扣陈某物品行为的法律后果，应由城市管理局承担。故综合整治指挥部不具行政诉讼的被告资格，区人民政府与本案被诉行政行为无直接的法律关系，也不应承担法律责任。城市管理局在收到起诉状副本后的法定期限内，未向法庭提交暂扣陈某物品的证据和依据，依照《最高人民法院关于执行〈中华人民共和国行政诉讼法〉若干问题的解释》第26条规定，应认定该暂扣行为无证据和依据，属于违法行政行为，应予撤销。城市管理局应返还违法扣押陈某的冰柜1台、遮阳伞1把。违法暂扣的手推车和冰柜内的食品、饮料也应予返还；但鉴于城市管理局现在已无法返还手推车和冰柜内的食品、饮料，故应予折价赔偿。最终，法院判决：一、撤销城市管理局对陈某作出的暂扣物品决定；二、城市管理局于本判决生效之日起三日内返还陈某的冰柜1台及遮阳伞1把；三、城市管理局赔偿陈某冰柜推车的损失200元和食品饮料损失800元，合计1000元，于本判决生效之日起三日内支付。一审判决后，城市管理局提起上诉，但并未到庭，二审法院按撤诉处理，双方按一审判决执行。

本案的一个重要争议焦点是，行政机关内部机构以自己的名义作出行政处罚，行政相对人认为该行政处罚侵犯了自己的合法权益，如何确定行政诉讼的被告。本案中，执法人员向陈某出具物品暂扣单时，暂扣单上加盖的是综合整治指挥部的印章，该指挥部只是城市管理局自行设立的内部机构，既不是行政机关，也未经过法律、法规的授权，并不具有行政处罚实施主体的身份。根据《最高人民法院关于执行〈中华人民共和国行政诉讼法〉若干问题的解释》第20条第2款之规定，行政机关的内设机构在没有法律、法规或者规章授权的情况下，以自己的名义作出具体行政行为，当事人不服提起行政诉讼的，应当以该行政机关为被告。因此，本案应以城市管理局为被告，暂扣物品的法律后果亦应由城市管理局承担。需要指出的是，该案发生于《行政强制法》颁布之前，暂扣在当时被视为行政处罚的一部分，而在2011年《行政强制法》颁布后，此类暂扣行为应属于行政强制行为，不过二者在实施主体的规定上存在相通之处，不具备行政主体资格的行政机关内设机构，无论是实施行政处罚，还是实施行政强制，都必须以行政机关的名义作出，后果由行政机关承担。

## 第十八条【综合行政执法与相对集中行政处罚权】

国家在城市管理、市场监管、生态环境、文化市场、交通运输、应急管理、农业等领域推行建立综合行政执法制度，相对集中行政处罚权。

国务院或者省、自治区、直辖市人民政府可以决定一个行政机关行使有关行政机关的行政处罚权。

限制人身自由的行政处罚权只能由公安机关和法律规定的其他机关行使。

### 法条沿革

本条是关于综合行政执法与相对集中行政处罚权的规定，是此次修订中被修改的条文，原条文为第16条。

我国的综合行政执法与相对集中行政处罚权经历了一个发展过程。1996年《行政处罚法》颁布之前，因受到计划经济等传统体制和管理观念的影响，立法工作过于强调“条条”管理，往往要明确制定的法规由政府某一个具体部门来实施。这导致每制定一部法律、法规，就要新设置一支执法队伍。一方面，行政执法机构林立，行政执法队伍臃肿，执法扰民的现象相当严重，同时行政执法力量一旦分散到众多行政执法部门，就会导致单个部门执法力量单薄，难以形成有效的经常性的管理；另一方面，部门之间行政执法职责重复交叉，行政执法效率低下。①为此，1996年颁布的《行政处罚法》第16条作出了如下规定：“国务院或者经国务院授权的省、自治区、直辖市人民政府可以决定一个行政机关行使有关行政机关的行政处罚权，但限制人身自由的行政处罚权只能由公安机关行使。”这一规定使国务院或国务院授权的省、自治区、直辖市人民政府可以根据实际需要，统一和重新配置行政处罚权，从而适应行政管理体制改革的需要，解决实践中职权交叉、多头执法、重复处罚等问题。

1996年《行政处罚法》颁布后，国务院开展了多批相对集中行政处罚权试点工作，这些试点主要是针对城市管理领域，这些改革初步形成了新的行政执法机制，树立了良好的行政执法形象；在一定范围内进行了管理权、审批权与监督权、处罚权适当分离的探索；为合理配置政府部门的职能，精简行政机构初步探索了一些新的途径；初步解决了城市管理领域多头执

---

① 江凌、张水海：《相对集中行政处罚权制度：发展历程、实施情况与基本经验》，载《行政法学研究》2008年第4期，第14页。

法、重复处罚、执法扰民等问题，明显地提高了行政执法的质量和水平。随着试点经验的积累和行政执法体制改革的进一步深入，国务院于2002年颁布《关于进一步推进相对集中行政处罚权工作的决定》，明确授权省、自治区、直辖市人民政府可以决定在本行政区域内有计划、有步骤地开展相对集中行政处罚权工作，其范围不仅包含城市管理领域，而且也需要在城市管理领域以外的其他行政管理领域相对集中行政处罚权的，省、自治区、直辖市人民政府依照《行政处罚法》第16条的规定，也可以决定在有条件的地方开展这项工作。之后，各领域的相对集中行政处罚权和综合执法工作亦逐步展开。例如2004年8月，中共中央办公厅、国务院办公厅转发《中央宣传部、中央编办、财政部、文化部、国家广电总局、新闻出版总署、国务院法制办关于在文化体制改革综合性试点地区建立文化市场综合执法机构的意见》，开始在文化、广电、新闻出版、文物、版权等领域开展综合执法改革；同年，中共中央、国务院出台《关于进一步加强农村工作提高农业综合生产能力若干政策的意见》，提出要“搞好农业综合执法”。

党的十八大以后，综合行政执法与相对集中行政处罚权工作进一步开展。2013年，党的十八届三中全会《中共中央关于全面深化改革若干重大问题的决定》提出：“深化行政执法体制改革，整合执法主体，相对集中执法权，推进综合执法，着力解决权责交叉，多头执法问题，建立权责统一、权威高效的行政执法体制。”2014年，党的十八届四中全会《中共中央关于全面推进依法治国若干重大问题的决定》进一步提出：“根据不同层级政府的事权和职能，按照减少层次、整合队伍、提高效率的原则，合理配置执法力量。推进综合执法，大幅减少市县两级政府执法队伍种类，重点在食品药品安全、工商质检、公共卫生、安全生产、文化旅游、资源环境、农林水利、交通运输、城乡建设、海洋渔业等领域内推行综合执法，有条件的领域可以推行跨部门综合执法。完善市县两级政府行政执法管理，加强统一领导和协调。理顺城管执法体制，加强城市管理综合执法机构建设，提高执法和服务水平。”2018年，中共中央印发《深化党和国家机构改革方案》，提出建立市场监管、生态环境保护、文化市场、交通运输、农业5支综合执法队伍。因此，根据党和国家机构改革和行政执法体制改革要求，明确综合行政执法的法律地位，2021年《行政处罚法》增加规定：国家在城市管理、市场监管、生态环境、文化市场、交通运输、农业等领域实行综合行政执法，相对集中行政处罚权，由一个行政机关统一实施相关领域的行政处罚。同时，本条删去了原先省、自治区、直辖市人民政府须经“国务院授权”方可决定一个行政机关行使有关行政机关的行政处罚权的规定，从而赋予了地方政府以更高的自主性。上述规定有助于主动适应改革需要，体现和巩固行政执法领域中取得的重大改革成果。

## 三 规范目的或功能

1996年颁布的《行政处罚法》有其特殊的历史背景，当时我国政府机构正处于调整时期，政府各部门职能配置不合理，各部门组织规则不健全，职权划分不明确，工作中互相扯皮掣肘的现象普遍存在。尤其是在城市管理、市容环境卫生领域，机构膨胀、权限不清、多头处罚、重复处罚的问题十分突出。在这种背景下，《行政处罚法》确立了相对集中行政处罚权制度，不仅是一种对行政处罚实施主体的规范，更是起着为改革提供法律依据的作用。在《行政处罚法》颁布之后，国务院根据该法的规定，在城市管理领域相对集中行政处罚权方面取得了重要进展，但仍存在机关定位不清、责任边界不清、法律法规不健全等诸多问题，需要进一步解决。同时，在城市管理领域之外，市场监管、生态环境、文化市场、交通运输、农业等领域的执法体制改革亦已提上日程，特别是党的十八大以后，党中央、国务院已经就此出台了多项政策，地方政府的试点工作亦在开展中，亟须《行政处罚法》对此予以回应。因此，本次修法中添加综合行政执法与相对集中行政处罚权的相关内容，一方面是对先前改革成果的确认，另一方面也是为未来各领域的改革提供了更为明确的依据。特别是《深化党和国家机构改革方案》中提出，要“继续探索实行跨领域跨部门综合执法”，也就是说，在综合执法领域，不会止步于现有的六大领域，各地还可以根据自己的实际情况，继续在相关领域探索开展综合执法，本次修法亦为这种探索留下制度空间，提供法律依据。[①]

## 三、规范内容

本条是关于综合行政执法与相对集中行政处罚权的规定。综合行政执法与相对集中行政处罚权一直是我国行政体制改革的重要内容，而其具体内涵也根据行政体制改革的推行而不断发生变化。

---

① 应松年、张晓莹：《〈行政处罚法〉二十四年：回望与前瞻》，载《国家检察官学院学报》2020年第5期，第14—15页。

## 一、综合行政执法与相对集中行政处罚权的含义

综合行政执法又被称为综合执法，原国务院法制办于1997年3月7日向北京市人民政府发送的《关于在北京市宣武区开展城市管理综合执法试点工作的复函》中首次在国家层面使用“综合执法”这一概念，此后，原国务院法制办在关于城管领域的改革复函中一直使用这个概念。相对集中行政处罚权，根据2000年“全国相对集中行政处罚权试点工作座谈会”上的界定，指的是将若干行政机关的行政处罚权集中起来，交由一个行政机关统一行使；行政处罚权相对集中后，有关行政机关不再行使已经统一由一个行政机关行使的行政处罚权。不过关于这两个概念之间究竟是什么关系，学界与实务界一直存在争议。有的学者认为，这一时期所说的综合执法实际上就是指相对集中行政处罚权。[①]但有的学者认为，这两个概念不能混为一谈，所谓综合执法，在《行政处罚法》实施以前，主要是指一些地方城市进行的联合执法或者委托执法的实践，这些实践都没有调整原有行政执法部门的行政处罚权。[②]以上争论反映了《行政处罚法》实施前和实施初期概念使用上的一定混乱。最终，在2000年7月的“全国相对集中行政处罚权试点工作座谈会”之后，原国务院法制办在复函中不再使用“城市管理综合执法”的概念，统一使用“相对集中行政处罚权”的概念并在全国推

① 李国旗：《综合行政执法的理论界定》，载《天津行政学院学报》2008年第2期。

② 王毅：《相对集中行政处罚权制度发展研究——以城市管理领域为例》，载《法学》2004年第9期。

进试点扩大工作。[①]

2002年10月11日，国务院办公厅发布《国务院办公厅转发中编办关于清理整顿行政执法队伍实行综合行政执法试点工作意见的通知》(已失效)，该通知中使用了“综合行政执法”这一概念。该通知系为落实《国务院关于进一步推进相对集中行政处罚权工作的决定》而制定，从而体现了“综合行政执法”与“相对集中行政处罚权”之间的关联。在2003年中央机构编制委员会办公室与国务院法制办联合下发的《关于推进相对集中行政处罚权和综合行政执法试点工作有关问题的通知》中，二者的关系得到了进一步明确：(1)相对集中行政处罚权和清理整顿行政执法队伍、实行综合行政执法，都是解决多头执法、重复执法、执法扰民和执法队伍膨胀等问题的重要举措，也都是深化行政管理体制改革，推动行政执法体制创新的重要内容。搞好相对集中行政处罚权和综合行政执法试点工作，对于提高行政执法效能，维护社会经济秩序，保障和促进社会生产力的发展，都具有十分重要的意义。(2)相对集中行政处罚权，是根据《行政处罚法》对部分行政处罚权的相对集中；而综合行政执法则是在相对集中行政处罚权基础上对执法工作的改革。综合行政执法不仅将日常管理、监督检查和实施处罚等职能进一步综合起来，而且据此对政府有关部门的职责权限、机构设置、人员编制等进行相应调整，从体制上、源头上改革和创新行政执法体制，解决

① “全国相对集中行政处罚权试点工作座谈会”上指出，按照行政处罚法的要求，“相对集中行政处罚权”是更准确的提法。参见曹寒松：《国务院法制办“全国相对集中行政处罚权试点工作座谈会”综述》，载《城市管理》2000年第8期。

执法工作中存在的许多弊病，进一步深化行政管理体制改革。从以上内容来看，“综合行政执法”与“相对集中行政处罚权”之间既有联系，也有区别，与相对集中行政处罚权相比，综合行政执法不仅针对行政处罚权的权能，还涉及行政执法主体的职责权限、机构设置、人员编制等组织机构上的重要调整，同时，综合行政执法所涉领域的广度也广于相对集中行政处罚权，其除行政处罚之外，还涉及行政管理、监督检查等领域。

党的十八大之后，相对集中行政处罚权工作的范围进一步扩大。2013年《中共中央关于全面深化改革若干重大问题的决定》提出了“整合执法主体，相对集中执法权，推进综合执法”的要求。行政执法权包括但不限于行政处罚权，如行政许可权、行政强制权、行政给付权、行政征收权、行政确认权、行政检查权等，都属于行政执法权。将相对集中执法权和综合执法一起提出来，意味着相对集中行政处罚权将会与综合执法发生前所未有的紧密联系，综合执法也开始凸显。[①]同时，相对集中行政处罚权的领域也进一步扩展，《中共中央关于全面推进依法治国若干重大问题的决定》与《法治政府建设实施纲要（2015—2020年）》均提出了在有条件的领域推行“跨部门综合执法”的要求。《中共中央关于深化党和国家机构改革的决定》和《深化党和国家机构改革方案》中进一步提出“统筹配置行政处罚职能和执法资源，相对集中行政处罚权”，整合精简执法队伍，“一个部门设有多支执法队伍的，原则上整合为一支队伍”，“推动整合同一领域或相近领域执法队伍，实行综合设置”。

① 马太建：《论相对集中行政处罚权与综合执法的关系》，载《法治现代化研究》2018年第6期。

## 二、综合行政执法与相对集中行政处罚权的具体依据

本条规定，推行建立综合行政执法制度，相对集中行政处罚权的范围包含城市管理、市场监管、生态环境、文化市场、交通运输、应急管理、农业等领域。在这些领域，党和政府近年来出台了多项政策文件，为综合行政执法与相对集中行政处罚权的推进提供了依据。

1.城市管理领域

在城市管理领域，我国综合行政执法与相对集中行政处罚权工作开展得相对较早。1997年，原国务院法制办即批准北京市在宣武区城市管理监察大队组建并开展综合执法试点工作，之后，国务院又在全国多个城市开展试点，并最终于2002年颁布《关于进一步推进相对集中行政处罚权工作的决定》，明确规定国务院授权省、自治区、直辖市人民政府可以决定在本行政区域内有计划、有步骤地开展相对集中行政处罚权工作。其中，城市管理领域集中行政处罚权的范围主要包括市容环境卫生管理、城市规划管理、城市绿化管理、市政管理、环境保护管理、工商行政管理、公安交通管理等多个领域。随着城市规模不断扩大，建设水平逐步提高，保障城市健康运行的任务日益繁重，2015年，中共中央、国务院出台《关于深入推进城市执法体制改革改进城市管理工作的指导意见》。该意见进一步明确了推进城市管理综合执法的具体范围，包括：住房城乡建设领域法律法规规章规定的全部行政处罚权；环境保护管理方面社会生活噪声污染、建筑施工噪声污染、建筑施工扬尘污染、餐饮服务业油烟污染、露天烧烤污染、城市焚烧沥青塑料垃圾等烟尘和恶臭污染、露天焚烧秸秆落叶等烟尘污染、燃放烟花爆竹污染

等的行政处罚权；工商管理方面户外公共场所无照经营、违规设置户外广告的行政处罚权；交通管理方面侵占城市道路、违法停放车辆等的行政处罚权；水务管理方面向城市河道倾倒废弃物和垃圾及违规取土、城市河道违法建筑物拆除等的行政处罚权；食品药品监管方面户外公共场所食品销售和餐饮摊点无证经营，以及违法回收贩卖药品等的行政处罚权。

2. 市场监管领域

在市场监管领域，2018年10月，中共中央办公厅、国务院办公厅印发《关于深化市场监管综合行政执法改革的指导意见》，提出按照减少层次、整合队伍、提高效率的原则，整合工商、质检、食品、药品、物价、商标、专利等领域执法职责，组建市场监管综合执法队伍，市县两级以市场监管部门名义统一行使行政处罚权以及与之相关的行政检查、行政强制权，包括投诉举报的受理和行政处罚案件的立案、调查、处罚等，并要求2019年3月底前，实现全国市场监管综合执法职能和队伍整合到位、执法保障到位。2019年2月，市场监管总局发布《关于贯彻落实〈关于深化市场监管综合行政执法改革的指导意见〉的通知》，对基层综合执法体制、省级综合执法体制的设置及其关系进行了更为具体的规定。

3. 生态环境领域

在生态环境保护领域，中共中央办公厅、国务院办公厅于2018年12月印发《关于深化生态环境保护综合行政执法改革的指导意见》，提出整合环境保护和国土、农业、水利、海洋等部门相关污染防治和生态保护执法职责，整合后，生态环境保护综合执法队伍以本级生态环境部门的名义，依法统一行使污染防治、生态保护、核与辐射安全的行政处罚权以及与行政处罚相关的行政检查、行政强制权等执法职能；同时要求依法合规设置执法机构，除直辖市外，县（市、区、旗）执法队伍在整合相关部门人员后，随同级生态环境部门一并上收到设区的市，由设区的市生态环境局统一管理、统一指挥。2019年2月，生态环境部办公厅发布《关于贯彻落实〈关于深化生态环境保护综合行政执法改革的指导意见〉的通知》，要求各省份及时报送贯彻落实情况。截至2019年4月底，天津、河北、山西等16个省（区、市）和新疆生产建设兵团已印发综合行政执法改革意见，北京等11个省（区、市）已初步确定方案或正履行签发程序。2020年，国务院办公厅出台《关于生态环境保护综合行政执法有关事项的通知》，同意生态环境部印发《生态环境保护综合行政执法事项指导目录（2020年版）》，该目录对生态环境保护领域的处罚事项及实施主体作出了明确规定。

4. 文化市场领域

在文化市场领域，中共中央办公厅、国务院办公厅于2018年11月印发《关于深化文化市场综合行政执法改革的指导意见》，提出将旅游市场执法职责和队伍整合划入文化市场综合执法队伍，统一行使文化、文物、出版、广播电视、电影、旅游市场行政执法职责。各省、自治区文化和旅游部门整合文化、文物、出版、广播电视、电影、旅游市场领域的行政执法职责，在相对集中行政处罚权基础上，履行本地区执法指导监督、大案要案督办、跨区域重大案件查处和组织协调等职能。各直辖市和市县两级要整合组建文化市场综合执法队伍，统一行使文化、文物、出版、广播电视、电影、旅游市场行政执法职责，并承担“扫黄打非”有关工作任务，由相关文化和旅游部门负责管理并以部门名义实施执法；县、市、区一般实行“局队合一”体制。

5.交通运输领域

在交通运输领域，中共中央办公厅、国务院办公厅于2018年11月印发《关于深化交通运输综合行政执法改革的指导意见》，提出将交通运输系统内公路路政、道路运政、水路运政、航道行政、港口行政、地方海事行政、工程质量监督管理等执法门类的行政处罚以及与行政处罚相关的行政检查、行政强制等执法职能进行整合，组建交通运输综合行政执法队伍，以交通运输部门名义实行统一执法，并要求明确层级职责，下移执法重心。2020年，国务院办公厅出台《关于交通运输综合行政执法有关事项的通知》，同意交通运输部印发《交通运输综合行政执法事项指导目录》（2020年版），该目录对交通运输领域的处罚事项及实施主体作出了明确规定。

6.应急管理领域

在应急管理领域，中共中央办公厅、国务院办公厅于2020年9月印发《关于深化应急管理综合行政执法改革的意见》，提出加快构建权责一致、权威高效的监管执法体制。将法律法规赋予地方应急管理部门的有关危险化学品、烟花爆竹、矿山、工贸等行业领域安全生产监管，以及地质灾害、水旱灾害、森林草原火灾等有关应急抢险和灾害救助、防震减灾等方面的行政处罚、行政强制职能进行整合，组建应急管理综合行政执法队伍，以本级应急管理部门名义统一执法。同时，在监管执法体系方面，提出应急管理综合行政执法职责主要由市县两级承担。日常执法检查、一般违法案件查处以县级为主。设区的市主要承担法律法规直接赋予本级的执法职责，组织查处辖区内跨区域和具有重大影响的复杂案件，监督指导辖区内执法体系建设和执法工作。设区的市及其市辖区按照减少执法层级、不重复执法的要求，原则上实行以区为主的执法管理体制。市县两级应急管理部门原则上实行“局队合一”体制，形成监管执法合力。

7.农业领域

在农业领域，中共中央办公厅、国务院办公厅于2018年11月印发《关于深化农业综合行政执法改革的指导意见》，提出要按照一个部门原则上设立一支执法队伍的要求，全面整合农业农村系统各支执法队伍，彻底改变过去多头、分散执法的局面。除沿海、内陆大江大湖和边境交界水域已经设立的渔政执法队伍可继续保持相对独立设置外，其他农业执法队伍，包括该指导意见没有直接点到的动物卫生监督、植物检疫等执法队伍，以及内陆地区不再单独设置的渔政执法队伍，都要整合进农业综合执法队伍。县（市、区）要在全面组建农业综合执法队伍的基础上，根据实际情况探索实行农业农村部门与综合执法队伍的“局队合一”体制。为贯彻该指导意见，农业农村部相继出台重要文件。2019年3月印发的《关于加快推进农业综合行政执法改革工作的通知》指出，重庆、广东等16个省（区、市）已成立省级农业综合执法工作机构，并督促各地加快改革进度，抓紧推进市县级改革工作；同年6月印发的《全国农业综合行政执法基本装备配备指导标准》分级分类提出了省市县三级农业综合行政执法机构执法装备配备的项目和数量，为农业综合行政执法提供了条件保障。2020年，国务院办公厅进一步出台《关于农业综合行政执法有关事项的通知》，同意农业农村部印发《农业综合行政执法事项指导目录》（2020年版），该目录对农业领域的处罚事项及实施主体作出了明确规定。

## 三、综合行政执法与相对集中行政处罚权的要求与限制

关于综合行政执法与相对集中行政处罚权的具体要求，从《中共中央关于深化党和国家机构改革的决定》和《深化党和国家机构改革方案》等文件中，可以总结出以下几个原则：一是整合精简原则。即整合精简执法队伍，一个部门设有多支执法队伍的，原则上整合为一支队伍，推动整合同一领域或相近领域执法队伍，实行综合设置。综合行政执法与相对集中行政处罚权是为了解决职权交叉、多头执法、人员臃肿、效率低下、重复处罚等问题，对此，应尽量减少同一类违法行为上存在多个主管机关的情形，而将其整合至同一个部门实施处罚。二是关联性原则。国务院或者省、自治区、直辖市人民政府可以决定一个行政机关行使有关行政机关的行政处罚权，这里的“有关行政机关”应当与行使行政处罚权的行政机关属于同一领域或相近领域。如果将没有任何联系的事项集中在一起，由一个行政机关去实施，执法人员难以掌握，非但无助于提高行政效率，反而会增加行政管理的难度。只有将那些具有“相关性”或“相近性”的项目集中在一起，才比较符合提高行政执法效率的要求。这里的相关性可以从职能的基础划分、职能目的、职能行使的区域等方面考虑。[①]三是统筹配置原则。在综合行政执法与相对集中行政处罚权工作中应统筹考虑各行政机关的能力与资源，选择最适宜的行政机关作为行政处罚的实施机关，

---

① 王敬波：《相对集中行政处罚权改革研究》，载《中国法学》2015年第4期，第149—150页。

增强执法效率，同时要考虑到管理事项所涉及的专业程度，一些专业性、技术性较强的领域往往要求行政处罚的实施主体具备相应的技术条件和能力，不能盲目整合。

综合行政执法与相对集中行政处罚权亦存在法律上的限制，本条提出的一个关键要求在于，限制人身自由的行政处罚权不应当集中，只能由公安机关和法律规定的其他机关行使。之前的立法仅仅强调了公安机关，本次修法增加了“法律规定的其他机关”。从现行法律法规来看，这里的“其他机关”主要包括：（1）海警机构，即人民武装警察部队。《海警法》第60条规定，海警机构对依法决定行政拘留的违法行为人和拘留审查的外国人，以及决定刑事拘留、执行逮捕的犯罪嫌疑人，分别送海警机构所在地拘留所或者看守所执行。（2）出入境边防检查机关。《出境入境管理法》第70条中规定，本章规定的行政处罚，除本章另有规定外，由县级以上地方人民政府公安机关或者出入境边防检查机关决定。（3）国家安全机关。《反间谍法》第29条至第32条规定了国家安全机关对于特定行为具有实施行政拘留的权力。（4）军事禁区、军事管理区、军事设施管理单位。《军事设施保护法》第43条至第45条规定了相关的罚则。上述领域通常涉及国家安全和相对人人身自由，应严格按照法律规定，由相应主管机关实施行政处罚，不属于集中范畴。除了上述领域之外，还有一些法律、法规明确规定的专属管辖事项亦不应集中，《国务院办公厅转发中编办关于清理整顿行政执法队伍实行综合行政执法试点工作意见的通知》（已失效）也规定：“中央垂直管理的海关、国税、金融监管、出入境检验检疫等部门和涉及国家安全与需要限制人身自由的行政执法工作不列入试点范围。”

## 实务应用

**济南明生物流有限公司与山东省济南市交通运输监察支队行政处罚纠纷案**[①]

2017年11月9日，济南支队接到交警部门移交的明生物流某重型半挂货车，并对该公司涉嫌道路运输违法行为立案调查。济南支队工作人员经现场调查勘验，确定涉案车辆属于《超限运输车辆行驶公路管理规定》第3条、第6条规定的超限运输即大件运输车辆。2017年11月17日，济南支队认定明生物流超越许可事项从事道路货物运输经营，违反《道路货物运输及站场管理规定》第18条规定，但没有违法所得，属于初犯，违法情节轻微且及时纠正，应当减轻处罚，最终按照《道路货物运输及站场管理规定》第56条第3项、《山东省交通运输行政处罚自由裁量权执行标准》的规定，决定对明生物流罚款2万元。明生物流向法院提起诉讼，认为济南支队不是县级以上道路运输管理机构，无权作出被诉行政处罚决定。

一审法院认为，《山东省道路运输条例》第6条授权县级以上人民政府交通运输主管部门所属的交通运输监察机构，具体实施道路运输管理工作，济南支队作为市级交通运输主管部门所属的交通运输监察机构，根据上述地方法规的授权，有权对

① 该案为《人民司法·案例》2019年第29期所载案例，参见济南市历下区人民法院〔2018〕鲁0102行初79号行政判决书、济南市中级人民法院〔2018〕鲁01行终790号行政判决书。

道路运输经营中的违法行为进行查处，并以自己的名义作出处罚决定。济南支队作出被诉行政处罚决定，并未超越法定职权。明生物流提起上诉。二审法院认为：一、关于山东省道路运输系统内相对集中行政处罚权问题，《道路运输条例》第7条第2款、第3款规定："县级以上地方人民政府交通主管部门负责组织领导本行政区域的道路运输管理工作。县级以上道路运输管理机构负责具体实施道路运输管理工作。"上述条例授权县级以上道路运输机构具体负责实施道路运输管理工作。鉴于现实中道路运输机构多头执法问题非常突出，山东省政府决定成立交通运输监察机构，集中行使相关道路运输管理机构的公路运输稽查职权及相应的行政处罚权。二、关于济南支队能否以自己的名义作出行政处罚决定的问题。1.济南支队是根据山东省政府的决定成立的相对集中行使公路运输行政处罚权的机构，有权集中行使济南市区范围内相关道路运输机构的公路运输行政处罚权。2.《山东省道路运输条例》授权县级以上政府交通运输主管部门所属的交通运输监察机构具体实施道路运输管理工作，济南支队作为市级政府交通运输主管部门所属交通运输监察机构，根据上述地方法规的授权，有权对公路运输经营中的违法行为进行查处，并以自己的名义作出被诉行政处罚决定。最终，二审法院驳回明生物流的上诉。

本案涉及相对集中行政权改革中行政处罚实施主体的认定问题。该案所涉及的行政处罚行为发生于2017年年底，在此之前，国务院已经于2002年发布《关于进一步推进相对集中行政处罚权工作的决定》，明确授权省、自治区、直辖市人民政府可以决定在本行政区域内，有计划、有步骤地开展相对集中行政处罚权工作，同时规定在城市管理领域以外的其他行政管理领域，省级人民政府亦可根据《行政处罚法》的规定，在有条件的地方开展相对集中行政处罚权工作。之后，山东省政府根据该决定授权精神，决定在全省统一设立交通运输监察机构，集中行使相关道路运输管理机构与公路运输相关的行政处罚权，济南支队就是在上述背景下设立。而2010年颁布的地方性法规《山东省道路运输条例》也明确授权市级交通运输主管部门所属的交通运输监察机构具体实施道路运输工作。因此，根据国务院和山东省人大的相关授权，济南支队是合法的行政处罚实施主体，有权以自己的名义作出行政处罚。本次修法删除了旧法中省级政府开展相对集中行政处罚权工作必须经国务院授权的要求，这意味着省级政府在相关工作中有更高的自主权。同时，本条第1款"等领域"的表述意味着推进综合行政执法和相对集中行政处罚权工作的领域并不限于第1款明确列举的几个领域。这要求法院在司法审查中也应对地方政府的改革举措予以更高的尊重，允许地方政府在符合法定要求和改革精神的基础上开展改革的尝试。

## 第十九条【法律、法规授权组织实施行政处罚】

法律、法规授权的具有管理公共事务职能的组织可以在法定授权范围内实施行政处罚。

### 法条沿革

本条是关于法律、法规授权组织实施行政处罚的规定，为《行政处罚法》1996年颁布时就存在的条文，原条文为第17条。在《行政处罚法》颁布以前，我国的法律、法规对授权的条件缺乏明确规定，实践中滥授权的现象时有发生，这也是造成乱处罚、滥罚款的一个原因。[①]为此，《行政处罚法》制定时有限制地对授权处罚的行为作了规定，以克服现实中存在的一些部门和地方乱授权的现象。

## 规范目的或功能

本条的目的在于明确被授权组织实施行政处罚的条件。其承认法律、法规授予其具有管理公共事务职能的组织可以作为行政处罚的实施主体，但并非所有这类组织都可以实施行政处罚，它还必须具有法律、法规授予的行政处罚职权。在现代社会，行政管理范围日益扩大，管理的专业性、技术性日益增强，仅仅依靠政府机关和公务员难以满足行政管理的现实需要。因此，授予一定具有管理公共事务职能的组织以职权，使其在法定授权范围内实施处罚，亦是提升执法效率和质量的客观需要。不过由于行政处罚的制裁性，这种授权必须慎重。《行政处罚法》将授权依据限定为法律、法规，排除规章及规章以下规范性文件，体现了授权的严肃性。

## 规范内容

本条是关于法律、法规授权组织行使行政处罚权的规定。

法律、法规授权的组织又被称为“被授权组织”，是指行政

① 蔡小雪：《试论实施行政处罚的主体》，载《法律适用》1996年第5期，第7页。

机关以外的组织经过特定国家机关按照法定形式的授权，从而获得相应行政管理权，具有行政管理的主体资格，可以以自己的名义行使行政管理权，并独立承担由此产生的法律后果。在行政法学研究初期，人们认为国家行政职能只能由国家行政机关及其公务员行使，一定的行政事务只能由相应主管行政机关办理。但随着社会发展，政府承担的不少公共管理职能及具体内容由非政府组织来承担不仅是可能的而且是可行的，公共行政领域有必要也事实上存在国家与社会的分权。[①]最终，行政主体理论将法律、法规授权的组织纳入行政主体范畴，使其能够独立行使行政权并承担法律责任。目前，我国许多立法中已经对法律、法规授权的组织的地位进行了明确规定。例如，《行政诉讼法》第2条规定，作为行政诉讼受案范围的“行政行为”包括法律、法规、规章授权的组织作出的行政行为；《行政复议法》第15条第1款第3项规定，对法律、法规授权的组织的具体行政行为不服的，分别向直接管理该组织的地方人民政府、地方人民政府工作部门或者国务院部门申请行政复议；《国家赔偿法》第7条第3款规定，法律、法规授权的组织在行使授予的行政权力时侵犯公民、法人和其他组织的合法权益造成损害的，被授权的组织为赔偿义务机关；等等。在行政处罚法领域，行政处罚权作为一项制裁性权力，传统看法认为必须由行政机关来行使。但是由于行政管理范围不断扩大，以及专业性、技术性的日益增强，如果一概要求由行政机关来实施行政处罚，无疑会导致机构臃肿。因此，本法规定，除了行政机关之外，法律、法规授权的具有管

---

① 沈福俊、周春莉：《企业作为被授权组织的有关问题探讨》，载《华东政法学院学报》2003年第3期，第19页。

理公共事务职能的组织亦可在法定授权范围内实施行政处罚。现行的一些法律法规已经对此作出了规定，例如《水法》规定，流域管理机构有对特定违法行为实施一定数额罚款的权力；《上海市民用机场地区管理条例》规定，机场管理机构有对违反条例行为进行行政处罚的权力；等等。

在授权的依据方面，本条规定，被授权组织应获得法律、法规的授权。其中，法律是指全国人民代表大会及其常委会制定的法律；法规包括国务院制定的行政法规，以及省、自治区、直辖市的人民代表大会及其常务委员会，以及设区的市的人民代表大会及其常务委员会制定的地方性法规。这里存在一个问题，即规章能否作为行政授权的依据。在1989年《行政诉讼法》中，被授权组织仅指法律、法规授权的组织，但2014年修订的《行政诉讼法》将规章授权的组织所作出的行政行为亦纳入受案范围，相当于认可了规章授权的组织的行政主体地位。不过本条将“法律、法规授权的组织”规定为行政处罚的实施主体，从严格的法治主义视角看，这意味着合法的授权依据仅限于法律、行政法规和地方性法规，对于实践中出现的有行政处罚权的行政机关通过规章将行政处罚权授予其他组织的行为，本文认为其本质上属于委托，这种委托是否合法应根据本法第20条、第21条的规定进行判断，受委托的组织应以委托机关的名义实施行政处罚，其法律后果由委托机关承担。

在授权的对象方面，本条规定为“具有管理公共事务职能的组织”。目前实践中此类组织包含以下几种：一是行政机关的内部机构或派出机构，其本身不具有行政主体的地位，不能以自己名义实施行政行为，但法律、法规在特定事项上对其进行专门授权，使其具有了独立实施行政处罚的职权。二是依法成立的事业组织，或者说事业单位，即国家为了社会公益目的，由国家机关举办或者其他组织利用国有资产举办的，从事教育、科技、文化、卫生等活动的社会服务组织。2011年出台的《关于分类推进事业单位改革的指导意见》和《国务院办公厅关于印发分类推进事业单位改革配套文件的通知》将事业单位分为三类：承担行政职能的事业单位、从事生产经营活动的事业单位和从事公益服务的事业单位，其中前两者将逐步转型为行政机构或企业，法律法规授权实施行政处罚的，应当主要为第三种，即从事公益服务的事业单位。三是承担一定公共事务管理职能的企业，如一些事业单位改制后转为的企业，或原本就具有一定相关管理职能的国有企业。诸如前述《上海市民用机场地区管理条例》授权机场管理机构对违反条例的行为进行行政处罚，这里的"机场管理机构"实际上就属于企业。另外，关于工会、妇联等社会团体，亦属于"具有管理公共事务职能的组织"，并承担诸如劳动监督管理、妇女儿童保护等领域的一定的管理职能。不过从现行法律来看，尚无有关行政处罚的法律法规授权，其实际上并不具有实施行政处罚的权力。

## 实务应用

**彭某诉哈密市国土资源监察大队土地行政处罚案**[①]

1997年12月15日，哈密市政府批复同意将995亩荒地划

① 该案为最高人民法院行政审判庭《中国行政审判指导案例》第4卷收录案例，参见新疆维吾尔自治区哈密地区中级人民法院〔2009〕哈中行终字第5号行政判决书。

拨彭某所办的农场进行农业综合开发，开发期为三年。2004年12月7日，哈密市国土资源监察大队公告注销该土地开发许可证。2006年9月至10月，彭某持该过期土地开发证雇人开发荒地874.35亩。监察大队立案调查后作出《土地行政处罚决定书》，决定收回该874.35亩土地，并对彭某处以罚款。彭某向法院提起诉讼，认为其开发土地中的800亩是合法的，请求法院撤销处罚决定。监察大队辩称，彭某所开垦的土地均属非法开垦，其诉求无法律依据，请求法院驳回。

一审法院认为，彭某在土地开发证过期并被公告注销的情况下，继续开发土地，属于无证非法开发。彭某主张其合法开发土地，缺乏法律依据，法院对其主张不予采纳。监察大队的处罚决定符合法律规定，最终判决予以维持。彭某不服提起上诉。二审法院认为，行政机关应当在法律、法规赋予的职权范围内实施具体行政行为，否则其行政职权就无法律依据，构成越权。而越权无效则是行政法的基本原则。根据《土地管理法》第76条的规定，对非法占用土地等违法行为有权实施处罚的主体应当是县级以上人民政府土地行政主管部门，监察大队在没有法律、法规授权的情况下，以自己的名义对外行使行政处罚权的行为，属超越职权的具体行政行为，依法应予撤销。最终，二审法院判决，撤销监察大队的《土地行政处罚决定书》。

本案中一个重要问题是，哈密市国土资源监察大队是不是合法的行政处罚主体。从国土资源监察大队的法律地位来看，当时有效的《土地监察暂行规定》第8条中规定，土地监察机构，是土地管理部门按照内部职责划分设置的专门负责土地监察工作的职能机构；县级以上地方人民政府土地管理部门应当设置土地监察机构，建立土地监察队伍。从实践情况来看，各地国土资源监察总队或监察大队在性质上有些属于土地管理部门内部的执法机构，有些则属于土地管理部门直属的事业单位，具有独立法人地位。不过无论其地位如何，根据《土地管理法》的规定，只有县级以上人民政府土地行政主管部门才有对土地违法行为实施行政处罚的权力。关于该案中哈密市国土资源监察大队的具体职权，由于时间原因，目前已难以探知，不过从新疆国土资源执法监察总队的职权来看，其在政府门户网站上公开的职责包括：宣传和贯彻执行相关法律法规政策；组织和实施区域内法律法规执行情况的巡查，及时发现和制止违法行为；组织和实施违法案件的调查、取证、现场勘验工作，并提交调查报告和查处意见；负责区域内重大违法案件查处决定的督办；以及对下级国土资源执法监察机构进行领导和管理；等等。据此，国土资源监察队伍在违法案件监察中的职能应当主要是发现并制止违法行为，进行调查取证，提出报告和意见等，而无权直接作出行政处罚决定，否则即属于超出法律法规授权范围，其处罚决定应归于违法。

## 第二十条【受委托组织实施行政处罚】

行政机关依照法律、法规、规章的规定，可以在其法定权限内书面委托符合本法第二十一条规定条件的组织实施行政处罚。行政机关不得委托其他组织或者个人实施行政处罚。

委托书应当载明委托的具体事项、权限、期限等内容。委托行政机关和受委托组织应当将委托书向社会公布。

委托行政机关对受委托组织实施行政处罚的行为应当负责监督，并对该行为的后果承担法律责任。

受委托组织在委托范围内，以委托行政机关名义实施行政处罚；不得再委托其他组织或者个人实施行政处罚。

## 法条沿革

本条是关于受委托组织实施行政处罚的规定，为此次修订中被修改的条文。

与前一条的授权相比，本条允许规章作为行政机关进行委托的依据，这是考虑到，虽然处罚权委托在形式上也是处罚权的转移，但与授权处罚本质上有区别。而且，委托的都是一些影响较小、程度较轻的处罚。因此，委托处罚的依据可以放宽一些。[①]1996年《行政处罚法》起草时，草案中曾规定“经县级以上人民政府决定，行政机关在其法定权限内可以委托其他行政机关或者符合本法第十八条规定条件的组织实施行政处罚”。有些代表提出，对决定委托的权限应当从严掌握，同时为进一步防止乱委托的现象，应当明确规定不得委托不符合本法规定条件的组织或者个人实施行政处罚。[②]因此，《行政处罚法》在

---

① 全国人大常委会办公厅、全国人大常委会法制工作委员会：《行政处罚法问答》，中国民主法制出版社2001年版，第32页。

② 薛驹：《全国人大法律委员会关于〈中华人民共和国行政处罚法（草案）〉和〈中华人民共和国刑事诉讼法修正案（草案）〉审议结果的报告——1996年3月16日第八届全国人民代表大会第四次会议主席团第三次会议通过》，载《中华人民共和国全国人民代表大会常务委员会公报》1996年第3期，第20页。

颁布时最终将委托的依据确定为法律、法规和规章，并明确了不得委托的规定。在本次修法中，本条规定一个最重要的修改，是增加了第2款，明确了委托书的内容要求，以及委托书应向社会公布的规定。近年来，党中央、国务院不断强调推进政务阳光透明、提升政务公开能力等方面的工作，并实施了包括权责清单在内等一系列制度。行政处罚作为可能对公民、法人或其他组织的权利造成重大影响的一项行政行为，相关主体的权力来源、权力范围等更应得到全面的公开。本次修法增加了委托书应向社会公布的规定，更加有助于保障行政处罚权的实施接受社会监督，保障行政处罚行为的合法性。

## 规范目的或功能

本条的目的在于明确受委托组织的条件，具体包括以下几个方面：第一，明确受委托组织的范围，受委托实施行政处罚的只能是符合法定条件的组织，而不能是个人；第二，明确委托的程序要求，委托书必须载明委托的具体事项、权限、期限等，并向社会公布；第三，明确委托的法律后果，受委托组织不具有行政主体资格，应以委托者名义行为，接收委托机关的监督，其行为的法律后果由委托机关承担。其中，委托书应向社会公布是本次修法的一个新增规定。实践中，受委托组织类型较为繁杂，很多时候，该组织是否受到委托、受到怎样的委托、具体权限如何等问题并不清晰。本次修法增加公开方面的规定，契合了近年来党和政府关于依法公开权力运行流程的要求，有助于形成更为公开透明、权责清晰的行政处罚委托制度。

## 规范内容

本条是关于受委托组织行使行政处罚权的规定，规定了委托的条件、程序、法律后果等。

### 一、委托的含义

本法所称的委托，是指具有行政处罚权的行政机关将其行政处罚权的一部分委托给某个组织行使。这里的被委托者只能是组织，不能是个人，这是由于行政处罚直接涉及被处罚人的财产或自由，基于限制行政权滥用的需要，对于受委托者必须有严格的资格限制。与前一条所规定的授权相比，二者之间存在以下区别：第一，二者在法定方式上不同，在行政处罚方面，授权必须有法律、法规的明文授权规定为依据，规章不能作为授权的依据；而委托虽然同样要依法进行，但没有授权那样严格的要求，规章亦可作为行政机关进行委托的依据，同时，对于符合条件的组织，有行政处罚权的机关可以相对自由地选择委托方式，只要以书面形式载明委托的具体事项、权限、期限等内容，并向社会公布即可。第二，二者在法律后果上不同，对于原本并无行政主体资格的组织，授权会使其取得行政主体资格；而委托并不会导致职权以及职责的转移，被委托组织也不能因此取得行使被委托职权的行政主体资格，委托人既是行政职权的享有者，又是行使行政职权的名义人，进而也是行使行政职权所引发的一切法律后果的承担者，受委托者必须在委托的范围内以委托者的名义行使相应的职权，并接受委托者的监督。目前，我国立法中关于行政委托的主要规定有：《行政诉讼法》第26条第5款规定，行政机关委托的组织所作的行政行为，委托的行政机关是被告；《国家赔偿法》第7条第4款规定，受行政机关委托的组织或者个人在行使受委托的行政权力时侵犯公民、法人和其他组织的合法权益造成损害的，委托的行政机关为赔偿义务机关；等等。

## 二、委托的具体要求

根据本条的规定，委托应满足以下具体要求：

首先，委托须依照法律、法规或者规章的规定进行。与一般的行政委托相比，行政处罚的委托有更加严格的条件限制，因为行政处罚的委托不只是委托一般的公共事务管理职能，它直接涉及被处罚人的权利义务，如果被委托的行政处罚权行使不当，很容易对被处罚人造成严重的侵害后果。因此，行政处罚的委托必须要有明确的依据，只有在法律、法规或规章规定行政机关可以将行政处罚权委托给其他组织时，行政机关方可进行委托。全国人大常委会法制工作委员会《关于行政机关是否可以自行决定委托问题的答复》（1996年）指出："必须是法律、法规或者规章明确规定了行政机关可以委托的，该行政机关才能依法进行委托处罚。"这也意味着行政机关不能擅自自行将自己的处罚权委托给其他组织，否则该委托应归于无效。在法律、法规或规章规定的基础上，行政机关在委托时还要考虑以下几个因素：一是委托是否确有必要，一般来讲，只有在行政机关因人员不足、水平限制、装备不够，或者地理等因素，导致其直接行使行政处罚权确有困难时，方应进行委托；二是由受托组织实施该处罚是否更加便利，处罚效果更好；三是被委托的行政处罚应限于程度较轻、形式较简单的处罚，这样，将行政处罚委托出去并不影响行政机关行政职责的履行，对被处罚人权益影响也相对较小；四是被委托的行政处罚权必须属于委托者的职权范围，且不属于其专属处罚权，否则该委托应属无效。

其次，在委托的形式方面，本条规定，委托须以书面形式，载明委托的具体事项、权限、期限。从实践情况来看，行政机关向其他组织委托实施行政处罚，一般以行政处罚委托书的形式进行。行政处罚委托书是证明受委托行政机关或组织实施委托的行政处罚职权的唯一凭据，其通常应载明下列事项：委托行政机关和受委托行政机关或组织的名称、地址，委托的具体事项、范围，以及法律依据，双方的权利义务，违反委托的处罚事项的法律责任，等等。签订后报有关主管部门，如同级或上级人民政府法制部门备案。关于委托是否必须以书面形式进行，一般认为，在紧急情况下，行政机关必须委托，但又不能即时办理委托手续签订行政处罚委托书的，允许采取口头形式委托。但在前述无法办理委托手续的情形消除后，行政机关应及时补签行政处罚委托书，并于委托书中载明未能及时出具的具体事实与理由。实践中，一些行政机关无特殊理由，行政处罚事前不出具委托书，事后方才补办，这种“事后委托”不具有法律效力。[①]

再次，委托须向社会公布。这里的向社会公布包含两个方面的含义：一是受委托组织在实施行政处罚时，应主动将委托书向相对人出示。行政行为之所以对于相对人具有拘束力，是

① 参见“泰州市海陵区人民政府城中街道办事处与温州市骊鑫隆进出口有限公司行政强制纠纷上诉案”，〔2017〕苏12行终63号行政判决书。

因为行政主体行使的是国家权力，而受委托组织本身不是行政机关，如果不能出示其合法的权力来源，相对人没有服从的义务。国务院办公厅于2017年印发的《关于印发推行行政执法公示制度执法全过程记录制度重大执法决定法制审核制度试点工作方案的通知》要求，行政执法人员在执法过程中要主动表明身份，委托书是受委托组织实施行政处罚的职权依据，主动出示委托书等文件，亦是执法人员主动表明身份的内在要求。二是委托行政机关应将委托书向社会公开。根据党的十八届三中全会和四中全会精神，以及中共中央办公厅和国务院办公厅联合印发的《关于推行地方各级政府工作部门权力清单制度的指导意见》，地方各级政府工作部门应当将其行使的各项行政职权及其依据、行使主体、运行流程、对应的责任等，以清单形式明确列示出来，向社会公布，接受社会监督。《关于印发推行行政执法公示制度执法全过程记录制度重大执法决定法制审核制度试点工作方案的通知》要求，执法机关在行政处罚等行为中推行行政执法公示制度，依法及时主动向社会公开有关行政执法信息。行政机关委托其他机关或组织实施行政处罚的，亦应遵循前述公开的要求，通过政府门户网站等渠道，将委托的依据和具体内容向社会公开。

最后，受委托组织不得再委托。这一方面是因为委托行政机关进行委托的权力来自法律、法规和规章的规定，其根据上述规定，将自身的一部分法定职权委托给受委托组织，使后者能行使一定的权力。而受委托组织本身不具有相关法定职权，其权力来自有权行政机关的委托，其只能在委托权限范围内行事，而不能将权力再行委托出去，否则这种权力就没有合法的来源。另一方面，委托行政机关对受委托组织有监督的义务，如果任由受委托组织继续向下委托，层层委托，势必会使委托行政机关难以对行政处罚的实际实施进行有效的监督，从而减损监督的效果，不利于防止违法处罚的发生。

## 三、委托的法律后果

在委托的法律后果方面，受委托组织不是行政主体，其应当在委托范围内，以委托行政机关名义实施行政处罚，委托行政机关对受委托组织实施行政处罚的行为应当负责监督，并对该行为的后果承担法律责任。这种监督和法律责任的承担体现为以下几个方面：一是纠正违法行为的权力。委托行政机关对受委托组织实施行政处罚的全过程进行监督，发现受委托组织存在违法情形时，应及时要求其予以纠正，对于其所作出的行政处罚决定认为存在错误的，有权要求其改正，或直接予以变更或撤销，对于直接责任人员可依法给予行政处分。二是解除委托的权力。委托行政机关发现受委托行政机关或组织不符合受委托条件或者违法实施行政处罚的，有权暂停或解除委托。三是复议与诉讼主体地位的承担。受委托组织实施行政处罚，相对人不服提起行政复议或行政诉讼的，应以委托行政机关作为被申请人或被告，相对人申请行政赔偿的，委托行政机关是赔偿义务机关。四是行政责任的承担。由于委托不当或受委托组织违法行为，造成重大损失或恶劣影响，符合中央或地方党政机关及其工作人员问责相关规定的，委托行政机关相关负责人须承担相应责任。

## 实务应用

**北京市水务局等与北京青石岭旅游开发有限公司行政处罚案**[①]

2017年9月1日，怀柔区水务局在执法时发现青石岭公司利用白河水域组织开展漂流活动，且无法提供水行政主管部门的审批手续。经调查、听证，以及经怀柔区水务局水政监察大队集体讨论后，怀柔区水务局向青石岭公司作出行政处罚决定书，对青石岭公司处以5万元的罚款。青石岭公司不服，向北京市水务局申请行政复议，北京市水务局决定予以维持。青石岭公司遂以怀柔区水务局、北京市水务局为被告，向法院提起诉讼，认为该行政处罚决定作出未经怀柔区水务局集体讨论决定，请求法院予以撤销，并要求对北京市水务局制定的规范性文件《北京市水行政处罚程序若干规定（试行）》第6条第2款、第20条第1款第2项一并进行审查。该规定第6条第2款规定："水行政处罚机关负责人包括水行政处罚机关法定代表人或者主管负责人；市、区水行政主管部门委托的水政监察机构主要负责人或者主管负责人在委托权限内也可视为水行政处罚机关负责人。"第20条第1款第2项规定："……对法人或者其他组织处以超过三万元至十万元以下罚款的，经水政监察机构内设法制工作机构法制审查后，由水政监察机构负责人进行集体讨论……"

---

① 参见北京市海淀区人民法院〔2018〕京0108行初498号行政判决书、北京市第一中级人民法院〔2018〕京01行终934号行政判决书。

一审法院认为,《行政处罚法》和《水行政处罚实施办法》均规定，由行政机关负责人集体讨论决定是否给予较重行政处罚。水行政监察机构隶属于水行政处罚机关的下级内设机构，其负责人不能视为水行政处罚机关的负责人，因此认定《北京市水行政处罚程序若干规定（试行）》前述两条规定不能作为认定行政行为合法的依据。怀柔区水务局未由水行政机关负责人集体讨论即作出了行政处罚决定，违反法定程序，判决予以撤销。怀柔区水务局、北京市水务局不服，提起上诉，认为区水政监察大队不是区水行政主管部门的下级内设机构，其具有独立法人资格，属于独立的事业单位，区水行政主管部门与水政监察机构是委托与被委托的关系；行政机关可以委托依法成立的管理公共事务的事业组织施行行政处罚，也可以委托水政监察机构主要负责人或者主管负责人在委托权限内行使相关职责。二审法院经审理后认为，根据《行政处罚法》和《水行政处罚实施办法》的有关规定，县级以上人民政府水行政主管部门可以在其法定权限内委托符合条件的水政监察专职执法队伍实施水行政处罚，故怀柔区水务局与区水政监察大队在作出行政处罚的过程中系委托与被委托的关系，怀柔区水务局是水行政主管部门，区水政监察大队则系依法成立的管理水利事务的事业组织，即使是在此种委托与被委托的关系之下，行政机关所属事业单位的负责人也当然不能替代行政机关的负责人在行政处罚的过程中进行集体讨论。最终，二审法院判决驳回上诉，维持原判。

本案最终以违反法定程序为由撤销行政处罚，其中涉及的一个重要问题是，如何认定怀柔区水务局的法律地位，其负责人能否视为水行政处罚机关的负责人。《北京市水行政处罚程序若干规定（试行）》认为，受委托组织主要负责人或者主管负责人在委托处罚权限内也可视为水行政处罚机关负责人。但根据《行政处罚法》规定，受委托组织不具有独立的行政处罚实施主体地位，其必须在委托范围内，以委托行政机关名义实施行政处罚，法律后果亦由委托机关承担。这意味着，作出行政处罚的主体仍是委托行政机关，《水行政处罚实施办法》所规定的水行政处罚机关的负责人亦应指委托行政机关的负责人。这里实际上还涉及委托实施行政处罚的限度，被委托的行政处罚一般应限于程度较轻、形式较简单的行政处罚，对相对人权利义务影响较重的处罚应由行政机关自身进行，不能随意委托。从立法目的角度来看，《行政处罚法》及《水行政处罚实施办法》均规定了行政机关负责人集体讨论是给予较重行政处罚必须履行的法定程序，亦是与作出一般行政处罚相区隔的特殊程序，旨在更好地保障行政处罚相对人的合法权益，规范行政机关的执法行为。负责人集体讨论可能会对处罚结论造成直接的影响，不同的主体进行讨论，讨论出来的处罚结果可能不同，处罚结果的不同势必会对当事人权利义务产生影响。因此，《北京市水行政处罚程序若干规定（试行）》将“水行政处罚机关负责人”的范围扩张至包含被委托组织的负责人，会对相对人的权利义务产生实质性影响，同时亦违背了委托实施行政处罚的基本要求。

**第二十一条【受委托组织的条件】**

受委托组织必须符合以下条件：

（一）依法成立并具有管理公共事务职能；

（二）有熟悉有关法律、法规、规章和业务并取得行政执法资格的工作人员；

（三）需要进行技术检查或者技术鉴定的，应当有条件组织进行相应的技术检查或者技术鉴定。

## 法条沿革

本条是关于受委托组织条件的规定，为此次修订中被修改的条文。

在1996年《行政处罚法》制定之前，行政机关委托实施行政处罚的现象已经在相当大的程度上存在，其委托的对象包括下级机关、所属机构同级其他机关、非行政机关、个人等。[①]以上行为也暴露出许多问题，例如行政机关委托其他行政机关实施行政处罚，是否属于委托，法律后果应由谁承担，行政机关能否委托个人实施行政处罚等，均存在不明确之处。1996年颁布的《行政处罚法》第19条将受委托对象确定为依法成立的管理公共事务的事业组织，这类事业组织实践中主要是行政机关下属的事业单位。但实践中，委托下级或其他行政机关、企业、社会团体等实施处罚的情形仍较为普遍存在，其合法性问题并没有解决，各地各部门的规定亦存在不一致之处。对此新法将原第19条第1项“依法成立的管理公共事务的事业组织”改为“依法成立并具有管理公共事务职能”，从而使受委托组织的范围能够更具涵盖性。同时，第2项“具有熟悉有关法律、法规、规章和业务的工作人员”改为“有熟悉有关法律、法规、规章

---

① 马怀德：《行政处罚现状与立法建议》，载《中国法学》1992年第5期，第48页。

和业务并取得行政执法资格的工作人员”，强调了受委托主体的工作人员须取得相关执法资格。第3项“对违法行为需要进行技术检查或者技术鉴定的，应当有条件组织进行相应的技术检查或者技术鉴定”改为“需要进行技术检查或者技术鉴定的，应当有条件组织进行相应的技术检查或者技术鉴定”，删去了“对违法行为”字样，原因在于需要进行技术检查或技术鉴定的并不仅仅是违法行为本身，还包括违法行为所涉及的各类事实，这样修改后，立法条文的表述更为准确。

## 规范目的或功能

关于行政机关委托其他组织实施行政处罚，本法第20条（原第18条）已经就委托的法律依据、权限、程序、后果等基本问题进行了规定，同时，该条还强调，受委托的组织必须是“符合本法第二十一条（原第十九条）规定条件”的组织，而不能是其他组织或个人。将受委托组织的条件单独作为一条加以规定，这体现了受委托组织条件的重要性。本次修法尤其强调了受委托组织执法人员的行政执法资格问题，契合了党中央和国务院关于加强行政执法人员资格管理的要求，对于加强行政执法规范化建设，提高执法能力和水平具有重要意义。

## 规范内容

本条规定了受委托实施行政处罚的组织的条件，具体包括以下三个方面。

## 一、受委托组织应依法成立并具有管理公共事务职能

受委托组织应依法成立并具有管理公共事务职能，这在过去“依法成立的管理公共事务的事业组织”的表述下，主要体现为行政机关自行设立下属事业单位，并将一部分行政处罚权委托给该事业单位实施。例如，原国家技术监督局于1996年颁布的《技术监督行政处罚委托实施办法》(已失效)第4条第1项规定，受委托组织应直属于委托的技术监督部门管理。2011年，中共中央国务院出台《关于分类推进事业单位改革的指导意见》，提出按照社会功能将现有事业单位划分为承担行政职能、从事生产经营活动和从事公益服务三个类别。对承担行政职能的，逐步将其行政职能划归行政机构或转为行政机构；对从事生产经营活动的，逐步将其转为企业；对从事公益服务的，继续将其保留在事业单位序列、强化其公益属性。之后不再批准设立承担行政职能的事业单位和从事生产经营活动的事业单位。根据这一指导意见，事业单位中可以被委托的应指“从事公益服务的事业单位”，“承担行政职能的事业单位”和“从事生产经营活动的事业单位”未来将逐步转型为“行政机构”或“企业”。[①]

在事业单位之外，实践中还存在行政机关将行政处罚的实施委托给其他行政机关或机构、企业乃至个人的情况。在能否委托其他行政机关或机构实施行政处罚的问题上，目前学界和实务界争议不大，如《国家工商行政管理总局关于公司登记机关是否有权对非本机关登记注册的公司违反登记管理规定的行

① 孔繁华：《授权抑或委托：行政处罚“委托”条款之重新解读》，载《政治与法律》2018年第4期。

为实施行政处罚问题的答复》第2条规定："上级公司登记机关可以委托其下级机关直至工商行政管理所对公司违反登记管理规定的行为实施行政处罚。"在委托企业实施行政处罚的问题上，目前受委托的企业一方面包括过去的行政机关或事业单位改制成的企业，另一方面包括原本就具有一定行政管理职能的国有企业。《北京市民用运输机场管理办法》第22条规定："对在机场公共区发生的扰乱公共秩序、破坏机场环境的违法行为，有关行政部门可以委托机场管理机构实施行政处罚。"这里的机场管理机构其实是"北京首都国际机场股份有限公司"。《支付结算办法》第239条规定："对单位和个人承担行政责任的处罚，由中国人民银行委托商业银行执行。"由于过去立法将受委托组织限于事业组织，使企业作为受委托组织的合法性受到较大质疑。而在新法实施后，受委托企业性质本身已经不再受到限制，其能否受委托实施行政处罚应视其是否具有管理公共事务职能而定。关于个人能否作为受委托主体，本法第20条已经明确做出了否定回答，实践中协警、辅警等执法人员应属于行政辅助人员，不具有执法主体资格。

## 二、受委托组织应有熟悉有关法律、法规、规章和业务并取得行政执法资格的工作人员

1996年《行政处罚法》要求受委托组织"具有熟悉有关法律、法规、规章和业务的工作人员"，但具体何为熟悉有关法律、法规、规章和业务，内涵较为模糊。本次修法中新增了受委托组织应由取得行政执法资格的工作人员的规定，从而对工作人员的资质提出了更为明确的要求。在行政执法资格方面，一些部门已经出台了相关规定。例如，中国人民银行办公厅出

台了《中国人民银行分支机构工作人员取得行政执法资格法律培训及考核办法》，国家统计局出台了《统计执法证管理办法》，国家广播电视总局出台了《国家广播电视总局行政执法证管理办法》，等等。这些规定对执法人员培训和考核的具体方法进行了规定，一些省份还组织了统一的行政执法人员执法资格考试。2018年的《国务院办公厅关于全面推行行政执法公示制度执法全过程记录制度重大执法决定法制审核制度的指导意见》指出，高素质的执法人员是全面推行“三项制度”取得实效的关键。并提出加强行政执法人员资格管理，统一行政执法证件样式，建立全国行政执法人员和法制审核人员数据库。健全行政执法人员和法制审核人员岗前培训和岗位培训制度。鼓励和支持行政执法人员参加国家统一法律职业资格考试，对取得法律职业资格的人员可以简化或免于执法资格考试。未来各部门应根据该指导意见，进一步完善行政执法人员资格方面的管理，受委托组织中工作人员的执法资格亦应满足上述要求。具体到一个受委托组织应有多少取得行政执法资格的工作人员，《行政处罚法》第42条第1款规定，行政处罚应当由具有行政执法资格的执法人员实施。执法人员不得少于两人，法律另有规定的除外。之前一些规定，例如《技术监督行政处罚委托实施办法》（已失效）、《吉林省食品药品监督行政处罚委托办法》（已失效）中将受委托组织应具有的取得相关执法资格人员的人数规定为三人以上，从而保证执法人员的数量符合法定人数要求。

## 三、需要进行技术检查或者技术鉴定的，受委托组织应当有条件组织进行相应的技术检查或者技术鉴定

行政机关之所以委托其他组织实施行政处罚，一个很重要

的原因是，在一些专业性、技术性问题上，自身由于人员、机构设置等因素的限制，不具有相关技术条件。因此，对于需要进行技术检查或者技术鉴定的问题，往往会委托给其他具备相应的技术检查或者技术鉴定能力的组织进行。2017年修正的《行政处罚法》采取了“对违法行为”需要进行技术检查或者技术鉴定，但准确地讲，技术检查或鉴定的对象并不是违法行为本身，而是通过对相对人行为所涉及的相关事实，诸如损害程度、产品成分等进行检查或鉴定，从而确定其行为是否构成违法。这里涉及的不仅是技术问题上的检查或鉴定，其事实上是将对违法行为进行认定的权力委托给受委托组织。实践中，一些行政机关是将执法过程的一部分，例如特定的检测和鉴定问题委托给专业机构进行，之后再根据检测和鉴定结果自行作出认定，这种行为固然从表述上可以称为一种“委托”，但其与《行政处罚法》中所说的委托其他组织实施行政处罚并非同一概念，实际上是行政辅助的一种。

## 实务应用

**松滋市饲料工作办公室与严某某处罚案**[①]

2013年2月21日，松滋市老城镇村民陈某等养殖户向松滋市饲料工作办公室投诉，认为湖南华港饲料科技有限公司（严某某系该公司在当地的经销商）生产的某鸭饲料存在质量问题。

① 该案为晏山嵘著《行政处罚实务与判例释解（第二版）》收录案例，参见松滋市人民法院〔2013〕鄂松滋行初字第00019号行政判决书、湖北省荆州市中级人民法院〔2014〕鄂荆州中行终字第00020号行政判决书。

松滋市动物卫生监督所执法人员当日对养殖户进行了入户调查，取得蛋鸭饲料116包并开具《证据登记保存清单》。2月28日，松滋市动物卫生监督所执法人员在两名见证人的见证下对饲料进行抽样，翌日由该所工作人员赵某一人在封样上签名，加盖松滋饲料办公章后，通过快递方式，邮寄给国家饲料质量监督检验中心（武汉）。抽样、封样前，松滋饲料办曾电话通知生产企业及严某某，但二者均未到场。国家饲料质量监督检验中心（武汉）于3月12日向松滋饲料办出具《检验报告》，其中显示样品饲料黄曲霉毒素B1含量超标。两日后，松滋饲料办作出《饲料检验结果判定》，判定该批次饲料质量不符合标准。4月11日，松滋饲料办向严某某送达《责令召回通知书》，由严某某将松滋饲料办登记保存的116包饲料予以召回。6月24日，松滋饲料办向严某某送达《行政处罚事先告知书》及《行政处罚听证告知书》，后经听证等程序，8月20日，松滋饲料办以严某某经营不符合产品质量标准的饲料为由，向严某某送达行政处罚决定书，决定：1.责令停止经营饲料；2.没收违法所得46530.00元；处货值金额46530.00元3倍罚款，即139590.00元。严某某不服，向松滋市人民政府申请行政复议，该政府予以维持。严某某仍不服，向法院提起诉讼，请求撤销行政处罚决定。诉讼过程中，松滋饲料办提供的《行政执法授权委托书》载明：委托机关为松滋市畜牧兽医局与松滋饲料办，受委托单位为松滋市动物卫生监督所。委托事项为畜牧兽医行政处罚及监督事项。执法人员孙某某、赵某某的执法类型为畜牧兽医，李某、郑某的执法类型为畜牧执法。松滋饲料办对于受委托单位松滋市动物卫生监督所的法人身份及执法权限，未提供证明依据。

一审法院认为，本案具体涉及行政强制与行政处罚，行政强制权与行政处罚权的委托，法律规定必须依法明确授权。上述《行政执法授权委托书》，并未明确授权松滋市动物卫生监督所可以行使饲料管理行政执法权。松滋饲料办内部认可，对外不具有法律约束力。松滋饲料办对涉案饲料实施证据登记保存和抽样取证，属于行政强制措施。本案中，松滋市动物卫生监督所无权替代松滋饲料办行使行政强制措施权。该所行政执法主体要件不合法。同时，一审法院认为本案中还存在登记保存期超过法定期限、主要证据不足、事实认定不清、适用法律错误等诸多问题，最终判决撤销该行政处罚决定。松滋饲料办提起上诉。二审法院认为，松滋饲料办是依法由举办单位松滋市畜牧兽医局设立的事业单位法人，具有对饲料产品质量监督的法定职权。其作出行政处罚决定符合法律规定，为执法适格主体。但在具体执法过程中，存在工作人员执法资格不全，有些环节执法主体不一致等问题，应当在以后工作中予以改正。也正由于具体执法人员资质不全，执法主体混乱的问题，导致其调查取证、抽样等行为丧失合法性。由此而得到的国家饲料质量监督检验中心（武汉）两份《检验报告》也不能予以采信。因此，松滋饲料办作出行政处罚决定程序不合法，认定严某某经营不符合产品质量标准饲料的事实证据不足，应予撤销。最终法院判决，驳回上诉，维持原判。

本案反映了委托不当，诸如受委托组织工作人员不具有完备的行政执法资格、不具备相关技术条件等可能带来的不利影响。从行政处罚委托制度设置的目的来看，是由于行政机关因人员、设备、地域等问题，不宜直接实施行政处罚，而受委托组织在人员技术上更有优势，因此由其实施行政处罚一方面更为便利，另一方面也有助于确保处罚结果合理正确。但如果受委托组织本身不符合法定要求，不具备履行实施行政处罚所需的相关职能，必然无法保障处罚行为的合法性。本案中，松滋饲料办将行政处罚委托给松滋市动物卫生监督所实施，但实际上后者并不具备相关检测和鉴定的条件，导致委托实施行政处罚不但没有为执法带来便利，反而平白增加了机构运转的成本；在执法过程中，委托者与受委托者之间权责划分不明，部分行为由后者实施，部分行为又回到前者处实施，导致程序出现延误。这些情形需要在未来的委托工作中予以避免。

第四章

# 行政处罚的管辖与适用

## 第二十二条【地域管辖】

行政处罚由违法行为发生地的行政机关管辖。法律、行政法规、部门规章另有规定的，从其规定。

### 法条沿革

本条是关于行政处罚的地域管辖问题的规定，此次修订中进行了实质性改动。

地域管辖即区域管辖，指以我国行政区域的横向划分为基础和前提，不同行政区域的行政机关在各自管辖区域范围内受理行政处罚案件的权限和分工。我国《行政处罚法》自1996年颁布实施以来，行政处罚的地域管辖规则一直以“违法行为发生地的行政机关管辖”为原则，以“法律、行政法规另有规定的除外”为例外。

“以行为发生地作为确定地域管辖的一般标准，是讲求行政效率的基本要求。根据行政效率原则，确定行政处罚管辖时，必须有利于行政机关或者其他组织及时、准确地发现并制裁违法行为，同时还应当尽可能地减少调查取证以及执行处罚等方面的费用，以降低行政成本。”[①] 以违法行为发生地作为行政机关管辖行政违法行为的连接点，便于行政机关保护和勘验现场、调查和搜取证据，便于迅速准确处理违法案件、及时恢复行政管理秩序，降低执法成本，节约行政资源，符合行政执法效率原则的要求。此外，由于违反行政管理秩序的违法活动错综复

① 李岳德主编：《〈中华人民共和国行政处罚法〉释义》，中国法制出版社1996年版，第80—81页。

杂、殊难预料，如实施行政违法行为的主体地位不同，违法性质和严重程度不同，实施行政处罚的种类和幅度不同，违法行为的社会影响不同，都可能导致违法行为发生地可能不是行政处罚地域管辖的最优地点，因此允许单行法律、行政法规针对专门问题作出特殊规定回应了行政执法实践的现实需求，符合“特别法优于一般法”的法制原则，也体现了原则性与灵活性相统一的立法精神。

《行政处罚法》颁布施行二十多年来，我国经济社会结构发生了历史性变革，尤其是互联网信息技术的快速发展，逐步改变重塑了我国传统的社会结构与违法面貌，现实地域中的行政违法行为开始转向网络虚拟世界。网络行政处罚中，行政机关面临“网络无界”和“行政有界”的根本矛盾，“违法行为发生地”的规则缺陷愈加凸显。网络信息传输包含多个阶段和环节，涉及众多行政管辖区域的网络设备，违法行为凭借电子设备就可以瞬间穿梭于多个不同的行政管辖区域，包括用于实施违法行为的网站服务器所在地、网络接入地以及网站建立者或者管理者所在地等，难以准确界定“违法行为发生地”的确切位置，给行政执法实践带来困难。[①]由此可见，虽然有“法律、行政法规另有规定”作为例外窗口，但以“违法行为发生地”这个唯一固定空间连接点为一般原则的地域管辖模式，已难以满足日益繁杂的行政执法实践的现实需要，因此有必要在合理限度内适当开放地域管辖权的设定权限，使地域管辖认定规则朝着更灵活便捷的方向发展。

---

① 熊樟林：《行政处罚地域管辖权的设定规则——〈行政处罚法（修订草案）〉第21条评介》，载《中国法律评论》2020年第5期，第36页。

此次《行政处罚法》修订过程中，立法者对上述问题予以了一定的回应。《行政处罚法（修订草案一次审议稿）》在维持“违法行为发生地”为一般原则不变的前提下，在例外窗口中增设了“部门规章”，与“法律、行政法规”并列，同样享有地域管辖权设定权限，为国务院部门根据具体情况调整地域管辖规则提供了制度基础，实现了地域管辖认定规则的多元化安排。《行政处罚法（修订草案二次审议稿）》将“法律、行政法规、部门规章另有规定的除外”修改为“法律、行政法规、部门规章另有规定的，从其规定”，立法语言措辞更为精准规范，并经第三次审议后表决通过。

此外，2017年《行政处罚法》第20条同时对行政处罚的地域管辖、级别管辖、职权管辖作出了规定，确定了行政处罚管辖问题的多项原则，条文冗长繁杂。本次修订过程中，立法者将旧法第20条拆分为新《行政处罚法》的第22条、第23条两个条文，对地域管辖和级别管辖分别作出了规定，简洁凝练，体现了立法技术的进步。

## 三 规范目的或功能

行政处罚的地域管辖是确定某个行政违法行为应由哪个行政区域的行政机关或授权组织实施处罚的法律制度，是行政机关和授权组织实施行政处罚权限的地域范围，是其在各自管辖范围内各司其职、各尽其责的重要依据。明确规定一个行政区域的行政机关和授权组织对于哪些行政违法案件具有管辖权，有利于处罚主体尽职尽责行使处罚权力，有利于行政违法案件得到及时有效的处理、迅速恢复被破坏的行政管理秩序，同时有效避免推诿扯皮、重复处罚、滥用职权、多头处罚等情况，从而节约行政执法资源，保障行政执法活动高效有序进行。行政执法实践中存在的问题，特别是乱处罚问题，与行政处罚地域管辖混乱不无关系。《行政处罚法》颁布实施前，我国行政处罚地域管辖比较混乱，在很大程度上加剧了行政执法实践的混乱。对行政处罚的地域管辖予以立法规范，对于行政处罚朝着规范化、高效化方向发展具有重要意义。

## 规范内容

本条关于行政处罚地域管辖规则的规定，包括一般地域管辖和特殊地域管辖两个方面。

### 一、一般地域管辖的规范设定

一般地域管辖，是指以行政违法行为发生地为标准而确定的地域管辖，即行政处罚案件由行政违法行为发生地的行政机关管辖。违法行为发生地，即违法行为实施地，是指行为人在哪里作出的违法行为。行为人的行为构成行政违法，即行为人在客观上实施了违反行政法律规范的行为。我国行政管理是按照行政区域的横向划分为基础实施的，地方人民政府管理本行政区域内的经济、教育、科学、文化、卫生、体育事业、城乡建设事业和财政、民政、公安、民族事务、司法行政、计划生育等行政工作，对本辖区内的行政违法活动依法依规实施行政处罚是其应尽的职责。以行政违法行为的发生地作为行政机关管辖行政违法活动的基准点，便于行政机关迅速调动辖区内的执法资源，调查取证，尽快查明案件事实，便于有效打击行政违法活动，是比较科学的立法安排，也是域外各国的通行做法。如《奥地利行政法》第27条规定，“违反行政义务之行为由行为地之行政官署管辖”，《俄罗斯联邦行政违法行为法典》第256条规定，“行政违法案件，在违法行为实施地处理”，德国的《违反秩序法》规定，“行政机关对违反行政秩序的行为适用案件管辖权和地域管辖权原则，地域管辖权适用行为发生地和行为人居所地”。

目前，行政执法实践中对如何理解“违法行为发生地”存在争议，主要有以下两种观点：一种观点是狭义的理解，认为违法行为发生地是违法行为地的下位概念，违法行为地包括违法行为准备地、违法行为发生地和违法结果发生地。不能将违法行为发生地笼统地称为违法行为地。一般情况下，违法行为准备地、违法行为发生地和违法行为结果地属于同一行政管辖区域，但也有分别在几个不同行政区域的情况。当违法行为发生地和违法行为结果地不同时，应由违法行为发生地行政机关管辖。当违法行为发生地和违法行为发现地或违法行为人住所地不在同一行政区域时，也应当由违法行为发生地的行政机关管辖。[①]另一种是广义的理解，认为违法行为发生地包括违法行为准备地、着手地、实施地、经过地、结果地，即包括实施违法行为的各个阶段所经过的空间。[②]《行政处罚法》尚未对违法行为发生地作出明确的立法解释，但行政执法实践中普遍对

---

① 曹康泰主编：《行政处罚法教程》，中国法制出版社2011年版，第66页。

② 中国法制出版社编：《中华人民共和国行政处罚法（案例应用版）》，中国法制出版社2015年版，第53页。

“违法行为发生地”作广义理解。

对于连续发生的若干行政违法行为，且前行为是后行为的准备阶段，在行为人实施行政违法行为过程中的任何一个阶段被发现，该地都可以被视为违法行为发生地。如贩卖假药的违法行为，李某在甲地制造假药到乙地销售，运输过程经过丙地、丁地，依照本法的规定，甲、乙、丙、丁四地都可能成为违法行为发生地，当地的行政执法机关如发现了这一违法行为都有权对其实施行政处罚。但是如果这一违法行为是在乙地销售假药时才被查获，只需由乙地的行政执法机关实施行政处罚就可以了，甲、丙、丁三地的行政机关不应再实施行政处罚，因为行为人在前几地实施的制造和运输假药的行为在此只能看作销售假药行为的前期准备。当然，乙地行政机关在对该销售假药行为实施行政处罚时应考虑到行为人实施了制造、运输假药的违法行为，基于提高行政执法效率的考量，应当由乙地行政机关依法给予并处处罚。但是，如果制造假药和销售假药的不是同一个人，情况就有所不同。甲地制造假药的人是王某，李某是从王某处收购了假药后到乙地销售，乙地的行政机关查获后对李某销售假药的行为作出了行政处罚，同时甲地行政机关对王某制造假药的行为还必须给予行政处罚。

## 二、特殊地域管辖的规范设定

本条明确规定，“行政处罚由违法行为发生地的行政机关管辖”，同时还规定：“法律、行政法规、部门规章”另有规定的除外，突破了“违法行为发生地”的范围。这是对行政处罚地域管辖问题的特殊规定，是基于行政执法实践需要而作出的灵活的变通处理。

例外情况可能是由违法行为发现地执法机关管辖，也可能是由违法行为人住所地执法机关管辖。行政违法行为的实施往往是隐蔽的，且流动性较大，有的违法行为的实施地、结果地以及违法当事人的住所不在同一地点，且在发现违法后果时方知晓违法行为，违法行为地点有时难以查明，但违法案件必须及时处理，否则违法当事人容易逃避制裁。在这种情况下，更适宜由最先查处的行政机关或者说违法行为发现地的执法机关管辖。再如，当违法当事人在外地，难以送回违法行为发生地，且违法当事人住所地也能核实案情时，由违法当事人住所地行政机关管辖更为方便，在这种情况下，经与违法行为发生地行政机关协商，也可以由违法当事人住所地行政机关管辖。上述变通的做法符合行政处罚管辖的效率原则和灵活原则，但是需要注意的是，要以法律、行政法规、部门规章对管辖的特殊规定为限。

目前，一些单行法律、行政法规、部门规章对行政处罚的地域管辖问题作出了特别规定，行政机关就应当遵循“特别法优先于一般法”的法律适用原则，依照这些特殊规定来确定行政处罚的地域管辖。例如，我国《海关法》规定，中华人民共和国海关是国家的进出关境监督管理机关。国务院设立海关总署，统一管理全国海关。国家在对外开放的口岸和海关监管业务集中的地点设立海关。海关的隶属关系，不受行政区划的限制。因此，在进出境发生的违反有关海关法律、法规的行政违法行为，就不能按照本条“违法行为发生地”这一一般地域管辖原则进行管辖，因为各地的海关直接归海关总署领导，与地方人民政府并无直接的隶属关系，因此对于这一类违法行为实施行政处罚，就要根据《海关法》的相关规定执行。《公安机关办理行政案件程序规定》第二章第10条、第11条、第12条、第

16条分别就一般治安案件；针对或利用网络实施违反治安管理秩序的案件；行驶的客车上发生的治安案件；林区内发生的治安案件；铁路系统的机关、厂、段、所、队等单位内发生的治安案件等管辖问题作出了规定。上述行政执法领域具有一定的专业性，由单行法律、行政法规、部门规章对这些特定领域的行政处罚的管辖问题作出针对性规定，考虑到了不同行政执法领域的具体情况，尤其在本次修订过程中，在例外窗口中又增设了“部门规章”，体现了行政处罚地域管辖权多元化的基本立场。[①]

## 第二十三条【级别管辖】

行政处罚由县级以上地方人民政府具有行政处罚权的行政机关管辖。法律、行政法规另有规定的，从其规定。

### 法条沿革

本条是关于行政处罚的级别管辖问题的规定，在此次修订过程中未作实质性改动。

2017年《行政处罚法》第20条对行政处罚的地域管辖、级别管辖问题一并作出了规定。《行政处罚法（修订草案一次审议稿）》第22条单独对行政处罚的级别管辖作出规定，并沿用了旧法中的条文表述，即“行政处罚由县级以上地方人民政府具有行政处罚权的行政机关管辖。法律、行政法规另有规定的除

① 熊樟林：《行政处罚地域管辖权的设定规则——〈行政处罚法（修订草案）〉第21条评介》，载《中国法律评论》2020年第5期。

外”。《行政处罚法（修订草案二次审议稿）》将“法律、行政法规、部门规章另有规定的除外”修改为“法律、行政法规、部门规章另有规定的，从其规定”，并经三次审议后表决通过。

此外，《行政处罚法（修订草案一次审议稿）》中，立法者将本次修订过程中新增的“将行政处罚权下放至乡镇人民政府、街道办事处”的相关规定作为本条第2款。在《行政处罚法》最终出台版本中，立法者将该前述规定单独分置出来，并进一步扩充独立作为《行政处罚法》第24条。

## 规范目的或功能

行政处罚的级别管辖以我国行政区域的纵向划分为基础和前提，确定某个行政违法行为应由哪一级行政执法机关实施处罚的法律制度，是行政系统内部具有隶属关系的上下级行政机关之间承办行政处罚案件的分工和权限。行政处罚的级别管辖主要解决的是行政系统内部不同级别的行政执法机关应当管辖哪些行政违法案件的问题。根据行政违法案件的行为主体、违法性质、社会危害程度、复杂程度等因素的差异，不同行政违法案件的行政机关管辖级别也应当有所区分。

一般来说，上级行政机关普遍具有更高的行政执法能力和治理水平，更适宜处理执法实践中的疑难复杂、社会广泛关注的案件，基层行政机关数量多，行政执法资源较充足，更适宜办理数量庞大的事实清楚、权利义务关系简单明确、争议不大的行政违法案件。明确行政处罚案件的级别管辖规则，有利于实现行政违法案件的繁简分流，优化配置行政监管资源，进而提升行政执法效率。

## 规范内容

《行政处罚法》并未对行政处罚的地域管辖规则作出明确的具体性规定，只是规定“行政处罚由县级以上地方人民政府具有行政处罚权的行政机关管辖”这一基本原则。这一规定符合我国目前行政组织设置现状和行政管理实际。一般的行政处罚案件由县一级具有行政处罚权的行政机关管辖，一方面，这是考虑到县一级人民政府是我国较为基层的行政单位，县级政府是基层治理的核心组织；[①]另一方面，县一级的行政管理系统又相对较为完备。我国行政机关职能部门的设置大多到县一级，这也为依法实施行政处罚提供了组织基础。一般而言，绝大多数的行政处罚案件由县一级行政机关承办，只有重大、复杂、涉及范围大的行政处罚案件才会由更高级别的行政机关承办。

本条还规定，行政处罚由“具有行政处罚权”的行政机关管辖，这是法律对行政处罚的职能管辖作出的规定，职能管辖是指不同的行政机关依据各自不同的职权对实施行政处罚所作出的分工，是行政机关根据其行政管理职能确定对行政违法案件的管辖权，是以不同行政系统具有的不同的专业管理范围为基础而划分的，如教育主管部门管辖教育行政违法案件、公安主管部门管理治安行政处罚案件。本条在“行政机关”前加上“具有行政处罚权”作为限定，要求实施行政处罚的机关必须是具有行政处罚权的行政机关，无行政处罚权的机关即使满足了

---

① 周庆智著：《县政治理：权威、资源、秩序》，中国社会科学出版社2014年版。

级别管辖和地域管辖规定的要件也不能实施行政处罚。不仅如此，具有行政处罚权的行政机关还必须在自己的职权范围内实施行政处罚，对超越自己管辖范围的行政违法行为也无行政处罚权。

此外，本条还规定“法律、行政法规另有规定的，从其规定”，对行政处罚的地域管辖作出特殊的例外规定。如果单行法律、行政法规对某个领域的行政处罚的级别管辖问题作出了专门规定，那么行政机关就应当按照这一特殊规定执行。目前，行政处罚级别管辖原则的例外主要有如下几类情形：一是由国务院工作部门管辖。譬如《银行业监督管理法》第45条规定：“银行业金融机构有下列情形之一，由国务院银行业监督管理机构责令改正，有违法所得的，没收违法所得……”二是由县级以上的地方人民政府工作部门设立的派出机构管辖。这类情况主要存在于市场监管、海关、税务等行政部门。例如，《税收征收管理法》第74条规定：“本法规定的行政处罚，罚款额在二千元以下的，可以由税务所决定。”三是由乡镇人民政府、街道办事处管辖。本次《行政处罚法》修订中，新增第24条明确规定，省、自治区、直辖市在特定情况下，可以将基层管理迫切需要的县级人民政府部门的行政处罚权下放至乡镇人民政府、街道办事处。

## 第二十四条【管辖权下沉】

省、自治区、直辖市根据当地实际情况，可以决定将基层管理迫切需要的县级人民政府部门的行政处罚权交由能够有效承接的乡镇人民政府、街道办事处行使，并定期组织评估。决定应当公布。

承接行政处罚权的乡镇人民政府、街道办事处应当加强执法能力建设，按照规定范围、依照法定程序实施行政处罚。

有关地方人民政府及其部门应当加强组织协调、业务指导、执法监督，建立健全行政处罚协调配合机制，完善评议、考核制度。

## 法条沿革

本条规定的是行政处罚权下沉制度，是本次修订新增的条文，特定情形下行政处罚权可下放至乡镇与街道并建立相关配套机制，这也是本次修法的亮点之一。

近年来，基层政府综合执法体制改革取得积极成效。北京、上海、天津等地的属地街道、乡镇根据辖区实际，设置基层综合执法局，不断整合执法力量和执法资源，统一组织、开展综合执法活动，对辖区综合执法活动负责并统一执法管理，有效激活了基层政府的执法优势，解决了乡镇与街道“看得见管不着、看得见管不好”的基层治理难题，[①]尤其是北京市近年来开展的“吹哨报到”“接诉即办”等基层执法地方创新试验，为我国探索基层治理新路径提供了有益的地方改革样本。[②]

---

① 金国坤：《基层行政执法体制改革与〈行政处罚法〉的修改》，载《行政法学研究》2020年第2期。

② 孙柏瑛、张继颖：《解决问题驱动的基层政府治理改革逻辑——北京市“吹哨报到”机制观察》，载《中国行政管理》2019年第4期；王大广：《党建引领基层社会治理的首都实践及其现实意义》，载《上海交通大学学报（哲学社会科学版）》2021年第1期。

党的第十九届四中全会明确提出要“进一步整合行政执法队伍，继续探索实行跨领域跨部门综合执法，推动执法重心下移，提高行政执法能力水平”，从坚持和完善中国特色社会主义制度、推进国家治理体系和治理能力现代化的战略高度，吹响了深化行政执法体制改革的号角。其中“跨领域跨部门执法”“执法重心下移”等改革部署，切中了我国行政综合执法体制改革的肯綮，为《行政处罚法》的修订以及基层政权综合执法队伍的法治化建设指明了方向。

修订前《行政处罚法》以法律的形式规定了相对集中行政处罚权制度，为行政综合执法制度建设提供了法律依据。2017年《行政处罚法》第16条规定：“国务院或者经国务院授权的省、自治区、直辖市人民政府可以决定一个行政机关行使有关行政机关的行政处罚权……”自此，条块分割的传统垂直管理格局被打破，以协同化治理为导向的行政综合执法改革开始逐步探索。经过二十多年的地方改革实践，行政综合执法体制改革取得一定成果，但依然面临基层执法资源供给不足，综合执法日常监管不到位，行政执法权无法进一步向基层下沉，基层治理部门化与碎片化等诸多难题。而作为区政府派出机关的街道办事处和基层人民政府的乡镇人民政府，尽管在日常行政活动中承担了大量的属地管理责任，但《行政处罚法》却没有赋予乡镇及街道相应的行政执法权限，基层管理属地变成了“责任属地”而“权力不属地”，权责不对等使得乡镇、街道难以发挥其基层治理优势。“要管没权，不管背锅”，属地管理责任难以真正落实。[①]

① 王敬波、于昊：《推进基层政府综合执法法治化》，载《法制日报》2019年11月21日，第5版。

为了加快构建权责一致、权威高效的基层行政执法体制，落实基层整合审批服务执法力量改革要求，推进行政执法权限和力量向基层延伸和下沉，《行政处罚法（修订草案一次审议稿）》赋予乡镇街道部分行政处罚权，规定“省、自治区、直辖市根据当地实际情况，可以决定符合条件的乡镇人民政府、街道办事处对其管辖区域内的违法行为行使有关县级人民政府部门的部分行政处罚权”。为满足基层执法需求，保障行政处罚权“放得下、接得住、管得好”，《行政处罚法（修订草案二次审议稿）》明确了下放行政处罚权的条件和情形，将其修改为：“省、自治区、直辖市根据当地实际情况，可以决定将基层管理迫切需要的县级人民政府部门的行政处罚权交由能够有效承接且符合条件的乡镇人民政府、街道办事处行使。”《行政处罚法》最终版本删去了“且符合条件”，在原句后增加了“并定期组织评估。决定应当公布”，并在其后新增两款“承接行政处罚权的乡镇人民政府、街道办事处应当加强执法能力建设，按照规定范围、依照法定程序实施行政处罚”“有关地方人民政府及其部门应当加强组织协调、业务指导、执法监督，建立健全行政处罚协调配合机制，完善评议、考核制度”，增设了与之配套衔接的定期评估制度、行政处罚协调配合机制以及评议、考核制度，体现出行政处罚权基层下沉制度从雏形到不断成熟完善的立法过程。

## 三 规范目的或功能

本次《行政处罚法》修订的一个重要背景，就是要把党的十八大以来中央全面依法治国、深化行政执法体制改革领域取得的重大理论成果，通过立法转化落实到具体的法律规范之中。根据党的十九届四中全会决定和《中共中央关于全面推进依法治国若干重大问题的决定》《关于推进基层整合审批服务执法力量的实施意见》《深化党和国家机构改革方案》等中央文件精神，深化行政执法体制改革的重点在于根据不同层级政府的事权和职能，按照减少层次、整合队伍、提高效率的原则，推动执法重心下移，合理配置执法力量。尤其是2019年中共中央办公厅、国务院办公厅出台《关于推进基层整合审批服务执法力量的实施意见》中规定，除党中央明确要求实行派驻体制的机构外，部门设在乡镇和街道的机构原则上实行属地管理。要整合现有站所、分局执法力量和资源，组建统一的综合行政执法机构，按照有关法律规定相对集中行使行政处罚权，以乡镇和街道名义开展执法工作，并接受有关县级主管部门的业务指导和监督，逐步实现基层一支队伍管执法。

从执法权配置的角度来看，“层级过高的权力配置影响了执法向基层的深入，可能削弱国家同社会互动的强度。赋予乡镇执法部门以必要的执法权，是国家掌握基层动态、回应基层需求，进而推动社会变革的重要前提”。①《行政处罚法》新增关于行政处罚权经省、自治区、直辖市决定下放至乡镇、街道的规定，体现了行政执法权下移、为基层治理赋权的改革原则和中央精神，有利于解决实践中片面强调守土有责、责任下放而权力不下放，给街道办事处、乡镇人民政府带来的治理难题，并且本款中关于“加强执法能力建设”“健全行政处罚协调配合机

① 陈柏峰：《乡镇执法权的配置：现状与改革》，载《求索》2020年第1期，第99页。

制”“完善评议考核制度”等规范要求，则为行政执法权下移后基层执法的顺利运转，确立了相对完善的制度保障。

## 规范内容

本条规定的是行政处罚管辖权的下移制度及其配套机制，可视为第23条普通级别管辖的特殊例外规则。本条共计3款，作为本次《行政处罚法》修订新增的条文，具有较为丰富的制度含义。

第1款明确了行政处罚管辖权下沉转移的主体、方式、条件。首先，我国经济社会发展水平存在区域差距，基层社会治理状况因各省情况不同也差异显著，因此并不适宜由法律、行政法规等中央级别立法作出刚性统一规定，由各省、自治区、直辖市根据本行政辖区内的具体实际情况，相机决定是否授权以及授权的具体条件和范围更为妥当，这更为符合中央当前力推的“放管服”改革精神，[①]有利于调动各省、自治区、直辖市推进基层综合执法体制改革的地方积极性。其次，经省、自治区、直辖市根据本辖区实际情况决定下放至街道、乡镇的仅限于县级人民政府工作部门的行政处罚权，不包括更高层级的行政机关。此外，经决定下放的行政处罚权必须是“基层管理迫切需要”的，并且被授权的乡镇人民政府、街道办事处必须能够“有效承接”。“迫切需要”的事权范围目前来看由各省、自治区、直辖市根据本辖区内的实际情况进行裁量判断，应当警

---

① 陈水生：《国家治理现代化视角下的放管服改革：动力机制、运作逻辑与未来展望》，载《政治学研究》2020年第4期。

惕“过度放权”或“不当放权”而导致的消极后果。“有效承接”则是对基层执法队伍建设与执法能力的要求，理论上只有具有专业执法队伍且执法能力够强，执法资源充足，能够满足“有效承接”行政处罚权要求的乡镇和街道，才能够获得行政处罚管辖权的下放。最后，本款还设定了定期评估制度与公布程序，通过定期评估程序来确保行政处罚权下移之后没有产生负面效果，以及乡镇人民政府和街道办事处是否维持了“有效承接”处罚权的执法能力，而公布程序的设置则通过将评估结果进行对外公布的形式，借助公众参与机制来增强定期评估制度的民主合法性。

第2款明确了处罚权下沉后的执法能力建设议题。行政处罚权下沉转移到乡镇、街道后，一个不容忽视的议题就是基层行政执法能力建设问题。如果执法队伍素质水平低、监管执法资源供给不足，难以胜任日常行政执法活动，基层往往便会逐步浮现出“弹性执法”、“悬浮执法”、过度依赖“运动式治理”等难题。[①]因此，该款项着重规定了“承接行政处罚权的乡镇人民政府、街道办事处应当加强执法能力建设”，实践中这也意味着，承接行政处罚权的乡镇、街道应当夯实执法队伍建设，提升执法人员业务水平，不断补充执法资源，以满足基层行政执法能力的现实需求。[②]另外，“按照规定范围、依照法定程序实施行政处罚”这一规范表述意味着，承接了县级人民政府部门

---

① 陈柏峰：《基层社会的弹性执法及其后果》，载《法制与社会发展》2015年第5期；陈柏峰：《党政体制如何塑造基层执法》，载《法学研究》2017年第4期。

② 王青斌：《论执法保障与行政执法能力的提高》，载《行政法学研究》2012年第1期。

行政执法权的乡镇、街道应当在省、自治区、直辖市决定的事权范围内实施行政处罚，并且应当遵守《行政处罚法》关于处罚程序的相关设定。

第3款明确了处罚权下沉后的监督协调机制。本款项提出的“执法监督”“行政处罚协调配合机制”以及“评议考核制度”，均属于行政处罚权下放之后，官僚体系内部予以回应的监督协调与组织保障措施。目前，我国基层行政部门依然大量存在处罚权乱用、滥用等问题，将县级人民政府部门的行政处罚权限下放至乡镇、街道后，应当建立健全对基层执法活动的监督制约机制，加强业务指导和执法监督，定期对基层执法情况进行评议及考核，通过执法规范化建设与官僚考核机制，提升基层执法能力及其法治化水平。[①]

### 第二十五条【管辖争议与指定管辖】

两个以上行政机关都有管辖权的，由最先立案的行政机关管辖。

对管辖发生争议的，应当协商解决，协商不成的，报请共同的上一级行政机关指定管辖；也可以直接由共同的上一级行政机关指定管辖。

## 法条沿革

本条是关于行政处罚指定管辖问题的规定，在本次修订中作出了较大改动。

---

① 刘杨：《执法能力的损耗与重建》，载《法学研究》2019年第1期。

修订前的《行政处罚法》第21条规定，“对管辖发生争议的，报请共同的上一级行政机关指定管辖”，规定了当两个以上行政执法机关对同一行政处罚案件的管辖发生冲突或争执时如何确定该案件管辖的问题。

《行政处罚法（修订草案一次审议稿）》在此规定基础上，增设了行政机关协商解决管辖争议的制度，将其修改为“对管辖发生争议的，应当协商解决，协商不成的，报请共同的上一级行政机关指定管辖；也可以直接由共同的上一级行政机关指定管辖”。另外，立法者在本条款前新增一款，“两个以上行政机关都有管辖权的，由最先发现的行政机关管辖”，明确了两个以上行政机关都具有管辖权时管辖机关的确定规则。

《行政处罚法（修订草案二次审议稿）》将前述第1款的“由最先发现的行政机关管辖”修改为“由最先立案的行政机关管辖”。“发现”一词并非严格意义上的法律用语，在此处一般理解为觉察到了行政违法线索，当行政机关之间就某一行政违法案件发生管辖权争议，以“最先发现”作为确定案件管辖的标准并不妥当，行政机关难以进行举证，给后续争议解决带来困难。而“立案”标志着行政处罚程序的正式启动，行政机关需要出具《行政处罚立案审批表》等书面材料，以“最先立案”为标准，通过审核立案材料的时间顺序来确定案件的管辖更加符合法治主义原则。

## 三 规范目的或功能

行政执法实践中，不同行政机关之间往往会就某一个行政处罚案件存在管辖冲突与争议。一种情况是，两个以上行政机关依据法律法规规定，对某一行政处罚案件都具有管辖权。另一种情况则是，某些行政领域内职权交叉、职责不清，或者行政机关为了本地区、本部门的利益争抢案件管辖权，从而导致行政处罚案件管辖权发生争议。本条指定管辖的目的就在于解决管辖权争议，确立行政处罚管辖权纠纷的处理规则与程序，从而解决行政处罚实践中争抢管辖或者推诿管辖造成的纠纷，及时确定哪个行政机关对该行政处罚案件具有管辖权，以及尽快恢复行政管理秩序。

## 规范内容

本条规定了行政处罚的管辖权争议解决机制与指定管辖，共计两款。

第1款规定的是当两个以上行政机关依法律法规规定，对同一行政处罚案件都具有管辖权时确定该案件管辖机关的规则。此外，我国行政处罚制度尚不完备，以及行政违法活动地错综复杂，各类单行法律法规之间往往存在竞合问题，因而在实施行政处罚过程中，会出现一个行政违法活动对应几个行政机关均存在管辖权的情况。当两个以上行政机关都具有管辖权时，最先立案的行政机关最早启动行政处罚程序，耗费了更多行政执法资源，出于提升行政效率、降低执法成本的考量，由最先立案的行政机关管辖案件，更符合行政效率原则，[1]有利于行政处罚案件及时办理完结。

---

① 行政效率（效能）原则可见沈岿：《论行政法上的效能原则》，载《清华法学》2019年第4期。

第2款规定了当两个以上行政机关对同一行政处罚案件产生了管辖权争议时的解决规则。我国行政组织法体系发育尚不成熟，尤其基层与地方行政机关的职权不够清晰，对于公共事务的管理存有交叉地带，因此在对行政违法行为的管辖上也时常存有交叉。特别是行政处罚涉及本部门利益，行政处罚管辖权争议更加不可避免。[①]当对某一行政处罚案件发生管辖权争议时，行政机关之间首先应当协商解决，本着互谅互让、互相支持、积极配合的态度解决管辖权争议问题。因为客观原因无法解决的，应当及时报请共同的上一级行政机关指定管辖。指定管辖是上一级行政机关以决定的方式指定下一级行政机关对某一行政处罚案件行使管辖权。指定管辖权实际上是赋予上级行政机关在处罚管辖上的裁量判断权，是上级行政机关对下级行政机关的行政决定权，指定管辖权的决定一经作出，被指定管辖的下级行政机关就应当遵守执行。而对于两个以上对某一行政处罚案件存在管辖权争议的行政机关，具有争议裁决权的只有其共同的上一级行政机关，这是由我国行政系统内部上下级行政机关之间的科层隶属关系所决定的。

值得注意的是，本次《行政处罚法》修订中新增了管辖权争议协商解决制度。如果行政机关之间的管辖权争议可以通过协商解决，就可以避免启动相对正式化的争议解决程序，从而节省行政成本和组织资源。当然，行政机关之间协商解决以自愿为前提，并非强制性的前置性程序装置，如果不愿意通过协商程序解决管辖权争议，可以直接由共同的上一级行政机关指定管辖。

---

① 曹康泰主编：《行政处罚法教程》，中国法制出版社2011年版，第76页。

## 第二十六条【行政执法协助】

行政机关因实施行政处罚的需要，可以向有关机关提出协助请求。协助事项属于被请求机关职权范围内的，应当依法予以协助。

### 法条沿革

本条规定的是行政执法协助制度，修订前的《行政处罚法》中并无涉及执法协助的条款，该项条款是本次《行政处罚法》修订新增条文。

《行政处罚法（修订草案一次审议稿）》新增第24条规定："行政机关因实施行政处罚的需要，可以向有关机关提出协助请求。协助事项属于被请求机关职权范围内的，应当予以协助。"《行政处罚法（修订草案二次审议稿）》第25条基本保持了一审稿的条款结构，仅在"予以协助"前增加了"依法"一词。

行政执法协助是指不存在领导隶属关系的行政机关之间基于行政系统的统一性、整体性，在履行执法职责时相互帮助、积极配合，共同完成行政执法任务的制度。行政执法协助是推进行政机关职能优化、协同高效的重要制度探索，是整合因行政区划、部门职责阻隔碎片化的行政执法资源、提高行政执法效率的重要制度支撑。行政执法管辖是行政系统内部就某一行政处罚案件的首次处理所作的权限划分，是适应社会分工日益精细化而对行政处罚权所作的科学合理的分配，有利于明确行政执法机关的职权职责，防止推诿扯皮、懒政惰政。随着我国市场经济的深度发展，行政违法活动也日益呈现出复杂化趋势，跨地域、跨部门特征明显，仅凭一个行政机关履行职责难以得到有效的处理解决，经济社会背景的变迁催生对行政执法协助制度的需求。[①]例如，对于环境监管、食品安全监管等行政执法事项，往往跨越了单一的区域管辖部门。同样，随着互联网信息技术的发展，对于互联网信息内容执法也往往需要跨行政区域、跨行政部门（工信、网信、通管、文化等部门）的执法协助。因此，行政执法协助制度应运而生，和行政执法管辖权制度相得益彰，一方面为行政执法机关划定明确的职责范围，构建权责一致、高效便民的法治政府；另一方面提高行政执法机关的能动性，变“各自为政”为“齐抓共管”，解决行政执法实践中存在的“分工有余，配合不足”的现实困境。

## 三 规范目的或功能

行政协助的制度功能在于整合碎化的行政资源，包括整合因职能分工形成的部门化行政资源与因地理分割形成的区域化行政资源。同时，行政协助也能够在一定程度上缓和科层制固有的弊端，进而提高行政效率。更为重要的是，行政协助是实现行政权一体化的必然要求。[②]党的十九届四中全会提出，要“健全部门协调配合机制，防止政出多门、政策效应相互抵消”。行政执法协助作为行政机关有效完成执法任务、提高执法效率的重要手段，在我国环境执法、食品药品安全监管、网

① 关保英：《论市场经济与行政协助的法制化》，载《行政与法》1994年第2期。

② 徐键：《论行政协助的协议化——跨区域行政执法的视角》，载《浙江社会科学》2008年第9期，第44页。

络监管等行政执法实践中一直广泛存在。[①]针对规模较大、跨行政区域的行政处罚案件，不同地区的执法机关互相协助、配合调查。但由于法律依据供给不足、制度体系构建缺位，行政协助制度法定化色彩薄弱，在实践中呈现出随意化、非正式的倾向。目前，我国尚未制定统一完整的《行政程序法》，行政协助程序、责任划分乃至救济渠道等问题尚未进一步明确，理论界相关研究也相对起步较晚。此次修订中，《行政处罚法》对行政执法协助制度进行先行立法，将行政执法协助纳入法治框架，为执法实践提供法律依据，也为今后制订《行政程序法》乃至《行政法典》时，对行政执法协助制度的制度架构提供了经验积累。

## 规范内容

本条从请求协助机关和被请求协助机关两个角度对行政执法协助制度作出了规定。

从请求协助机关角度而言，行政机关请求有关机关予以协助必须基于“因实施行政处罚的需要”。行政协助制度的功能在于各个行政机关之间积极配合、互相协助，高质量完成行政执法任务。因此，只有当单个行政机关自行履行职责不能满足实施行政处罚的需要，客观上需要其他有关机关予以配合，行政机关才可以向其提出协助请求。如果行政机关可以独自实施行政处罚，就没有请求其他机关配合协助的必要，以防部分行政

① 王勇：《行政执法中的行政协助问题研究——以环境保护行政执法为例》，载《行政与法》2011年第6期。

机关以“请求协助”的名义推诿职责，给其他机关增加额外工作负担。

行政执法协助中所谓的“有关机关”，指的是与实施行政处罚相关的其他行政机关，行政执法协助发生在行政系统内部，在法律性质上属于内部行政行为，可以归入典型的“内部行政法”事项。[①]请求协助的行政机关应当对照部门职能、行政区划，依法向能直接协助该职权行使的被请求机关明确提出具体的协助请求。此外，“协助请求”并非强制性命令，其他机关予以配合并非因为上下级行政机关的科层隶属关系，而是基于行政系统内部统一性的要求，因此行政协助并不等同于行政委托或行政授权，请求协助机关不得以需要行政协助为由，不履行或者怠于履行本单位的法定职责。“可以向有关机关提出协助请求”表明直接向其他机关请求协助并非唯一途径，行政机关也可以报请与其共同的上级行政机关进行协调。

从被请求协助机关而言，依法予以协助的前提在于“属于被请求机关职权范围内”。如果被请求协助事项并不属于请求机关职权范围内，或者被请求机关无行政管辖权，那么当然无权予以协助。如果被请求协助事项恰好属于被请求协助机关的职权范围内，那么被请求机关应当积极履行行政协助义务，积极支持和配合在本辖区、本系统内开展的行政协助工作，不得推诿、阻拦或者消极懈怠。行政执法协助制度是落实部门间协助配合机制、提高行政效能、增强政府公信力和执行力的重要手段，因此互相配合、积极协助是行政机关的法定义务，一般情

① “内部行政法”理论可见章剑生：《作为担保行政行为合法性的内部行政法》，载《法学家》2018年第6期。

况下无正当理由不得予以拒绝。

此外，行政协助行为应当依照法律、法规、规章的相关规定进行，防止行政协助行为游离于法治化轨道之外。目前，《行政处罚法》第26条仅对行政处罚协助制度作了原则性规定，尚未对行政协助的方式、条件、程序以及后续责任等相关问题作出具体规范。但我国个别地方政府通过先行先试机制，早已就行政协助制度率先制订了相关规范。例如，2008年《湖南省行政程序规定》第17条规定："有下列情形之一的，行政机关应当请求相关行政机关协助：（一）独自行使职权不能实现行政目的的；（二）不能自行调查执行公务需要的事实资料的；（三）执行公务所必需的文书、资料、信息为其他行政机关所掌握，自行收集难以获得的；（四）其他必须请求行政协助的情形。被请求协助的行政机关应当及时履行协助义务，不得推诿或者拒绝协助。不能提供行政协助的，应当以书面形式及时告知请求机关并说明理由。因行政协助发生争议的，由请求机关与协助机关的共同上一级行政机关决定。实施行政协助的，由协助机关承担责任；根据行政协助做出的行政行为，由请求机关承担责任。"福建省厦门市则是通过地方政府规章方式制定了《厦门市行政协助管理办法（试行）》，明确行政协助的办理形式、责任承担与监督检查，构建起制度完备、科学规范、运作高效的行政协助管理体系，[1]为其他地区探索构建行政协助制度体系提供了借鉴样本。

---

① 详见厦门市委编办：《厦门市探索构建行政协助管理新模式》，载《中国机构改革与管理》2019年第4期。

## 第二十七条【行刑衔接】

违法行为涉嫌犯罪的，行政机关应当及时将案件移送司法机关，依法追究刑事责任。对依法不需要追究刑事责任或者免予刑事处罚，但应当给予行政处罚的，司法机关应当及时将案件移送有关行政机关。

行政处罚实施机关与司法机关之间应当加强协调配合，建立健全案件移送制度，加强证据材料移交、接收衔接，完善案件处理信息通报机制。

## 立法沿革

本条是关于行政处罚执法程序与刑事司法程序相衔接的规定，在本次《行政处罚法》修订中进行了较大幅度的改动。

修订前的《行政处罚法》第22条规定："违法行为构成犯罪的，行政机关必须将案件移送司法机关，依法追究刑事责任。"《行政处罚法（修订草案一次审议稿）》第24条规定："违法行为涉嫌犯罪的，行政机关必须及时将案件移送司法机关，依法追究刑事责任。"《行政处罚法（修订草案二次审议稿）》维持一审稿中的上述规定，未作修改。一审、二审稿中对修订前《行政处罚法》第22条最为明显的修改，便是将"构成犯罪"一词更换为"涉嫌犯罪"，毕竟对涉嫌违法犯罪行为进行审理判决是人民法院的职责，行政机关在办理行政违法案件中并没有权力去判断某一违法行为是否"构成犯罪"，同时将"必须"一词修改为"应当及时"。

修订前的《行政处罚法》第22条仅规定了行政机关向司法机关单向移送案件，并未体现行政执法与刑事司法工作双向衔接的制度构造特征，《行政处罚法》最终版第27条在一审稿、二审稿基础上又增加一句，“对依法不需要追究刑事责任或者免予刑事处罚，但应当给予行政处罚的，司法机关应当及时将案件移送有关行政机关”。通过这一新增款项对司法机关向行政机关移送案件程序进行了规范，从而使得行政执法与刑事司法的衔接通道更加立体统一。此外新法还增加一款，“行政处罚实施机关与司法机关之间应当加强协调配合，建立健全案件移送制度，加强证据材料移交、接收衔接，完善案件处理信息通报机制”。该款规定了案件移送、信息通报等多种具体措施来进一步完善行政机关与司法机关的协同联动机制。

## 规范功能或目的

2013年11月，党的十八届三中全会通过的《中共中央关于全面深化改革若干重大问题的决定》中将“完善行政执法与刑事司法衔接机制”作为全面深化改革的重要战略部署之一。2014年10月，党的十八届四中全会通过的《中共中央关于全面推进依法治国若干重大问题的决定》中指出，“健全行政执法和刑事司法衔接机制，完善案件移送标准和程序，建立行政执法机关、公安机关、检察机关、审判机关信息共享、案情通报、案件移送制度，坚决克服有案不移、有案难移、以罚代刑现象，实现行政处罚和刑事处罚无缝对接”。国务院印发的《法治政府建设实施纲要（2015—2020）》再次强调了“健全行政执法与刑事司法衔接机制”的目标，从法治政府建设的高度对“两法衔接”工作提出新要求。

与此同时，行政执法与刑事司法衔接机制的现行规范体系尚不完善。目前各个行政执法领域“两法衔接”工作机制的规范依据多以最高人民检察院、最高人民法院和国务院相关部委联合制定的部门规章、行政规范性文件为主，法律规范位阶较低，法定化色彩薄弱。就衔接立法而言，除《行政处罚法》《刑法》等法律中有个别条款涉及衔接外，行刑衔接的制度框架主要是以一部行政法规，即2001年《行政执法机关移送涉嫌犯罪案件的规定》(《国务院310号令》)[①]为纲领，四部规范性文件为主体，即2001年《人民检察院办理行政执法机关移送涉嫌犯罪案件的规定》、2004年《关于加强行政执法与公安机关、人民检察院工作联系的意见》、2006年《关于在行政执法中及时移送涉嫌犯罪案件的意见》、2011年《关于加强行政执法与刑事司法衔接工作的意见》，众多国务院部门规定和地方性规定以及各级人民检察院与公安机关、行政执法机关会签的规范性文件为补充。尤其是近年来，卫生检疫、环境保护、安全生产、食品安全、交通运输等各领域行政执法与刑事司法衔接工作办法相继出台。

本次修法之后，《行政处罚法》第27条为“两法衔接”工作机制提供了明确的法律依据，设定了更为细化的程序规则，有助于实现行政执法与刑事执法程序的深度衔接，进而充分发挥行政执法与刑事司法的互补优势和资源共享，整合办案资源，强化法律监督，形成制度合力。因此，为了进一步推进“两法衔接”机制的制度潜能与法治化水平，有必要以本次《行政处罚法》修改为契机，结合相关部门行政法领域，进一步对“两法衔接”的程序细则做进一步完善。[②]

---

① 2020年8月7日国务院令第739号修改的《行政执法机关移送涉嫌犯罪案件的规定》为现行有效规定。

② 练育强通过对证券行政领域的实证研究认为，在不同执法领域，行政处罚与刑事制裁衔接难的原因是各不相同的，因此应深入具体执法领域并结合部门行政法视角，去分析行刑衔接困难的背后原因。详见练育强：《行政处罚与刑事制裁衔接研究之检视》，载《政治与法律》2013年第12期，第133—135页。

## 规范内容

本条是关于行政执法程序与刑事司法程序之间衔接协作的规定，共计有两款。

### 一、行政机关与司法机关之间的案件双向移送制度

新《行政处罚法》第27条第1款明确了行政执法机关与刑事司法机关之间的案件移送制度，包括行政机关向司法机关移送案件以及司法机关向行政机关移送案件两种情形。

#### （一）行政执法机关向刑事司法机关的案件移送机制

对于行政执法机关与刑事司法机关之间案件移送制度的解读，首先需要厘清行政案件与刑事案件、行政违法与刑事犯罪之间的区别。我国立法对于行政违法和刑事犯罪的界分，主要以情节严重程度、社会危害程度、违法数额大小作为二者的区分因素。行为人违反行政法律规范，实施了行政违法行为，由行政执法机关对其进行行政处罚。当该行政违法行为的情节严重程度、社会危害程度、违法数额等达到了应当接受刑罚制裁的标准，违反了刑事法律规范时，该行为就已经构成了刑事犯罪，应当由司法机关追究其刑事责任。因而，行政违法行为和刑事犯罪行为往往具有相同的行为外观构造，但由于量性要求不同而承担不同的法律责任。陈兴良教授便认为，“行政不法与刑事不法虽然存在社会危害性程度上的根本差别，但两者又有着不可分割的内在联系，这主要是指刑事不法中的行政犯，这种犯罪是一种禁止恶，其恶性系源自法律的禁止规定，因而不

同于自体恶的自然犯，因此，行政犯实际上是由行政不法转化为刑事不法，它具有行政不法与刑事不法的双重属性”。[1]譬如《治安管理处罚法》第2条规定：“扰乱公共秩序，妨害公共安全，侵犯人身权利、财产权利，妨害社会管理，具有社会危害性，依照《中华人民共和国刑法》的规定构成犯罪的，依法追究刑事责任；尚不够刑事处罚的，由公安机关依照本法给予治安管理处罚。”由此可见，一个涉嫌刑事犯罪的行为往往可能同时违反刑事法律规范和行政法律规范，进而产生刑事责任与行政处罚竞合的问题。

关于行政责任与刑事责任竞合时的处罚适用规则，根据“刑事优先”原则，行政执法机关也应当将案件先行移送至司法机关，优先追究刑事责任。所谓“刑事优先”原则，是指在一切调查处理程序中发现有犯罪事实存在时应当首先由有权管辖该案件的侦查或者司法机关依照刑事诉讼程序进行追究。[2]主要理由依据是，刑事犯罪相较于行政违法更具社会危害性和法益侵害性，应当优先予以制裁；刑罚处罚相较于行政处罚更为严厉、威慑效果更强，应当优先实施。此外，刑事司法程序比行政处罚程序更为严格，刑事裁判认定犯罪需要达到排除合理的标准，更具权威性和客观性，对行政机关实施行政处罚具有拘束作用。优先追究刑事责任有助于提高执法效率，缩短在行政违法处理和刑事司法犯罪认定之间的“时间差”，最大限度整合

---

① 陈兴良：《论行政处罚与刑罚处罚的关系》，载《中国法学》1992年第4期，第27页。

② 张智辉：《刑法改革的价值取向》，载《中国法学》2002年第6期，第105页。

执法资源。[①]因此，行政执法机关发现其办理的行政处罚案件涉嫌刑事犯罪的，应当将案件尽可能地及时移送至司法机关，追究行为人的刑事责任，这是行政执法机关的法定义务，也是执法资源短缺背景下的现实需要。[②]

### （二）刑事司法机关向行政执法机关的案件移送机制

司法机关向行政机关移送案件是指，司法机关在刑事诉讼程序中将不认为是犯罪或依法不应当追究刑事责任，但应当给予行政处罚的案件移送给具有相应执法权的行政机关。《刑法》第37条规定："对于犯罪情节轻微不需要判处刑罚的，可以免予刑事处罚，但是可以根据案件的不同情况，予以训诫或者责令具结悔过、赔礼道歉、赔偿损失，或者由主管部门予以行政处罚或者行政处分。"刑事司法机关经审查认为一个案件依法不需要追究刑事责任或者免予刑事处罚，意味着刑事诉讼程序即将宣告终结，司法机关不应当再对案件进行干预。但是，是否对违法行为人实施行政处罚则是行政执法机关的固有职权，因此应当移送至相应的行政执法机关进一步处理判断。新《行政处罚法》第27条第1款新增规定，"对依法不需要追究刑事责任或者免予刑事处罚，但应当给予行政处罚的，司法机关应当及时将案件移送有关行政机关"。这一新增条款使得行政机关与司法机关之间的案件移送制度更加完整，弥补了修订前《行政处罚

① 闻志强：《两法衔接之功能与价值分析——基于法治中国建设全局视野下的考察》，载《西南交通大学学报（社会科学版）》2016年第1期，第132页。

② 张红：《行政处罚与刑罚处罚的双向衔接》，载《中国法律评论》2020年第5期，第32页。

法》中“行刑衔接”条款仅有行政机关向司法机关单向移送的立法缺憾，具体在司法实践中，刑事司法机关向行政执法机关移送案件主要存在三类情形。

第一类情形是公安机关在刑事侦查阶段向行政执法机关移送案件。公安机关在立案侦查阶段，认为自行立案或行政机关移送来的案件不构成犯罪但应当实施行政处罚的，应当撤销案件，并随后将案卷材料移送至行政机关。《公安机关办理刑事案件程序规定》第177条规定：“经过审查，对于不够刑事处罚需要给予行政处理的，依法予以处理或者移送有关部门。”《行政执法机关移送涉嫌犯罪案件的规定》第13条规定：“公安机关对发现的违法行为，经审查，没有犯罪事实，或者立案侦查后认为犯罪事实显著轻微，不需要追究刑事责任，但依法应当追究行政责任的，应当及时将案件移送同级行政执法机关，有关行政执法机关应当依法作出处理。”

第二类情形是人民检察院在审查起诉阶段向行政执法机关移送案件。人民检察院对案件依法作出不起诉决定是刑事诉讼程序终结的法定原因之一。如果需要继续追究行为人的行政违法责任，可以在审查起诉阶段直接将案卷材料移送至相应的行政机关。《刑事诉讼法》第177条第3款规定：“人民检察院决定不起诉的案件，应当同时对侦查中查封、扣押、冻结的财物解除查封、扣押、冻结。对被不起诉人需要给予行政处罚、处分或者需要没收其违法所得的，人民检察院应当提出检察意见，移送有关主管机关处理。有关主管机关应当将处理结果及时通知人民检察院。”《公安机关办理刑事案件程序规定》第293条第2款规定：“人民检察院提出对被不起诉人给予行政处罚、处分或者没收其违法所得的检察意见，移送公安机关处理的，公安机关应当将处理结果及时通知人民检察院。”

第三类情形是人民法院在审判结束后将案件移送至行政执法机关。人民法院在审判阶段认为不属于犯罪或应当免除刑事责任的，应当终止审理或宣告无罪，但依法应当给予行政处罚的，应当移送行政机关适用行政处罚。此种情形之下，法院在结案后将案卷副本移送到有管辖权的行政机关，由行政执法机关依照法院提供的证据材料，依照处罚程序作出相应的行政处罚决定。

综上所述，可以说在刑事诉讼程序的各个阶段，司法机关向行政机关移送案件均有相应刑事规范的支撑依据。新《行政处罚法》第27条在旧有规范基础上，吸收了司法实践中的诸多有益做法，对司法机关向行政机关移送案件作出统筹性质的新增条款，与《刑法》《刑事诉讼法》相关条文进一步呼应，体现了刑事规范体系与行政规范体系在行刑衔接议题上的融合推进。

## 二、“行刑衔接”各类程序装置的建立完善

《行政处罚法》第27条第2款从较为宏观的角度，提出建立完善行政处罚和刑事司法相衔接的协调配合机制，包括建立健全案件移送制度、加强证据材料移交、接收衔接和完善案件处理信息通报机制等几个制度建设具体方向。

首先，建立健全案件移送制度是推动“两法衔接”机制的重要抓手。所谓行政执法与刑事司法程序的有效衔接，实质上就是指违法犯罪案件线索的信息对接与传递。置于当前互联网信息、大数据技术背景之下，应当“充分利用已有电子政务网络和信息共享公共基础设施等资源，将行政执法与刑事司法衔

接工作信息共享平台建设纳入电子政务建设规划”，[①]推动建立行政执法机关和刑事司法机关之间的案件资源数据共享机制，[②]通过搭建数据信息共享的网络技术平台，实现移送案件的网上交办与实时跟踪，提升行政机关与刑事司法机关之间案件交互移送的便捷化与透明度。

其次，加强证据材料移交、接收衔接工作是“两法衔接”机制中的核心环节。案件移送过程中最为重要的便是涉案证据材料的移送。行政证据与刑事诉讼证据属于不同法律程序的法定证明材料，二者在证据收集的主体、程序、审查方式等方面均有明显区别，但在一定条件下可以相互转化。譬如依据《刑事诉讼法》第54条第2款之规定：“行政机关在行政执法和查办案件过程中收集的物证、书证、视听资料、电子数据等证据材料，在刑事诉讼中可以作为证据使用。”刑诉法学者认为这一规定“确立了行政证据在刑事诉讼中的合法地位，意味着行政机关在执法办案中所收集的部分证据无需再经过转化即可在刑事诉讼中使用，提高了行政执法和刑事司法两法衔接的办案效率，具有很高的证据价值和诉讼意义”。[③]因此，加强涉案证据材料的移交与接收衔接有助于避免重复取证，进而提升行政执法与刑事诉讼衔接过程中的程序效率。

最后，完善案件处理信息通报机制实现对“两法衔接”机

---

① 张红、刘航：《执法资源有限视角下的行刑衔接程序问题研究》，载《行政管理改革》2019年第2期，第62页。

② 练育强：《行刑衔接中的行政执法边界研究》，载《中国法学》2016年第2期，第257页。

③ 董坤：《论行刑衔接中行政执法证据的使用》，载《武汉大学学报（哲学社会科学版）》2015年第1期，第54页。

制的有效监督。行政执法机关与公安机关、人民检察院、人民法院及时将案件信息通过联席会议和网络平台等形式，及时将案件信息和处理进度予以通报。行政处罚、案件移送、立案侦查、审查起诉等信息均由各部门实时跟踪掌握，使案件能够得到及时有效移送，从而形成打击违法犯罪的合力，并同时提升了行政执法透明度。

## 实务应用

**辽宁省凤城市自然资源局非诉执行审查案**①

辽宁省凤城市自然资源局于2019年2月21日作出《行政处罚决定书》，该决定书认定：凤城市东森制衣有限公司未经批准于2008年在凤城市违法占用土地11200平方米建厂的行为。依据《土地管理法》《土地管理法实施条例》之规定，对凤城市东森制衣有限公司处罚如下：1.责令退还非法占用的土地11200平方米；没收在非法占用10928平方米土地上（符合规划农用地）上新建的建筑物和其他设施。2.并处非法占地8200平方米罚款，罚款总计164000元。2019年9月26日，凤城市自然资源局作出《履行行政处罚决定催告书》并送达被执行人凤城市东森制衣有限公司。被执行人凤城市东森制衣有限公司在法定期限内未申请行政复议，未提起行政诉讼，亦未履行该行政处罚决定，故凤城市自然资源局向一审法院申请强制执行该行政处罚决定。

一审法院经审查认为，一、根据《行政处罚法》第7条规

① 参见辽宁省丹东市中级人民法院〔2020〕辽06行审复2号行政裁定书。

定：……违法行为构成犯罪，应当依法追究刑事责任，不得以行政处罚代替刑事处罚。《行政处罚法》第38条第1款规定，调查终结，行政机关负责人应当对调查结果进行审查，根据不同情况，分别作出如下决定：……（4）违法行为已构成犯罪的，移送司法机关。本案中，被执行人凤城市东森制衣有限公司未经相关部门批准，于2008年非法占用凤城市土地11200平方米，案涉土地性质包括农用地、建设用地，其中非法占用的农用地中包括旱地3591平方米，其他林地7337平方米。非法占用耕地及林地数量共计10928平方米，合计达16.392亩。申请执行人凤城市自然资源局应将此案同时移送公安机关进行侦查，如违法占地行为构成犯罪，申请执行人应依法终结调查，移送司法机关处理，不应仅以行政处罚代替刑事处罚。如侦查机关侦查后作出不予立案或不予受理决定后，申请执行人可继续向本院申请强制执行。二、根据《行政处罚法》第24条规定，对当事人的同一违法行为，不得给与两次以上罚款的行政处罚。本案中，2012年8月7日，申请执行人凤城市自然资源局因凤城市东森制衣有限公司未经批准占用凤城市白旗镇吴家村七组3000平方米土地已作出〔2012〕430号行政处罚。2019年2月21日，凤城市自然资源局作出的《行政处罚决定书》中对被处罚人违法占地行为的违法事实认定部分包含了〔2012〕430号《行政处罚书》中已认定的部分，即凤城市东森制衣有限公司未经批准占用凤城市土地11200平方米中包含2012年已处罚的违法占用凤城市白旗镇吴家村七组3000平方米土地。根据同一违法行为不做两次处罚的原则，编号×××《行政处罚书》已经处罚的部分，不符合上述法律规定。依照《行政诉讼法》第97条、《最高人民法院关于适用〈中华人民共和国行政诉讼法〉的解释》第161条之规定，裁定对申请执行人凤城市自然资源局的强制执行申请，本院不准予执行。

二审法院认为，根据《行政处罚法》第7条第2款“违法行为构成犯罪，应当依法追究刑事责任，不得以行政处罚代替刑事处罚”、第22条“违法行为构成犯罪的，行政机关必须将案件移送司法机关，依法追究刑事责任”、第38条：“调查终结，行政机关负责人应当对调查结果进行审查，根据不同情况，分别作出如下决定：……（四）违法行为已构成犯罪的，移送司法机关”的规定，当同一案件既是行政违法案件又涉嫌刑事犯罪时，应当遵循刑事优先原则。本案根据复议申请人提交的材料能够证明被申请人未经批准占用土地11200平方米建厂，其中旱地3591平方米、其他林地7337平方米（已对其中未经批准占用的3000平方米在2012年作出行政处罚时予以罚款），建制镇272平方米。根据《最高人民检察院、公安部关于公安机关管辖的刑事案件立案追诉标准的规定（一）》第67条第1款“违反土地管理法规，非法占用耕地、林地等农用地，改变被占用土地用途，造成耕地、林地等农用地大量毁坏，涉嫌下列情形之一的，应予立案追诉：……（三）非法占用其他林地十亩以上的；……”的规定，本案被申请人占用其他林地面积达到7337平方米，已超过上述法律规定的立案追诉标准，应当移送司法机关进一步调查。原审裁定认为申请执行人凤城市自然资源局应将此案先移送公安机关进行侦查，如侦查机关侦查后作出不予立案或不予受理决定后，申请执行人可继续向法院申请强制执行，故裁定对申请人的申请不予执行，符合法律规定。

**第二十八条【责令改正、责令退赔、没收违法所得】**

行政机关实施行政处罚时，应当责令当事人改正或者限期改正违法行为。

当事人有违法所得，除依法应当退赔的外，应当予以没收。违法所得是指实施违法行为所取得的款项。法律、行政法规、部门规章对违法所得的计算另有规定的，从其规定。

## 法条沿革

本条是关于责令违法行为人改正违法行为的条款，在本次修订中新增了责令退赔、没收违法所得两项内容。

修订前的《行政处罚法》第23条规定："行政机关实施行政处罚时，应当责令当事人改正或者限期改正违法行为。"《行政处罚法（修订草案一次审议稿）》以此为基础，在其后增加规定"有违法所得的，应当予以没收"。《行政处罚法（修订草案二次审议稿）》将其删除，在修订前《行政处罚法》第23条基础上，新增一款："当事人因违法行为获取的违法所得，除依法应当退赔的外，应当予以没收。"《行政处罚法》最终版本在第2款后又新增规定，"违法所得是指实施违法行为所取得的款项。法律、行政法规、部门规章对违法所得的计算另有规定的，从其规定"。

## 规范目的或功能

责令改正或者限期改正违法行为，也叫作"首先纠正违法行为原则"或者"消除危险性原则"，是指行政执法机关命令违法行为人中止违法行为，履行其应当履行的义务，及时恢复被违法行为破坏的行政管理秩序。行政处罚的根本目的是维护公共利益和社会秩序，保护公民、法人和其他组织的合法权益，纠正违法行为，教育公民、法人和其他组织自觉守法，预防破坏社会秩序和损害公共利益行为的再次发生。因此，行政处罚是手段，而维护行政管理秩序才是根本目的，因此不能“为了处罚而处罚”，责令改正、限期改正的目的在于及时矫正行政违法行为，以防止损害后果进一步扩大，使法律秩序恢复原状，从而弥补行政处罚“只罚不改”的局限效果。学理上，责令改正的法律属性一直存在行政处罚、行政强制措施乃至行政指导的性质争议，[①]“责令改正行为与行政处罚行为的联系非常紧密，往往相偎相依、形影不离。但这并不意味着责令改正就是行政处罚的一种形式，责令改正本质上是教育性的，而不是惩罚性的，责令改正在立法上具有独立的法律意义，在执法中具有特别的行政目标”。[②]从行政行为属性上讲，责令改正更适合归入“非型式化的行政行为”的范畴。[③]

责令退赔和没收违法所得背后的法理是“任何人都不能从违法行为中获利”。如果行为人能够从自己的违法行为中获得利益且不被事后追缴、没收，违法的成本小于违法获取的利益，那么实质上是在变相地纵容违法行为，损害法律的权威性。实

① 夏雨：《责令改正之行为性质研究》，载《行政法学研究》2013年第3期，第38—40页。

② 李孝猛：《责令改正的法律属性及其适用》，载《法学》2005年第2期，第56页。

③ 林明锵：《论型式化之行政行为与未型式化之行政行为》，载《当代公法理论》，月旦出版社公司1993年版，第346页。

践中，部分违法行为所能获取的利润远远大于行政执法机关对其科处的罚款的限额。因此，只有剥夺行为人从其违法行为中获得的利益，提高违法成本，才能真正激励遵纪守法。

## 规范内容

本条第1款规定的是责令当事人改正或者限期改正违法行为。“责令当事人改正或者限期改正违法行为，是指行政机关要求违法当事人作为或者不作为，使其中止违法行为，促使违法当事人履行其应当履行的义务，或者以其他方式达到与履行义务相当的状态。”[①]行政违法行为损害了正常的行政管理秩序，损害了社会公共利益，责令当事人改正违法行为能够消除违法行为的社会危害后果或防止危害后果的进一步扩大。因而，行政机关在实施行政处罚时，本着尽快恢复行政管理秩序的目的，应当在进行处罚的同时敦促当事人立即改正，包括恢复原状、赔偿损失、消除影响、防止违法行为再次发生等多种方式，以达到促使违法行为人认真承担责任，避免同类事件再次发生的目的。当事人立即改正有困难的或者情况比较复杂的，可以敦促其限期改正。

行政实践中，行政机关责令当事人改正或者限期改正违法行为，一般主要有三种适用形态。第一种是根据法定事由不予行政处罚或免除行政处罚的情形，这种情形下通常单独适用责令改正。单独适用责令改正的范围较为有限，一般只适用于“违

① 吴高盛主编：《〈中华人民共和国行政处罚法〉释义及实用指南》，中国民主法制出版社2015年版，第71页。

法行为轻微”且“没有造成危害后果”的违法情形。第二种是作为行政处罚的前置程序或构成要件。部分法律、法规将责令限期改正作为行政处罚的前置性程序或者构成要件之一，如果违法行为人在一定期限内不予改正，则可进一步实施行政处罚行为。譬如“根据处罚与教育相结合原则和过罚相当原则，对于‘违法行为轻微’且‘没有造成危害后果’的情形，通常优先适用责令改正。行政相对人对责令改正拒而不理的，说明其违法的主观过错明显”。[①]此时，行政相对人对待责令改正的态度与后续行为便将成为行政处罚的构成要件，行政机关据此便可能将责令改正进一步升级为行政处罚行为。第三种则是责令改正与行政处罚并行适用。这种并行适用模式在立法文本中最为常见，行政机关在作出行政处罚决定时，往往同时责令当事人改正或者限期改正违法行为。但是，责令改正与行政处罚的简单并用，也有可能激发行政机关重处罚而轻改正的消极倾向。按照回应性规制理论中“执法金字塔”模型，[②]行政机关在选取执法工具时应依循金字塔自下而上的次序，首先应当选择金字塔底部威慑力最轻的劝导机制，只有该机制效果失灵时，才依次逐级上升不断提高执法工具的威慑惩戒性。[③]劝导机制优先（persuasion first）可以视为回应性规制理论的一项重要原则，我国行政处罚实践中也应借鉴相关规制理论，进一步强调责令改

① 徐肖东：《基础行政决定上的升级行政处罚制度构建——以〈行政处罚法〉的修改为契机》，载《浙江学刊》2020年第4期，第125页。

② Ian Ayres, John Braithwaite, Responsive Regulation: Transcending the Deregulation Debate, Oxford University Press, 1992, pp.35–38.

③ 卢超：《社会性规制中约谈工具的双重角色》，载《法制与社会发展》2019年第1期，第146页。

正的首要性。

本条第2款规定了行政处罚领域的责令退赔和没收违法所得。责令退赔是受害人合法财产被违法行为人违法侵占后恢复原状的补偿方法。所谓“退”是将违法所得中的原物从违法行为人处追缴后返还受害人，所谓“赔”是在退还不足的情况下，按照行政机关裁决确定的赔偿数额强制执行违法行为人的合法财产以弥补受害人的损失。没收违法所得，是指行政执法机关依法对行为人违法所得财物的所有权予以强制性剥夺，使其财产状况回复到行为前的原状的处罚方式。对行为人违法所得的处理顺序是先责令退赔给受害人，如果还有结余应当全部予以没收，这是基于优先保护受害人财产权益的考虑。

没收违法所得是《行政处罚法》中法定的行政处罚种类，但关于没收违法所得的性质在我国理论界与司法实务界一直存在争议。反对没收违法所得属于行政处罚性质的学者普遍认为，没收的违法所得并不是违法者的合法财产，没收的性质实质上具有追缴的性质，而非违法者因实施违法行为而付出的代价，因而不具有制裁性，客观上难以达到行政处罚的目的。[①]从行政处罚的惩戒功能这一角度出发，“没收违法所得不具有惩戒功能，因而不应认定为行政处罚，而是独立的具体行政行为类型”。[②]而主张没收违法所得属于行政处罚的学者认为，“违法所得也是‘所得’，这种财产利益，在未被没收之前，实际处于违法当事人的控制和支配之下，没收这种利益，即使它是违法取

① 应松年编:《行政法学新论》，中国方正出版社2004年版，第261—262页。

② 王青斌:《行政法中的没收违法所得》，载《法学评论》2019年第6期，第164页。

得的，也同样会对当事人产生惩戒的心理和精神效果，具有行政处罚的制裁性特点。[①]

《行政处罚法》本次修订后依然将没收违法所得作为财产罚纳入法定行政处罚类型之一，今后其学理性质争议将依然存在，但《行政处罚法》第28条第2款对于违法所得进行了初步定义，将违法所得定性为“实施违法行为所取得的款项”，并确定了责令退赔与没收违法所得之间的逻辑次序，这无疑是本次立法的重大进步。同时，该款项还规定“法律、行政法规、部门规章对违法所得的计算另有规定的，从其规定”，在各类规范文本与行政实践中，对于违法所得始终存在“违法活动取得的全部收入”与“违法活动取得的非法收益”两种认定方式并存的局面，[②]本次修法并未对违法所得的计算方式进行统一规范，而是认可了不同计算方式的合法性，授权不同类型的行政监管机关通过部门规章进行差异性立法，这也符合现代行政国家的监管现实需求。

## 实务应用

**伍某某诉桐城市人民政府行政复议案**[③]

2016年6月24日，安徽省桐城市城市管理行政执法局（以下简称桐城市城管局）向伍某某下达桐城管停字〔2016〕第

① 冯军著：《行政处罚法新论》，中国检察出版社2003年版，第120页。

② 王青斌：《行政法中的没收违法所得》，载《法学评论》2019年第6期，第169—170页。

③ 该案为安徽高院发布行政诉讼十大典型案例之三。

004号责令停止违法行为通知，认定其在桐城市光明巷11号无规划许可擅自搭建钢构，违反了《城乡规划法》第64条的规定，责令其限期改正违法行为并停止建设，补办规划许可手续，同时告知其逾期不停止违法行为或不补办手续的，该局将依法给予行政处罚。伍某某不服，于2016年6月29日向桐城市人民政府申请行政复议。桐城市人民政府认为，责令停止违法行为通知不是最终行政决定，只是具体行政行为作出前的一项程序，不属于行政复议范围。遂于2017年3月3日作出行政复议决定，驳回伍某某的行政复议申请。伍某某不服该复议决定，遂提起行政诉讼，请求撤销桐城市人民政府该行政复议决定，判令桐城市人民政府对其复议申请事项作出实体处理决定。

安庆市中级人民法院审理认为，责令停止违法行为本质上属于行政命令中的禁令，一经作出便为行政相对人设定了义务，是行政执法过程中的一种独立的行政行为。如果行政相对人实施的合法行为被行政主体错误实施了责令停止的命令，将会导致相对人的合法权益受到侵害。因此，为保障行政命令功能的正确行使，应赋予行政相对人法律救济的途径。本案中，桐城市城管局作出的责令停止违法行为通知，为伍某某这一特定相对人设定了停止建设并限期改正的义务，对伍某某的权利义务产生了实际影响。因此，该通知属于行政复议范围，复议机关应对其合法性进行审查。故判决撤销桐城市人民政府该行政复议决定，责令其于判决生效后的法定期限内对伍某某提出的行政复议申请重新作出复议决定。一审宣判后，双方当事人均未提起上诉。

理论意义：责令停止违法行为是让违法行为停滞于查获时的状态，是行政管理过程中的一种手段，实际上属于责令改正的范畴，其性质应是行政命令。《行政处罚法》第23条规定：“行政机关实施行政处罚时，应当责令当事人改正或者限期改正违法行为。”由此可以看出，责令改正是与行政处罚不同的行政行为。责令停止违法行为亦属于责令改正的一种，并不属于行政处罚过程中的程序性和过程性的行政行为，如果行政相对人认为该行政行为损害了其合法权益，可以申请行政复议和提起行政诉讼。本案中，安庆市中级人民法院认为责令停止违法行为属于行政命令，应纳入行政诉讼和行政复议受案范围，并作出相应判决，对于认定责令停止违法行为和责令改正的性质以及其与行政处罚之间的关系，具有典型意义与理论价值。

### 第二十九条【一事不再罚】

对当事人的同一个违法行为，不得给予两次以上罚款的行政处罚。同一个违法行为违反多个法律规范应当给予罚款处罚的，按照罚款数额高的规定处罚。

## 法条沿革

本条是关于行政处罚中“一事不再罚”的规定。本次修法在旧法基础上增加了一款，使得“一事不再罚”的原则规范更加具备可操作性。修订前《行政处罚法》第24条规定：“对当事人的同一个违法行为，不得给予两次以上罚款的行政处罚。”《行政处罚法（修订草案一次审议稿）》对此规范未作任何调整，一审稿第27条规定：“对当事人的同一个违法行为，不得给予两次以上罚款的行政处罚。”《行政处罚法（修订草案二次审议稿）》在原有基础上增加一款，二审稿第28条规定：“对当事人的同一个违法行为，不得给予两次以上罚款的行政处罚。同一个违法行为违反多个法律规范应当给予罚款处罚的，按照罚款数额高的规定执行。”《行政处罚法（修订草案三次审议稿）》基本上沿用了二审稿的规范设置，仅将“规定执行”一词替换成“规定处罚”，并最终得以通过。

## 三 规范目的或功能

所谓“一事不再罚”原则是指“对违法行为人的同一个违法行为，不得以同一事实和同一依据，给予两次以上的处罚。一事不再罚目的在于防止重复处罚，体现过罚相当的法律原则，以保护当事人的合法权益”。[①]修订前《行政处罚法》第24条确立的“一事不再罚”原则，其背后具有特定的经济——历史背景，主要是为了解决当时基层行政执法实践中日益泛滥的重复罚款、多头罚款问题，从立法史的角度观察，“旧《行政处罚法》起草过程中，对‘一事不再罚’是否应当成为立法的基本原则和对这一概念的理解尚不统一，实践中存在的重复处罚又以罚款为主，因此立法者选择将‘一事不再罚’限定为‘一事不再罚款’”。[②]因此，严格从立法原意予以解释，修订前《行政

① 乔晓阳、张春生主编：《〈中华人民共和国行政处罚法〉释义》，法律出版社1996年版，第67页。

② 马怀德：《〈行政处罚法〉修改中的几个争议问题》，载《华东政法大学学报》2020年第4期，第14页。

处罚法》第24条的含义应理解为，行政机关对于同一个违法行为，当其同时违反多个行政法律规范时，可以给予多个行政处罚。但是处罚类型为罚款时，就只能进行一次罚款，而不能多次重复予以罚款。但是，由于修订前《行政处罚法》第24条的规范设计较为简陋粗糙，造成行政处罚实践中的诸多难题，尤其是近年来，环境监管等领域涌现的“按日连续处罚”等新型惩戒工具，使得“一事不再罚”的理论争议愈发突出。[①]因此，新《行政处罚法》第29条的出台，增加了“同一个违法行为违反多个法律规范应当给予罚款处罚的，按照罚款数额高的规定处罚”这一规定，明确了“想象竞合”情形下择一重处的规则，有助于提升“一事不再罚”原则在行政处罚执法实践中的可操作性，可以说新《行政处罚法》对于“一事不再罚”规范的修订调整，对于维护法的安定性，保护行为人的合法权益，提高行政机关执法效率，防止重复处罚和滥用处罚具有极为重要的现实意义。

## 规范内容

所谓“一事不再罚”是指针对行为人的一个违法行为，行政执法机关不得依据同一违法事实给予行政相对人两次以上的行政处罚。《行政处罚法》中确立一事不再罚原则的目的“在于防止重复处罚，体现过罚相当的法律原则，以保护当事人的

① 熊樟林：《连续处罚行为的性质认定——以新〈环保法〉第59条为中心》，载《华东政法大学学报》2015年第5期。

合法权益”。[①]修订前《行政处罚法》关于“一事不再罚”原则仅限于第24条的粗略规定：“对当事人的同一个违法行为，不得给予两次以上罚款的行政处罚。”本次《行政处罚法》修改，在旧《行政处罚法》既有条文基础上，第29条又增加内容：“同一个违法行为违反多个法律规范应当给予罚款处罚的，按照罚款数额高的规定处罚。”新《行政处罚法》中对于“一事不再罚”的界定更加清晰完整，在处罚实践中也更具可操作性。

从立法历史角度来看，在修订前《行政处罚法》起草过程中，曾有方案考虑在总则中规定“一事不再罚”为行政处罚的一般原则，并表述为：“对当事人的同一违法行为，行政机关不得根据同一事实和同一理由进行两次以上的处罚。”[②]这一立法方案最终尽管没有完全体现，但对“一事”作“对当事人的同一个违法行为”的界定却得以传承，尽管对于“同一违法行为”的法律界定，一直存在着较大争议。

修订前《行政处罚法》第24条将“一事不再罚”局限于罚款事项，其背后有特定的历史背景作为铺垫。“一事不再罚是否是行政处罚的基本原则，经再三研究，在现行管理体制下作法律规定要特别慎重，搞不好会影响行政管理效能。现行体制下简单规定一事不再罚的条件不成熟，这是属于行政体制改革总体考虑的问题。但一事不再罚原则应当在行政处罚法中有所体现，于是针对执法中最突出的乱罚款问题规定

① 全国人大常委会法制工作委员会国家法室、行政法室编著：《〈中华人民共和国行政处罚法〉讲话》，法律出版社1996年版，第88页。

② 胡锦光著：《行政处罚研究》，法律出版社1998年版，第130页。

了一事不再罚款”。[①]本次《行政处罚法》修改后第29条在字面意义上，依然将“一事不再罚”原则仅仅适用于行政罚款领域，因此，“对于罚款以外的其他类型处罚，譬如没收违法所得、暂扣或吊销许可证等处罚类型，原则上可以予以并处。因为不同类型的处罚在制裁效果和目的上都有较大差异，允许并处更有利于行政目的的实现”。[②]但亦有学者认为，在行政法理上而言，罚款与其他种类的行政处罚并无本质区别，都是对行政违法行为人的制裁，“一事不再罚”原则在理论上讲不应仅适用于罚款，而应当适用于所有种类的行政处罚。因此，对于罚款之外其他相同或者类似性质的行政处罚，譬如暂扣许可证件、限制开展生产经营活动、限制从业等，如果从一重罚已经可以达到行政目的，同样也应根据一事不再罚原则限制处罚次数。[③]

新《行政处罚法》第29条“同一个违法行为违反多个法律规范应当给予罚款处罚的，按照罚款数额高的规定处罚”，这一新增内容可视为本次修法的一大亮点。对于一个违法行为同时违反多个行政法律规范的问题，行政处罚实践中一直存在“最先罚款”和“择一重处”两种处理思路。2007年全国人大法工委在《对〈反不正当竞争法〉和〈价格法〉有关规定如何适用问题的答复》（行复字〔2007〕6号）中，就一个滥收费用行为

---

① 江必新主编：《行政处罚及其司法审查实用大全》，中国人民公安大学出版社1996年版，第226页。

② 马怀德：《〈行政处罚法〉修改中的几个争议问题》，载《华东政法大学学报》2020年第4期，第15页。

③ 李洪雷：《论我国行政处罚制度的完善——兼评〈中华人民共和国行政处罚法（修订草案）〉》，载《法商研究》2020年第6期，第14页。

同时违反《反不正当竞争法》和《价格法》的规定时，如何适用《行政处罚法》作出了具体解释。该答复中称："《行政处罚法》第二十四条规定：'对当事人的同一个违法行为，不得给予两次以上罚款的行政处罚。'根据这一规定，对同一个滥收费用行为罚款的行政处罚，适用一事不再罚的原则，由首先实施监督检查的行政机关给予罚款的行政处罚为宜。其他依法有行政处罚权的行政机关可以给予罚款以外的其他行政处罚；依照处罚较重的规定是否给予较重的行政处罚，实践中可再研究。"该答复表明全国人大法工委当时的态度是倾向于"最先罚款"，对于"择一重处"的态度是"可再研究"。但是实践中，仅以处罚决定的作出时间来作为"一事不再罚"的判断标准，容易造成诸多负面效果。其中一个较为明显的消极后果便是容易导致处罚结果的随机性问题，譬如针对相同的行政违法行为，只是因为最先进行处罚的行政机关的不同，罚款数额却相差很大，这种处罚结果的随机性，有违行政处罚公正和平等原则的要求。[1]

因此，新《行政处罚法》第29条后半部分的增设规范，一定程度上解决了处罚实践中"最先罚款"和"择一重处"的争议。当一个违法行为同时违反了多个行政法律规范时，确定"择一重处"的处罚原则有助于实现过罚相当的实质正义要求，同时也可避免对同一违法行为进行重复评价，这无疑是本次修法的一项进步之处。

---

① 李洪雷：《论我国行政处罚制度的完善——兼评〈中华人民共和国行政处罚法（修订草案）〉》，载《法商研究》2020年第6期，第14页。

## 实务应用

### 熊某祥诉黔南州公安交通管理局交通行政处罚案[①]

2019年1月8日18时15分许，熊某祥驾驶小型普通客车与横过道路行人相碰，致行人受伤，后该行人于2019年5月13日死亡。经福泉市公安局交通警察大队认定，原告承担本次交通事故的主要责任。2019年1月30日，福泉市公安局交通警察大队以原告存在遇行人横过道路未避让的违法行为，对原告作出了罚款200元、记3分的行政处罚。因本次道路交通违法行为，原告于2019年11月22日被福泉市人民法院判决构成交通肇事罪，判处有期徒刑8个月，缓刑1年，判决确认了福泉市公安局交通警察大队作出的交通事故责任认定，该判决已发生法律效力。2019年12月5日，被告向原告告知了拟对其作出吊销机动车驾驶证的行政处罚，同时告知了陈述权、申辩权及听证权，原告提出了没有逃跑、没有酒驾并配合调查的申辩，并申请听证，被告于同月13日举行了听证会，于同月17日作出了本案被诉的行政处罚决定。

判决结果与论证理由：一审法院经审理认为，根据《道路交通安全法》第101条第1款的规定，违反道路交通安全法律、法规的规定，发生重大交通事故，构成犯罪的，依法追究刑事责任，并由公安机关交通管理部门吊销机动车驾驶证。

---

① 参见贵州省黔南布依族苗族自治州中级人民法院〔2020〕黔27行终286号行政判决书。

本案中，原告的交通违法行为，已被人民法院生效的判决认定构成犯罪，被告在对原告作出吊销机动车驾驶证行政处罚决定前，履行了相关的告知义务，作出行政处罚决定的证据确凿充分，程序合法，适用法律正确。该行政处罚不属罚款种类，并不违反《行政处罚法》第24条“对当事人的同一个违法行为，不得给予两次以上罚款的行政处罚”的规定。因此，依照《行政诉讼法》第69条的规定，判决驳回原告熊某祥的诉讼请求。

二审法院认为，案件争议焦点是被告黔南州公安交通管理局作出的涉诉行政处罚决定是否合法，关键是涉诉行政处罚决定是否违反“一事不再罚”原则。本案中，上诉人熊某祥因驾驶机动车造成交通事故的行为已被生效的刑事判决认定构成交通肇事罪，出现《道路交通安全法》第101条第1款规定应予吊销其机动车驾驶证的情形后，被上诉人依据前述法律规定作出被诉行政处罚决定，故被诉行政处罚决定认定事实清楚。根据《道路交通安全法实施条例》第109条规定，被上诉人依法行使对上诉人吊销机动车驾驶证处罚决定的法定职权，被上诉人在作出被诉行政处罚决定前，向上诉人履行权利义务告知、听取陈述、申辩和保障其听证权利等法定程序。因此，黔南州公安交通管理局作出被诉行政处罚决定程序合法。福泉市公安局交通警察大队于2019年1月30日对上诉人进行的处罚，是以上诉人遇行人横过道路未避让行为违法予以罚款及记分处罚，本案被诉行政处罚决定是被上诉人以上诉人行为已构成交通肇事罪，出现了应予吊销机动车驾驶证的法定情形而给予的处罚，系两个不同的行为，因此不属于《行政处罚法》第24条所规定的重复罚款处罚行为。故上诉人主张涉案行政处罚行为并不违反“一事不再罚”原则。

**第三十条【行政处罚的责任年龄】**

不满十四周岁的未成年人有违法行为的，不予行政处罚，责令监护人加以管教；已满十四周岁不满十八周岁的未成年人有违法行为的，应当从轻或者减轻行政处罚。

## 立法沿革

本条规定的是行政处罚的责任年龄问题，即对未成年人进行行政处罚的限制，在本次修订中未作实质性修改。修订前的《行政处罚法》第25条规定：“不满十四周岁的人有违法行为的，不予行政处罚，责令监护人加以管教；已满十四周岁不满十八周岁的人有违法行为的，从轻或者减轻行政处罚。”《行政处罚法（修订草案一次审议稿）》和《行政处罚法（修订草案二次审议稿）》对此并未作修改。《行政处罚法》最终版本将“不满十四周岁的人”修改为“不满十四周岁的未成年人”，将“已满十四周岁不满十八周岁的人”修改为“已满十四周岁不满十八周岁的未成年人”，一定程度上强调了未成年人在行政处罚中的特殊地位。并且，将“从轻或者减轻行政处罚”修改为“应当从轻或者减轻行政处罚”，增加的“应当”一词，进一步强调了行政机关对于“已满十四周岁不满十八周岁的未成年人”的处罚行为，必须坚持审慎克制的原则，压缩了行政处罚的裁量空间。

## 规范功能或目的

未成年人由于年龄尚小，体力、智力均处于未完全发育阶段，缺乏对自身行为的是非判断能力，辨别、控制个人意志和行为的能力较弱，主观恶性较小，因此实施违法行为时往往带有冲动性、盲目性。此外，未成年人普遍生理、心理还未发育成熟，易于教育矫正。因此，对未成年人的违法行为应当以教育为主、惩罚为辅，敦促违法的未成年人认识到自身错误并及时改过自新。《行政处罚法》立法贯彻了对违法青少年实行感化、教育、挽救的方针，设置行政责任年龄，对不满十八周岁的未成年人实施行政处罚进行了裁量限缩，有利于挽救违法的未成年人，保障未成年人的健康成长。

## 规范内容

本条规定涉及行政处罚的责任能力与责任年龄问题。行政责任能力，是指行为人构成行政违法和承担行政责任所必须具备的行政法意义上辨认和控制自己行为的能力。责任能力的本质是从法律上评价行为人是否具有辨识能力和控制能力，它的目的是通过一系列的材料和证据，得出相对人有无控制能力和辨识能力的结论。[①]行政责任能力是违法主体承担行政处罚责任的前提，因为只有违法主体对自己的违法行为具备认识、判断、

---

① 熊樟林：《判断行政处罚责任能力的基本规则》，载《江苏行政学院学报》2016年第6期。

辨别、控制的能力，其违法行为才具备可苛责性，行政处罚的实施才有惩戒意义。

对于法人、其他组织而言，自其成立之时即具有责任能力。但公民要具有行政能力必须具有正常的认知判断能力，这种能力与公民的年龄和精神状况密切相关。按照人类成长的一般经验而言，一个正常人生理上的成长到一定时期，大脑对自己的行为就具有一定的判断与支配能力，同时对外部客观世界也具备了一定的认识，这时自己的行为才代表了自己的意志，并且是受自己意志支配的，因而才能对自己的行为负责。在这个时期之前，未成年人普遍不具备独立意识和辨别是非的能力，如果因实施违法行为而受到行政处罚，会给他们幼小的心灵带来伤害，不能达到行政处罚的实施目的，也不利于未成年人的健康成长。因此，应当设置科学合理的行政责任年龄制度，由法律规定行为人对自己的违法行为负法律责任所必须达到的年龄。《行政处罚法》第30条以未成年人年龄为界限，将未成年人的行政责任年龄划分为两种类型：无责任能力与相对责任能力。

无责任能力阶段是指未达到最低行政责任年龄，不能成为受罚主体，其所实施的违法行为，不予行政处罚。本条将十四周岁作为公民承担行政责任的最低年龄，是考虑到未满十四周岁的未成年人普遍不具有的辨别和控制自己行为和意志的能力。未满十四周岁的未成年人违反行政法律规范，不满足行政违法构成中的主体要件，不构成行政处罚意义上的违法，不予行政处罚。本着“感化、教育、挽救”的原则，应当责令其监护人严加看管、认真教育，使未成年人认识到自己的错误，避免类似行为的再次发生。

相对责任能力阶段是指已超过最低行政责任年龄，但并不完全具备辨别和控制自己行为和意志的能力，因而在实施行政处罚时应当适当予以照顾。已满十四周岁不满十八周岁的未成年人实施违法行为的，由于其已达到了最低行政责任年龄，因此应当承担行政处罚责任，但应当从轻处罚或者减轻处罚，给违法的未成年人迷途知返乃至改过自新的机会。从轻处罚指的是在规定的处罚方式和处罚幅度内，在几种可能的处罚方式中选择最轻的处罚方式或者在一种处罚方式内从其较低限进行处罚，减轻处罚是指在法定的处罚方式和处罚幅度最低限以下进行处罚。这两种方式都体现了对未成年人实施行政处罚的谦抑性原则，本次修法增加的“应当”一词，也进一步限缩了行政机关的处罚裁量权，防止行政处罚行为的惩戒过当，给相对责任能力阶段的未成年人带来超越其责任能力的惩罚效果。

## 第三十一条【精神病人、智力残疾人的责任认定】

精神病人、智力残疾人在不能辨认或者不能控制自己行为时有违法行为的，不予行政处罚，但应当责令其监护人严加看管和治疗。间歇性精神病人在精神正常时有违法行为的，应当给予行政处罚。尚未完全丧失辨认或者控制自己行为能力的精神病人、智力残疾人有违法行为的，可以从轻或者减轻行政处罚。

### 立法沿革

修订前《行政处罚法》第26条规定：“精神病人在不能辨认或者不能控制自己行为时有违法行为的，不予行政处罚，但应当责令其监护人严加看管和治疗。间歇性精神病人在精神正常时有违法行为的，应当给予行政处罚。”《行政处罚法（修订草案一次审议稿）》第29条完全保留了修订前《行政处罚法》的规定，《行政处罚法（修订草案二次审议稿）》第30条又增加了“智力残疾人”这一行为主体，与“精神病人”并列，使得立法语言更加完整严谨。《行政处罚法（修订草案三次审议稿）》在二审稿基础上，又增加一款“尚未完全丧失辨认或者控制自己行为能力的精神病人、智力残疾人有违法行为的，可以从轻或者减轻行政处罚”，在立法中进一步明确了对于“尚未完全丧失辨认或者控制自己行为能力”的精神病人与智力残疾人的行政处罚原则，消解了行政执法实践中的模糊地带，体现出包容慎罚的立法精神。

## 规范功能或目的

本条对精神病人、智力残疾人在行政处罚中的责任能力问题进行了规范，通过“智力残疾人”这一概念的引入，有效弥补了之前法律规范中“精神病人”概念涵盖范围不够周延的不足，使得无行政责任能力的主体范围更加清晰。通过对“不能辨认或者不能控制自己行为时”与“精神正常时”两种主观状态的区分，强调了只有存在主观故意或过失的情形下，才能对行为人进行处罚，因为我国《行政处罚法》除了维护公共利益和社会秩序的法定目标之外，还发挥了对违法行为人的惩戒教育功能，当精神病人或智力残疾人“不能辨认或者不能控制自己行为时”，对其进行行政处罚便失去了惩戒和教育的意义，也就无法实现行政处罚的目的。《行政处罚法》第31条后半部分作为新增内容，弥补了之前立法的空白地带，丰富了精神病人、智力残疾人的行为能力类型，赋予了行政机关较为灵活的裁量权，通过从轻或者减轻行政处罚，来减少僵化执法与严苛惩戒带来的负面效果。

## 规范内容

本条规定涉及的是行政处罚中精神病人与智力残疾人这两类特殊群体的责任承担问题，其中后半部分为《行政处罚法》本次修订的新增内容。

本条前半部分对旧法没有实质性改动，仅在“精神病人”后增加了“智力残疾人”作为并列概念，使得无行政责任能力特殊群体的范畴更加严谨周延，防止之前“精神病人”的法律概念无法涵盖属于“智力残疾”但也缺乏行政责任能力的群体。所谓的“智力残疾”这一概念始见于中国全国残疾人抽样调查领导小组制定的《全国残疾人抽样调查方案》，智力残疾通常表现为智力明显低于一般人的水平，并显示出适应行为的障碍。[①]智力残疾包括智力发育期间（十八周岁之前）由各种有害因素导致的精神发育不全或智力迟钝，以及智力发育成熟后由各种有害因素导致的智力损害或老年期的智力明显衰退等情形。

判断对违反行政管理的“精神病人”或“智力残疾人”是否给予行政处罚，关键要看发生行政违法行为时，“精神病人”或“智力残疾人”是否处于不能辨认或者不能控制自己行为的状态之下。如果处于这种状态之下，便意味着“精神病人”或

---

① 李聪、田宝：《智力残疾研究的回顾与展望》，载《社会科学论坛》2020年第5期。

"智力残疾人"在主观上对其行政违法行为不存在故意或过失，因此并不具备承担行政处罚的责任能力。[①]行政处罚中对于行为人主观状态的强调，在《行政处罚法》本次修改后第33条也有体现。因此，出于对主观状态和行政处罚教育功能的强调，该部分又规定，"间歇性精神病人在精神正常时有违法行为的，应当给予行政处罚"，并且着重规定了监护人的看护和治疗义务。

本条后半部分"尚未完全丧失辨认或者控制自己行为能力的精神病人、智力残疾人有违法行为的，可以从轻或者减轻行政处罚"，这一部分属于本次修法的新增内容。对于法律性质上虽然属于"精神病人"或"智力残疾人"，但又尚未完全丧失辨识控制行为能力的行为人类型，如何划定行政处罚的责任能力，这个问题在《行政处罚法》修改之前一直没有明确，本次修法之后"可以从轻或者减轻行政处罚"的法律用语，赋予了行政处罚机关一定的裁量判断权限，可以根据行为人在医学上丧失行为能力的轻重情况，在个案中来决定是否从轻或减轻行政处罚。

## 第三十二条【从轻、减轻行政处罚】

当事人有下列情形之一，应当从轻或者减轻行政处罚：

（一）主动消除或者减轻违法行为危害后果的；

（二）受他人胁迫或者诱骗实施违法行为的；

（三）主动供述行政机关尚未掌握的违法行为的；

（四）配合行政机关查处违法行为有立功表现的；

---

① 乔晓阳、张春生主编：《〈中华人民共和国行政处罚法〉释义》，法律出版社1996年版，第72—73页。

（五）法律、法规、规章规定其他应当从轻或者减轻行政处罚的。

## 法条沿革

本条规定涉及的是《行政处罚法》中的从轻或减轻处罚议题，在本次修法过程中经历了较大幅度的调整变动。修订前《行政处罚法》第27条规定："当事人有下列情形之一的，应当依法从轻或者减轻行政处罚：（一）主动消除或者减轻违法行为危害后果的；（二）受他人胁迫有违法行为的；（三）配合行政机关查处违法行为有立功表现的；（四）其他依法从轻或者减轻行政处罚的。违法行为轻微并及时纠正，没有造成危害后果的，不予行政处罚。"

《行政处罚法（修订草案一次审议稿）》作出几项重要变动，一是增加了"诱骗"情形作为与"受他人胁迫"并列的类型；二是增加了"主动供述行政机关尚未掌握的违法行为"的类型；三是将"其他依法从轻或者减轻行政处罚的"修改为"法律、法规、规章规定其他应当从轻或者减轻行政处罚的"；四是增加了对当事人主观状态的明确界定，"当事人有证据证明没有主观过错的，不予行政处罚"。这些变动反映在《行政处罚法（修订草案一次审议稿）》第30条："当事人有下列情形之一的，应当从轻或者减轻行政处罚：（一）主动消除或者减轻违法行为危害后果的；（二）受他人胁迫或者诱骗实施违法行为的；（三）主动供述行政机关尚未掌握的违法行为的；（四）配合行政机关查处违法行为有立功表现的；（五）法律、法规、规章规定其他应当从轻或者减轻行政处罚的。违法行为轻微并及时纠正，没有造成危害后果的，不予行政处罚。当事人有证据证明没有主观过错的，不予行政处罚。法律、行政法规有特别规定的，依照其规定。”

《行政处罚法（修订草案二次审议稿）》第31条与《行政处罚法（修订草案一次审议稿）》第30条相比，几乎没有变化，基本延用了一审稿的规范框架，仅仅是将“依照其规定”一词修改为“从其规定”。《行政处罚法（修订草案三次审议稿）》在二审稿基础上进行了大幅拆分，将该条款一分为二，将不予行政处罚和主观过错款项单独归入第33条，第32条仅涉及从轻、减轻处罚议题，并最终得以通过。

## 三 规范目的或功能

行政处罚始终秉承“处罚与教育相结合”的原则，处罚并非最终目的，更重要的是纠正当事人的违法行为。因此，新《行政处罚法》第32条对于主动消除或者减轻违法行为危害后果、受他人胁迫或者诱骗实施违法行为、主动供述行政机关尚未掌握的违法行为以及配合行政机关查处违法行为有立功表现的当事人予以从轻或减轻处罚，从而能够很好地实现行政处罚的制度目标，是“坚持行政处罚以教育和处罚相结合，以纠正违法行为，教育公民、法人和其他组织自觉守法为目的立法精神的体现”。[①]

① 乔晓阳、张春生主编:《〈中华人民共和国行政处罚法〉释义》，法律出版社1996年版，第77页。

## 规范内容

从轻处罚是指行政机关在法定处罚方式和处罚幅度之内，通过裁量权的行使，对违法行为人在几种可能的处罚类型中选择较轻的处罚方式，或者在一种处罚方式下选择幅度的较低限进行处罚。与之相对应，减轻处罚则是指行政机关在法定处罚方式与处罚幅度最低限以下，对违法行为人适用行政处罚。

与修订前《行政处罚法》相关条款相比，《行政处罚法》本次修订中增加了“主动供述行政机关尚未掌握的违法行为”的类型，这一修订也将有助于激励行政违法当事人为了减轻处罚，而主动提供相关违法信息，从而达到节省执法资源的目的。

另外，本条在本次修订中增加了“诱骗”情形，“受他人胁迫或者诱骗实施违法行为”的法定表述在规范体系上更加逻辑完整，毕竟在实践中，行政违法当事人可能基于被他人诱骗而非被胁迫而实施违法行为，基于对违法行为人主观状态的考虑，也应当予以从轻或者减轻处罚。

最后，本条款将“其他依法从轻或者减轻行政处罚的”修改为“法律、法规、规章规定其他应当从轻或者减轻行政处罚的”，这一兜底条款意味着对于从轻或者减轻处罚的事项的创设性立法权限最低延伸至规章一级，规章以下的行政规范性文件无权创设新的从轻、减轻处罚事项。

### 第三十三条【不予行政处罚】

违法行为轻微并及时改正，没有造成危害后果的，不予行政处罚。初次违法且危害后果轻微并及时改正的，可以不予行政处罚。

当事人有证据足以证明没有主观过错的，不予行政处罚。法律、行政法规另有规定的，从其规定。

对当事人的违法行为依法不予行政处罚的，行政机关应当对当事人进行教育。

## 法条沿革

本条款涉及的是《行政处罚法》中不予行政处罚的情形，属于本次修法调整幅度较大，且具有重要价值的一项制度变革。修订前《行政处罚法》关于不予行政处罚的规范是与从轻、减轻处罚放置在同一条款之下，并没有单独成为独立一条，修订前《行政处罚法》第27条第2款规定："违法行为轻微并及时纠正，没有造成危害后果的，不予行政处罚。"《行政处罚法（修订草案一次审议稿）》依然采取了这种捆绑立法模式，并又附后增加了"主观过错"一款，一审稿第30条第2款、第3款规定："违法行为轻微并及时纠正，没有造成危害后果的，不予行政处罚。当事人有证据证明没有主观过错的，不予行政处罚。法律、行政法规有特别规定的，依照其规定。"《行政处罚法（修订草案二次审议稿）》延续了一审稿的规范体系模式，仅将"主观过错"款项中的"有特别规定"修改为"另有规定"，"依照其规定"则修改为"从其规定"。

《行政处罚法（修订草案三次审议稿）》作出重大的条款变动，将"不予行政处罚"款项从"从轻、减轻处罚"条款中拆分出来，作为独立的一条，并增加了首次不罚的款项，规定"初次违法且危害后果轻微并及时改正的，可以不予行政处罚"。

将主观过错推定条款中的“有证据证明”修改为“足以证明”一词。最后又增加了当事人教育一款，规定“对当事人的违法行为依法不予行政处罚的，行政机关应当对当事人进行教育”。最终“不予行政处罚”条款得以顺利通过。

## 三 规范目的或功能

本条款中大部分款项为新增款项，在本次《行政处罚法》修改中具有重要意义，是本次修改的重大亮点之一。本条款不仅吸收了各地实践中试验多年的“首次不罚”规则，将地方政策试验上升为正式法律条文，也对当前优化营商环境建设具有重要的政策价值。有效激活不予处罚与首次不罚等制度，体现了回应性规制、执法金字塔等现代政府规制理念如何浸润至《行政处罚法》的规范实践之中，是“包容审慎监管理念的必然要求，是对行政执法资源有限性的回应，更是优化营商环境的迫切需求”。[①]尤其对于缓解有限的行政执法资源和繁重的执法任务之间的矛盾，不予处罚制度将发挥一定的作用。对于行政违法行为情节轻微并及时改正，没有造成危害后果的，不予行政处罚，可以实现节约行政执法资源，降低行政执法成本的目标。[②]同时，“主观过错推定”款项的新增规定对《行政处罚法》长久存在的主观要件争议予以了澄清与规范，较好地实现了权利保障与行政效率之间的价

① 张红：《免予行政处罚制度的现实困境与解决之道》，载《中国司法》2020年第4期，第57页。

② 张红：《免予行政处罚制度的现实困境与解决之道》，载《中国司法》2020年第4期，第59页。

值平衡。最后，本条款中新增的“对当事人的违法行为依法不予行政处罚的，行政机关应当对当事人进行教育”一款，是《行政处罚法》中“处罚与教育相结合”原则的具体体现。

## 规范内容

《行政处罚法》第33条共分为3款，其中大部分为本次修法增设的亮点款项。

### 一、“不予处罚”制度被激活

“不予处罚是指某个行为具备行政违法行为的绝大部分外观形式，只是由于主体、主观、情节或者社会危害性上的特殊性，而被法律免除了该行为的违法性，在法律上不认为是违法，因而不给予行政处罚。”[①]按照《行政处罚法》第33条第1款的规定，不予行政处罚是指，某个违法行为同时满足“行为轻微”“当事人及时纠正”“未造成危害后果”这三个构成要件时，行政机关不得予以行政处罚。我国行政处罚实践中对于“不予处罚”违法行为的要件认定，始终存在着主观恣意较大，随意性强，缺乏统一、客观的判断标准的困境。[②]

可以说，不予处罚制度长久以来处于相对消极的状态，伴随近年来“放管服”改革的深入推进，为了营造激励更优的市场环境，促进数字经济等新兴科技产业的发展，实现监管体系

---

① 曹康泰主编：《行政处罚法教程》，中国法制出版社2011年版，第98页。

② 尹培培主编：《不予行政处罚论——基于我国〈行政处罚法〉第27条第2款规定之展开》，载《政治与法律》2015年第11期，第151页。

与规制执法手段的改革创新，不予处罚制度重新获得重视，典型譬如《广东省数字经济促进条例》（征求意见稿）第10条规定："……建立容错纠错机制，在数字经济创新过程中出现的轻微行政违法行为，相对人及时纠正，没有造成危害后果的，不予行政处罚。"《行政处罚法》中的不予处罚制度在当前营商环境建设进程下有望持续发挥重要功能。

## 二、"首次不罚"制度正式入法

《行政处罚法》第33条第1款设定了"首次不罚"制度，规定"初次违法且危害后果轻微并及时改正的，可以不予行政处罚"。"可以"一词意味着行政机关对于初次违法行为拥有裁量判断的空间，可以处罚也可以不予处罚。从这一款项也可以推导出"首次不罚"的三个构成要件：属于初次违法、危害后果轻微并且当事人及时改正。因此，只有同时满足以上3个要件才能适用"首次不罚"制度。

其实在《行政处罚法》修改之前，首次不罚制度便已经作为一项政策试验创新，广泛应用在诸多地区的市场监管执法实践中。[①]尽管可以从修订前《行政处罚法》相关条款中推论解释出"首次不罚"制度的依据，[②]但是由于各地对于"首次不罚"的行政规范效力位阶过低，容易引发合法性争议。因此，《行政处罚法》本次修改将"首次不罚"制度吸纳至法定条款之中，

---

① 朱晓燕、王怀章：《首次不罚制度的法理思考——兼谈行政执法方式的完善》，载《行政法学研究》2007年第2期。

② 章剑生：《罚抑或不罚？——基于行政处罚中首次不罚制度所展开的分析》，载《浙江学刊》2011年第2期，第51页。

正式赋予了该制度的合法性，是地方试验创新上升为中央立法的一个典型例证。

## 三、设定了“主观过错推定”模式

对于行政处罚中的主观要件，始终存在理论争议，一部分学者坚持认为行政处罚应秉持责任主义，行政相对人只有存在主观过错的情况下才能归责。[①]另外一部分学者则从秩序维护与执法资源角度持相反观点，譬如马怀德教授认为：“从构成要件上说，行政处罚不应当过多强调主观要件。一方面，基于行政处罚在秩序维护等方面的特点，大部分行政处罚均以客观违法行为作为核心要件，无论相对人有无主观过错，只要客观上违反了行政法律规范，都应该给予行政处罚。另一方面，由于相对人的主观方面需要更多的证据加以证明，而在搜集证据过程中，如果要求行政执法机关举证证明行为人存在主观过错，有故意或者过失，这会加重行政执法机关的负担。”[②]

尤其置于风险国家、行政国家的背景之下，行政机关面临日益复杂且高度技术化的执法任务，如果对被处罚人的主观状态设定过高的处罚门槛，可能无益于权利保障和社会秩序的维护，反而会极大地耗损行政效能，使得行政处罚的惩戒与秩序维护功能无从发挥。因此，本次修法中采取的“主观过错推定”的折中模式，较好地实现了权利保障与行政效率之间的价值平

---

① 王贵松：《论行政处罚的责任主义》，载《政治与法律》2020年第6期；熊樟林：《行政处罚责任主义立场证立》，载《比较法研究》2020年第3期。

② 马怀德：《〈行政处罚法〉修改中的几个争议问题》，载《华东政法大学学报》2020年第4期，第16页。

衡，不失为一种较为稳妥的修法方案。

## 四、增设了处罚教育条款

《行政处罚法》第33条第3款为本次修法新增款项："对当事人的违法行为依法不予行政处罚的，行政机关应当对当事人进行教育。"行政机关不予行政处罚的同时对当事人进行教育，通过教育手段来实现守法目的，这体现出便宜主义的处罚色彩。"便宜主义的行政处罚适用，可以使行政机关获得一定的灵活应对空间，在执法方式的选择层面致力于以较低成本的执法手段，更好地实现纠正违法行为和促进公民守法意识的行政处罚目的。"①

另外，按照《行政处罚法》第6条的规定，"实施行政处罚，纠正违法行为，应当坚持处罚与教育相结合，教育公民、法人或者其他组织自觉守法"，对轻微违法者不予处罚的同时进行说服教育，同样起到防止和减少违法行为、减低社会危害性的功能作用，是落实《行政处罚法》第6条"处罚和教育相结合"原则的体现。

# 实务应用

**茂名永诚环保资源开发有限公司诉茂名市生态环境局行政处罚案**②

茂名永诚环保资源开发有限公司（以下简称永诚公司）一

---

① 陈悦：《行政处罚制度完善的便宜主义进路》，载《苏州大学学报（哲学社会科学版）》2020年第2期，第97页。

② 该案为2019年度广东法院行政诉讼十大典型案例之七。

直填写自制的纸质转移联单，并按相关规定通过广东省固体废物管理信息平台申报登记飞灰产生、处理、转移和处置等情况，在转移危险废物过程中尚未出现造成影响或危害环境的情况。2018年5月23日，原茂名市环境保护局对永诚公司进行检查时发现该公司在转移飞灰过程中，不按照国家规定填写危险废物转移联单。该局经立案调查后于2018年6月5日作出《责令改正违法行为决定书》，责令永诚公司立即停止违法行为，按照国家规定填写危险废物转移联单，并在五日内书面报告有关整改情况。随后永诚公司立即进行了整改，并于同月7日上报整改措施报告。之后永诚公司也完成了电子转移联单的填报。原茂名市环境保护局于2018年8月28日作出《行政处罚决定书》，以永诚公司不按照国家规定填写危险废物转移联单的违法行为，决定对其罚款15万元。永诚公司不服，向茂名市人民政府申请复议。茂名市人民政府作出《行政复议决定书》决定予以维持。永诚公司诉至法院，请求：撤销上述行政处罚决定及行政复议决定。

广东省茂名市茂南区人民法院一审认为：原茂名市环境保护局认定永诚公司存在未按国家规定填写危险废物转移联单的基本事实属实。永诚公司在收到《责令改正违法行为决定书》后能够积极整改，完成电子转移联单的填报。根据修订前的《行政处罚法》第27条第2款规定，违法行为轻微并及时纠正，没有造成危害后果的，不予行政处罚。永诚公司的违法情节轻微，在收到整改通知后立即进行整改，认错态度良好，纠错行为积极，社会效果明显，且永诚公司未按国家规定填写危险废物转移联单的行为也未造成危害后果。原茂名市环境保护局作出的行政处罚决定及茂名市人民政府作出的复议决定均属不当，法院据此判决予以撤销。一审判决后，各方当事人均未提起上诉。

行政执法应当文明执法，对于违法行为要坚持教育与惩罚相结合，不能机械执法，不加区分一罚了之。即便对于法律明确规定应当予以处罚的，也要符合比例原则，做到过罚相当。本案判决有助于规范行政机关此类执法活动，有利于促使违法行为人主动及时纠正其违法行为，真正实现行政管理的目的。

## 第三十四条【行政处罚裁量基准】

行政机关可以依法制定行政处罚裁量基准，规范行使行政处罚裁量权。行政处罚裁量基准应当向社会公布。

### 法条沿革

此条款为新增条文，修订前《行政处罚法》中没有关于裁量基准的相关条款，《行政处罚法（修订草案一次审议稿）》增设第31条规定："行政机关可以依法制定行政处罚裁量基准，规范行使行政处罚裁量权。"《行政处罚法（修订草案二次审议稿）》第32条在一审稿的基础之上，又增加了"行政处罚裁量基准应当向社会公布"的法定程序要求。新《行政处罚法》第34条"行政处罚裁量基准"条款沿用了二审稿的相关规定。

### 规范目的或功能

从行政裁量基准的本土历史观察，2004年2月，浙江省金华市公安局在全国范围内最早出台《关于推行行政处罚自由裁量基准制度的意见》，行政裁量基准制度由此逐步扩散至其他地区行政机关，[①]最终为党中央、国务院以及地方立法所确认时，裁量基准制度已然趋于常态化，成为中国行政治理工具箱的重要组成部分。[②]2008年《国务院加强市县政府依法行政的决定》（国发〔2008〕17号）要求市县政府及其部门“根据各地发展的实际，对行政裁量权予以细化、量化并将行政裁量标准予以公布、执行”。2010年《国务院关于加强法治政府建设的意见》（国发〔2010〕33号）进一步要求“建立行政裁量权基准制度，科学合理细化、量化行政裁量权，完善适用规则，严格规范裁量权行使，避免执法的随意性”。2014年《中共中央关于全面推进依法治国若干重大问题的决定》提出要“建立健全行政裁量权基准制度，细化、量化行政裁量标准，规范裁量范围、种类、幅度”。

就行政裁量基准的性质而言，周佑勇教授认为，“裁量基准存在于行政系统内部，是政府自身制定的一种具有内部拘束力的行政规则，在性质上应当属于一种行政自制规范”。[③]裁量基准通常就裁量事项中相同或类似的事项作一般性的规定，使得执法人员遇到相同或类似的事项作相同或类似的处理，从而有利于规范和控制行政裁量权，增加行政相对人对行政行为结果

---

① 余凌云：《游走在规范与僵化之间——对金华行政裁量基准实践的思考》，载《清华法学》2008年第3期。

② 宋华琳：《功能主义视角下的行政裁量基准》，载《法学评论》2016年第3期，第194页。

③ 周佑勇：《裁量基准的制度定位——以行政自制为视角》，载《当代法学》2011年第4期，第5页。

的可预期性。[①]

裁量基准在我国行政活动实践中被广泛运用，尤其在行政处罚实践中，各地行政机关往往会通过设定裁量基准的方式，通过“情节细化”与“效果格化”的技术设置去实现特定行政目标。[②]在行政活动实践中，裁量基准被认为发挥了如下重要功能，一是有助于控制行政裁量权的运行。行政机关明确设定裁量基准之后，有助于抑制基层执法人员的恣意，减少政企合谋或者压力妥协的可能性，限制其考虑不相关因素而滥用裁量权。二是提升行政裁量的品格。裁量基准能够适合具体的规制对象而作出相适应的具体化、个性化的调整。行政机关可以将各种需要考虑的因素明确地纳入裁量基准，指导行政人员具体的裁量决定，进而提升行政裁量的品格。三是减少行政裁量的不确定性。裁量基准能够进一步提升可预见性，明确裁量应遵守的规则，减弱法的不确定性，使裁量能够前后一致，保持一种适当的公平。[③]

裁量基准在行政处罚的行政实践以及后续司法裁判中，逐步发挥越发重要的功能作用。[④]但是，尽管行政处罚裁量基准的角色越来越重要，但《行政处罚法》中始终缺少对于裁量基准的相应规范，导致各地区与各部门的行政处罚裁量基准缺少上

① [日]恒川隆生:《审查基准、程序性义务与成文法化——有关裁量自我拘束的一则参考资料》，朱芒译，载《公法研究》(第三辑)，商务印书馆2005年版，第412页。

② 周佑勇:《裁量基准的技术构造》，载《中外法学》2014年第5期。

③ 裁量基准的具体功能，可详见王贵松:《行政裁量基准的设定与适用》，载《华东政法大学学报》2016年第3期，第68页。

④ 王天华:《司法实践中的行政裁量基准》，载《中外法学》2018年第4期。

位法的有力支撑，裁量基准制定程序也缺乏统一要求，这不利于对行政处罚相对人合法权益的保障。新《行政处罚法》中增设的“行政处罚裁量基准”条款，有效地回应了行政处罚实践的现实需求，有助于拘束行政处罚裁量权的运行，提升行政处罚裁量的品格质量，规范行政处罚裁量基准的制定，这也是本次《行政处罚法》修改中的重要亮点之一。

## 规范内容

本条明确了行政处罚裁量基准的设定功能与价值，并着重强调了裁量基准对外公布的程序义务。

### 一、明确了行政处罚裁量基准的价值功能

裁量基准作为一类典型的“内部行政法”，是法治政府与有限政府的具体体现。《行政处罚法》第34条“可以依法制定行政处罚裁量基准”的表述，意味着行政机关可以选择是否制定行政处罚裁量基准，当客观条件不成熟或者特定行政领域无必要时，行政机关也可以选择不制定裁量基准，但是一旦选择制定行政处罚裁量基准，就必须“依法制定”，这要求裁量基准的制定，不仅要符合上位法规范以及行政法基本原则，同时也要受到法定程序的拘束。另外，本条明确了制定行政处罚裁量基准的价值与功能，核心便在于“规范行使行政处罚裁量权”，尤其是通过裁量基准的制定，减少基层行政执法实践中滥用裁量权的普遍现象。就学理上而言，裁量基准功能并不局限于控制行政权这一项单一维度，裁量基准也有增强行政效率与提升行政执法质量的考量，但限于《行政

处罚法》的整体章节与规范设置，均是控权色彩占据绝对主流，因此，“规范行使行政处罚裁量权”也成为行政处罚裁量基准的核心功能。

## 二、确立了行政处罚裁量基准的公布义务

裁量基准作为行政系统内部的规则，严格说对外并不具有法律拘束力，但由于它构成了裁量权的判断标准，对相对人的权利义务也会产生实质性影响，因此目前理论上普遍坚持裁量基准“必须公开”的观念。在《行政处罚法》修改之前，认为裁量基准应当公开的学术观点也占据了相对主流，譬如宋华琳教授认为：“裁量基准构成了行政执法人员的执行标准和依据，也构成了行政相对人所应遵循的规范，因此行政裁量基准原则上应向社会公布。公开裁量基准也有助于遏制行政恣意，使得相对人对行政决定有更稳定的预期。”[①]郑雅方教授同样认为：“没有发布的行政裁量基准就不能对公众产生约束力。信息公开是保证裁量基准正当性、确保裁量基准具有约束力的关键所在。除特殊涉密事件之外，裁量基准应当是行政机关主动公开，而不是依申请公开。”[②]而在地方立法实践中，亦有相应条款要求裁量基准必须公开，典型譬如《湖南省行政程序规定》第91条中规定，裁量权基准由享有裁量权的行政机关制定，或者由县级以上人民政府制定。裁量权基准的制定

① 宋华琳：《功能主义视角下的行政裁量基准》，载《法学评论》2016年第3期，第195页。

② 郑雅方：《行政裁量基准创制模式研究》，载《当代法学》2014年第2期，第27页。

程序，按照规范性文件的制定程序办理。裁量权基准应当向社会公开。

《行政处罚法》第34条设定的裁量基准公布义务，排除了行政机关选择是否公布行政处罚裁量基准的判断权限，“应当公布”的立法语言也意味着，公布程序是行政处罚裁量基准必经的法定程序，未经公布的行政处罚裁量基准不应作为后续行政处罚的执法依据。

## 第三十五条【刑罚的折抵】

违法行为构成犯罪，人民法院判处拘役或者有期徒刑时，行政机关已经给予当事人行政拘留的，应当依法折抵相应刑期。

违法行为构成犯罪，人民法院判处罚金时，行政机关已经给予当事人罚款的，应当折抵相应罚金；行政机关尚未给予当事人罚款的，不再给予罚款。

### 法条沿革

本条是关于行政处罚折抵刑事处罚问题的规定，在本次修订过程中未作实质性修改。

《行政处罚法（修订草案一次审议稿）》和《行政处罚法（修订草案二次审议稿）》保留了原规定的表述，未进行修改；《行政处罚法（修订草案三次审议稿）》在本条第2款后补充一句，“行政机关尚未给予当事人罚款的，不再给予罚款”，使得规定更为细致详尽。

## 规范目的或功能

行政执法实践中，某一违法行为有可能同时触犯刑事法律规范和行政法律规范，进而产生行政处罚与刑罚竞合的法律问题。为了实现刑事司法程序与行政执法程序的深度衔接，确保违法行为人受到公平公正的法律制裁，避免公民权利受到国家公权力的过度侵害，有必要规定刑罚与行政处罚竞合时的规则适用机制，防止出现处罚总量上的简单叠加、一事多罚现象。从法律性质上讲，行政处罚与刑罚是两种性质迥异的制裁方式。刑罚的折抵作为联结二者的制度装置，其实质功能在于禁止对行为人的同一违法行为进行重复评价，进而有助于保护违法行为人的合法权益，这亦符合人权保障的现代法治标准。

## 规范内容

本条规定的是行政处罚与刑罚发生竞合时的折抵适用制度，共有两款。该规范主要针对刑罚执行问题作出。但是，由于这一刑罚执行问题涉及刑罚与行政处罚之间的法律关系，因此，《行政处罚法》本次修改中对此议题依旧作出专门规定。

《行政处罚法》第35条第1款规定的是行政拘留与拘役、有期徒刑的折抵适用。拘役是短期剥夺犯罪分子的人身自由，就近实行劳动改造的刑罚，主要适用于罪行较轻，但又必须实行短期关押的犯罪人员，期限为1个月以上6个月以下。有期徒刑作为最主要的刑事制裁手段，是指在一定期限内剥夺犯罪分子的人身自由，并监禁于一定场所的刑罚，刑期为6个月以上15

年以下。拘役和有期徒刑都是限制犯罪人员的人身自由的刑事处罚，虽然和行政拘留在处罚性质、适用机关以及具体期限上存有区别，但在处罚方式上却具有高度同质性，因而两者具有折抵适用的法理基础。当行为人的违法行为涉嫌刑事犯罪且已经被依法判处拘役或有期徒刑，而行为人已经因同一行为而被行政拘留，在执行拘役、有期徒刑时便应当予以折抵。

《行政处罚法》第35条第2款规定的是罚款与罚金的折抵计算。依照同样的法理，虽然罚款与罚金分属不同的处罚体系，法律属性上区别显著，但两者都是针对违法行为人的财产进行的法律制裁，在处罚方式上具有相似性与可换算性，因而具备折抵适用的可行性。当行为人的违法行为涉嫌刑事犯罪且被依法判处罚金，而行为人已经因同一行为被行政机关处以过罚款，在执行罚金时应当将已经缴纳的行政罚款进行换算折抵。本条款与修订前《行政处罚法》相比，新增了“行政机关尚未给予当事人罚款的，不再给予罚款”这一段表述，进一步强调了折抵适用的原则。

必须指出的是，多数行政违法行为在处罚问题上并不存在刑罚的折抵问题。《行政处罚法》第35条规定的行政处罚折抵刑罚议题需要在特定条件下才会发生，第一，这一行政违法行为需要同时违反行政法律规范和刑事法律规范，根据这两类法律规范的具体规定均要给予相应制裁；第二，行政机关不认为行为人的违法行为触犯《刑法》，而认为只是触犯行政法律规范，因而对这一违法行为给予行政处罚，而后又发现该行为触犯《刑法》，司法机关需要再对其进行刑事处罚；第三，行政机关对违法行为人作出了行政拘留或者罚款的行政处罚，且这一行政处罚决定已经开始执行。只有以上几种条件同时满足，行政处罚与刑罚折抵的情况才会发生。[①]

## 第三十六条【行政处罚的时效】

违法行为在二年内未被发现的，不再给予行政处罚；涉及公民生命健康安全、金融安全且有危害后果的，上述期限延长至五年。法律另有规定的除外。

前款规定的期限，从违法行为发生之日起计算；违法行为有连续或者继续状态的，从行为终了之日起计算。

### 法条沿革

本条是关于行政处罚的时效问题的规定，在本次修订过程中新增了涉及公民生命健康安全、金融安全的违法行为的处罚时效的规定。

修订前《行政处罚法》第29条仅规定了一般违法行为的行政处罚时效和期限计算方法。《行政处罚法（修订草案一次审议稿）》与《行政处罚法（修订草案二次审议稿）》在原规定第1款后新增规定，“对涉及公民生命健康安全的违法行为，在五年内未被有权机关发现的，不再给予行政处罚”。《行政处罚法（修订草案三次审议稿）》将该规定修改为“涉及公民生命健康安全、金融安全且有危害后果的，上述期限延长至五年”，新增了涉及金融安全违法行为处罚时效的规定，且规定“有危害后果”作为这两类违法行为处罚时效延长的要件。

---

① 曹康泰主编：《行政处罚法教程》，中国法制出版社2011年版，第114—115页。

## 规范目的或功能

行政处罚的目的一方面在于制裁行为人的违法行为，另一方面在于教育违法行为人遵纪守法，避免再次违反行政法律规范。而一个延迟的行政处罚，不仅难以起到训诫、教育的作用，反而会使违法行为人长期处于一种错误的信赖之中，而无法意识到自己行为的违法性。因此，规定行政机关对违法行为人实施行政处罚的时效期限，有助于敦促行政机关及时行使行政执法权，有利于提高行政处罚的效率，尽快恢复被违法行为侵害的行政管理秩序。假设没有时效限定，对行政违法行为的追诉会变得极为漫长，与处罚相关的事实证据也将难以追查，这将极大消耗行政执法的成本与资源。因此《行政处罚法》中设定时效期限具有重要意义。值得强调的是，本条款与旧法相比，增加了对于涉及公民生命健康安全、金融安全类型行政处罚案件时效的特殊规定，5年的特殊时效期限将进一步提升行政机关对于这两类特定类型行政处罚案件的追查惩戒力度。

## 规范内容

本条规定的是行政处罚时效及期限的计算方法，具体共有两款。

第1款规定的是行政处罚的时效。行政处罚的时效，是指行政处罚的追诉时效，即行政处罚机关和其他有处罚权的组织对违法行为人依法给予行政处罚的有效期限，如果超出这一期限，则不能再行追究。本款规定，“违法行为在二年内未被发现的，不再给予行政处罚”。即在该违法行为发生后的两年之内，对该违法行为具有处罚权的行政机关未发现这一侵害行政管理秩序的违法事实，而是在规定的两年后发现了这一违法事实，那么对该违法行为人不得给予行政处罚。如果违法行为在行为发生的两年内已被行政机关发现，但违法行为人在两年内未被查获或违法行为人逃避处罚，在两年后行政机关仍应当依法给予行政处罚。关于如何认定“两年内未被发现”，本款规定的发现违法行为的主体是处罚机关或有权处罚的机关，公安、法院、检查、纪检监察部门和司法行政机关都是行使公权力的机关，对违法行为的发现都应当具有该款规定的“发现”的法律效力。因此，上述任何一个公权力机关对违法违纪行为只要启动调查、取证、立案程序，均可视为“发现”。[①]

与修订前《行政处罚法》的对应条款相比，《行政处罚法》本次修改中将“涉及公民生命健康安全、金融安全，且具有危害后果”的违法行为，时效期限延长至5年。一方面是因为这两类违法行为往往情节更为复杂、案件办理难度较大，行政机关往往需要更长的证据收集与办理时间，时效从2年延长至5年回应了行政执法的现实需求。另一方面这两类违法行为的社会危害性较大，后果较为严重，延长时效期限有助于行政机关更好地履行法定职责，加强对这两类违法行为的惩戒处罚力度。值得特别注意的是，对于涉及公民生命健康安全、金融安全这两类特定违法行为的5年期限设定，也有“危害后果”的额外限定条件，以防止“金融安全”“生命健康安全”这些“不确定法律概念”在实践中被过度泛化。

---

① 吴高盛主编：《〈中华人民共和国行政处罚法〉释义及实用指南》，中国民主法制出版社2015年版，第83页。

第2款规定的是期限的计算方法。行政处罚的时效从何时起计算，共有两种计算方法。通常情况下，从违法行为发生之日起计算，所谓“违法行为发生之日”，应当理解为违法行为成立之日；对于违法行为有连续或者继续状态的，则从行为终了之日起计算。

**第三十七条【行政处罚的溯及力】**

实施行政处罚，适用违法行为发生时的法律、法规、规章的规定。但是，作出行政处罚决定时，法律、法规、规章已被修改或者废止，且新的规定处罚较轻或者不认为是违法的，适用新的规定。

## 法条沿革

本条是关于行政处罚的法律适用及溯及力问题的规定，是本次修订过程中新增的条款。

《行政处罚法（修订草案一次审议稿）》规定：“行政处罚的依据适用违法行为发生时的法律、法规和规章的规定。但是，作出行政处罚决定时，法律、法规和规章已被修改或者废止，且新的法律、法规和规章的规定更有利于当事人的，适用新的法律、法规和规章的规定。”《行政处罚法（修订草案二次审议稿）》将“的规定更有利于当事人的”修改为“不认为是违法行为或者处罚较轻的”。《行政处罚法（修订草案三次审议稿）》在二审稿基础上，将“行政处罚的依据”修改为“实施行政处罚”，将“适用新的法律、法规和规章”缩减为“适用新的规定”，使得法律规范表述更为简洁凝练。

## 规范目的或功能

“法不溯及既往”是处理新旧法律适用问题的一项基本法治原则。“法不溯及既往”的原则意味着法律只能适用于相关规范颁布生效以后发生的行为和事件，而不可以适用于颁布生效之前所发生的行为和事件，以此限制国家权力的滥用，维护社会经济秩序的持续性与稳定性。该原则在刑法的适用问题上衍生出“从旧兼从轻”原则。[①]即当一个人的犯罪行为是在新刑法颁布以前，首先要考虑的是先适用旧刑法，即犯罪行为时的法律规定。其次考虑的是，如果适用新的刑法更有利于被告人，或者新刑法处罚较轻，则应该对被告人适用新刑法；如果适用旧法更有利于被告人，譬如旧法不认为是犯罪或者是旧法规定的刑罚更轻，则应对被告人适用旧法。“从旧兼从轻”原则作为一条最基本的刑法适用原则，在审理刑事案件的司法实践中已得到普遍适用。本次《行政处罚法》修订，将刑法理论中的“从旧兼从轻”原则明确引入行政处罚领域，弥补了新旧行政法律规范适用领域的空白，从而更加有利于保护行政相对人的合法权益，这也是本次修法的一项显著进步。

## 规范内容

本条规定禁止不利于被处罚人的溯及既往，但允许有利于被处罚人的溯及既往，即“从旧兼从轻”原则在行政处罚中的

---

① 关于刑法理论中的“从旧兼从轻”原则，详见阮方民：《从旧兼从轻：刑法适用的准据法原则》，载《法学研究》1999年第6期。

适用。当行为人的违法行为在新的行政法律规范颁布以前，此时应当适用旧的行政法律规范，即违法行为时的行政法律规范。但是，如果适用新的行政法律规范更有利于维护行为人的利益，譬如处罚幅度较轻或不认为是违法，则应该依据新的行政法律规范处理。如果适用旧的行政法律规范更有利于被处罚人的话，譬如适用旧的行政法律规范不认为是违法或者是处罚更轻时，则应依据旧的行政法律规范处理。

### 第三十八条【行政处罚无效情形】

行政处罚没有依据或者实施主体不具有行政主体资格的，行政处罚无效。

违反法定程序构成重大且明显违法的，行政处罚无效。

## 法条沿革

本条是《行政处罚法》本次修改中新增关于行政处罚行为无效的专门条款。修订前《行政处罚法》第3条第2款规定："没有法定依据或者不遵守法定程序的，行政处罚无效。"《行政处罚法（修订草案一次审议稿）》第35条规定，"行政处罚没有法定依据或者实施主体不具有行政主体资格的，行政处罚无效。不遵守法定程序构成重大且明显违法的，行政处罚无效"。《行政处罚法（修订草案二次审议稿）》第36条将一审稿中的"法定依据"一词删减为"依据"，将"不遵守法定程序"一词修改为"违反法定程序"。《行政处罚法（修订草案三次审议稿）》最终延续了二审稿的表述，没有作任何修改。

## 规范目的或功能

修订前的《行政处罚法》第3条第2款设定的行政处罚无效条款，因为立法语言过于粗糙，没有合理区分违反法定程序的行为类型，在行政诉讼司法实践中极少被法院运用，并没有起到应有的法律拘束效果。[①]《行政处罚法》第38条在此基础上，将行政处罚行为无效细化为3种具体类型，尤其对违反法定程序导致处罚行为无效的情形，进行了更为精准的界定，明确只有"构成重大且明显违法"的违反法定程序的处罚行为，才能界定为自始无效。这一细化区分一方面与《行政诉讼法》的相关规定保持一致，另一方面也实现了程序合法性与行政效率之间的恰当平衡。新《行政处罚法》关于行政处罚无效的修订条款，将为行政执法活动提供更为清晰可辨的规则指引，督促行政处罚机关更加重视行政执法的法律依据、主体资格以及程序合法，从而助推规范执法与法治政府的精细化建设。

## 规范内容

修改后的《行政处罚法》第38条将行政处罚行为无效细分

---

① 有相关研究通过对2009年以后行政处罚程序违法案件的收集整理，发现"绝大多数司法裁判依循《行政诉讼法》第70条第3项，而不是《行政处罚法》第3条第2款的规定作出处理，个别裁判虽然提及旧《行政处罚法》第3条第2款，在案件处理上还是按照《行政诉讼法》相关规定选择裁判方式"。可详见张步洪：《行政处罚程序违法的实体化处理与法律责任》，载《国家检察官学院学报》2020年第5期，第54页。

为3种具体情形：一是行政处罚缺乏法定依据。当行政机关实施行政处罚，没有任何法律法规等规范依据作为支撑时，行政处罚行为本身也将丧失法律效力；二是行政处罚实施主体不具有行政主体资格；三是行政处罚未遵守法定程序构成重大明显违法。①

在立法构造上，《行政处罚法》第38条分为两款，第1款主要解读了缺乏依据以及不具备行政主体资格导致的行政处罚无效，第2款则解释了只有"构成重大且明显违法"的违反法定程序情形，才会导致行政处罚无效，从而与普通意义上的程序瑕疵区分开来。《行政处罚法》第38条的规范构造，一定程度上受到《行政诉讼法》的直接影响，2014年《行政诉讼法》第75条明确了无效行政行为的判断标准："行政行为有实施主体不具有行政主体资格或者没有依据等重大且明显违法情形，原告申请确认行政行为无效的，人民法院判决确认无效。"2018年《最高人民法院关于适用〈中华人民共和国行政诉讼法〉的解释》第99条进一步将行政行为无效具体化为：行政行为实施主体不具有行政主体资格；减损权利或者增加义务的行政行为没有法律规范依据；行政行为的内容客观上不可能实施以及其他重大且明显违法的情形。新《行政处罚法》第38条关于行政处罚无效的判断，就此与《行政诉讼法》及其司法解释对无效行政行为的界定保持了逻辑一致，避免了旧《行政处罚法》行政处罚无效条款中概念模糊带来的诸多弊端。

《行政处罚法》第38条第2款专门界定了违反法定程序导致

① 马怀德：《〈行政处罚法〉修改中的几个争议问题》，载《华东政法大学学报》2020年第4期，第16页。

的行政处罚无效，将其限缩为“构成重大且明显违法”的特定情况，相比其他重大且明显违法的情形，“重大且明显违反法定程序所留下的解释空间较大，为避免这一标准导致过大的不确定性，应将其限于法律规范明确规定或者学说所承认构成无效的情形”。[①]对“重大明显违法”的认定也应当相对审慎，主要应针对处罚机关遗漏和拒绝行政处罚关键程序的行为，譬如法律明确规定应当听证而未经听证作出的行政处罚，执法人员应当回避而未回避作出的行政处罚。[②]通过这对“构成重大且明显违法”情形的严格限定，以此尽可能实现程序合法与执法效率之间的价值平衡。

最后必须指出的是，行政行为无效是自始无效、当然无效，对行政法律秩序可能产生的消极影响较大，“从维护法安定性，维护行政存续公益性的角度出发，对无效事由的界定应当抱持相对审慎的立场”。[③]从这个角度来说，行政处罚无效条款在行政执法实践中将会发挥何种功能，能否尽可能规避其负面效应，还需新《行政处罚法》生效后的持续观察。

---

① 张青波：《拒绝权视角下的无效行政行为》，载《环球法律评论》2019年第3期，第77页。

② 马怀德：《〈行政处罚法〉修改中的几个争议问题》，载《华东政法大学学报》2020年第4期，第16页。

③ 翁岳生主编：《行政法》，中国法制出版社2009年版，第677页。

# 第五章

# 行政处罚的决定

# 第一节　一般规定

## 第三十九条【行政处罚信息公示】

行政处罚的实施机关、立案依据、实施程序和救济渠道等信息应当公示。

### 法条沿革

本条是对行政处罚信息公示的规定，为新增条文。

1996年《行政处罚法》已考虑到了行政公开原则，在第4条中规定“行政处罚遵循公正、公开的原则”。但是囿于立法概括性较强以及理论和实践经验不足，涉及行政公开的具体规定主要集中在行政处罚过程中，如第31条规定的告知义务、第34条第1款和第37条第1款规定的出示执法身份证件、第40条规定的行政处罚决定书的送达、第42条第1款规定的听证公开等。这些规定或偏重于行政处罚实体规范的实现，或反映为行政处罚相对人在行政处罚过程中所享有的权利。严格而言，部分内容更多体现了行政参与原则，与行政公开尚有一定距离。

长期以来，公开原则一直被视为是程序正义的基本标准和要求。《行政处罚法》颁行后，随着正当程序原则的确立以及行政程序理念的革新，社会观念对以“程序正义”为核心的立法理论接受度有所增加。[①]程序本位主义逐渐取代了程序工具主义，行政公开原则作为正当程序中的重要原则，受到了广泛重视。随着社会经济的高速发展、政府治理的转型以及社会法治观念的提高，信息公开领域的重要立法《政府信息公开条例》出台，指导了中央及地方政府的信息公开法治工作有序开展。2019年，根据修订后的《政府信息公开条例》第20条第6项规定，“主动公开的政府信息”包括：“实施行政处罚、行政强制的依据、条件、程序以及本行政机关认为具有一定社会影响的行政处罚决定”，完善了政府信息公开的范围，对行政处罚信息公开作了铺垫，明确了行政处罚类信息应予公开的基本立场。在行政处罚制度与政府信息公开制度理论和实践发展的基础上，《行政处罚法（修订草案征求意见稿）》吸纳了2019年《政府信息公开条例》中行政处罚信息公开的理念，在第36条增加了行政处罚信息的公示程序，表述为：“行政处罚的实施机关、立案依据、实施程序和救济渠道等信息应当公示。”《行政处罚法（修订草案一次审议稿）》《行政处罚法（修订草案二次审议稿）》均保留了上述内容，除条文序号有所变化外，在内容上未发生任何变化。最终，审议通过的《行政处罚法》第39条新增了该规定。

## 三 规范目的或功能

就行政处罚公开程序而言，《行政处罚法》从行政处罚信息公示（第39条）和行政处罚决定公开（第48条）两方面进行了

---

① 周佑勇：《行政法的正当程序原则》，载《中国社会科学》2004年第4期。

规定。本条涉及行政处罚信息公示规定，这种公示主要涉及实施机关、立案依据、实施程序和救济渠道的公开，偏重于处罚机关一方，而非对处罚相对人个人信息公开。这种信息公开可以促进行政处罚的实现，保障相对人对处罚行为的知情权实现，促使行政处罚机关履行程序性职责，实现行政处罚信息的“广而告之”。行政处罚信息公示制度的确立，顺应了行政公开的时代潮流，也是行政处罚制度中的重要组成部分。

## 规范内容

本条规定了行政处罚信息公示。应当从三个方面对其进行把握，一是行政处罚信息应当公示；二是行政处罚信息公示是事前公示；三是行政处罚信息的范围。

### 一、行政处罚信息应当公示

行政处罚信息公示条款为行政处罚机关设置了新的程序义务，即行政处罚机关在有关行政处罚的信息形成之后，要立刻采取合适的形式将该信息予以公示。在本条出台之前，行政处罚机关公示行政处罚信息主要依据《行政处罚法》第4条和《政府信息公开条例》中的相关规定。[①]但2019年《政府信息公开条例》修订以前，行政处罚信息是否公开缺乏确定的法律依据，而本法的规定明确了行政处罚机关公示行政处罚信息的职责。

此外，在本条出台之前，行政机关对行政处罚信息的公示

---

① 杨寅:《行政处罚类政府信息公开中的法律问题》，载《法学评论》2010年第2期。

主要是在具体的行政处罚过程中，对特定的行政处罚相对人的公开。这种公开，其保障相对人权益和促进行政处罚的顺利实现的意味更甚。而本条的规定，则是一种更为纯粹的行政公开，使关键的行政处罚的信息（包括实施机关、立案依据、实施程序和救济渠道）暴露在阳光之下，有助于行政处罚过程中相对人以及社会公众对行政处罚信息知情权的实现。这种行政处罚信息的公示，符合行政公开的原则，对于规范和监督行政处罚权合理合法的使用具有重要意义。

## 二、行政处罚信息公示是事前公示

行政处罚信息公示作为新增规定，“新”在信息公示的事前性上，也内在契合行政处罚的执法改革的发展趋势。本次行政处罚法修订，坚持问题导向，对行政处罚的执法程序进行了完善，充分体现严格公正文明执法的要求，对事前公开提出了新的要求。实际上，近年来相关改革陆续启动，已经积累了大量制度经验。[①]例如，《国务院办公厅关于印发推行行政执法公示制度执法全过程记录制度重大执法决定法制审核制度试点工作方案的通知》就明确提出事前公开的要求，提出“要结合政府信息公开、权力和责任清单公布、‘双随机、一公开’监管等工作，在门户网站和办事大厅、服务窗口等场所，公开行政执法主体、人员、职责、权限、随机抽查事项清单、依据、程序、监督方式和救济渠道等信息，并健全公开工作机制，实行动态调整。要编制并公开执法流程、服务指南，方便群众办事”。

---

① 陆茜坤：《首违不罚，行政处罚法修订推动“柔性执法”》，载《人民法院报》2016年1月26日，第6版。

当然，本条所涉的信息公示对象应为社会公众。不同于具体行政处罚过程中的信息公开对象是特定的行政处罚相对人，此处行政处罚信息公开的对象是不特定的社会公众。因此，这决定了行政处罚信息公开，不能像具体的行政处罚过程中的信息公开一样，追求对象的实际知晓，而是追求行政处罚信息处于一种对社会公众而言是推定可知的状态。行政处罚信息公开的目的，一是告知社会公众，存在这样的行政处罚，对社会公众遵纪守法起到引导作用，否则可能要承担该行政处罚的不利后果；二是通过公开进而对行政机关的执法活动起到规范作用。

需注意的是，行政处罚信息的事前公示，只是通过行政处罚机关履行程序性职责，推定实现了社会大众的知情权，这也要求了行政处罚信息公示的时间广度，即行政处罚信息的公示并非短时，而是长期的。行政处罚信息公示之后，要求在该行政处罚生效期间，公民能够随时获知相关行政处罚的信息，也即，行政处罚机关履行的行政处罚信息公示的职责，不是一个短时行为，而是一个长时间持续的行为。这要求行政处罚机关履行该职责的形式，具备持续性。

## 三、行政处罚信息的范围

关于行政处罚信息的范围，本条采用了列举式，包括实施机关、立案依据、实施程序与救济渠道，以及与前列性质相同的其他信息。

第一，实施机关，即实施行政处罚的机关。根据本法第三章的规定，行政处罚的实施机关包括具有行政处罚权的行政机关，人民政府决定的行政机关，法律、法规授权的具有管理公共事务职能的组织，以及受委托行政机关和受委托组织。实施机关的基本信息，首先应当包括处罚机关的名称，其他信息可以参照2019年修改的《政府信息公开条例》第20条第2项“机关职能、机构设置、办公地址、办公时间、联系方式、负责人姓名”的规定。

第二，立案依据，是具体的行政处罚进行立案的标准，也是判断行政相对人是否触犯行政处罚法的标准。行政处罚的立案依据包括法律依据和事实依据。一是行政处罚立案的法律依据主要是《行政处罚法》以及相应的行政法规、部门规章和地方政府规章中有行政处罚的规定。二是行政处罚立案的事实依据，首先，有违法事实，即行政相对人有违反行政管理秩序的行为；其次，该违法事实是行政处罚法调整的违法事实，这意味着，如果该违法事实不是行政处罚法调整的违法事实，那么同样不能据此立案；最后，必须要有一定的事实材料证明违法事实确已发生，即违法事实是真实存在的。只有这样的违法事实才能作为行政处罚的立案依据。

第三，实施程序，是具体的行政处罚如何进行的程序。行政处罚的实施程序有两种，简易程序和一般程序。简易程序是指对违法行为和应受处罚都比较轻的案件，由行政执法人员当场予以处罚的程序法律制度。根据本法第51条规定，只有违法事实确凿、有法定依据、对公民处以200元以下、对法人或者其他组织处以3000元以下罚款或者警告的行政处罚才适用简易程序，具体的步骤包括：出示证件、制作行政处罚决定书、当场交付行政处罚决定书、备案。一般程序又称作普通程序，是指行政机关实施行政处罚时应当遵循的法定基本程序，是行政执法机关在调查取证、弄清事实的基础上，正确适用法律，作出行政处罚决定的步骤、形式、时效等方面的要素的总和，它是行政处罚程序中最完整、应用最广泛的一种法律程序。具体步骤包括立案、调查取证、决定3个阶段。其中调查取证中的听证程序是一个非常重要的程序，本法第五章第四节专门对听证程序作了详细规定。

第四，救济渠道，指不服行政处罚决定时，当事人可以采取的救济权利方式，主要包括行政复议和行政诉讼。行政复议是公民、法人或者其他组织认为行政机关或者法律、法规授权的组织实施的具体行政行为侵犯自己的合法权益，向行政复议机关提出申请，由复议机关受理、审查并作出决定的制度。申请行政复议的主体包括公民、法人或者其他组织，对行政处罚决定不服申请行政复议的，作为行政处罚决定的行政机关是被申请人。行政复议救济渠道还应当包括行政复议的程序规定。行政诉讼是指公民、法人或者其他组织认为行政机关或者法律、法规授权的组织实施的具体行政行为侵犯自己的合法权益，向人民法院起诉，人民法院对被诉行为进行审查并依法裁决的法律制度。行政复议申请人不服复议决定的，可以在收到复议决定书之日起15日内向人民法院提起诉讼。公民、法人或者其他组织直接向人民法院提起诉讼的，应当在知道作出行政行为之日起6个月内提出。

本条对于行政处罚的信息列举最后用“等”字结尾，这意味着，行政处罚的信息不仅仅指实施机关、立案依据、实施程序和救济渠道4种信息，还包括与前列性质相同的其他需公开的信息。

## 实务应用

行政机关公示的行政处罚相关信息，即行政处罚的实施机关、立案依据、实施程序和救济渠道等信息。不同于行政处罚决定书，这些信息面向的是一般的社会公众，目的是使社会公众认识行政处罚，了解相关讯息。因此，行政机关公示行政处罚信息，是其应当履行的一项职责，是一种法律规定的义务。随着互联网的广泛普及，各级政府网站的建设和运营日益完善，网络公示成为行政机关履行行政处罚信息公示职责的一种重要途径和手段。例如2020年12月14日，行政机关在石家庄市桥西区人民政府网站依法公开了石家庄市桥西区街道行政处罚事项清单，即直接下放的行政处罚事项（20项，43—62项），[①]主要内容包括事项名称和设定依据。同年12月15日，石家庄桥西区休门街道在石家庄桥西区人民政府网站中的行政执法公示专栏中公布了行政处罚流程图。[②]

由于本法并没有专门规定行政处罚信息公示的方式和途径，但并非无章可循。行政处罚的事前公示，本质上属于政府信息公示，因此行政机关在具体履行该项职责时，可以参考《政府信息公开条例》的相关规定。该条例第23条规定，"行政机关应当建立健全政府信息发布机制，将主动公开的政府信息通过政府公报、政府网站或者其他互联网政务媒体、新闻发布会以及报刊、广播、电视等途径予以公开"。第25条规定："各级人民政府应当在国家档案馆、公共图书馆、政务

---

① 石家庄市桥西区人民政府办公室：《20项行政处罚事项清单》，石家庄市桥西区人民政府网，http://www.sjzqx.gov.cn/col/1596785912559/2020/12/14/1607936155643.html，最后访问时间：2021年2月7日。

② 石家庄市桥西区人民政府办公室：《行政处罚流程图》，石家庄市桥西区人民政府网，http://www.sjzqx.gov.cn/col/1596785912559/2020/12/15/1607997019554.html，最后访问时间：2021年2月7日。

服务场所设置政府信息查阅场所，并配备相应的设施、设备，为公民、法人和其他组织获取政府信息提供便利。行政机关可以根据需要设立公共查阅室、资料索取点、信息公告栏、电子信息屏等场所、设施，公开政府信息。行政机关应当及时向国家档案馆、公共图书馆提供主动公开的政府信息。”在实践中，作为政府信息重要组成部分之一的行政处罚信息，其公示与普通政府信息公示并无差异，只是在公示过程中，会将行政处罚信息单独分类，如案例中的石家庄市桥西区人民政府官网中，专门开辟石家庄桥西区行政执法公示专栏来公示行政处罚信息。随着本法关于行政处罚信息公示的明确，更多的行政机关会建立行政处罚信息公示专栏，进一步完善行政处罚信息公示途径。

## 第四十条【行政处罚的条件】

公民、法人或者其他组织违反行政管理秩序的行为，依法应当给予行政处罚的，行政机关必须查明事实；违法事实不清、证据不足的，不得给予行政处罚。

## 法条沿革

本条沿袭了修订前《行政处罚法》第30条的内容，但增加了证据内容，将“违法事实不清的，不得给予行政处罚”修改为“违法事实不清、证据不足的，不得给予行政处罚”。《行政处罚法（修订草案征求意见稿）》第37条规定：“公民、法人或者其他组织违反行政管理秩序的行为，依法应当给予行政处罚的，行政机关必须查明事实；违法事实不清、证据不足的，不得给予行政处罚。”《行政处罚法（修订草案二次审议稿）》保留了此项规定，在内容和表述上没有作任何修改，只是在序号上进行了调整，由原本的第37条改为第38条。修订后的《行政处罚法》保留了本条，将其序号改为第40条。

## 规范目的或功能

行政处罚决定直接影响公民、法人或其他组织的权利或者义务，故行政处罚决定的作出必须遵循严格的标准，不能任性为之。本条所涉行政处罚的条件，目的在于从实体层面限制行政机关恣意作出行政处罚，要求行政机关必须查明事实，才能给予行政处罚，对于限制行政机关权力的行使、保障行为人的合法权利具有重要的作用。更进一步，修订过程中增加的“证据不足的，不得给予行政处罚”的规定，明确了行政处罚决定作出必需遵循证据要求，这是从程序上要求行政机关对事实的查明。

## 规范内容

本条是关于行政机关实施行政处罚的条件的规定。本条的规定有两层意思。

### 一、行政机关实施行政处罚必须查明事实

依据本条的规定，“公民、法人或者其他组织违反行政管理秩序的行为，依法应当给予行政处罚的，行政机关必须查明事实”，这是根据《行政处罚法》规定的“设定和实施行政

处罚必须与违法行为的事实、性质、情节以及社会危害程度相当”原则对行政机关作出的约束性规定。本条所规定的违法事实，是指公民、法人或其他组织违反行政管理秩序的事实，包括具体违法行为，以及违法行为的性质、情节以及社会危害程度等方面的重要事实。行政机关进行行政处罚，首先必须查明事实，确定公民、法人或者其他组织有违反行政管理秩序的违法行为这一客观事实，具体包括是什么样的人（法人或者其他组织）实施的行为；是在什么时间实施的行为；是在什么地点实施了什么违法行为；行为的具体情况、过程等；行为造成了什么样的结果。只有查明违法事实之后，才能给予行政处罚。

此外，查明事实的行政机关，必须是适格主体，因为行政处罚必须由法定的行使行政处罚权的适格主体实施。行政机关有权在法定职权范围内实施行政处罚，法律、法规授权的组织有权在授权范围内以自己名义实施行政处罚，受委托组织有权在委托范围内实施行政处罚，国务院或者省、自治区、直辖市人民政府决定的行政机关行使有关行政机关的行政处罚。

最后，行政机关在查明事实的基础上，还必须注意违反行政管理秩序的行政违法者具有一定的责任能力，并且其违法行为未超过追究时效，才能最终对违法者处以行政处罚。

## 二、违法事实不清、证据不足的，不得给予行政处罚

“以事实为依据，以法律为准绳”，是我国社会主义法治的原则。违法事实不清，就失去了行政处罚的基础和依据，不能对公民、法人或者其他组织施以行政处罚。对于违法行为和事实，不因执法人员、当事人及其他见证人的主观认识、观察角

度、对法律法规或者规章的理解差异而不同，行政机关应当通过调查取证、组织听证查明事实。而在这个过程中，证据就非常重要。事实必须以证据为支撑。“先取证，后处罚”是重要的行政处罚原则，行政机关必须全面、客观、公正地调查，收集有关的证据，根据证据查明事实，从而给予行政处罚。同时证据也是行政处罚发生争议时，在行政复议和行政诉讼中查明事实的主要材料，对于防止行政机关滥用权力具有重要作用。因此，如果证据不足，那么违法事实就不能称之为清楚，违法事实不清楚，当然不能给予行政处罚。

此外，关于违法事实不清和证据不足的逻辑关系，是指“违法事实不清并且证据不足”，还是指“违法事实不清或者证据不足”？根据证据与事实的关系，证据越充分，违法事实越清楚，那么违法事实不清一定包含了证据不足的情形。但是，并非所有违法事实都存在充分留存的证据。例如，适用简易程序的行政处罚中，违法事实清楚，但不一定能够充分留存证据，如执法人员看到了行为人违法，但其他证据材料并不充分，此时也应当给予行政处罚。因此，违法事实清楚是基于行政处罚的实体性标准，而证据是违法事实清楚的前提，但是并非所有清楚的违法事实都存在充分的证据材料，证据充分只是对违法事实清楚的程序性限制，防止行政机关滥用权力。故而，对于本条，宜理解为：“如果违法事实不清，或者证据不足，不得给予行政处罚。”

本条规定实际提高了行政机关给予行政处罚的标准，兼顾了事实与证据两方面的要求。本法第41条规定的电子技术监控设备记录违法事实情形，也是积极引入电子证据等科技手段，辅助处罚过程中事实认定的举措之一。

## 实务应用

**海口市龙华区人民政府诉海南年丰渔业有限公司行政处罚案**[①]

2009年，年丰公司的休闲农业观光园项目在海口市华龙区发展和改革委员会进行了备案。2012年，龙华区政府作出海口市龙华区落实海口年丰休闲农业观光园项目工作实施方案，其中100亩休闲度假中心，争取2012年列入市政府建设用地规划，2013年完成建设用地征地工作，2014年开工建设，责任单位为规划龙华分局、国土龙华分局、城西镇政府。2014年该项目建设完成。2015年，海口市国土局认为年丰渔业涉案项目未经依法批准，擅自占用集体土地，对其作出海土资龙华字〔2015〕532号行政处罚决定书。2017年10月11日，龙华区政府作出〔2017〕112号会议纪要，给予年丰驿站项目企业半年时间补办完善相关手续，否则将依法处置。2018年7月3日，龙华区政府认为年丰公司擅自占用土地建设海口年丰休闲农业观光园项目，作出225号处罚决定。年丰公司不服，提起诉讼。一审法院认为，龙华区政府认为年丰公司在532号处罚决定作出后未经批准、又扩大违法占地面积5476.46平方米，故作出225号处罚决定进行处罚，但是龙华区政府仅提供了年丰公司在2018年1月的用地示意图，并未提交年丰公司在2015年至2018年进行非法扩建证据，不能证明年丰公司在2015年后又进行非法扩建的事实，并且涉案建筑已被强制拆除，拆除依据与225号处罚决定无关。因

① 参见海南省海口市中级人民法院〔2019〕琼01行初4号行政判决书、海南省高级人民法院〔2019〕琼行终607号行政判决书。

此龙华区政府作出225号处罚决定的主要证据不足，一审最终判决撤销行政处罚决定。龙华区政府不服，提起上诉。二审法院认为，龙华区政府未能提交涉案地块的地上物照片及相关图像，龙华区政府作出225号处罚决定的行政行为证据不足，维持原判。

《行政处罚法》第40条规定："公民、法人或者其他组织违反行政管理秩序的行为，依法应当给予行政处罚的，行政机关必须查明事实；违法事实不清、证据不足的，不得给予行政处罚。"行政机关进行行政处罚，首先应当查明违法事实是否存在，即违法事实已经发生，而不是推测违法事实可能发生。事实不存在或者存疑，都不能进行行政处罚。其次，事实清楚需要充分的证据支持，这要求行政机关注重调查取证，一切事实以证据为准，而不能通过主观臆测来判断事实的状况。本案中，龙华区政府认为年丰公司2015年至2018年违法占用土地进行建设，但仅提供了年丰公司2018年1月的用地示意图，缺乏重要的违法建筑固定证据，如照片等，无法直接证明年丰公司非法扩建的事实。根据本条规定，行政机关不应进行行政处罚，龙华区作出的225号行政处罚决定书违法。本法对事实和证据的规定，可对行政机关的行政处罚行为予以约束，在一定程度上保障了当事人的合法权益不受侵犯。事实清楚、证据充分，要求行政机关在进行处罚时，认真做好调查取证工作，据以作出合法的行政处罚决定，否则将会面临行政诉讼败诉的风险。

## 第四十一条【电子技术监控设备收集、固定违法事实】

行政机关依照法律、行政法规规定利用电子技术监控设备收集、固定违法事实的，应当经过法制和技术审核，确保电子技术监控设备符合标准、设置合理、标志明显，设置地点应当向社会公布。

电子技术监控设备记录违法事实应当真实、清晰、完整、准确。行政机关应当审核记录内容是否符合要求；未经审核或者经审核不符合要求的，不得作为行政处罚的证据。

行政机关应当及时告知当事人违法事实，并采取信息化手段或者其他措施，为当事人查询、陈述和申辩提供便利。不得限制或者变相限制当事人享有的陈述权、申辩权。

## 法条沿革

本条是对电子技术监控设备收集、固定违法事实的规定，为新增条文。

《行政处罚法》制定于20世纪90年代中期，彼时受制于科学技术的发展水平，电子技术监控设备在行政执法中尚未大规模应用，应用电子技术监控设备收集、固定违法事实的问题尚不突出。立法者在当时尚未考虑到电子技术监控设备在行政处罚中收集、固定违法事实的规制问题，故而在当时没有对此进行规定。进入21世纪，随着科学技术的迅速发展，电子技术监控设备在行政执法领域得到了大规模普及。首先，在电子技术监控设备领域，相关技术迅速发展，使得电子技术监控设备更加高清、便携、智能、便宜，其中成本的降低，是电子技术监控设备得以在行政执法领域大规模普及的重要原因。其次，互联网技术的飞速发展和大数据、人工智能技术的进步，使得使用电子技术监控设备的人力成本降低，并且自动化和智能化大幅度提高，使大规模的电子技术监控设备在行政执法领域的使用成为可能，如交通执法系统中的电子眼等。最后，随着正当程序理念深入人心，电子技术监控设备的合法性和合理性问题受到质疑和争论，尤其是其存在着对公民个人权利侵犯的可能。因此，基于电子技术监控设备在实践中大规模应用产生的问题，对其进行立法规制迫在眉睫。

针对上述需要，立法者在《行政处罚法（修订草案征求意见稿）》第38条对电子技术监控设备的问题进行了规定。而在《行政处罚法（修订草案二次审议稿）》中，进一步对本条进行了修改和补充，在第2款中，将“电子技术监控设备记录违法事实应当清晰、准确”改为“电子技术监控设备记录违法事实应当真实、清晰、完整、准确”，增加了“真实、完整”的要求；在第3款中，将“方便当事人查询”改为“方便当事人查询、陈述和申辩”，扩大了对当事人权利的保护。除此之外，序号调整为第39条。最终，修订后的《行政处罚法》在《行政处罚法（修订草案第二次审议稿）》基础上进一步修改，在第1款中，将“设置合理、标准合格、标志明显”改为“符合标准、设置合理、标志明显”；在第2款中，将“行政机关应当对记录内容进行审核，未经审核的，不得作为证据”改为“行政机关应当审核记录内容是否符合要求；未经审核或者经审核不符合要求的，不得作为行政处罚的证据”；在第3款中，“通知”改为“告知”，“并采取适当措施”改为“并采取信息化手段或者其他措施”，“方便当事人查询、陈述和申辩”改为“为当事人查询、陈述和申辩提供便利”，最后，还增加了“不得限制或者变相限制当事人享有的陈述权、申辩权”的规定。此外，在体例上，本条的序号从第39条调整为第41条。

## 规范目的或功能

随着科学技术的发展，科技与法律的关系越来越引人注目，在立法、执法、司法等领域，科学技术不断带来新挑战，同时也带来新改变。在执法领域，电子眼、拍照摄像机、执法记录仪等科技产品应用于对违法事实的收集和固定、记录行政执法过程等工作中，一方面提高了行政效率，另一方面对于执法人员公正、文明执法具有重要的督促作用。然而，新技术的应用也给立法带来了一些新问题。虽然电子技术监控设备已经在实践中广泛应用，但是相关立法尚未跟进，这间接导致了电子技术监控设备的使用混乱，也限制了其进一步在执法领域的深入应用。本条规定明确了电子技术监控设备在收集、固定违法事实应用等方面的规则，填补了相应的空白，使行政处罚领域应用电子技术监控设备来收集、固定违法事实有法可依。

## 规范内容

本条是关于电子技术监控设备的规定，包括对电子技术监控设备审查的规定、电子技术监控设备记录的规定以及行政机关义务的规定三个方面。

### 一、电子技术监控设备的审查

行政机关依照法律、行政法规规定利用电子技术监控设备收集、固定违法事实的，应当经过法制和技术审查。电子技术监控设备作为一项科技产品，是一把双刃剑，固然其在查明、固定违法事实，提高行政效率方面具有显著优势，但同样蕴含着侵犯公民隐私权等合法权益的风险，[①]因此，对于电子技术监控设备的使用应当谨慎，需对其进行审查。

对电子技术监控设备的审查有两种，包括法制审查和技术审查。其一，法制审查，是指法制审查主体对电子技术监控设备的使用是否具有相应法律依据的审查。电子技术监控设备的使用，本质上是行政机关执法行为的延伸，根据依法行政的原则，任何的执法行为都应当有明确的法律依据，因此电子技术监控设备的使用同样应当有法律、法规、规章等规范性法律文件依据。对于电子技术监控设备的法制审查机构，本条没有规定，可考虑本机关法制工作的机构来负责相关工作。其二，技术审查，是指对电子技术监控设备本身的质量所进行的检查，以确保该电子技术监控设备能够满足预期的行政执法需要。电子技术监控设备不同于一般的执法工具，具有高度技术含量，只有专业人士才能对其进行质量审查，判断其是否能适应相应的行政执法场景。需考虑专门的技术机构来参与该项工作。如果说法制审查是审查电子技术监控设备可否使用，那么技术审查就是审查电子技术监控设备能否使用。

通过法制审查和技术审查，最终确保电子技术监控设备符合标准、设置合理、标志明显。其一，符合标准是首要要求，是指电子技术监控设备的质量应当符合相应的标准，并且其安

---

① 曲晓菲、张子礼、张波：《电子监控与公民隐私权保护》，载《山东理工大学学报（社会科学版）》2015年第31卷第2期。

装和使用也应当符合相应的标准。产品符合标准是该产品发挥正常作用的前提，产品标准合格是对产品最基础的要求。而要保证产品的正常运转，其安装和使用符合标准同样非常重要。这里即要求电子技术监控设备的安装和使用符合相关法律规定，也要求电子技术监控设备的安装和使用符合安全标准、行业标准等，以确保监控设备的正常运转。其二，设置合理，是要求电子技术监控设备的布局、数量等设置应当满足行政执法的需要，达到辅助执法人员收集和固定可能发生的违法事实的目标，不会造成行政资源的浪费。其三，标志明显，是指电子技术监控设备应当被行政相对人轻易察觉，以确保监控设备记录信息是在相对人知情的情况下发生。这是正当程序的要求，利用电子技术监控设备收集行政相对人的信息，应当在相对人知情的情况下进行，否则就是秘密收集，侵犯了行政相对人的隐私权，从而影响所收集信息的证据效力。这也是行政机关应当将电子技术监控设备设置地点向社会公布的原因，可以确保电子技术监控设备记录的信息是在当事人知情的情况下进行的。

## 二、监控记录的效力

对于电子技术监控设备形成的监控记录，可以作为确认违法事实所依据的证据，但是应当满足两个条件，即监控记录所记录的违法事实应当真实、清晰、完整、准确，以及监控记录应当经过审核并符合要求。

电子技术监控设备记录违法事实应当真实、清晰、完整、准确，这是监控记录能够作为证据的事实条件。其一，真实，即电子技术监控设备记录的事实是真实发生的，不是经过技术处理的。随着计算机技术的发展，影像合成技术不再是困难的事情，这也对监控记录的真实性提出了挑战，使得“真实”这一理所应当的要求也必须明确提出，以防止不法分子钻法律的空子。其二，清晰，这是监控记录可以作为证据的应有之义，如果监控记录非常模糊，无法识别违法信息，其自然也不能佐证违法事实的发生，这样的监控记录自然也不能作为证据使用。其三，完整，要求监控记录不能有中断，是连续的。只有完整的记录才能展现事实的真相，如果监控记录不完整，说明该监控记录可能存在被人篡改的情况，其真实性自然也就无法保障。其四，准确，要求监控记录能够恰当反映当事人的违法事实。如果一段监控记录，没有准确反映出当事人的违法事实，哪怕其是真实、清晰、完整的，也不能作为确认当事人违法事实的证据而被采纳。故，只有监控记录同时具备真实、清晰、完整、准确几方面条件，才能够作为证明违法事实的证据。

行政机关应当审核记录内容是否符合要求；未经审核或者经审核不符合要求的，不得作为行政处罚的证据。真实、清晰、完整、准确是监控记录能够作为证据的事实条件，但是如何判断监控记录是真实、清晰、完整、准确的，则需要行政机关通过审核确定。行政机关的审核是监控记录能够作为证据的程序条件。只有经过行政机关的审核，监控记录不存在违反相关法律的规定，并且是真实、清晰、完整和准确的，行政机关才可以确认该监控记录符合要求，可以作为查明案件事实的证据使用。如果该监控记录没有经过审核或者审核不符合要求，那么就不能作为行政处罚的证据，不能据此作出行政处罚决定。

## 三、行政机关的义务

以电子技术监控设备的记录作为证据，查明的当事人违法行为，行政机关应当及时告知当事人。这是行政机关告知义务的体现，行政机关负有告知当事人违法事实的义务，而由电子技术监控设备确定的违法事实同样也是违法事实，与执法人员查明的违法事实本质并无区别，因此，行政机关应当履行告知义务，及时通知当事人违法事实。

行政机关应当采取信息化手段或者其他措施，为当事人查询、陈述和申辩提供便利，不得限制或者变相限制当事人享有的陈述权、申辩权。行政机关告知当事人违法事实之后，应当对作为案件事实证据的监控记录进行妥善处理，将其从监控记录材料中提取出来，归入卷宗并进行保存。而且规定合理的方式和途径，方便当事人查询该证据、针对该证据行使陈述和申辩权利，从而保证行政机关以监控记录作为证据作出的行政处罚符合法定程序。

## 实务应用

**袁某某诉建昌县公安局交通管理大队行政处罚案**[①]

因袁某某超速通过限速监控设备，建昌县公安局交通管理大队2019年7月9日对其作出辽公交决字〔2019〕第211422-2000115003号公安交通管理行政处罚决定，处以罚款1100元，驾驶证记12分，并扣留机动车驾驶证。袁某某不服，申请复议。建昌县公安局于2019年8月20日作出维持决定。袁某某仍不服，提起诉讼。袁某某主张：第一，被告建昌县公安局交通管理大队未

① 参见绥中县人民法院〔2020〕辽1421行初24号行政判决书、辽宁省葫芦岛市中级人民法院〔2020〕辽14行终253号行政判决书。

对限速监控设备设置提示标志且该监控设备未向公众公开不符合法律规定。第二，被告建昌县公安局交通管理大队提供的违法照片不清晰，不能以此认定原告袁某某违法。第三，原告袁某某车内装有全国道路货运车辆公共监管与服务平台车辆行驶记录，其记录显示案涉时速为21公里、33公里、46公里，并未超速。一审法院认为，袁某某提供的照片及影像资料是在原告接受处罚之后该路段升级改造过程中保存的证据，不能证明原告袁某某在接受处罚时的路段情况，且被告建昌县公安局交通管理大队提交的证据能够证明本案所述路段的测速监控设备已经在当地主流媒体公开，其限速监控设备已经检测审批，测速监控设备合格。建昌县公安局交通管理大队提供的违法记录照片，经法院核实查证原始违法记录影像资料，显示车型、车牌号、时间、时速等清晰明确。原告袁某某提供的时速数据，仅为车内安装的行车记录设备，其内容不能对抗依法设置的监控测速设备所记录的车辆通过信息。因此，建昌县公安局交通管理大队作出的行政处罚决定书事实清楚、证据充分，适用法律正确，建昌县公安局的复议程序合法，判决驳回原告袁某某的诉讼请求。袁某某不服，提起上诉，二审法院支持了一审法院的认定，判决驳回上诉，维持原判。

面对实践中越来越多的运用电子技术监控设备收集、固定违法事实并以此作为证据进行行政处罚的现象，本条规定明确了行政机关具有这样的权力，但也有一些限制。首先，对于电子监控设备，应当经过法制和技术审核，确保电子技术监控设备符合标准、设置合理、标志明显，设置地点应当向社会公布。本案中，袁某某就此问题提出了自己的主张，如果行政机关设置的电子监控设备不合理或者标志不明显，没有向社会公布，那么运用该电子设备进行行政处罚的行为涉及违法。本案中，行政机关的行为符合规定。其次，电子技术监控设备记录违法事实应当真实、清晰、完整、准确，这是对记录作为一项证据所提出的要求，如果监控记录不真实、不清晰、不完整、不准确，那么就不能正确地反映案件事实，就会导致事实不清。本案中，袁某某同样对照片提出质疑，认为照片不清楚，但是经过法院认定，该照片是原始违法记录影像资料，显示车型、车牌号、时间、时速等清晰明确，因此可以作为证据适用。而至于本案袁某某提出的第三个主张，反映了电子监控设备在实践中的一个问题，即第三方设备与电子监控设备之间可能存在的记录不同的问题，对此，根据本条规定，行政机关具有对电子监控设备在适用前的法制和技术审查的责任，也就意味着行政机关对电子技术监控设备记录的真实性承担保证责任，经过法制和技术审查的电子技术监控设备具有了法律属性，而第三方设备显然没有这种属性。因此，当第三方设备的记录与电子监控设备有出入时，应当适用电子技术监控设备的记录，与本案法院的认定一致。

## 第四十二条【行政执法人员资格与要求】

行政处罚应当由具有行政执法资格的执法人员实施。执法人员不得少于两人，法律另有规定的除外。

执法人员应当文明执法，尊重和保护当事人合法权益。

### 法条沿革

本条是关于实施行政处罚的执法人员资格与要求的规定，

为新增条文。

《行政处罚法》制定之初，立法者就考虑到了实施行政处罚时的执法人员问题，但囿于有限的立法和实践经验，仅在第37条第1款普通程序中进行了规定："行政机关在调查或者进行检查时，执法人员不得少于两人"，简易程序并不适用该条款。[①]《行政法处罚》颁行之后，行政执法队伍的发展进入快车道。2004年，国务院印发《全面推进依法行政实施纲要》，对行政执法队伍建设也提出了新的要求。2017年，《公务员法》部分内容修改，明确了对行政机关中初次从事行政处罚决定审核、行政复议、行政裁决、法律顾问的公务员实行统一法律职业资格考试制度；对行政执法人员的法治素养提出了更高要求。随后，2017年《行政处罚法》修正，在第38条增加了1款，即"在行政机关负责人作出决定之前，应当由从事行政处罚决定审核的人员进行审核。行政机关中初次从事行政处罚决定审核的人员，应当通过国家统一法律职业资格考试取得法律职业资格。"本款明确了行政处罚决定初次审核人员的资质要求。本次《行政处罚法》修订过程中，立法者吸收了原有的规定，结合执法现实需求，在《行政处罚法（修订草案征求意见稿）》第五章第一节中新增第39条，即"行政机关实施行政处罚，应当由具有执法资格的执法人员承担"。在《行政处罚法（修订草案二次审议稿）》中，对此进行了修改和补充，将第1款修改为"行政处罚应当由具有行政执法资格的执法人员实施。执法人员不得少于两人，法律另有规定的除外。"同时，新增第2款规定："执法人

① 吴高盛主编：《〈中华人民共和国行政处罚法〉释义及实用指南》，中国民主法制出版社2015年版，第92页。

员应当文明执法，尊重和保护当事人合法权益。”最终，修订后的《行政处罚法》与《行政处罚法（修订草案二次审议稿）》相比在体例上又作了调整，条文序号从第40条变为第42条。

## 规范目的或功能

执法人员是行政处罚决定的执行者，是行政处罚的实施主体的“代言人”，对外代表了行政处罚实施主体，其行为产生的后果也由行政机关承担。长久以来，《行政处罚法》对执法人员资质缺乏统一规定，是为缺陷之一，实践中也出现了执法人员由于法治素养不高引发的乱象，对行政执法的公信力和权威有所损害。而且，由于缺乏执法人员数量的刚性规定，有可能加剧行政处罚中公正受损的问题。本条有关执法人员的规定，吸纳了执法实践经验，填补了立法漏洞，明确了行政处罚的执法人员的执法资格以及数量门槛，为合法合理的行政处罚行为加上双重保险，有利推动了行政执法队伍建设和公正文明执法。

## 规范内容

本条是关于实施处罚的行政执法人员资格与要求的规定，包括执法人员的执法资格与数量、执法人员的执法要求两方面内容。

### 一、执法人员的执法资格与数量

根据本条第1款的规定，实施行政处罚的执法人员应当具备两个条件：即资格条件和人数条件。资格条件，是指执法人员实施行政处罚的，应当具有行政执法资格；人数条件，是指执法人员实施行政处罚的，不得少于两人。

第一，执法人员具有行政执法资格，是指执法人员在进行行政处罚时，具有有关机关核发的行政执法资格证。行政执法资格证，是指行政执法机关的行政执法人员，在法定职权范围内执行公务时的身份证件。理论上来说，只有具备行政执法资格证的行政机关工作人员才是合法的执法人员，而其他在实际工作中参与到执法工作的其他人员应被称为执法辅助人员。因此对于"执法人员不得少于两人"中的执法人员的认定，按照严格解释，应当理解为具有行政执法资格的执法人员。

第二，执法人员实施行政处罚的人数不得少于两人。由于本条规定在第一节一般规定之中，因此，关于执法人员人数的限制，适用于简易程序和普通程序，即哪怕是行政机关进行当场处罚，执法人员也应当是两人以上，除非法律有其他规定。此外，执法人员不得少于两人，是指在实施行政处罚时，实施行政处罚是一个过程行为，因此在整个实施行政处罚的过程中，执法人员都不得少于两人。本条也涉及除外规定，即"法律另有规定的除外"，由于其是与"执法人员不得少于两人"共同组成一句话，因此该除外是对执法人员的人数限制的除外，[①]而非行政执法资格的除外。

## 二、执法人员的执法要求

本条第2款对执法人员的要求是"尊重和保障当事人合法权

---

① 例如《道路交通安全违法行为处理程序规定》第44条的规定。

益”，要求执法人员在依法行政的基础上，还要真诚地为人民服务，为社会服务，真正践行全心全意为人民服务的宗旨。

执法人员的文明执法，最后落脚点应当在当事人的合法权益上，即以尊重和保障当事人的合法权益作为判断执法人员文明执法的重要依据。提倡文明执法，本质上来说是因为执法人员的执法目的是维护人民的利益，故而在执法过程中，除严格按照法律规定执法以外，同时也应当注意自己的执法方式和执法态度，尊重当事人的人格，保障当事人依法享有的权利。依法行政，是执法人员依照法律规定而为行政行为以达到服务人民的目的，故依法行政也不应当成为执法人员不文明执法的借口，杜绝将“符合法律规定”作为执法人员野蛮执法的挡箭牌的情形。本条规定明确了执法人员文明执法的义务，当执法人员存在不文明的执法行为、不尊重当事人的人格或者侵害当事人的合法权益时，可认定其为违法行政行为。当事人据此可以拿起法律武器维护自己的合法权益。

## 实务应用

**王某某诉上海市公安局静安分局交通警察支队交通行政处罚决定纠纷案**[①]

2012年4月22日，王某某向上海市公安局闸北分局报警，称其车号牌为×××的机动车号牌被盗，上海市公安局闸北分局

① 该案载北大法宝司法案例库，参见上海市静安区人民法院〔2012〕静行初字第59号行政判决书、上海市第二中级人民法院〔2012〕沪二中行终字第435号行政判决书。

接报后向其出具了《上海市公安局案（事）接报回执单》。同年5月7日10时09分，王某某驾驶未悬挂车号牌的上述车辆行至成都北路威海路北约5米处，被静安交警支队执勤民警拦下，执勤民警在向王某某表明身份后，告知其实施了上道路行驶的机动车未悬挂车号牌的违法行为，以及拟作出行政处罚的事实、理由和依据。王某某向执勤民警出示上述《上海市公安局案（事）接报回执单》，申辩其车号牌被盗，无法悬挂，不属于违法行为。在听取王某某申辩后，执勤民警认为即使车号牌被盗，其也不应驾驶未悬挂车号牌的机动车上道路，遂根据《道路交通安全法》第95条第1款、第90条的规定，作出编号为×××的处罚决定（未记录机动车号牌），对其处以人民币200元罚款。王某某不服该处罚决定，申请行政复议，行政复议机关作出维持决定。王某某又提起诉讼。王某某主张，静安交警支队由一名交警现场作出行政处罚决定违反程序。一审法院认为，根据《道路交通安全法》第107条第1款的规定，对道路交通违法行为人予以警告、200元以下罚款，交通警察可以当场作出行政处罚；本案由一名交警适用简易程序对王某某处以200元罚款的行政处罚，程序符合规定，判决维持静安交警支队作出的编号×××公安交通管理简易程序处罚决定。王某某对判决不服，提起上诉，二审法院维持原判。

在本次修订之前，有关行政处罚过程中执法人员人数的规定，仅在普通程序中有“两人”的要求；对适用简易程序中的人数并无明确要求。就处罚而言，《行政处罚法》与《道路交通安全法》之间是普通法与特别法的关系，本案中法院优先适用《道路交通安全法》的规定，对当事人处以200元罚款适用简易程序，并无问题。而且，由于《道路交通安全法》也无简易程序的执法人数要求，因此，法院根据司法实践状况认定本案由一名交警适用简易程序进行处罚合法。随着本条的出台，立法内容已经作出了重要修改，行政处罚应当由具有行政执法资格的执法人员实施，且执法人员不得少于两人，法律另有规定的除外。本条规定在行政处罚程序的一般规定之中，因此，虽然简易程序仍然没有对执法人数作出要求，但是因为存在一般规定，故而如果没有特别规定，简易程序中也应适用“两人”的人数要求。这也意味着今后出现类似案件情形，即便适用简易程序，也仍然应当至少保证两名执法人员进行当场处罚，除非相关法律有除外规定。

### 第四十三条【回避】

执法人员与案件有直接利害关系或者有其他关系可能影响公正执法的，应当回避。

当事人认为执法人员与案件有直接利害关系或者有其他关系可能影响公正执法的，有权申请回避。

当事人提出回避申请的，行政机关应当依法审查，由行政机关负责人决定。决定作出之前，不停止调查。

## 法条沿革

本条是关于回避制度的规定，为新增条文。

《行政处罚法》制定时，立法者考虑到了行政执法人员在实施行政处罚时如果存在人情关系可能影响公正执法的问题，因此，在第37条第3款中规定了有关回避的内容，即“执法人员与当事人有直接利害关系的，应当回避”。但，囿于实践经验有限，有关回避制度的规定并不完整，如范围狭窄，只有与当事人有直接利害关系的执法人员才应当回避；只规定依职权回避，没有规定依申请回避等。

随着《行政处罚法》的颁布实施，行政程序建设日益受到关注，回避制度作为行政程序中保障行政机关依法行政和维护当事人合法权益的重要程序制度之一，也得到了完善。此外，诉讼法领域的回避制度的完善也为行政程序中的回避制度的建立提供了有益的经验。[①]随着行政法治建设的深化，推行和完善回避制度的条件越发成熟。《行政处罚法（修订草案征求意见稿）》在第五章第一节一般规定中，新增了第40条，就回避的条件和范围、当事人的申请回避权、申请回避的处理进行了详细的规定。《行政处罚法（修订草案二次审议稿）》沿袭了第40条的规定，但是对第3款作了调整，将“但不停止调查或者实施行政处罚”改为“由行政机关负责人决定。决定作出之前，不停止调查”。此外，将本条序号从第40条改为第41条。最终，修订后的《行政处罚法》与《行政处罚法（修订草案二次审议稿）》相比，内容上无变化，仅是将条文序号从第41条变为第43条。

---

① 如《民事诉讼法》第四章对回避制度作了专章规定。2000年1月，最高人民法院颁发了《关于审判人员严格执行回避制度的若干规定》（已失效），进一步推动了回避制度在实践中的落实；2011年4月，最高人民法院又颁发了《关于审判人员在诉讼活动中执行回避制度若干问题的规定》，使得诉讼领域的回避制度得到完善和发展。

## 规范目的或功能

回避制度是程序法的重要组成内容。在诉讼程序或行政程序中，回避制度可以将影响案件公正审理或者处理的主体排除在处理过程外，消除当事人的疑虑，是保障结果公正的正当程序的重要组成部分之一。然而，《行政处罚法》对于回避制度规定得残缺不全，执行效果大打折扣：由于只规定了严格回避条件，并且没有明确规定当事人的申请回避权，使得是否回避在实践中几乎完全由执法人员自己决定，并且对回避的监督也更加困难，进一步影响回避制度的落实。新增本条规定，一方面扩大了实施回避的范围，另一方面明确了当事人申请回避的权利，使得执法人员面临不依职权回避而被申请回避时存在的违反职责的风险，从而督促执法人员认真履行回避义务。本条同时还规定了申请回避决定作出前不停止调查的处理方式，在保证行政执法公正的同时，也不违背行政执法对于效率原则的要求。本条规定，在不违背行政法基本原则的基础上，最大限度地减少了因执法人员的问题而影响行政处罚的公平合理的情形，保障了当事人的合法权益。

## 规范内容

本条是关于回避制度的规定，回避制度，是指行政主体或执法人员同处理的事务有利害关系或者其他关系可能影响公正执法的，应当由其他行政主体或者执法人员处理该事务的制度。本条规定包括回避的条件、回避的方式、回避的处理三方面内容。

## 一、回避的条件

与1996年《行政处罚法》的规定相比，本条扩大了行政处罚回避的适用条件，扩大了行政处罚回避的范围，即从“与当事人有直接利害关系”更改为“与案件有直接利害关系或者有其他关系可能影响公正执法”。

首先，在关系主体上，相比于与当事人存在关系，本条规定为与案件存在关系，案件相比当事人的范围要扩大很多。与案件有关系，意味着不仅和案件中的人有关，即案件当事人、当事人的近亲属或者其他利害关系人；同时也可能涉及和案件中的物或者其他财产有关。

其次，在关系类型上，相比于仅限直接利害关系，本条规定为有直接利害关系或者其他关系。具体应当包括：当事人中有其亲属的；与当事人的代理人有亲属关系的；与本案有关的程序中担任过证人、鉴定人的；与当事人之间有监护关系的；与当事人有公开敌意或者亲密友谊的；等等。[①]对于关系的把握，本条也给出了标准，即可能影响公正执法。这也就意味着，无论是直接利害关系还是其他关系，判断的最终依据，还是执法人员与案件具有的关系是否影响公正执法，只要是影响公正执法的，那么就符合回避所要求的关系类型，行政执法人员就应当回避。

---

① 章剑生：《论行政回避制度》，载《浙江大学学报（人文社会科学版）》2002年第6期。

## 二、回避的方式

在满足回避的条件之后，执法人员应当依职权主动回避；此外，当事人在获知执法人员存在回避的情形且执法人员没有主动回避的，也可以申请执法人员回避。因此，执法人员的回避，具有两种形式，即依职权回避和依申请回避。

第一，依职权回避，又称自行回避，[①]即执法人员与案件有直接利害关系或者有其他关系可能影响公正执法的，应当回避。对于回避，法律的规定是“应当”，也即这是执法人员的义务。执法人员在得知自己存在回避的情形之后，应当主动向行政机关负责人说明，由行政机关负责人另行指派其他执法人员。如果执法人员明知自己存在应当回避的情形而不主动回避的，应当承担相应的法律责任。

第二，依申请回避，即当事人认为执法人员与案件有直接利害关系或者有其他关系可能影响公正执法的，有权申请回避。依申请回避是当事人依法享有的权利。当事人申请执法人员回避的，不要求当事人提供确切证据证明执法人员存在回避的情形，而是存在怀疑即可，即只要当事人认为执法人员存在回避的情形，就可以申请回避。当事人申请回避的，只需要提交证明执法人员可能存在回避情形的证据材料即可，执法人员最终是否回避由行政机关审查并由行政机关负责人决定。

---

① 章剑生：《论行政回避制度》，载《浙江大学学报（人文社会科学版）》2002年第6期。

## 三、回避的处理

本条规定了当事人的申请回避权，因此在第3款中也规定了如何处理当事人的回避申请，即当事人提出回避申请的，行政机关应当依法审查，由行政机关负责人决定。决定作出前，不停止调查。对于当事人的申请，由对当事人拟作出行政处罚的行政机关依法进行审查，进行审查是行政机关的职责。由于当事人提出回避申请，不要求其提供证明执法人员确实存在回避情形的证据，即达到确信的地步，因此有必要由行政机关对当事人的申请进行审查，以确定当事人申请的执法人员是否真的存在回避情形。行政机关审查之后，最终由行政机关负责人决定。这也意味着，对当事人的回避申请，审查机构和决定机构是不同的，行政机关内部负责审查的部门对当事人的回避申请作出审查意见后，最终要报给行政机关负责人最终决定是否对执法人员作出回避的决定。

由于行政执法的特殊性，当执法人员被当事人申请回避之后，并不要求执法人员就此停止参与行政处罚工作，而是在回避决定作出前，不停止调查。这是由于当事人申请回避的，只是怀疑执法人员存在回避的情形，而非确定存在，需要行政机关经过审查后才能明确，然后经过法定程序确认，在行政机关负责人决定并指定另外的执法人员以后，被申请的执法人员才能停止工作。此规定是行政执法的效率诉求体现，但是为了保障公平正义，虽然被申请回避的执法人员不停止工作，但是只是不停止调查工作，也意味着该执法人员只能进行调查，查明事实。该规定在最大限度地保证行政处罚行为公平正义的情况下，兼顾了行政执法的效率要求，体现了立法技术的日臻完善。

## 实务应用

### 赵某某诉济南市公安局历城区分局治安行政处罚案[①]

2013年9月3日，周某某到历城区公安局港沟派出所报案，称郑某某夫妇采用静坐、拦挡等形式阻挠其公司正常施工，当日港沟派出所立案受理，同年9月6日港沟派出所分别对郑某某、赵某某进行了询问。同年10月11日，港沟派出所为进一步调查，拟于10月12日上午9时30分对赵某某、郑某某进行传唤，10月12日上午9时许，港沟派出所民警陈某某、孟某某、李某、胡某某、田某某、张某某到赵某某家对其进行传唤，赵某某无正当理由，拒不接受传唤，在民警对其强制传唤时赵某某蹬踹民警，大喊大叫，阻碍民警依法执行职务。12时40分至13时09分，田某某、胡某某对赵某某在强制传唤过程中阻碍民警执行职务情况进行询问并制作了询问笔录。15时40分，胡某某、田某某告知赵某某其行为已构成阻碍民警依法执行职务，根据《治安管理处罚法》第50条第1款第2项、第2款的规定，拟对其进行处罚，并制作了告知笔录。同日21时，田某某、胡某某向赵某某送达历城公行罚决字〔2013〕第01076号行政处罚决定，对赵某某处以行政拘留10日的处罚，并将处罚决定书当场向赵某某送达，赵某某拒绝签字。同日，公安机关将赵某某送至济南市拘留所执行拘留。赵某某不服行政处罚决定，提起行政诉讼。一审法院认为历城区公安局所作的行政处罚决定事实充分、证

---

① 参见济南市历城区人民法院〔2013〕历城行初字第72号行政判决书、山东省济南市中级人民法院〔2014〕济行终字第27号行政判决书。

据确凿，且适用程序并无不当，因此驳回了原告撤销请求。赵某某不服，提起上诉。二审法院认为田某某、胡某某作为案件当事人应当自行回避而未回避，可能影响案件公正处理，被上诉人历城区公安局制作的历城公行罚决字〔2013〕第01076号行政处罚决定程序违法，裁判撤销被上诉人济南市公安局历城区分局历城公行罚决字〔2013〕01076号行政处罚决定。

在本法修订之前，本案中二审法院适用的有关回避的法律依据是《治安管理处罚法》第81条第1款的规定："人民警察在办理治安案件过程中，遇有下列情形之一的，应当回避；违反治安管理行为人、被侵害人或者其法定代理人也有权要求他们回避：（一）是本案当事人或者当事人的近亲属的；（二）本人或者其近亲属与本案有利害关系的；（三）与本案当事人有其他关系，可能影响案件公正处理的。"本法修订之后，可直接适用本条规定，即执法人员与案件有直接利害关系或者有其他关系可能影响公正执法的，应当回避。本案中，民警田某某、胡某某是执法人员，参加了对赵某某的强制传唤，并且是赵某某在强制传唤过程中"阻碍执行职务"的民警之一，即案件当事人。对于既是案件的当事人，又是案件的办案人的情况，属于与案件有直接利害关系的情形，理应自行提出回避申请。因此，由于田某某、胡某某作为案件当事人应当自行回避而未回避，可能影响案件公正处理，违反了《行政处罚法》关于执法人员回避的规定，济南市历城区公安局制作的历城公行罚决字〔2013〕第01076号行政处罚决定程序违法，应当予以撤销。

## 第四十四条【行政机关的告知义务】

行政机关在作出行政处罚决定之前，应当告知当事人拟作出的行政处罚内容及事实、理由、依据，并告知当事人依法享有的陈述、申辩、要求听证等权利。

### 法条沿革

本条沿袭了《行政处罚法》第31条，但略有修改。第一，将“应当告知当事人作出行政处罚决定的事实、理由及依据”改为“应当告知当事人拟作出的行政处罚内容及事实、理由、依据”。第二，将“并告知当事人依法享有的权利”改为“并告知当事人依法享有的陈述、申辩、要求听证等权利”。《行政处罚法（修订草案征求意见稿）》中，法条序号是第41条。《行政处罚法（修订草案二次审议稿）》中，法条序号是第42条。最终，修订后的《行政处罚法》中，条文序号从第42条变为第44条。

### 规范目的或功能

行政处罚是行政机关为了维护行政管理秩序所使用的重要法律手段之一，运用频率高、处罚适用范围广，同时行政处罚也是最有可能侵犯当事人合法权益的行政执法手段之一。而在行政处罚法律关系中，行政相对人与行政机关的地位并不对等，若不对行政权力加以限制，并对当事人予以特别保护，容易滋生权力滥用和腐败现象。本条规定对行政机关施加了告知义务，通过行政机关履行职责，弥补了行政机关与处罚相对人之间的信息差，并且使行政相对人获知维护权益的方式，以便及时应对。本条规定通过对行政机关施加程序上的义务，缩小了实体上行政机关与处罚相对人之间的力量差距，有助于约束行政机关在行政处罚过程中的恣意行为，促进合法合理行政处罚行为的作出，亦保障相对人的知情权和参与权。

## 规范内容

本条是关于行政机关的告知义务，规定了行政机关在作出行政处罚决定之前，应当告知当事人的法定事项。同时，本条规定也表明了当事人享有获取信息的权利，即当事人有权在处罚前了解行政机关给予行政处罚的情况和自己在行政处罚中和处罚后享有的权利。对本条的把握，重点在于对告知事项的理解。本条规定的法定告知事项主要包括两个部分，第一是拟处罚信息，第二是当事人在行政处罚中享有的权利。

### 一、行政机关应当告知当事人拟作出的行政处罚内容及事实、理由、依据

行政处罚的内容及事实、理由、依据是行政机关应当告知当事人的事项，并且这里的行政处罚是拟作出的行政处罚。本条较之以前，将“作为”改为“拟作出”，将“行政处罚决定的事实”改为“行政处罚内容及事实”。这两个改动使得本条的规定更加严谨。

首先，行政机关履行告知义务，是在作出行政处罚决定之前，此时行政处罚决定尚未作出，以前使用“作出”一词，

易造成所告知的行政处罚已确定的错觉，而行政机关履行告知义务之后，当事人还可以陈述、申辩，行政处罚结果仍可能发生变化。因此，本次修订将“作出”改为“拟作出”，表达更为严谨，明确所告知的行政处罚信息具有暂时性。其次，将“行政处罚决定的事实”改为“行政处罚的内容及事实”，增加了行政处罚的内容，也就是行政机关对当事人即将作出的行政处罚的具体种类和幅度。[①]虽然，内容应是一种当然的告知事项，但由于缺乏明确规定，仍可能存在行政机关不充分履行告知内容的情况发生。此外，将“行政处罚决定”改为“行政处罚”，表述更加严谨。因为此时行政处罚决定尚未作出，自然没有所谓的告知“行政处罚决定”的信息。本次修改，使得法律表述更加规范，完善了法定告知事项，体现了立法技术的进步。

根据本条规定，行政机关应当告知当事人拟作出的行政处罚以下内容：第一，行政处罚的内容。包括所施加的行政处罚的种类，如警告，罚款，没收违法所得，没收非法财物，责令停产停业，暂扣或者吊销许可证、暂扣或者吊销执照，行政拘留，法律、行政法规规定的其他行政处罚，以及行政处罚的幅度，如罚款、罚款的数额是多少等。第二，行政处罚的事实和理由。即当事人在什么时间、什么地点实施了什么违法行为，事实必须清楚、明确，并且有相应的证据予以证明。第三，拟作出的行政处罚的依据。

---

① 汪晓华：《“拟作出行政处罚决定的具体内容”应属依法告知的内容之一》，载《理论建设》2007年第3期。

## 二、行政机关应当告知当事人依法享有的陈述、申辩、要求听证等权利

当事人依法享有的权利，是行政机关应当告知的重要事项。相对于以前的规定，本条将“并告知当事人依法享有的权利”改为“并告知当事人依法享有的陈述、申辩、要求听证等权利”，以列举的方式阐明当事人依法享有的权利类别，如陈述权利、申辩权利、要求听证的权利等。这意味着对于陈述、申辩、要求听证等具体权利的告知，可以直接引用本条的规定。并且从行政机关告知义务的角度，进一步肯定了当事人享有的陈述、申辩、要求听证的权利。主体的权利，对于另一相对应的主体而言是义务。本次修改，实现了条文表述上行政机关的义务与处罚相对人的权利之间的对应性。

行政机关应该告知的权利，除了本条新增列举的陈述、申辩、要求听证的权利之外，还有行政处罚决定作出后当事人享有的救济权利，包括申请行政复议、提起行政诉讼、要求行政赔偿的权利。行政机关在出具行政处罚决定书时，应当告知当事人申请行政复议或提起行政诉讼的时间和受理单位。另外，当公民、法人或者其他组织因行政机关违法实施行政处罚而受到损害的，有权依法获得赔偿。

行政机关的权利告知，是当事人在行政处罚过程中和行政处罚决定作出后维护自己权益的重要前提。对当事人而言，拿起法律工具维护自己的利益，其前提是知晓自己拥有哪些权利。行政机关依法告知其权利类型，是保障当事人获知权利的最重要途径。本条规定，保证了在个案中当事人对自己权利的知晓，便利了当事人依法维护自身权利，督促了行政机关合法合理地

作出行政处罚。

## 实务应用

**莱芜市公安局莱城分局诉张某某行政处罚案**[①]

2017年11月7日7时49分，吕某某拨打110电话报警，称其在戴花园社区缘中圆礼品店中，与张某某因纠纷问题发生撕扯，吕某某受伤。莱芜市公安局莱城分局下属的花园派出所接110指令后，派员前往戴花园社区缘中圆礼品店出警。同日，花园派出所对张某某进行询问。次日，花园派出所又对吕某某进行调查，并将吕某某伤情鉴定事宜委托至莱芜市公安局莱城分局刑事科学技术室。2017年11月8日，上述技术室作出（莱城）公（法）鉴（门诊）字〔2017〕1513号法医学人体损伤程度鉴定书，确认吕某某受伤致鼻腔流血，系轻微伤。2018年1月20日，花园派出所向原告张某某作出行政处罚前告知，告知因其与吕某某发生争吵，并对吕某某进行殴打，拟对其上述行为作出处罚；民警在告知笔录上签字，注明张某某拒绝签字。2018年2月15日，花园派出所作出莱城公（花园）行罚决字〔2018〕48号行政处罚决定书，以张某某与吕某某发生撕打，致吕某某受伤为由，依照《治安管理处罚法》第43条第1款之规定，对张某某处以行政拘留5日的处罚。张某某不服，向法院提起行政诉讼。一审法院认定行政处罚程序违法，判决撤销行政处罚决定书。莱芜市公安局莱城分局不服，提起上诉，二审法院支持了一审判决，

---

① 参见莱芜市莱城区人民法院〔2018〕鲁1202行初23号行政判决书、山东省莱芜市中级人民法院〔2018〕鲁12行终25号行政判决书。

维持原判。

根据《行政处罚法》本条规定，行政机关在作出行政处罚决定之前，应当告知当事人拟作出的行政处罚内容及事实、理由、依据，并告知当事人依法享有的陈述、申辩、要求听证等权利。告知程序是实施行政处罚的必经程序，只有被告知拟作出的行政处罚内容及事实、理由、依据后，被处罚人才能行使其陈述、申辩、要求听证等权利，且这些权利也是法律规定的行政机关应当告知的内容。本案中，花园派出所在处罚前告知中，告知原告其违法事实为“与吕某某因纠纷发生争吵，后你对吕某某进行殴打”，在处罚决定中认定的原告的违法事实为“与吕某某因纠纷问题发生撕打，致使吕某某受伤”，可以看出，被告在处罚决定中认定的原告违法事实在情节上重于其在处罚前告知中认定的原告的违法事实，即未在处罚前告知中告知原告吕某某的伤情系由原告殴打所致，这就使得原告对被告在处罚决定中认定的其致吕某某受伤的违法事实无法行使陈述、申辩权，属于程序违法。行政机关的告知义务是保障当事人陈述、申辩、要求听证等权利实现的前提，如果行政机关未履行告知义务，当事人对于被处罚内容、实施、理由和依据不知，那么即便知道自己享有的权利，也将无法正确行使这些权利来保障自己的合法权益。因此，在实践中，行政机关在作出行政处罚之前，应当严格履行告知义务，确保自身行为程序合法。

## 第四十五条【当事人的陈述、申辩权】

当事人有权进行陈述和申辩。行政机关必须充分听取当事人的意见，对当事人提出的事实、理由和证据，应当进行复核；当事人提出的事实、理由或者证据成立的，行政机关应当采纳。

行政机关不得因当事人陈述、申辩而给予更重的处罚。

## 法条沿革

本条沿袭修订前《行政处罚法》第32条，其中第1款在内容和形式上未做任何改变，而第2款进行了调整。本条在此次修订最后阶段进行了调整。《行政处罚法（修订草案征求意见稿）》和《行政处罚法（修订草案二次审议稿）》都是沿袭了修订前《行政处罚法》第32条，在内容和形式上都未做任何改变，只是前者序号第32条改为第42条，后者从第42条调整为第43条。修订最后阶段对第2款进行了修改，将“行政机关不得因当事人申辩而加重处罚”改为“行政机关不得因当事人陈述、申辩而给予更重的处罚”，条文序号从第43条变为第45条。

## 规范目的或功能

行政处罚相对人在行政处罚法律关系中处于劣势地位，为了弥补当事人在实体法律关系中的地位差距，需要在程序上对优势法律主体施加程序性义务予以限制，对劣势法律主体赋予程序性权利予以保障。本条规定是对劣势法律主体，即当事人，赋予程序性权利——陈述、申辩权，以防止行政机关片面地认定事实的行为发生。同时，当事人享有的陈述、申辩权，意味着行政机关需认真听取当事人陈述、申辩，并妥善处理。权利与义务的相对性，通过一增一减，大大缩小了在实体法律关系中行政机关与当事人的力量悬殊。本条规定有助于满足当事人在行政处罚中的知情权，增加当事人在事实认定中的影响力，保障行政机关作出合法合理的行政处罚。

## 规范内容

本条规定了在实施行政处罚过程中当事人享有的陈述、申辩权以及相关原则。对于本条的理解，可从三个方面入手。

### 一、当事人享有陈述、申辩的权利

当事人依法享有陈述、申辩权。本条规定的陈述权是指当事人对行政机关给予行政处罚所认定的事实及适用法律是否准确、适当，陈述自己对事实的认定以及主观意见，同时也可以提出自己主张、要求的权利。[①]申辩权是指在行政执法中行政相对人为了维护自己的权益或者其他利益，对行政主体的行政执法行为进行抗辩的一种程序权利。[②]

第一，当事人行使陈述、申辩权的时间是在行政处罚过程中。最晚于行政处罚决定作出之前，最早没有明确规定，但从陈述、申辩权行使的自身限制来看，首先当事人要得知拟作出的行政处罚事项，包括内容及事实、理由、依据，然后才能进行陈述、申辩。故，当事人行使陈述、申辩权开始于当事人得

① 吴高盛主编：《〈中华人民共和国行政处罚法〉释义及实用指南》，中国民主法制出版社2015年版，第89页。

② 关保英：《行政相对人申辩权研究》，载《东方法学》2015年第1期。

知拟作出的行政处罚事项，结束于行政处罚决定作出。其中，行政机关履行告知义务是当事人行使陈述、申辩权开始的充分条件，但并非是必要条件，即哪怕行政机关没有履行告知义务，但只要当事人获知拟作出的行政处罚事项，其行使陈述、申辩权的实际条件就已经成就。另外，当事人的陈述、申辩权适用于行政处罚的所有程序。在简易程序中，执法人员当场作出行政处罚决定之前，必须听取当事人对事实的陈述与申辩，以及当事人对行政处罚的意见。在一般程序中，只要是在行政机关作出行政处罚决定之前，当事人可以随时提出陈述和申辩，执法人员对当事人的陈述和申辩应当制作笔录，笔录由执法人员和当事人签名或者盖章，作为行政机关作出行政处罚决定的依据之一。

第二，当事人可以放弃陈述、申辩权的行使，但是这种放弃必须是在知晓自己享有该权利的情况下，自主选择的放弃。当事人放弃分为明示放弃和默示放弃。明示放弃，是指当事人收到告知书后，明确告知执法人员自己放弃陈述、申辩权；默示放弃，是指当事人收到告知后，当场甚至逾期后都没有任何表示，则期满后视为当事人放弃陈述、申辩权。当事人放弃陈述、申辩权的，行政机关可以不听取当事人的陈述、申辩而作出行政处罚。当事人放弃陈述、申辩权的可能情形有：当事人确实认为自己的行为违反了行政管理秩序应当受到处罚，没有什么申辩；当事人认为自己处于劣势地位，即便申辩也不会有什么用，索性任由行政机关处罚；还有行政机关通知当事人到场，告知或者宣读行政处罚决定，当事人拒不到场的。

## 二、行政机关应当保障当事人陈述、申辩权的实现

行政机关应当妥善处理当事人提出的陈述、申辩，包括：

充分听取当事人的意见；复核当事人提出的事实、理由和证据。如果成立，行政机关应当予以采纳。

行政机关妥善处理当事人的陈述、申辩的前提，是当事人行使陈述、申辩权，这要求行政机关依法履行告知义务。陈述、申辩权的告知可分为书面告知和口头告知。书面告知一般发生在普通程序案件中，即行政机关在作出行政处罚决定之前必须向行政相对人送达行政处罚事项告知书，告知当事人依法享有的陈述、申辩权以及期限。口头告知常见于简易程序中，即行政机关当场处罚的，应当在作出行政处罚决定之前，口头告知当事人，并听取当事人的陈述、申辩意见。

当事人行使陈述、申辩权的，对于当事人提出的陈述、申辩，行政机关应当认真对待，充分听取当事人的意见。而且，对于当事人提出的事实、理由和证据，行政机关应当进行复核，经过复核，如果该事实、理由和证据成立的，行政机关应当采纳。当事人提出的事实、理由和证据，包括其没有违法行为不应受到行政处罚的事实、理由和证据，也包括其违法行为情节较轻、应受较轻处罚的事实、理由和证据。无论是哪一种，行政机关均应当以同等的态度公正进行复核。在当事人未明确表示放弃此项权利的情况下，未经当事人陈述和申辩，行政机关不应该给予当事人任何种类的行政处罚。

此外，对于当事人提出的陈述、申辩，行政机关应制作笔录，并由当事人阅读后签字。而且行政机关不能因为当事人进行陈诉、申辩时态度激烈，加重对当事人的处罚。如果当事人陈述、申辩的内容对案件定性、情节、处罚等无实质影响，如仅仅只是自己的认识、今后改正的态度等，此时，案件承办人员可作记录为“当事人的陈述申辩不影响案件认定，不予采纳”等，这样既有程序上复核的证明，又不必进行合议而徒增行政成本。

当事人放弃陈述、申辩的，分为明示放弃和默示放弃两种情形。对于当事人接到告知后，当场表示放弃陈述、申辩权的，执法人员应让当事人在告知书或陈述、申辩笔录上写明“对告知的内容无异议，放弃陈述申辩”等说明，并签名与注明日期。对于当事人默示放弃的，执法人员也应当在告知书或陈述申辩笔录中注明逾期情况。

## 三、陈述、申辩不加重处罚

陈述、申辩不加重处罚，是在申辩不加重处罚这一原则的基础上进一步产生的。所谓申辩不加重处罚是指在行政处罚过程中行政主体不得因当事人对被处罚行为提出异议而改变行政处罚种类和幅度的情形。[①]而本次修改将陈述行为也纳入不加重处罚的保护范围。

行政机关不得因当事人陈述、申辩而给予更重的处罚，这是法律作出的特别规定。行政机关作出行政处罚，应当“以事实为依据，以法律为准绳”，在查明事实的基础之上作出行政处罚决定。当事人陈述、申辩的对与错，当事人态度的好与坏，都不影响违法事实的成立，因此行政机关不得因当事人的陈述、申辩而加重处罚。

陈述、申辩不加重处罚的前提是，处罚依据的事实和证据没有发生变化。对于相同的事实和证据，不得因为当事人的陈述、申辩与事实无关，或者态度不好等原因而加重处罚。此外，不加重，既包括处罚种类的不加重，也包括处罚幅度的不加重。陈述、

---

① 关保英：《申辩不加重处罚论析》，载《政治与法律》2010年第10期。

申辩不加重处罚原则的目的是保护当事人不受行政机关的态度罚，以及当事人向行政机关、复议机关以及人民法院提出申辩、诉讼的权利。行政机关在行政处罚过程中，根据变化了的事实和证据变更拟对当事人作出的处罚并不违反陈述、申辩不加重处罚原则。

## 实务应用

**傅某诉上海市公安局浦东分局交通警察支队、上海市浦东新区人民政府行政处罚案**[①]

2019年9月13日8时55分许，傅某驾驶车辆号牌为×××的小型轿车经过高科西路罗山路东约20米时，路口信号灯右转弯红灯已亮，傅某仍右转行驶，该行为被电子监控设备记录。2019年10月27日，傅某至上海市公安局浦东分局交通警察支队（以下简称浦东交警支队）接受处理，浦东交警支队制作交通违法行为处罚事先告知书/确认单，对傅某进行处罚前事先告知，傅某在“你对由本部门实施处罚是否有异议”及“你对实施本起违法行为是否有异议”中均勾选无异议，在其他申辩、陈述事项中未填写内容，并在交通违法行为人处签名。浦东交警支队根据《道路交通安全法》第114条、第90条，作出编号为×××的简易程序处罚决定，处以200元罚款。傅某不服，提起行政复议，浦东新区政府作出维持决定。傅某仍不服，提起诉讼，认为交警支队未对其进行事先告知，未听取陈述申辩的意见。一审法院认为，傅某在交通违法行为处罚事先告知书/确认单上填写对违法事实并

① 参见上海市静安区人民法院〔2020〕沪0106行初274号行政判决书、上海市第二中级人民法院〔2020〕沪02行终242号行政判决书。

无异议，也没有填写陈述申辩意见，故可认定浦东交警支队已经履行了事先告知程序，判决驳回傅某诉讼请求。傅某不服，提起上诉，二审法院支持了一审认定，维持原判。

根据《行政处罚法》的规定，当事人有权进行陈述和申辩。行政机关必须充分听取当事人的意见，对当事人提出的事实、理由和证据，应当进行复核；当事人提出的事实、理由或者证据成立的，行政机关应当采纳。根据规定，当事人行使陈述、申辩权，以口头方式陈述、申辩的，行政机关必须听取，有条件应制作笔录由当事人签字；以书面方式陈述、申辩的，行政机关必须接受，并对其进行复核。如果当事人陈述、申辩的事实、理由或者证据成立的，行政机关应当采纳。本案中，傅某在交通违法行为处罚事先告知书/确认单上填写对违法事实并无异议，也没有填写陈述申辩意见，表明傅某对交警支队认定的事实是认可的，放弃了陈述和申辩权利。行政机关虽然有义务听取当事人的陈述和申辩，但若当事人自己放弃行使权利，那么行政机关也无须听取当事人的陈述和申辩，行政机关的职责也就履行了。因此，本案中，行政机关不存在没有听取当事人陈述、申辩的违法行为，故而行政机关作出行政处罚的程序是合法的。对于陈述、申辩权，虽然是当事人享有的合法权利，但是如果当事人在行政机关履行告知义务之后自主选择放弃陈述、申辩，那么就不能以此为理由主张行政机关未听取其陈述、申辩而认为行政机关进行行政处罚的程序违法。

## 第四十六条【证据】

证据包括：

（一）书证；

（二）物证；

（三）视听资料；

（四）电子数据；

（五）证人证言；

（六）当事人的陈述；

（七）鉴定意见；

（八）勘验笔录、现场笔录。

证据必须经查证属实，方可作为认定案件事实的根据。

以非法手段取得的证据，不得作为认定案件事实的根据。

## 法条沿革

本条是关于证据的规定，为新增条文。

《行政处罚法》制定之初，证据规定较为薄弱。《行政处罚法》颁行之后，程序工具主义与程序本位主义的争论中，程序本位主义渐成共识，行政程序建设成为行政法发展的重要方向之一。2014年，《行政诉讼法》中证据规定的修订为本次《行政处罚法》证据规定完善提供了有益的立法经验。[①]在对《行政处罚法》修订过程中，立法者在保持“证据一体化”的原则下，

---

① 修订后的《行政诉讼法》第33条规定：“证据包括：（一）书证；（二）物证；（三）视听资料；（四）电子数据；（五）证人证言；（六）当事人的陈述；（七）鉴定意见；（八）勘验笔录、现场笔录。以上证据经法庭审查属实，才能作为认定案件事实的根据。”第43条第3款规定：“以非法手段取得的证据，不得作为认定案件事实的根据。”这些规定均对本次行政处罚法修订产生了有益的影响。

与《行政诉讼法》第33条和第43条的规定保持一致，《行政处罚法（修订草案征求意见稿）》新增了第43条关于证据的规定，明确“证据必须经查证属实，方可作为认定案件事实的根据”。《行政处罚法（修订草案二次审议稿）》完全沿袭了《行政处罚法（修订草案征求意见稿）》的规定，在内容和形式上未作任何调整，仅将条文序号从第43条调整为第44条。最终，修订后的《行政处罚法》将条文序号从第44条变为第46条。

## 规范目的或功能

《行政处罚法》规定，行政机关给予行政处罚的，应当查明事实，而事实的清楚与否与证据是否充分是密切相关的。证据是证明违法事实的依据，行政机关查明事实的前提是进行调查取证活动，以获得充分的证据。在这个过程中，需要执法人员以正确合法的方式进行取证，并对证据进行认定。这就需要《行政处罚法》对证据进行规定，以规范证据的种类、证据的认定和采纳。本条明确了行政处罚中用以证明违法事实的证据的法定种类，并且规定了证据的采纳标准和“非法证据排除”规则，填补了空白，使得实践中行政机关对证据的收集和认定有了法定依据和指引，推动了行政处罚的证据制度完善。

## 规范内容

本条是关于行政处罚证据的规定。所谓行政处罚证据是行政证据的一种，是指行政机关或法律授权的组织用来证明公民、法人或其他组织违法并应受行政处罚的案件的一切客观事实，即行政机关实施行政处罚的事实根据。[①]对于本条的把握，可以从三个方面展开，即证据的种类、证据的采纳标准、非法证据排除。

## 一、证据的种类

本条规定，证据包括书证，物证，视听资料，电子数据，证人证言，当事人的陈述，鉴定意见，勘验笔录、现场笔录。需要注意的是，本条所规定的证据是指行政执法人员用于查明违法事实所依据的证据，既可以由行政执法人员依职权调查取得，也可以由当事人提供，当事人提出的证据，行政机关应当进行复核，证据成立的应当采纳。

（一）书证。即以其内容来证明待证事实的有关情况的文字材料。凡是以文字来记载人的思想和行为以及采用各种符号、图案来表达人的思想，其内容对待证事实具有证明作用的物品都是书证。书证从形式上来讲取决于它所采用的书面形式，从内容上而言取决于它所记载或表达的思想内涵与案情具有关联性，因此可以作为认定案件事实的根据。

（二）物证。即以物品、痕迹等客观物质实体的外形、性状、质地、规格等证明案件事实的证据。如肇事交通工具、现场留下的物品和痕迹等。

（三）视听资料。即以录音磁带、录像带、电影胶片或电子计算机相关设备存储的作为证明案件事实的声音、活动影像和图形，统称为“视听资料”。

（四）电子数据。电子数据（electronic data），是指基于计算

---

① 杨解君：《行政处罚证据及其规则探究》，载《法商研究》1998年第1期。

机应用、通信和现代管理技术等电子化技术手段形成包括文字、图形符号、数字、字母等的客观资料。

（五）证人证言。即直接或者间接了解案件情况的证人向行政机关所作的用以证明案件事实的陈述。一般情况下，证人证言应当制作笔录，并由证人签字。在听证程序中，证人还应出席听证会陈述证言。精神病人、未成年人作证应与其心理健康程度、心智成熟程度相适应。

（六）当事人的陈述。即本案当事人行使陈述、申辩权，就案件事实向行政机关提出的事实、理由和意见。

（七）鉴定意见。即具有专业技术特长的鉴定人利用专门的仪器、设备，就与案件有关的专门问题所作的技术性结论。根据鉴定对象的不同，可分为医学鉴定、文书鉴定、技术鉴定、会计鉴定、化学鉴定、物理鉴定等。

（八）勘验笔录、现场笔录。勘验笔录，是指行政机关工作人员对与行政处罚案件有关的现场或者物品进行勘察、检验、测量、绘图、拍照等所作的记录。现场笔录，是指行政机关工作人员在行政管理过程中对与行政处罚案件有关的现场情况及其处理所作的书面记录。

## 二、证据的采纳标准

证据必须经查证属实，方可作为认定案件事实的根据。本款规定了证据被采纳的两个基础标准，即真实且有关联。证据必须查证属实，蕴含了两个意思，一是证据是真实的，不是虚假的；二是证据与待证事实是有关联的，确实可用来证明待证事实。

第一，证据的真实性也叫作证据的客观性或者确实性。它是指证据所反映的内容应当是真实的、客观存在的。任何案件事实都是在一定的时间和空间之间发生的。案件事实发生后，必然会在客观外界遗留下某些物品或痕迹。这些事实以及它们同案件事实的联系都是客观的。证据的真实性是证据最本质的特征；但不意味着有关人员收集到的证据一定是客观真实的。从认识论上讲，一个案件发生后，它在客观外界的遗留物，必须被人们反映。但一切所观察到的，反映在主体中的通过语言、文字陈述出来的事实，都属于经验事实。由于反映过程的复杂性，人们的认识并不能完全反映客观存在。因此，法律规定一切证据材料必须经过查证属实，才能作为定案的依据。

第二，证据的关联性又称相关性，是指证据与案件事实之间存在客观联系。客观性固然是证据的重要特征，但仅有客观性的事实还不能成为证据，还必须与案件事实存在客观联系。与案件情况没有联系的客观事实，不能起到证明案件真实情况的作用，不能成为案件的证据。证据与案件事实的联系是多种多样的。有因果联系、条件联系、时间联系、空间联系、必然联系和偶然联系等。其中，因果联系是最常见、最主要的联系。一切倾向于证明待证事实可能存在或可能不存在的证据均为相关证据，否则不具有关联性。

## 三、非法证据排除

以非法手段取得的证据，不得作为认定案件事实的依据。本款规定了行政处罚程序中的非法证据排除规则，同时也提出了证据被采纳所应当具备的另一个标准，即合法性。证据除了具备真实性和关联性，同时证据的获取手段也必须是符合法定程序、具有法定依据的，否则就是以非法手段获得的证据，将不能作为认定案件事实的依据。

本条对非法证据排除的规定，属于原则性规定，采用的是“以非法手段取得的证据”这样概括性表述。这意味着，只要取得证据的手段不符合法定程序，无论程度如何，不管是一般违反，还是严重违反，那么都是非法手段，都符合本条非法证据排除的条件，都应当予以排除。对于“以非法手段取得的证据”的认定，理论上一般采取广义理解。不仅包括违反行政程序规范取得的证据，还包括其他所有不具有合法特征的证据。“非法”一词，并不局限于“违反行政程序”，更重要的是违反了宪法或宪法性规范，当然也包括法律、法规、规章、法律解释等。因此，行政处罚程序中应当排除的非法证据，包括：严重违反法定取证程序收集的证据；不合法主体收集和提供的证据；以偷拍、偷录、窃听等手段获取侵害他人合法权益的证据材料；以利诱、欺诈、胁迫、暴力等不法手段获取的证据材料；不具备合法性的其他证据材料。[①]

## 实务应用

### 岳某某内幕交易案[②]

2008年5月5日，马某参加“华谊集团煤化工上市路径探讨”的会议，随后主要负责借壳上市方案的细化。5月13日，马某参加“华谊集团借壳方案探讨”的会议，参与了有关方案的逐

① 徐继敏：《试论行政处罚证据制度》，载《中国法学》2003年第2期。

② 参见中国证监会〔2011〕57号行政处罚决定书，来源于北大法宝行政处罚数据库。

步细化与内部讨论；也参加了6月2日下午“上海焦化注入三爱富的可行性”的会议，该次会议初步认同了方案的可操作性，确定6月3日申请停牌。马某对三爱富并购重组事项的进展、细节有着清楚、准确的了解，是直接接触、知悉并购重组事项内幕信息的人。岳某某与马某电话联系之后买入股票，存在内幕信息传递行为，因此中国证券监督管理委员会对其作出行政处罚决定。在本案中，涉及的证据有专家法律意见书、网页电子证据、证人证言、岳某某儿子的出生证明与网络上的一篇文章。

《行政处罚法》规定了行政处罚的证据类别，包括：书证；物证；视听资料；电子数据；证人证言；当事人的陈述；鉴定意见；勘验笔录、现场笔录。本案中，出现的证据材料有4种。证监会分别对其进行了证据认定。第一，专家法律意见书，并不属于本条规定的任何一种证据种类，参照我国司法系统的处理实践，专家法律意见书是法律专家或者专业机构向特定委托人、就特定案件出具的咨询意见，在性质上不是证据，不作为本案证据采纳。第二，网络电子证据，电子证据是本条规定的证据种类之一，电子证据的范围很广，本案中当事人提供的媒体网络报道与“股吧”上的帖子，均打印于国际互联网页面，其性质属于电子证据中的网页证据，予以采纳。第三，证人证言，虽然证人证言属于《行政处罚法》规定的证据种类之一，但证据材料被认定为证据，要求证据材料具有真实性、合法性和关联性，然而本案中的证人证言因为两个证人与当事人之间存在曾经的上下级关系或者朋友关系，且两个证人的证言与待证事实也即当事人是否知悉内幕信息之间并不具有直接的关联性，因此并不能认定为证明案件事实的证据，不予采纳。第四，

《医学出生证明》和从互联网上打印下来的一篇关于内幕交易的法学文章，由于关联性不大，不予采纳。《行政处罚法》关于证据的规定，主要规范行政处罚实施过程中的证据问题，也与行政诉讼有关证据的规定相衔接。本条规定的证据种类，明确了哪些形式的证据材料可以作为证据适用，但是，更重要的是，实际决定证据材料的适用，仍然需要认定证据材料的真实性与合法性，以及与案件事实之间的关联性。需注意的是，本条特别强调合法性的要求，明确了非法证据排除规则。

**第四十七条【行政处罚全过程记录】**

行政机关应当依法以文字、音像等形式，对行政处罚的启动、调查取证、审核、决定、送达、执行等进行全过程记录，归档保存。

## 法条沿革

本条是关于行政处罚全过程记录的规定，为新增条文。

《行政处罚法》制定之初，基于执法条件所限，当时并未对行政处罚全过程记录作出规范。《行政处罚法》颁行以来，社会经济的发展、法治政府的建设、科学技术的发展，构建行政执法全过程记录制度的时机逐渐成熟。行政执法全过程记录，是重要的行政程序要求，对于促进法治政府的建设、执法人员文明执法具有重要推动作用。执法记录设备的进步和发展，提供了新的记录执法过程的方式，较之传统记录方式更加便捷、迅速，极大提高了行政效率，对执法进行全过程记录具备了现实基础。2016年，针对执法过程中的音像记录，公安部制定了《公安机关现场执法视音频记录工作规定》。2017年，国务院印发的《国务院办公厅关于印发推行行政执法公示制度执法全过程记录制度重大执法决定法制审核制度试点工作方案的通知》中将执法全过程记录制度作为一项重要的工作制度进行建设。各地方政府及其部门陆续推出本地区的行政执法全过程记录办法，如2018年广东省出台《广东省行政执法全过程记录办法（试行）》等。这些地方政府实践极大地丰富了相关立法经验，为制度修订提供了基础。

《行政处罚法（修订草案征求意见稿）》中，立法者结合行政执法全过程记录的立法经验和实践经验，规定了行政处罚的全过程记录，第44条规定："行政机关应当依法以文字、音像等形式，对行政处罚的启动、调查取证、审核、决定、送达、执行等进行全过程记录，归档保存。"《行政处罚法（修订草案二次审议稿）》仅将条文序号调整为第45条，内容不变。最终，修订后的《行政处罚法》沿袭上述规定，审议通过的条文序号为第47条。

## 规范目的或功能

全面推进行政执法全过程记录制度是推动严格规范公正文明执法，加快法治政府建设的一项重要举措。在行政处罚领域，同样需要推进全过程记录制度，特别是行政处罚的惩戒性质，直接涉及对当事人权利的减损，因此对于行政处罚更应该进行全过程记录、实现行政处罚全过程留痕和可回溯管理，确保所有行政处罚行为有据可查。本条规定，从法律的层面确定了行政机关负有对行政处罚全过程进行记录的职责，弥补了相关立法的缺失，在推进文明执法、建设法治政府的道路上前进了一步。

## 规范内容

本条是关于行政处罚全过程记录的规定，行政机关应当依法以文字、音像等形式，对行政处罚的启动、调查取证、审核、决定、送达、执行等进行全过程记录，归档保存。

第一，行政处罚全过程记录的主体是行政机关，具体而言，是作出行政处罚的行政机关。本条规定对于行政机关而言是一项作为义务，要求行政机关主动采取措施，妥善对行政处罚的全过程进行记录。如果行政机关没有进行全过程记录，那么需要承担相应的责任。在具体履行该职责时，从节约行政资源的角度、记录和审核分离的角度出发，应当由行政处罚各个阶段的执法人员具体履行记录职责，因此，对行政处罚全过程进行记录的具体执法人员有可能并非同一人。

第二，行政机关进行全过程记录时可以采用不同的形式，文字、音像是最常见的方式。文字记录是使用时间最长、适应性最广的记录方式，在科技并不发达的阶段，某些行政处罚甚至只能以文字的方式进行记录。音像记录是随着科学技术在法律领域的应用而产生的新记录方式，在一些行政程序中相比文字记录可以发挥更大的作用，如送达，如果以文字的形式记录送达，当事人拒绝签收的，只能在文件中注明，但是以音像方式记录，则可以最大限度还原当事人拒绝签收的情形，对于事后发生争议厘清责任具有更大的帮助。对于记录方式的选择，在实践中可以灵活运用，结合行政处罚各阶段的特征，采用最能完整记录的形式，以服务于全过程记录制度对程序可回溯的目的。

第三，“全过程”包含行政处罚的启动、调查取证、审核、决定、送达、执行等行政处罚的所有环节。若行政处罚的记录缺乏了任一环节，那么记录就是不完整的。行政处罚全过程记录的目的是，当发生行政复议或者行政诉讼或者其他争议时，能够以该记录佐证行政机关的行政处罚行为的合法性和合理性，如果记录不完整，其作用将很难发挥，就背离了实施全过程记录制度的初衷。

最后，行政机关在对行政处罚进行全过程记录之后，要归档保存。行政机关进行全过程记录，目的是对行政处罚程序留痕，可以进行回溯，因此对记录进行档案管理和妥善保存就非常重要，只有这样，才能在日后需要该记录时迅速查阅。如果不注重对记录的归档和保存，那么单纯地进行全过程记录无疑于是走形式，浪费行政资源，偏离制度设计的初衷。

## 实务应用

**平阴县市场监督管理局查处司某某实施混淆行为案**[①]

2019年3月22日，平阴县市场监督管理局接到济南市网络办舆情处《舆情提示单》，称高速平阴服务区超市公然售卖假冒山寨红牛，而且是真假摆在一起，整体颜色标识几乎一致。经查，当事人自山东某商贸有限公司购进与红牛维生素功能饮料近似的提神宝能量饮料用于销售。销售过程中，当事人采用将

① 《平阴县市场监督管理局查处司某某实施混淆行为案》，济南市人民政府网，http://www.jinan.gov.cn/art/2020/4/15/art_40445_3249139.html，最后访问时间：2021年2月7日。

提神宝能量饮料与红牛维生素功能饮料在同一货架并排摆放的形式向消费者展示。县市场监管局根据查证的事实和证据，认定当事人司某某违反《反不正当竞争法》第6条第4项的规定，构成实施混淆行为的不正当竞争违法行为。并根据《反不正当竞争法》第18条第1款的规定，责令当事人停止违法行为，对司某某作出了没收1180罐提神宝能量饮料，处罚款67200元的行政处罚。执法机关对本案进行了全程记录。

根据《行政处罚法》本条的规定，行政机关应当依法以文字、音像等形式，对行政处罚的启动、调查取证、审核、决定、送达、执行等进行全过程记录，归档保存。行政处罚全过程记录是为了给案件留痕，方便日后回溯，其中方法多种多样，如文字、音像等。在传统执法过程中，文字记录是一种重要的记录方式，包括各种笔录等，通常通过笔录制作者签字来保障真实性。随着科技的发展，录音和录像技术的成熟，使用方便、存储量大、便携性高的录音录像设施在执法过程中广泛应用，音像形式成为另一种重要的记录执法过程的形式。有时文字与音像形式还是同时使用，如制作笔录的过程中也同时进行录音录像。本案较普通的行政处罚案件更复杂一些，除了适用行政处罚一般程序外，本案还采取了行政强制措施、举行了行政处罚听证，因此在行政执法记录方面，更加多样化，形成的资料更加丰富，兼有文字与音频记录。而对行政处罚全过程记录，代表的是丰富全面的案件资料，这些资料呈现出来的相关执法过程视音频记录、系列执法文书、证据材料等的完整、规范、充分，尤其是涉案商品采购清单、销售清单、进货情况统计等的扎实可靠，清晰地呈现了案件事实，直观地证明了行政处罚的全过程。因此，平阴县市场监督管理局实施行政处罚符合全过程记录的法律规定。

### 第四十八条【行政处罚决定公开】

具有一定社会影响的行政处罚决定应当依法公开。

公开的行政处罚决定被依法变更、撤销、确认违法或者确认无效的，行政机关应当在三日内撤回行政处罚决定信息并公开说明理由。

## 法条沿革

本条是对行政处罚决定公开的规定，为新增条文。

《行政处罚法》制定之初，囿于立法经验不足与社会认知有限，并无独立的信息公示规定。当时，仅在第40条规定了行政处罚书的送达，可以理解为行政处罚决定仅对处罚相对人公开。这种公开，目的在于保障行政处罚的执行，并不符合公开的要义。

《行政处罚法》颁行后，随着社会经济的发展、政府治理的转型、法治观念的提高，特别是2008年《政府信息公开条例》的实施，行政决定公开的实践活动大量产生。但同样，有关行政处罚决定的公开与隐私权的保护之间的争论也不断产生，成为行政处罚决定公开需要考虑的一个重要问题。2019年修订的《政府信息公开条例》第20条中，拓宽了政府信息公开的范围，在第6项明确添加了“本行政机关认为具有一定社会影响的行政处罚决定”，自此，行政处罚决定的公开有了明确的法定依据。该条同时也对行政处罚决定公开进行了范围限缩，即并非所有的行政处罚决定都应当公开，而是具有一定社会影响的行政处罚决定才予以公开。

本条的修订过程较为曲折。在《行政处罚法（修订草案征求意见稿）》中，立法者吸收了2019年《政府信息公开条例》关于行政处罚信息公开的意旨，在第45条增加了行政处罚决定公开的内容，明确了行政处罚决定应当公开。《行政处罚法（修订草案二次审议稿）》沿袭了《行政处罚法（修订草案征求意见稿）》的规定，但是内容有所调整，除序号从第45条变为第46条以外，还将该条第1款中“依法公开”改为“依照政府信息公开的有关规定予以公开”，将所依之“法”予以明确。与《行政处罚法（修订草案二次审议稿）》相比，修订后的《行政处罚法》有较大改动，尤其是第1款，将整款“行政处罚决定应当按照政府信息公开的有关规定予以公开”改为“具有一定社会影响的行政处罚决定应当依法公开”；第2款也有小幅改动，将“撤回行政处罚决定相关信息并说明理由”改为“撤回行政处罚决定信息并公开说明理由”；此外，本条的序号从第46条改为第48条。

## 规范目的或功能

为了完善行政处罚公开程序，本法从行政处罚信息公示（第39条）和行政处罚决定公开（第48条）两方面进行了规定。其中第48条增加行政处罚决定公开的规定。如果说第39条规定的是对行政处罚事前信息的公开，那么本条规定的就是行政处罚事后信息的公开，两者与原本的行政处罚过程中的信息公开一起，使得行政处罚从法律层面明确应当全部公开。这里的“全部”是指事前、事中、事后的公开，是指对特定行政相对人和不特定的社会公众的公开，为了确保行政处罚顺利实现和保障公众和行政相对人知情权的公开，是全方位、多角度的全面公开。本条规定填补了行政处罚信息事后公开的空白，并且在第2款中规定了公开的行政处罚决定被依法变更、撤销、确认违法或者确认无效时的处理，对进一步完善我国行政公开制度有所裨益。

## 规范内容

本条规定了行政处罚决定公开，其中第1款规定了行政处罚决定公开的范围。第2款规定了公开的行政处罚决定被依法变更、撤销、确认违法或者确认无效时的处理，要求行政机关应当在3日内撤回行政处罚决定信息并公开说明理由。对于本条规定，可以从以下几个方面把握。

### 一、行政处罚决定公开是行政处罚机关的事后职责

对于行政处罚机关公开行政处罚信息的职责，1996年的《行政处罚法》的规定主要集中在行政处罚的过程中，即事中，目的是服务于行政处罚的实现以及保障行政处罚相对人的权益。本次《行政处罚法》修订过程中，对于行政处罚信息的事前和事后的公开非常重视，在第39条规定了行政处罚机关对行政处罚信息事前公示的职责，在本条规定了行政处罚机关对行政处罚信息事后公开的职责。

就具体行政处罚而言，当行政处罚机关作出行政处罚决定书，并送达行政处罚相对人并执行之后，行政处罚行为一般宣告

结束。但是，这并不意味着行政处罚机关的工作就此结束，对于具体的行政处罚所产生的大量的行政处罚决定书的处理，是无法回避的问题。行政处罚决定书，尽管主要影响的是行政处罚相对人的权利或义务，但是存在一些行政处罚决定书不仅影响行政处罚相对人的权利或义务，并且影响与该行政处罚决定书所涉及内容有利益关系的其他主体，甚至影响社会公共利益。而对于这些行政处罚决定书是否公开，使得行政处罚相关人或者社会公众知晓，就非常重要。同时，随着政府治理的转型，“让权力在阳光下运行”成为普遍的共识，而将行政处罚决定书公开，接受社会公众的监督，对于促使权力行使的透明具有重要意义。

然而行政处罚决定公开与隐私权的矛盾冲突，使得对于行政处罚决定的公开颇具争议。人们对行政处罚类政府信息公开行为是否在法理上构成对处罚相对人新的、另一个行政处罚行为（申诫罚），认识并不统一；若构成新的处罚，实际上就是一事再罚，也可以视为加重或从重处罚。[①]但是，这种观点没有看到行政处罚的本质，行政处罚是纠正行政管理秩序中的破坏行为，兼具惩戒、预防的功能，行政处罚对于行政相对人而言，不仅是惩戒，更是一种预防，这种预防不仅是针对受过行政处罚的相对人而言，防止其再犯，同时也是针对其他社会主体，防止其发生违反行政管理秩序的行为。对于行政处罚，首先应维护社会公共利益，社会公共利益的保障要优先于公民、法人或其他组织的个人权利的保障。因此，行政处罚决定的公开，应当遵循公共利益优先原则，虽然行政处罚公开可能引发侵犯

---

① 杨寅：《行政处罚类政府信息公开中的法律问题》，载《法学评论（双月刊）》2010年第2期。

个人隐私权的问题，但当这种侵犯是从社会公共利益出发时，这种侵犯是可以被容忍的。

2019年修订的《政府信息公开条例》第20条第6项规定，“实施行政处罚、行政强制的依据、条件、程序以及本行政机关认为具有一定社会影响的行政处罚决定”，行政机关应当主动公开，自此行政处罚决定的公开有了明确的法律依据。本条规定从法律层面明确了行政处罚机关对行政处罚决定公开的职责。但是，行政处罚信息公开有可能涉及扣减相对人的权利，要求行政处罚机关在履行事后公开职责时，应当保持审慎态度，避免非必要的损害。

## 二、行政处罚决定公开的范围

本条第1款规定，具有一定社会影响的行政处罚决定应当依法公开。由此明确了行政处罚决定公开的范围，即并不是所有的行政处罚决定都要公开，只有具有一定社会影响的行政处罚决定才应当依法公开。该规定吸纳了《政府信息公开条例》中有关政府信息公开范围的规定，即2019年修订的《政府信息公开条例》第20条第6项的规定，“本行政机关认为具有一定社会影响的行政处罚决定”。

行政处罚决定因为涉及处罚相对人的个人隐私，如果任意公开，有可能对处罚相对人的隐私造成侵害，甚至造成“二次处罚”。因此，对于行政处罚决定的公开，一定是具有社会影响的行政处罚决定，即该行政处罚决定不仅影响当事人，还影响除了当事人之外的其他人，甚至是一般社会公众，因此，该行政处罚决定的公开具有公共利益价值，对该社会利益的保障优先于个人权益的保障，因此应当对其进行公开。随之可能产生一个问题，“具有一定社会影响”的标准是什么，由谁来判断？

这个问题本条没有给出答案，但结合《政府信息公开条例》的规定，“本行政机关认为具有一定社会影响的行政处罚决定”，因此进行判断和公开的主体是作出行政处罚决定的行政机关，赋予了行政处罚机关较大的自由裁量权。行政处罚决定的公开将很大程度上取决于本机关对于“一定社会影响”的认定，要求行政处罚机关对于行政处罚决定的认定，牢牢把握“社会公共利益”原则，同时遵循最小侵害原则，使行政处罚决定的公开对处罚相对人造成的非必要伤害最小化。

## 三、对公开的行政处罚决定被依法变更、撤销、确认违法或者确认无效时的处理

行政处罚决定作出之后，并非就此成为终局决定，可能因为行政复议或行政诉讼而被依法变更、撤销、确认违法或者确认无效，此时，如果该行政处罚决定已予以公开，那么就需要对公开的行政处罚决定进行处理，否则就可能对社会公共利益、处罚相对人造成不利影响。

从理论上来讲，行政处罚决定被依法变更、撤销、确认违法或者确认无效的信息，也属于行政处罚决定信息。2019年修改的《政府信息公开条例》第26条规定，属于主动公开范围的政府信息，应当自该政府信息形成或者变更之日起20个工作日内及时公开。法律、法规对政府信息公开的期限另有规定的，从其规定。考虑到行政处罚决定的公开如果有误，那么在公开阶段就可能已经造成了不利影响，当发现错误后，应当尽早避免损害发生或及时止损，因此，本条对被依法变更、撤销、确认违法或者确认无效的公开的行政处罚决定的处理，作了专门的规定，在第2款中明确：行政机关应当在3日内撤回行政处罚

决定信息并公开说明理由。首先，在时间上行政处罚机关应当在3日内作出，这里的3日的起算时间应当为公开的行政处罚决定被依法变更、撤销、确认违法或确认无效的裁定或判决生效之日。其次，在处理方式上，行政机关应当撤回行政处罚决定信息并公开说明理由。当行政处罚决定被依法变更、撤销、确认违法或确认无效，那么原本的行政处罚决定自然失去效力，应当撤回公开；而公开说明理由，实际上是要求行政机关公开新形成或变更的行政处罚信息，以减小或者消除原行政处罚信息公开造成的社会影响。最后，关于行政处罚决定公开被撤销给处罚相对人带来的权利损害的补偿问题的解决，本条没有另行规定，可以适用有关规定予以解决。

## 实务应用

**洪某某诉浙江省市场监督管理局、浙江省人民政府政府信息公开案**①

2017年4月24日，洪某某向原浙江省工商行政管理局（以下简称省工商局）提出《政府信息公开申请表》，申请公开“浙工商案〔2016〕1号行政处罚决定书全文或者包括行政处罚决定书文号、行政处罚当事人基本情况、违法行为类型、行政处罚内容、作出行政处罚决定的行政机关名称和日期等的行政处罚信息摘要”。省工商局作出答复称决定不予公开，洪某某不服，向省政府申请行政复议。省政府维持了省工商局作出的答复，洪某

① 参见杭州市中级人民法院〔2018〕浙01行初457号行政判决书、浙江省高级人民法院〔2018〕浙行终1271号行政判决书。

某仍不服，提起诉讼。一审法院认为，省工商局认为浙工商案〔2016〕1号行政处罚决定的处罚对象是浙江日报报业集团，公开案涉处罚决定信息有损主流媒体的影响力，会危及社会稳定，故决定不予公开，并无不当。省政府作出浙政复〔2017〕408号行政复议决定，程序亦无不当。判决驳回原告洪某某的诉讼请求。洪某某不服，提起上诉。二审法院认为，行政机关如认为公开相关信息有可能危及社会稳定，应按照《浙江省县级重大事项社会稳定风险评估办法（试行）》的规定对可能存在的社会稳定风险进行评估，并根据评估结论作出信息公开答复。本案中，浙江省市场监督管理局并未提供证据证明已按规定对公开案涉信息的社会稳定风险进行评估，其以危害社会稳定为由决定不予公开案涉信息，主要证据不足。因此判决撤销被上诉人浙江省市场监督管理局于2017年5月12日作出的〔2017〕70号《关于洪某某有关政府信息公开申请的答复意见》，责令被上诉人浙江省市场监督管理局于本判决生效之日起20个工作日内重新作出答复。

根据《行政处罚法》规定，具有一定社会影响的行政处罚决定应当依法公开。2019年修订的《政府信息公开条例》第20条第6项也规定，本行政机关认为具有一定社会影响的行政处罚决定属于政府信息公开的范围。本条规定从法律层面明确了行政机关具有公开行政处罚决定的义务。然而，本条的规定也具有一定的模糊性，即本条规定的行政处罚决定是具有一定社会影响的行政处罚决定，如何评判“具有一定社会影响”需要更加细致的规定，由谁来评判同样也是一个问题。在本法未明确的情况下，《政府信息公开条例》提供了一条依据，即第20条第6项，这也就意味着评价的主体是行政机关，行政机关对于应当进行公示的具有一定社会影响的行政处罚决定，有义务按照一定的标准进行评估，并根据评估报告来确定该行政处罚决定是否应当公开。本案中，二审法院认为，浙江省市场监督管理局应按照《浙江省县级重大事项社会稳定风险评估办法（试行）》的规定对行政处罚决定书公开可能存在的社会稳定风险进行评估而未评估，因此缺乏作出行政处罚决定是否公开的重要证据。按照现有立法来看，“具备一定社会影响”是行政处罚决定公开的积极要件，在本法颁行之后，对于社会影响的评估或将成为决定行政处罚决定是否公开的重要证据，而后续关涉行政处罚决定社会影响的评价机制构建也值得立法关注。

**第四十九条【快速、从重处罚】**

发生重大传染病疫情等突发事件，为了控制、减轻和消除突发事件引起的社会危害，行政机关对违反突发事件应对措施的行为，依法快速、从重处罚。

## 法条沿革

本条是关于在突发事件中快速、从重处罚的规定，为新增条文。

《行政处罚法》制定之初，有关行政应急的法律体系尚未建立，就行政处罚如何回应突发事件应对措施的行为尚无经验，因此，当时立法并未考虑到该类问题。《行政处罚法》颁行之后，有关行政应急的法律法规相继出台和完善，如1997年颁行的《防洪法》和《防震减灾法》，2002年颁行的《安全生产法》，2004年修订的《传染病防治法》，2007年颁行的《突发事件应对法》等法律，以及2003年国务院发布的《突发公共卫生事件应急条例》和2006年发布的《国家突发公共事件总体应急预案》等行政法规，极大丰富了我国行政应急制度的相关规定。进入21世纪，世界及我国范围内相继发生多起重大传染病疫情事件，行政机关在应对突发事件中的行政处罚实施，对于情况控制具有重大影响。行政机关如何在重大传染病疫情等突发事件中，合理实施行政处罚，以帮助控制、减轻和消除突发事件引起的社会危害，成为了急需解决的问题。

本次修订，正值新冠肺炎暴发之际，立法者关注到社会实践需求，在《《行政处罚法（修订草案征求意见稿）》中新增第46条，涉及突发事件中的行政处罚裁量要求。《行政处罚法（修订草案二次审议稿）》沿袭了第46条的规定，但是在表述上作了修改，将“依法从重处罚，并可以简化程序”改为“依法快速、从重处罚”；将本条的序号从第46条改为第47条。最终，修订后的《行政处罚法》与《行政处罚法（修订草案二次审议稿）》相比，条文序号从第47条变为第49条，内容不变。

## 规范目的或功能

在突发事件中，往往需要尽快控制、减轻和消除突发事件引起的社会危害，在此过程中，会实施非正常情况下的紧急措施，这些措施需要社会公众予以配合及支持，由此才能尽快结束突发事件。但由于这些措施可能会对公民个人权益造成一些影响，因此会存在公民心有怨气，不愿配合，甚至故意违反相关应对措施的情况发生。在此情况下，行政机关的正确应对就显得非常重要。实施行政处罚，对于解决公民的不解以保障突发事件应对措施的顺利实施，最终结束突发事件具有重要的作用。本条规定填补了突发事件中行政处罚裁量标准的立法空白；明确了在突发事件中，应当依法快速、从重处罚违法行为，为行政机关在突发事件中对公共利益和个人权益保障的抉择指明了方向，即以公共利益优先，以控制、减轻和消除突发事件引起的社会危害优先。

## 三 规范内容

本条是重大传染病疫情等突发事件中的快速、从重处罚的规定。

第一，快速处罚，要求行政机关处理违法行为时，在尽可能短的时间内作出行政处罚。快速，并不意味着要求行政机关全部适用简易程序处理违法行为，在程序的选用上，仍应当遵循普通程序和简易程序自身的适用条件，选择合适的程序。同样，快速也不要求在选择合适的程序之后，简化程序，删减阶段。快速，要求行政处罚程序的每个阶段的处理要迅速，在不违反法定程序的情况下，尽最快速度完成所有的程序，合法合理地作出行政处罚决定。

第二，从重处罚，是指在处罚种类和处罚幅度上选择对当事人更为严重的处罚。从重处罚与从轻处罚相对应，其存在的条件是行政责任所对应的行政处罚是不定罚，即行政机关具有自由裁量空间。如果是确定罚，行政机关没有自由裁量空间，那么就不能适用从重处罚。此外，从重处罚不是要作出超出当事人应当承担的行政责任的行政处罚，也不是要作出当事人应当承担的行政责任对应的顶格行政处罚，而是要视当事人违法行为的情节和社会危害性，作出比一般情况下更加严重的行政处罚。

第三，本条从行政机关适用快速、从重处罚的前提、目的、对象三方面进行了规定。

行政机关依法快速、从重处罚，是以发生重大传染病疫情等突发事件为前提。只是在发生了突发事件之后，在突发事件尚未结束之前的这段时间，行政机关才可以对违法行为依法快速、从重处罚。根据《突发事件应对法》规定，突发事件预警发布之后，预警期开始，那么该时间应当为本条规定行政机关依法快速、从重处罚开始之时；突发事件警报解除之后，预警期终止，那么该时间应当为本条规定行政机关依法快速、从重处罚结束之时。

行政机关依法快速、从重处罚，其目的是控制、减轻和消除突发事件引起的社会危害。如果行政机关对当事人的违法行为快速、从重处罚之后，并不能对控制、减轻和消除突发事件引起的社会危害起到任何帮助，甚至发生反效果，如引起混乱、加重突发事件引起的社会危害，即便当事人的违法行为发生在突发事件期间，违反了突发事件应对措施，这样的快速、从重处罚仍然是不合适的，是违反法律规定的。

行政机关依法快速、从重处罚的对象，是违反突发事件应对措施的行为，即适用依法快速、从重处罚的行为不是一般的违法行为，而是违反突发事件应对措施的行为。一般的违法行为，哪怕是发生在突发事件期间，如果并不关涉违反突发事件应对措施，那么应当按照正常规定进行处罚。对违反突发事件应对措施的行为依法快速、从重处罚，反映了在突发事件发生期间，公共利益优先，突发事件应对解决优先的价值选择。在这种情况下，如果行政资源有限，不足以正常处理一般违法行为，那么一般违法行为的行政处罚处理还应当让位于对应对突发事件的行政处罚处理。只有是发生在重大传染病疫情等突发事件期间的违反突发事件应对措施的行为，行政机关为了控制、减轻和消除突发事件引起的社会危害，才能依法快速、从重处罚。

## 实务应用

**咸宁百信大药房哄抬物价案**[①]

2020年2月9日，因咸宁百信大药房在新型冠状病毒感染的肺炎疫情防控期间，大幅度提高口罩销售价格，哄抬物价，扰乱市场秩序，严重违反新冠疫情应对措施规定，咸宁市市场监督管理局对其作出行政处罚决定书，责令改正，没收违法所得6120元，并处违法所得6120元4倍罚款，共计24480元。

2020年新型冠状病毒疫情期间，类似咸宁百信大药房哄抬物价的案件各地层出不穷，面对突发情况下需求的大幅增加，很多经营者提高与疫情防控有关物资的价格，如口罩、药品等，其中也包括食品经营者借机提高食品价格，如高新温泉嘉华园超市哄抬物价案[②]等。这些经营者的违法行为，不仅扰乱了社会秩序，也加剧了疫情期间的民众恐慌，违反了国家关于疫情防控的应对措施，对社会稳定和防控防疫造成了恶劣影响。对此，各地行政执法部门也对这些行为给予了严厉的处罚。根据本条规定，发生重大传染病疫情等突发事件，为了控制、减轻和消除突发事件引

---

① 参见咸宁市市场监督管理局咸市监处字〔2020〕4号行政处罚决定书，来源于北大法宝行政处罚数据库。

② 参见咸宁市市场监督管理局咸市监处字〔2020〕8号行政处罚决定书，来源于北大法宝行政处罚数据库。

起的社会危害，行政机关对违反突发事件应对措施的行为，依法快速、从重处罚。为行政机关对疫情等突发事件期间发生的违反突发事件应对措施的行为，依法予以快速、从重处罚提供了明确的法律依据。本案发生的时间正值新冠疫情严重时期，当时口罩等疫情防控物资短缺，禁止口罩等重要防疫物资涨价是重要疫情应对措施之一，咸宁百信大药房公然哄抬物价，严重违反了突发事件应对措施，行政机关有权对其行为依法快速、从重处罚。本案中，行政机关依法对其处以违法所得4倍的罚款，根据《价格违法行为行政处罚规定》第6条第1款第3项规定，该处罚已经高于最高5倍处罚的中位线水平，[①] 即高于3倍，属于较重处罚。根据本法本条的规定，对于违反突发事件应对措施的行为，行政机关依法从重处罚，因此该处罚数额符合法律规定。本条规定为突发事件下行政机关的处罚行为提供了法律依据。突发情况下的依法快速、从重处罚，既是行政机关的权力，也是行政机关必须履行的职责，对于稳定市场，安抚公众恐慌情绪具有重要作用。

---

① 参见《价格违法行为行政处罚规定》第6条规定："经营者违反价格法第十四条的规定，有下列推动商品价格过快、过高上涨行为之一的，责令改正，没收违法所得，并处违法所得5倍以下的罚款；没有违法所得的，处5万元以上50万元以下的罚款，情节较重的处50万元以上300万元以下的罚款；情节严重的，责令停业整顿，或者由工商行政管理机关吊销营业执照：（一）捏造、散布涨价信息，扰乱市场价格秩序的；（二）除生产自用外，超出正常的存储数量或者存储周期，大量囤积市场供应紧张、价格发生异常波动的商品，经价格主管部门告诫仍继续囤积的；（三）利用其他手段哄抬价格，推动商品价格过快、过高上涨的。行业协会或者为商品交易提供服务的单位有前款规定的违法行为的，可以处50万元以下的罚款；情节严重的，由登记管理机关依法撤销登记、吊销执照。前两款规定以外的其他单位散布虚假涨价信息，扰乱市场价格秩序，依法应当由其他主管机关查处的，价格主管部门可以提出依法处罚的建议，有关主管机关应当依法处罚。"

**第五十条【保密义务】**

行政机关及其工作人员对实施行政处罚过程中知悉的国家秘密、商业秘密或者个人隐私，应当依法予以保密。

## 法条沿革

本条是关于行政机关及其工作人员保密义务的规定，是新增条文。

对公职人员执行职务活动中知悉的国家秘密、商业秘密和个人隐私进行保密是应当履行的职务要求，各个国家机关及工作人员都应遵守这一基本规定。这在《公务员法》《法官法》《检察官法》《监察法》以及规范行政机关执法活动的法律法规中皆有体现。[①]新近出台的《公职人员政务处分法》对违反这一义务的法律责任进行了明确，第39条规定：泄露国家秘密、工作秘密，或者泄露因履行职责掌握的商业秘密、个人隐私的，造成不良后果或者影响的，予以警告、记过或者记大过；情节较重的，予以降级或者撤职；情节严重的，予以开除。

本次修订，在《行政处罚法（修订草案征求意见稿）》中新

① 例如，《公务员法》第14条规定，保守国家秘密和工作秘密是公务员应当履行的义务。《检察官法》第10条规定，检察官应当履行保守国家秘密和检察工作秘密，对履行职责中知悉的商业秘密和个人隐私予以保密的义务。《法官法》第10条规定，法官应当履行保守国家秘密和审判工作秘密，对履行职责中知悉的商业秘密和个人隐私予以保密的义务。《刑事诉讼法》第152条规定，侦查人员对采取技术侦查措施过程中知悉的国家秘密、商业秘密和个人隐私，应当保密。《监察法》第18条规定，监察机关及其工作人员对监督、调查过程中知悉的国家秘密、商业秘密、个人隐私，应当保密。《行政许可法》第5条规定，行政许可的实施和结果，除涉及国家秘密、商业秘密或者个人隐私的外，应当公开。

增第53条："行政机关对调查、检查中知悉的国家秘密、商业秘密或者个人隐私,应当依法予以保密。"《行政处罚法（修订草案二次审议稿）》基本沿袭了第53条的规定，仅将"行政机关"改为"行政机关及其工作人员"；将条文序号从第53条调整为第54条。最终，修订后的《行政处罚法》将本条从第五章第三节"普通程序"中提至第五章第一节"一般规定"最后一条；内容上将"调查、检查中"修改为"实施行政处罚过程中"；将条文序号从第54条调整为第50条。

## 规范目的或功能

行政处罚确立了公开的基本原则,《行政处罚法》完善了关于行政处罚依据公开、主体公开、过程公开以及结果公开的具体规定。这一背景下明确行政机关在实施行政处罚中履行对国家秘密、商业秘密以及个人隐私的保密义务显得尤为重要，是明确公开与保密的范围，实现二者良性互动的基础。因此，对实施行政处罚过程中知悉的国家秘密、商业秘密或者个人隐私不仅不得在执法过程和结果中公开。同时，执法人员或者其他知悉的工作人员也不得私自泄露相关信息，若符合侵权行为或犯罪行为的构成要件，将承担《保守国家秘密法》《侵权责任法》《刑法》等法律规定的责任。

## 规范内容

本条是关于保密义务的规定，即对实施行政处罚过程中知悉的国家秘密、商业秘密或者个人隐私，行政机关及其工作人员应当依法予以保密。对于本条的把握，可以从两个方面展开，即保密义务的主体和保密义务的对象。

## 一、保密义务的主体

本条规定，应当依法对国家秘密、商业秘密或者个人隐私予以保密的主体是行政机关及其工作人员。

行政机关是实施行政处罚的主体，是行政处罚法律关系中的一方主体，对于在实施行政处罚过程中知悉的国家秘密、商业秘密或者个人隐私，当然具有保密的义务。但问题是，能够实施行政处罚的行政主体不止行政机关，还有法律、法规授权的组织，受委托组织，这些主体是否适用本条的规定，是保密义务的主体？由于本条规定的保密义务的对象是实施行政处罚过程中知悉的国家秘密、商业秘密或者个人隐私，本条规定的目的是保护这些国家秘密、商业秘密或者个人隐私不被非法公开，而法律、法规授权的组织和受委托组织因为实施行政处罚也可以知悉这些国家秘密、商业秘密或者个人隐私，从本条保护的目的来说，应当对本条规定的行政机关进行扩大解释，将其外延涵盖法律、法规授权的组织和受委托组织。

工作人员是具体执行行政处罚的工作人员，参与行政处罚过程的工作人员必然可以知悉相关过程中存在的国家秘密、商业秘密或者个人隐私。因此，为避免工作人员因为个人私欲而出卖或者公开所知悉的国家秘密、商业秘密或者个人隐私，工作人员也是当然保密义务的主体。

## 二、保密义务的对象

行政机关及其工作人员依法对实施行政处罚过程中知悉的国

家秘密、商业秘密或者个人隐私保密，即其保密义务的对象是行政处罚过程中知悉的国家秘密、商业秘密或者个人隐私。

第一，从保密对象的类型上看，行政机关及其工作人员对三种秘密信息应当保密，即国家秘密、商业秘密或者个人隐私。

一是国家秘密。根据《保守国家秘密法》第2条规定，国家秘密是关系国家安全和利益，依照法定程序确定，在一定时间内只限一定范围的人员知悉的事项。是否属于国家秘密并不由执法机关随意确定，而是应当按照《保守国家秘密法》及其实施条例所确定的定密规则和定密程序来确定，具体而言，其一是机关、单位有定密权限的，应当在法定或授权的定密权限与定密范围内确定国家秘密；其二是机关、单位执行上级确定的国家秘密事项，需要定密的，根据所执行的国家秘密事项的密级确定。其三是下级机关、单位认为本机关、本单位产生的有关定密事项属于上级机关、单位的定密权限，应当先行采取保密措施，并立即报请上级机关、单位确定；其四是没有上级机关、单位的，应当立即提请有相应定密权限的业务主管部门或者保密行政管理部门确定。需注意的是，机关、单位既不能将涉及国家秘密的信息公开，也不得将依法应当公开的事项确定为国家秘密。根据《保守国家秘密法》的规定，保密事项范围应当根据情况变化及时调整，在实施行政处罚过程中，执法人员应当关注保密事项的调整情况，不得滥用保守秘密条款将依法应当予以公开的事项进行保密。

二是商业秘密，是指不为公众所知悉、具有商业价值并经权利人采取相应保密措施的技术信息、经营信息等商业信息。在行政处罚过程中要求行政机关及执法人员保护商业秘密，主要是为了防止其他经营者非法使用商业秘密，保护商业秘密权利人和相关主体的合法权益，维护公平竞争的市场环境。对于是否属于商业秘密的认定，行政机关可以按照《反不正当竞争法》等法律法规来认定，其中不为公众所知悉是指不为其所属领域的相关人员普遍知悉或者不能从公开渠道容易获得；具有商业价值是指该信息能为权利人带来商业利益或竞争优势；权利人采取相应保密措施是指权利人为防止信息泄露所采取的与商业秘密的商业价值、独立获取难度等因素相适应、合理且具有针对性的保密措施；技术信息是指利用科学技术知识、信息和经验获得的技术方案，经营信息是指与权利人经营活动有关的各类信息。[①]

三是个人隐私，根据《民法典》第1032条、第1034条的规定，隐私是自然人的私人生活安宁和不愿为他人知晓的私密空间、私密活动、私密信息。个人信息是以电子或者其他方式记录的能够单独或者与其他信息结合识别特定自然人的各种信息，包括自然人的姓名、出生日期、身份证件号码、生物识别信息、住址、电话号码、电子邮箱、健康信息、行踪信息等。个人信息中的私密信息，适用有关隐私权的规定；没有规定的，适用有关个人信息保护的规定。由此可见，个人隐私与个人信息属于交叉关系，个人信息中部分属于个人隐私，部分属于普通个人信息，法律对个人隐私的保护程度要严格于普通个人信息。行政机关及执法人员在涉及个人隐私认定时，首先应注意个人隐私与普通个人信息的区别，既不能把应当属于个人隐私的事项作为普通个人信息予以公开，也不得将可以公开的事项作为个人隐私进行过度保护，影响第三人或公众的知情权。其次，个人隐私属于相对公开范畴，若权利人同意公开涉及个人隐私的政府信息，行政机关可以公开。再次，行政机关认为涉及个人隐私的信息不公

---

① 具体参见国家市场监督管理总局：《商业秘密保护规定（征求意见稿）》。

开会对公共利益造成重大影响的，也可以予以公开。另外，除了个人隐私之外，行政机关对普通个人信息的使用或处理也不得随意进行，亦需遵守国家机关处理个人信息的相关规定。2020年10月21日，全国人大法工委公开就《个人信息保护法（草案）》征求意见，其中《个人信息保护法》（草案）第三节就国家机关处理个人信息进行了特别规定。其中第34条明确，国家机关为履行法定职责处理个人信息，应当依照法律、行政法规规定的权限、程序进行，不得超出履行职责所必需的范围和限度。

第二，从保密对象的来源上看，行政机关及其工作人员应当保密的国家秘密、商业秘密或者个人隐私是其在实施行政处罚过程中知悉的。这是本条对保密义务对象的限制，即如果行政机关及其工作人员泄露了国家秘密、商业秘密或者个人隐私，但是该国家秘密、商业秘密或者个人隐私并不是其在实施行政处罚过程中知悉的，并不适用本法调整。

## 实务应用

**陈某主张北京市工商局海淀分局违反保密义务案**[①]

2018年4月至11月，市民陈某多次向原北京市工商局海淀分局举报，反映××出行科技有限公司北京分公司（以下简称××北京分公司）于2017年8月18日至2018年3月22日，向其提供

① 陈晓戈、堵咨硕：《从一起案件看执法人员的保密义务与行政举报人的个人隐私保护——浅析〈市场监督管理行政处罚程序暂行规定〉第十八条第三款》，国家市场监督管理总局网站，http://www.samr.gov.cn/fgs/tzgg/201906/t20190603_302015.html，最后访问时间：2021年2月7日。

的203次××快车服务车辆未取得《网约车车辆运输证》，不符合网约车服务车辆条件，涉嫌侵犯消费者知情权和公平交易权，构成消费欺诈。后因不服海淀分局处理答复意见，先后于2018年5月、11月向海淀区人民政府、北京市市场监管局申请行政复议，并于2019年1月向海淀分局监察科去电，认为工作人员在处理其举报、行政复议相关事宜时，向被举报方泄露其个人姓名、手机号码及举报具体内容，侵犯了其个人隐私，请求给予办案人员相应处分。经核实，告知被举报人相应举报内容是执法部门核实涉嫌违法行为之必然举措，执法人员告知××北京分公司具体举报内容并无不当。另在本案中，必须通过举报人实名注册的会员手机号码调取相应乘车记录、服务车辆车型等信息以核实举报内容，被举报方则通过用户注册手机号码获知了举报人的真实姓名等信息。

本条规定，行政机关及其工作人员对实施行政处罚过程中知悉的国家秘密、商业秘密或者个人隐私，应当依法予以保密。本案中，行政机关接到举报人举报，对××北京分公司涉嫌侵犯消费者知情权和公平交易权的事实进行调查，其中获得的举报人的个人姓名、手机号码及举报具体内容属于在实施行政处罚过程中获得的信息，但是其中举报内容不属于法律规定的个人隐私。并且，告知被举报人相应举报内容是执法部门核实涉嫌违法行为之必然举措。而有关姓名、手机号码等具有一定隐私性质的内容，其中手机号码又是核实举报内容必须要使用的信息，而姓名是被举报人通过用户注册手机号码获知的，行政机关并没有直接告知。因此，执法人员为核实涉嫌违法行为告知××北京分公司相关信息并不违反本条的规定。本条规定的行政机关及其工作人员应当保密的信息不仅要求是在实施行政处罚过程中知悉的，并且要求是属于法律规定的国家秘密、商业秘密、个人隐私的范围。而且，如果有关信息的披露是办理案件所必须所为的行为，那么行政机关为了案件的顺利办理，而对有关信息进行必要的告知，不应认定为违反保密义务。

## 第二节　简易程序

### 第五十一条【当场处罚】

违法事实确凿并有法定依据，对公民处以二百元以下、对法人或者其他组织处以三千元以下罚款或者警告的行政处罚的，可以当场作出行政处罚决定。法律另有规定的，从其规定。

### 法条沿革

本条沿袭了修订前的《行政处罚法》第33条，但在内容上有所变化。其中，罚款数额作了修改，由“对公民处以五十元以下、对法人或者其他组织处以一千元以下罚款或者警告的行政处罚的”改为“对公民处以二百元以下、对法人或者其他组织处以三千元以下罚款或者警告的行政处罚的”；增加了“法律另有规定的，从其规定”的规定，删除了“当事人应当依照本法第四十六条、第四十七条、第四十八条的规定履行行政处罚决定”的规定，将其独立为本法第53条。本条与《行政处罚法

(修订草案征求意见稿)》相比，不仅在体例上有所调整，由第47条变为第51条，在内容和表述上也均有改变。在表述上，将“其他法律另有规定的，从其规定”改为“法律另有规定的，从其规定”；在内容上，将“当事人应当依照本法第六十二条、第六十三条、第六十四条的规定履行行政处罚决定”抽离出来规定为本法第53条。本条与《行政处罚法(修订草案二次审议稿)》相比在体例上又作了调整，条文序号从第48条变为第51条。

## 规范目的或功能

对于某些当场发现且案情简单、处罚较轻的案件，如果不加区分地统一适用普通程序，行政机关承担起来较为困难。设置简易程序，目的是发挥其降低程序成本、缩短行政过程、拓宽行政裁量权、使行政相对人信服行政权威的价值。[①]本条规定就是从行政资源有限的现实出发，规定了部分案件可以简化流程，加快速度，并限定了适用条件。对于满足标准的行政处罚案件，行政机关可以当场作出行政处罚决定。当然，简易程序构建中也需注意公正问题，需通过与之配套的简易程序规定，确保在提高行政效率的同时，限制行政机关的权力滥用。

## 规范内容

本条规定了行政处罚的简易程序，主要针对当场处罚的内容和条件作了规定。

---

① 张淑芳:《论行政简易程序》，载《华东政法大学学报》2010年第2期。

## 一、简易程序的概念

行政处罚简易程序，也称当场处罚程序，是指具有行政处罚权的行政主体对于事实清楚、情节简单、后果轻微的行政违法行为，当场给予行政处罚的步骤、方式、时限和顺序。它包括以下内容：

（一）当场处罚是由具有行政处罚权的行政主体依法作出的行政执法行为。根据本法规定，行政处罚实施机关包括：具有行政处罚权的行政机关，国务院或者省、自治区、直辖市人民政府决定的行使有关行政机关的行政处罚权的行政机关，法律、法规授权的具有管理公共事务职能的组织等。

（二）当场处罚一般适用于事实清楚、情节简单、后果轻微的行政违法案件。这是适用简易程序与普通程序的区别之一。如果案情复杂、后果严重，需进一步调查取证，甚至召开听证会，就不能够适用简易程序，只能适用普通程序，否则行政处罚主体的单方权力过大，可能造成滥用处罚权，极易对公民的合法权利造成损害。

（三）当场处罚是指发现行政违法行为后当即给予行政处罚。这是适用简易程序与普通程序最显著的区别。但是，适用简易程序并不意味着普通程序中的步骤能省则省，对于涉及程序公正和当事人合法权益的步骤是不能够省略的。如行政机关的告知步骤，当事人的陈述、申辩的步骤等，如果行政机关不履行告知义务，拒绝听取当事人的陈述、申辩，那么所作出的行政处罚也会涉及程序违法。

（四）简易程序的适用具有选择性。本条规定，“可以当场作出行政处罚决定”，而不是应当。因此，对于满足适用简易程序的行政处罚案件，一般情况下，行政机关可以适用简易程序当场作出行政处罚，但是如果行政机关认为本案需要适用普通程序，那么行政机关也可以适用普通程序。此外，在适用简易程序的过程中，如果行政机关认为本案事实存在争议，需要进一步调查取证，也可以从简易程序转为普通程序。

## 二、简易程序的条件

根据本条规定，简易程序的条件可以概括为以下几个方面：

第一，违法事实确凿，是指当事人确有违法事实，且案情简单、违法事实清楚、证据确凿，没有进一步调查取证需要的违法行为。一般来说适用当场处罚的案件，执法人员在现场就可以查明事实或者亲眼目睹，无须专门的调查取证。近年来各种执法仪器的普及，更是从证据材料方面保障了当场处罚案件的证据充足性，使得适用简易程序作出的行政处罚决定同样可以建立在严格的事实清楚、证据充分的基础之上。

第二，有法定依据。依法行政是行政执法的基本原则，"法无明文规定即禁止"约束行政处罚行为的实施。行政机关适用简易程序作出的行政处罚，必须有法律、行政法规、地方性法规和规章作为依据，如无明文规定，不得给予行政处罚。

第三，符合规定的行政处罚的种类和幅度。可以当场作出的行政处罚的种类限于罚款和警告，并且法律还规定了罚款的幅度。本次规定与修订前《行政处罚法》第33条相比，对公民处以的罚款数额由50元以下，提高到了200元以下；对法人或者其他组织处以的罚款数额由1000元以下提高到了3000元以下。这是由于社会经济的发展，原本的规定已经不符合社会生活实际情况，故本次修改提高了适用简易程序的罚款幅度。

需要注意的是，由于本法在第40条处罚条件中，对不得给予行政处罚的条件，修改为"违法事实不清、证据不足的"，而

第40条属于行政处罚程序的一般规定，也适用于简易程序和普通程序，因此，与原来仅要求查明事实，没有固定证据的要求相比，[①]目前对简易程序中的证据提出了更高要求。当然，执法设备的完善使其具有可操作性，本法新增的第41条和第46条，通过电子设备记录、证据等详细规定，使得在简易程序中固定证据具有可行性。并且，本法将原本普通程序中规定的调查和检查时执法人员不得少于两人的规定抽离出来独立作为了一条，成为行政处罚程序的一般规定之一，这也就意味着，哪怕是简易程序，也应当遵循执法人员不得少于两人的规定。这些新增规定相互联结，使得当场处罚不再是“无固定证据”或者“无案卷证据”的一人处罚。因此，即便是适用简易程序，如果违法事实不清、证据不足的，也会存在问题。

上述简易程序的条件只是一般适用简易程序的条件，本条也有除外规定，这意味着本法或者其他法律对适用简易程序有特别规定的，从其规定。

## 实务应用

**杨某某诉广东省珠海市公安局交通警察支队拱北大队处罚纠纷案**[②]

2010年1月8日18时12分，珠海市公安局交通警察支队拱

① 吴高盛主编：《〈中华人民共和国行政处罚法〉释义及实用指南》，中国民主法制出版社，2015年3月，第92页。

② 参见珠海市香洲区人民法院〔2010〕香行初字第42号二审行政判决书、广东省珠海市中级人民法院〔2010〕珠中法行终字第51号行政判决书。

北大队民警卜某身着警服、反光衣在香洲景山路交海滨南路路口执勤时，发现杨某某驾驶的粤××号小轿车在景山路南往北方向行驶至景山路红绿灯处时，在右转弯车道上往左边排队缓慢行驶的车辆的右侧往左侧强行插入，影响其他车辆的正常行驶，遂当场作出编号44040202-5008016公安交通管理简易程序处罚决定书，对杨某某罚款200元，并当场送达给杨某某。之后，杨某某缴纳了罚款及滞纳金78元。杨某某不服处罚决定，起诉至珠海市香洲区人民法院。一审法院认为：珠海市公安局交通警察支队拱北大队的民警卜某在执勤时，发现杨某某驾驶的粤××号小客车在遇有前方车辆停车排队等候、缓慢行驶时，从右转弯车道上往左边排队缓慢行驶的车辆的右侧往左侧强行插入，影响了其他车辆的正常行驶，行政处罚认定事实清楚，证据确实。被告依据《道路交通安全法》第90条、《广东省道路交通安全条例》第58条第2项的规定，对杨某某作出罚款200元的处罚，适用法律、法规正确，处罚适当。《行政处罚法》是全国人民代表大会制定的，《道路交通安全法》是全国人民代表大会常务委员会制定的。依据《立法法》第83条规定，在关于道路交通违法行为当场处罚之罚款数额的规定不一致时，应当适用作为特别规定的《道路交通安全法》。杨某某关于被告适用《道路交通安全法》当场作出罚款200元的行政处罚违反《行政处罚法》第33条规定的主张不能成立，法院判决驳回诉讼请求。杨某某不服，提起上诉，二审法院认为原审判决认定事实清楚，适用法律正确，予以维持。

本案中，关键争议在于杨某某主张被告对其处以200元罚款适用简易程序不当，应当适用普通程序。一审法院根据普通法与特别法的适用规则，即依据《立法法》第83条规定[①]，在关于道路交通违法行为当场处罚之罚款数额的规定不一致时，应当适用作为特别规定的《道路交通安全法》，因此认定本案适用简易程序合法。《行政处罚法》本条规定了当场处罚的适用条件，即违法事实确凿并有法定依据，对公民处以200元以下、对法人或者其他组织处以3000元以下罚款或者警告的行政处罚的，可以当场作出行政处罚决定。本案中，杨某某的违法行为是交警当场发现的，事实清楚确凿，且有处罚依据，关键在于行政处罚种类和幅度的规定上。之前的《行政处罚法》规定是对公民处以50元以下才可适用当场处罚，现在根据本条规定，对公民处以200元以下罚款就可以当场处罚。这也就意味着，现在再发生本案情形，即便不依据普通法与特别法的使用规则，依据本条的规定，适用简易程序也并无不当。因为对公民适用简易程序的罚款数额规定，现在《行政处罚法》与《道路交通安全法》一致，因此，在此问题上就不存在普通规定与特别规定之分，本案适用当前《行政处罚法》的本条规定，交警采用当场处罚程序进行处罚也是符合法定程序的。

## 第五十二条【当场处罚的行政处罚决定书】

执法人员当场作出行政处罚决定的，应当向当事人出示执法证件，填写预定格式、编有号码的行政处罚决定书，并当场交付当事人。当事人拒绝签收的，应当在

---

① 参见2015年最新修订的《立法法》第92条："同一机关制定的法律、行政法规、地方性法规、自治条例和单行条例、规章，特别规定与一般规定不一致的，适用特别规定；新的规定与旧的规定不一致的，适用新的规定。"

行政处罚决定书上注明。

前款规定的行政处罚决定书应当载明当事人的违法行为，行政处罚的种类和依据、罚款数额、时间、地点，申请行政复议、提起行政诉讼的途径和期限以及行政机关名称，并由执法人员签名或者盖章。

执法人员当场作出的行政处罚决定，应当报所属行政机关备案。

## 法条沿革

本条沿袭了修订前的《行政处罚法》第34条，并且整合了第35条的内容，在内容上改动较大。主要表现在：第1款将“应当向当事人出示执法身份证件，填写预定格式、编有号码的行政处罚决定书。行政处罚决定书应当当场交付当事人”改为“应当向当事人出示执法证件，填写预定格式、编有号码的行政处罚决定书，并当场交付当事人”，并新增“当事人拒绝签收的，应当在行政处罚决定书上注明”的规定。第2款将“违法行为、行政处罚依据、罚款数额、时间、地点以及行政机关名称”更改为“违法行为，行政处罚的种类和依据、罚款数额、时间、地点，申请行政复议、提起行政诉讼的途径和期限以及行政机关名称”，其中“申请行政复议或者提起行政诉讼的途径和期限”是对1996年《行政处罚法》第35条“当事人对当场作出的行政处罚决定不服的，可以依法申请行政复议或者提起行政诉讼”的整合。本条在此次修订中变动较大，《行政处罚法（修订草案二次审议稿）》与《行政处罚法（修订草案征求意见稿）》相比，在体例上有所调整，由第48条变为第49条，并且增加了新的内容，在“依据”前增加“的种类和”，在“以及行政机关名称”前增加“申请行政复议或者提起行政诉讼的途径和期限”，并且删除了《行政处罚法（修订草案征求意见稿）》第49条，即“当事人对当场作出的行政处罚决定不服的，可以依法申请行政复议或者提起行政诉讼”的规定。最终，修订后的《行政处罚法》与《行政处罚法（修订草案二次审议稿）》相比，条文序号从第49条变为第52条；且在表述上进行了调整，将“填写预定格式、编有号码的行政处罚决定书。行政处罚决定书应当当场交付当事人”改为“填写预定格式、编有号码的行政处罚决定书，并当场交付当事人”，“申请行政复议或者提起行政诉讼”改为“申请行政复议、提起行政诉讼”。

## 规范目的或功能

本条规定了简易程序的具体内容，主要是行政处罚决定书的内容。适用简易程序，如果未对程序进行严格规定，可能造成行政执法人员的单方权力过大，进而损害当事人的权利。对于当场处罚，处罚文书是其中最重要的文件，本条以行政处罚决定书为核心，从处罚文书的出具、交付、备案出发，对简易程序的过程进行了规定，从而规范了执法人员在简易程序中的行为，也使其行为有法可依。本条对于行政处罚决定书内容的补充规定，进一步规范了简易处罚文书，有助于提高行政机关的执法水平，促进行政案件的复查、档案信息的保存和查询。

## 规范内容

本条是对执法人员当场作出行政处罚应当遵循的法定步骤的规定，包括表明身份、填写行政处罚决定书、交付行政处罚决定书、备案。对于本条的把握，可以从简易程序的具体内容和行政决定处罚书的内容两方面展开。

### 一、简易程序的具体内容

本条规定了简易程序的具体内容，即执法人员当场作出行政处罚决定的应当履行以下法定程序：

第一，表明执法身份。这是简易程序的首要步骤。了解执法人员的执法身份，是当事人应有的权利。执法身份表明了行政主体有权给予行政处罚的主体资格，即行政处罚主体合法。为此，执法人员对当事人当场作出行政处罚时，必须向当事人出示其合法的执法证件，以表明其执法身份。执法证件，应当载明或者表征其所代表的行政机关的名称及该执法人员所在职务等内容。证件可以是工作证，也可以是执法证，或者二者都出示，或者出示法定的徽章等，依法律规定的不同而不同。

第二，告知拟作出的行政处罚内容及事实、理由、依据，并告知当事人依法享有的陈述、申辩、要求听证等权利。行政执法人员表明身份后，应当履行告知义务，指出违法事实，说明理由和法定依据，拟作出什么种类、何种程度的处罚，并且应当告知当事人享有的权利。执法人员的告知义务虽然在本条没有规定，但是规定在本条所在章的一般规定中，是简易程序和普通程序都应当具备的步骤。

第三，听取当事人的陈述和申辩。在执法人员履行告知义务之后，当事人没有选择放弃陈述、申辩权的，执法人员应当听取当事人的陈述和申辩，对于当事人提出的意见应当认真对待，充分考虑，如果成立，应当采纳。并且执法人员不得因为当事人的申辩而加重处罚。执法人员听取当事人陈述、申辩的义务，是以本条所在章的一般规定中对当事人陈述、申辩权的规定为依据，同样是简易程序和普通程序都应当具备的步骤。

第四，填写并交付行政处罚决定书。在执法人员查明事实之后，应当填写预定格式、编有号码的行政处罚决定书，这样的行政处罚决定书既便于执法人员使用，也可以防止执法人员滥用当场处罚。行政处罚决定书是当场处罚的书面证据材料，是行政机关出具的、载明该行政机关对当事人依法给予的行政处罚的有关内容的法律文书，也是被处罚人依法申请行政复议或者提起行政诉讼的法律上的依据。因此，在简易程序中，要求执法人员当场交付行政处罚决定书，也就是直接送达行政处罚决定书，这是简易程序中送达的方式。[①]交付行政处罚决定书对执法人员而言是义务，获得行政处罚决定书对当事人而言是权利。但是，有可能发生当事人不签收行政处罚决定书的情况，为此本条新增了处理方法，即行政机关应当在行政处罚决定书上注明，只要注明，行政机关交付的义务就视作已经履行。

第五，备案。执法人员在当场作出行政处罚决定后，应当依法向其所在的行政机关备案。备案的行为可以是一事一报，

① 田瑶：《论行政行为的送达》，载《政法论坛》2011年第5期。

也可以是定期上报。行政机关在收到执法人员当场作出的行政处罚决定备案后，应当及时对备案材料进行审查，审查当场处罚决定是否合法，违法事实是否确凿，处罚是否公正、得当。如果发现问题，应当及时纠正。

## 二、行政处罚决定书的内容

根据本条规定，行政处罚决定书应当载明当事人的违法行为，行政处罚的种类和依据、罚款数额、时间、地点、申请行政复议或者提起行政诉讼的途径和期限以及行政机关名称，并由执法人员签名或者盖章。

当事人的违法行为，是指执法人员查明的当事人确实存在的违法事实；行政处罚的种类和依据，是指该行政处罚是警告还是罚款，所依据的规范性法律文件是什么；罚款数额，即如果行政处罚是罚款，那么具体数量是多少；时间、地点，是指填写该行政处罚决定书时的时间和地点；申请行政复议或者提起行政诉讼的途径和期限，该内容一方面确定了当事人享有的申请行政复议和提起行政诉讼的权利，另一方面告知了当事人申请行政复议和提起行政诉讼的途径和期限，解决了当事人不知权利、不知到哪行使权利、不知什么时间行使权利、不知如何行使权利的困难；行政机关名称，是指作出该行政处罚决定的行政机关名称；执法人员的签字或者盖章，是指现场作出行政处罚决定书的执法人员的签字或者盖章，如果作出行政处罚决定书的执法人员不止一人，应当是所有参与作出行政处罚决定书的执法人员共同签字或者盖章。此外，本条规定之外，行政处罚决定书中，还应当有被处罚人的姓名、住所（被处罚单位的名称、住所、法定代表人），这是表明被处罚相对人身份的重要信息。

## 实务应用

**东莞市天发物流有限公司当场处罚案**[1]

2018年12月31日，东莞市天发物流有限公司因存储危险物品（固化剂）未采取可靠的安全措施而被东莞市安全生产监督管理局适用简易程序当场处以警告和罚款900元。在交付的当场处罚决定书中，载明了行政处罚决定书文号为行政（当场）处罚决定书（单位）（东高埗）安监罚当〔2018〕A004号；被处罚当事人姓名或名称，即单位：东莞市天发物流有限公司，法定代表人（主要负责人）姓名：郑某，统一社会信用代码：91441900L602902769；处罚名称：违反《安全生产法》第36条的规定；处罚类别：罚款；处罚决定日期：2018年12月31日；处罚事由：存储危险物品（固化剂）未采取可靠的安全措施；处罚依据：依据《安全生产法》第98条第1项；处罚结果：给予警告，并处罚款人民币900元；处罚机关：东莞市安全生产监督管理局。

根据本条第2款规定，前款规定的行政处罚决定书应当载明当事人的违法行为，行政处罚的种类和依据、罚款数额、时间、地点，申请行政复议、提起行政诉讼的途径和期限以及行政机关名称，并由执法人员签名或者盖章。本案中，行政机关作出

---

① 参见东莞市安全生产监督管理局行政（当场）处罚决定书（单位）（东高埗）安监罚当〔2018〕A004号，北大法宝行政处罚数据库。

的当场处罚决定书，虽然包括行政处罚决定书文号、被处罚当事人姓名或名称、处罚名称、处罚类别、处罚决定日期、处罚事由、处罚依据、处罚结果、处罚机关等内容，但与最新规定相比，仍然缺少作出当场处罚的地点，申请行政复议、提起行政诉讼的途径和期限等内容。本条的规定，一个重要的意义就在于明确规定当场处罚决定书中应当具备哪些要素。其中有关申请行政复议、行政诉讼的途径和期限的规定，是本次新增内容，要求将此内容记载在当场处罚决定书之中，目的在于保障当场处罚相对人的救济权利，使其知道并能够行使救济权利，以对抗行政机关的不当作出当场处罚决定的行为。本条对实践中各行政处罚机关提出了新要求，应属一种程序上的限制，如果行政机关出具的当场处罚决定书不规范，将面临相关法律风险。

### 第五十三条【当场处罚的履行】

对当场作出的行政处罚决定，当事人应当依照本法第六十七条至第六十九条的规定履行。

## 法条沿革

本条是将修订前的《行政处罚法》第33条第2句“当事人应当依照本法第四十六条、第四十七条、第四十八条的规定履行行政处罚决定”抽离出来独立规定为一个条文，在表述上略有调整，改为“对当场作出的行政处罚决定，当事人应当依照本法第六十七条至第六十九条的规定履行”。在《行政处罚法（修订草案征求意见稿）》第47条中，尚未将该规定抽离独立出来，而是改为“当事人应当依照本法第六十二条、第六十三条、

第六十四条的规定履行行政处罚决定”。本法在修订过程中，将其抽离出来作为独立的第53条，与第51条当场处罚、第52条当场处罚的行政处罚决定书一起，构成对简易程序的启动、作出、履行的规定。本条与《行政处罚法（修订草案二次审议稿）》相比在体例上又作了调整，条文序号从第50条变为第53条，并且表述上进行了改动，将“第六十五条、第六十六条、第六十七条”改为“第六十七条至第六十九条”。

## 规范目的或功能

行政处罚程序是具有逻辑内涵的程序，任何行政处罚程序都可以分为三个部分，程序的启动、行政处罚决定书的作出和行政处罚决定书的履行。简易程序同样如此。满足适用简易程序的条件，行政机关决定适用简易程序是程序的启动，行政机关遵循特定的步骤最终作出行政处罚决定书是行政处罚决定书的作出，而当事人收到行政处罚决定书并履行行政处罚决定书的履行。然而在原本的规定中，当场处罚的履行和简易程序的条件放在了同一条款之中，使得程序内在的逻辑顺序在法条之间无法体现出来，本次修改，将当场处罚的履行抽离出来作为单独的条款放在本法第51条、第52条之后，从条文上，体现了简易程序运行的逻辑顺序，这也是立法技术不断走向精密的表现。

## 规范内容

本条是关于当事人履行执法人员当场作出的行政处罚决定

书的规定。本条是准用性规定，即当事人应当依照本法第67条、第68条、第69条的规定履行当场作出的行政处罚决定，即由执法人员当场收缴或者自行缴纳。

第一，本法第67条对罚款的收缴作出了规定。第1款规定罚缴分离制度，即作出罚款决定的行政机关应当与收缴罚款的机构分离。第2款规定了收缴原则，即除依照本法第68条、第69条的规定当场收缴的罚款外，作出行政处罚决定的行政机关及其执法人员不得自行收缴罚款。第3款规定了当事人自行缴纳罚款制度，即当事人应当自收到行政处罚决定书之日起15日内，向指定的银行缴纳罚款。银行应当收受罚款，并将罚款直接上缴国库。

第二，本法第68条规定了依职权当场收缴罚款制度。即适用简易程序当场作出行政处罚决定，满足“依法给予一百元以下的罚款的”或者“不当场收缴事后难以执行的”任一情形，执法人员可以当场收缴罚款。值得注意的是，这里的规定采用的是“可以”而不是“应当”，因此是否当场收缴罚款，最终由执法人员视情况决定。

第三，本法第69条规定了依申请当场收缴罚款制度。在边远、水上、交通不便地区，行政机关及其执法人员适用简易程序或者普通程序作出罚款决定后，当事人向指定的银行缴纳罚款却有困难，经当事人提出，行政机关及其执法人员可以当场收缴罚款。对于依申请当场收缴的，既可以针对适用简易程序作出的行政处罚决定书提出，也可以针对适用普通程序作出的行政处罚决定书提出，但是需要满足当事人因位于边远、水上、交通不便地区而向指定银行缴纳罚款有困难的条件。最后，是否适用当场收缴，应该由执法人员视情况决定，而不是当事人申请，执法人员就当场收缴罚款。

## 实务应用

本条是关于当场处罚的履行的规定，当场处罚的履行适用本法第67条至第69条的规定，有关实务应用请参见本书第67条、第68条、第69条相应部分。

# 第三节　普通程序

**第五十四条【普通程序的适用范围与调查取证】**

除本法第五十一条规定的可以当场作出的行政处罚外，行政机关发现公民、法人或者其他组织有依法应当给予行政处罚的行为的，必须全面、客观、公正地调查，收集有关证据；必要时，依照法律、法规的规定，可以进行检查。

符合立案标准的，行政机关应当及时立案。

## 法条沿革

本条第1款沿袭修订前的《行政处罚法》第36条的内容，是对行政处罚普通程序的适用范围、调查取证的规定。1996年制定《行政处罚法》时，为了“适应实际需要，分别规定了简易程序和一般程序。简易程序是对违法事实确凿并有法定依据、处罚较轻的行为，由执法人员当场作出处罚决定。其他违法行为，都要依照一般程序经过认真调查、取证之后再决定给予处罚。”[①]在法律程序中，为了兼顾公正与效率价值，常有简易程序与普通程序（一般程序）的设置。如在《民事诉讼法》《刑事诉讼法》《行政诉讼法》的诉讼程序中有关于简易程序与普通程序的规定，2020年11月《行政复议法》（修订稿征求意见稿）中也有关于行政复议程序的一般程序与简易程序的设置。此次《行政处罚法》修改，延续行政处罚程序分为简易程序与一般程序的模式，只是将“一般程序”替换成“普通程序”的表述。

本条第2款关于立案的程序规定是本次修法新增内容。通常而言，立案是行政机关或司法机关启动某一行政程序或司法程序的首要环节，是法律程序开始的标志。尤其是在当事人依申请启动的行为中，大都明确了立案或受理程序。如《行政许可法》第四章行政许可实施程序中，第一节即关于行政许可的申请与受理制度，《行政复议法》第三章、第四章规定了行政复议的申请与受理制度，《行政诉讼法》第六章规定了行政诉讼的起诉与受理（立案）制度，行政许可、行政复议与行政诉讼的受理、立案代表了法律程序正式启动。行政处罚作为一种行政机关依职权启动的行为，其启动程序一般属于行政机关的内部程序，不与公民、法人或其他组织产生直接关系，此前《行政处罚法》《治安管理处罚法》等也未对立案程序作出具体规定。但随着实践的发展逐步认识到，行政处罚中的立案程序具有重要

① 曹志：《关于〈中华人民共和国行政处罚法（草案）〉的说明——1996年3月12日在第八届全国人民代表大会第四次会议上》，载《中华人民共和国全国人民代表大会常务委员会公报》1996年第3期。

的法律意义，《行政处罚法》第60条也明确行政机关对案件的调查处置期限为从立案之日起90日内作出处罚决定。同时，一些单行法律、法规、规章对行政处罚的立案已有规定，如《海关行政处罚实施条例》第33条规定："海关发现公民、法人或者其他组织有依法应当由海关给予行政处罚的行为的，应当立案调查。"《市场监督管理行政处罚程序暂行规定》第17条第1款规定："市场监督管理部门对依据监督检查职权或者通过投诉、举报、其他部门移送、上级交办等途径发现的违法行为线索，应当自发现线索或者收到材料之日起15个工作日内予以核查，由市场监督管理部门负责人决定是否立案……"《农业行政处罚程序规定》第29条规定："农业行政处罚机关对涉嫌违反农业法律、法规和规章的行为，应当自发现线索或者收到相关材料之日起15个工作日内予以核查，由农业行政处罚机关负责人决定是否立案……"此外，执法部门大多在实际操作中已有立案审批制度。因此，《行政处罚法》修改将行政处罚立案制度进行规定十分必要。

## 规范目的或功能

本条第1款规定明确了行政处罚"先取证、后裁决"的基本规则。由于行政处罚是一种损益性行政行为，会对行政相对人的权益产生不利影响。行政机关在作出行政处罚决定之前，必须要查清案件事实，获得足以证明案件事实的证据材料，这是作出行政处罚决定的事实基础。因此，依法行政原则要求行政主体作出的行政处罚决定是在已有足够的事实证据和法律依据下作出的，不得在事后随意补充证据。并且依据该规则，行政主体只能以作出行政处罚决定之前调查收集的事实证据作为证明行政行为合法性的依据。如《行政复议法》第24条规定："在行政复议过程中，被申请人不得自行向申请人和其他有关组织或者个人收集证据。"《行政诉讼法》第35条规定："在诉讼过程中，被告及其诉讼代理人不得自行向原告、第三人和证人收集证据。"只有在及其特殊的情形下才允许被告在行政诉讼程序中补充收集证据，如《行政诉讼法》第36条第2款："原告或者第三人提出了其在行政处理程序中没有提出的理由或者证据的，经人民法院准许，被告可以补充证据。"不仅如此，取证阶段收集的证据材料还是行政复议或行政诉讼活动审查的对象，应当在法律规定的期限内将作出行政处罚决定之前收集的证据提交给复议机关或人民法院。如《行政诉讼法》第67条规定："……被告应当在收到起诉状副本之日起十五日内向人民法院提交作出行政行为的证据和所依据的规范性文件，并提出答辩状……"《行政复议法》第23条第1款规定："……被申请人应当自收到申请书副本或者申请笔录复印件之日起十日内，提出书面答复，并提交当初作出具体行政行为的证据、依据和其他有关材料。"因此，"先取证、后裁决"不仅是《行政处罚法》中正当程序的基本要求，同时也是《行政复议法》《行政诉讼法》对行政行为的审查要求。

立案"是行政机关决定要追究行政违法行为人的法律责任而进行的一项法律活动"。[①]本条第2款规定首次确立了行政处罚的立案制度，完善了行政处罚的程序。从行政处罚的普通程序来看，大致包括以下几个步骤：（1）立案；（2）调查取证；（3）提出拟行政处罚意见，告知事实理由；（4）听取陈述申辩（或听证程序）；（5）法制审核（重大行政处罚案件）；（6）作

① 应松年主编：《行政处罚法教程》，法律出版社2012年版，第193页。

出行政处罚决定书；（7）送达。因此，行政处罚的程序启动从立案开始。同时，立案不仅具有标志行政处罚程序开始、完善处罚程序的意义，还具有防止违法处罚、拖延处罚、滥用处罚权等作用。如约束行政机关“（1）及时查处行政违法行为，并给予相应的法律制裁；（2）保障行政处罚有充分的事实依据，避免违法处罚”等。[①]“行政机关认为符合立案标准，应当立案”的规定细化了行政处罚的启动程序，约束了行政机关决定是否启动行政处罚的自由裁量权。对于已达到立案条件的违法事实和行为不能选择不立案或拖延立案，对于没有达到立案标准的案件也不得为了打击报复当事人或因其他情形随意立案。《行政处罚法》第76条第2款增设了行政机关对符合立案标准的案件不及时立案的法律责任，即由上级行政机关或者有关机关责令改正，对直接负责的主管人员和其他直接责任人员依法给予处分。

## 规范内容

### 一、普通程序的适用范围

适用普通程序的行政处罚案件是适用简易程序当场作出处罚决定以外的其他行政处罚案件。适用简易程序必须同时满足以下三个条件：一是违法事实清楚、证据确凿；二是有法定依据；三是处罚结果较轻，即公民处以二百元以下、法人或其他组织处以三千元以下的罚款或警告的案件。以上三个条件缺一不可，若缺少其中一个则不能适用简易程序，只能适用普通程

① 应松年主编：《行政处罚法教程》，法律出版社2012年版，第193页。

序。由此可见，简易程序是在案件事实已经清楚，不需要调查取证等程序的条件下对普通程序的简化。普通程序是兜底程序，不适用简易程序的案件都适用普通程序，是行政处罚中最完整、应用更广泛的法律程序。具体而言以下案件都应适用普通程序：一是案件事实不清的案件。在案件事实不清、证据不足的情形下，必须要经过调查程序才能弄清案情。因此，根据“先取证、后裁决”的基本规则，无论该案违法情形是否轻微，处罚结果可能较轻，都不得适用简易程序。二是处罚结果较重的案件。根据前述简易程序的适用来看，一般把警告，公民处以二百元以下罚款、法人或其他组织处以三千元以下罚款的行为视为处罚较轻的行为。其他的处罚种类，如拟作出较大数额的罚款、没收违法所得、没收非法财物、暂扣许可证、降低资质等级、吊销许可证件、责令关闭、责令停产停业、限制开展生产经营活动、限制从业、行政拘留等行政处罚决定的，都应当适用普通程序。三是法律依据不明确的案件。即使某一案件事实清楚、证据确凿且可能的行政处罚结果较轻，但法律适用存在争议，如出现同一位阶的法律规定不一致，新的一般规定与旧的特殊规定不一致等情形，也不应当适用简易程序。

## 二、调查取证的基本要求与方式

调查取证的要求是“必须全面、客观、公正地调查，收集有关证据”。具体而言，全面就是要求执法人员收集当事人有无违法行为以及违法情节轻重的各种证据。既要收集证明违法行为存在的证据，也要收集对当事人有利的证据，既要收集违法情节较重的证据，也要收集从轻、减轻或者不予行政处罚的证据。如果存在书证、物证、证人证言，或者需要通过勘验、鉴定等方式查清案件事实的，应尽可能多方面调查收集证据，形成合理的证据链，力求全面反映案件的真实情况。客观就是要求执法人员从实际情况出发收集证据，不能先入为主或者以主观臆断的方式收集证据。公正“主要是指依法实施行政处罚可能涉及双方当事人，或者当事人有数个，此时收集证据就要做到公正，不能为偏袒某方而在收集证据上失去公正”[①]，也要求执法人员与当事人有利害关系时，应当回避。全面、客观、公正收集证据的目的是让行政机关及执法人员查处违法案件时应当做到事实清楚、证据确凿。就调查取证的方式来看，大致如下：

一是调查。执法人员收集、固定、运用证据，应当与《行政处罚法》第46条、《行政诉讼法》及相关司法解释关于证据的种类和要求相一致，包括书证、物证，视听资料，电子数据，证人证言，当事人的陈述，鉴定意见，勘验笔录、现场笔录。在行政调查中，除了固定书证、物证之外，询问行政相对人、受害人或其他利害关系人是执法人员了解案情最常见的方式；对违法行为现场、事故现场、违法物品所在地等现场进行实地勘察也是常用调查手段；有必要的情况下，基于专业性与技术性需要，由鉴定部门出具的鉴定意见也是调查程序中的重要证据，如烟草专卖部门查获一批疑似假烟制品，是否属于假烟的判断需要鉴定机构来识别。此外，在行政处罚过程中，通常会形成一种特殊的证据类型即现场笔录，这也是行政诉讼与民事诉讼唯一不同的证据种类。现场笔录是指行政机关执法人员对行政违法行为当场处理而制作的文字记载材料，侧重于对

---

① 中国法制出版社编：《中华人民共和国行政处罚法实用版》，中国法制出版社2018年版，第32页。

执法过程和结果的及时记录。“行政机关制作现场笔录，旨在即时取得证据并防止行政相对人事后翻供。”[①]

二是检查。执法人员在调查收集证据时，必要时依照法律、法规的规定，可以进行检查。“现场检查通过对特定的人员、物品、场所等进行直接检查，可以更为直观、确切地确定相关事实是否存在，确定事实的性质与程度。”[②]但是采取检查措施必须要遵守以下适用前提：一是“必要时”；即采取询问当事人、证人证言，现场勘验等调查方式不足以查清案件事实，并且有充分线索或证据表明涉案证据极有可能出现在相关人员的人身或住所等地，才能进行检查。二是必须有法律、法规的规定，才可以对当事人的人身、物品或相关场所等进行检查。由于行政检查是具有一定强制性的行政措施，会对公民、法人或其他组织的人身权、财产权产生重要影响。《宪法》第39条规定：“中华人民共和国公民的住宅不受侵犯。禁止非法搜查或者非法侵入公民的住宅。”因此，采取检查措施必须要有法律、法规的明确规定，规章不能成为行政检查的依据。同时，执法人员必须按照法定的程序和方式进行检查。如《治安管理处罚法》第87条第1款规定“公安机关对与违反治安管理行为有关的场所、物品、人身可以进行检查。检查时，人民警察不得少于二人，并应当出示工作证件和县级以上人民政府公安机关开具的检查证明文件……”需要注意的是，这里的行政检查是作为行政处罚的先期行为与前期程序，与作为执法手段之一的行政检查不同。

---

① 袁杰主编：《中华人民共和国行政诉讼法解读》，中国法制出版社2014年版，第94页。

② 章剑生著：《行政程序法学》，中国政法大学出版社2004年版，第143页。

后者是一种有效实现行政管理职能的重要手段，是指“行政机关依法对公民、法人和其他组织守法和履行法定义务的情况进行检查、了解、监督的外部具体行政行为，一般又称为行政监督检查”。[①]如《海关法》第17条第3款规定：“上下进出境运输工具的人员携带物品的，应当向海关如实申报，并接受海关检查。”

## 三、立案的条件或标准

《行政处罚法》新增了关于行政处罚的立案程序规定，即“符合立案标准的，行政机关应当立案”。但究竟立案的条件或标准如何设置，《行政处罚法》没有明确。从其他法规、规章来看，如《农业行政处罚程序规定》第30条规定：“符合下列条件的，农业行政处罚机关应当予以立案，并填写行政处罚立案审批表：（一）有涉嫌违反农业法律、法规和规章的行为；（二）依法应当或者可以给予行政处罚；（三）属于本机关管辖；（四）违法行为发生之日起至被发现之日止未超过二年，或者违法行为有连续、继续状态，从违法行为终了之日起至被发现之日止未超过二年；法律、法规另有规定的除外。”从原理上来讲，设定行政处罚的立案标准，既要确保行政处罚实施的效率，又要防止行政处罚立案权的滥用，侵害公民、法人或其他组织的合法权益。

立案的标准大致应包括以下三点：一是经初步调查，行为人有实施违法行为的事实。存在客观的违法事实是立案的基本条件，问题是执法人员掌握的线索或证据要达到何种程度才能立案。显而易见的是，立案只是启动了行政处罚程序，此处涉

---

① 应松年主编：《当代中国行政法》第四卷，人民出版社2018年版，第1279页。

嫌违法的事实与作为行政处罚决定的事实基础不一样，立案只要求有初步线索或证据证明当事人涉嫌违法，不要求达到证据确凿的证据成熟度。作为立案线索或证据的来源方式很多，既可以是日常检查、抽查中发现，也可以是公民、法人或其他组织投诉举报，还可能是上下级机关交办或报请查处，以及其他部门移送或新闻媒体披露等。二是属于本行政机关管辖的范围。根据《行政处罚法》第17条规定："行政处罚由具有行政处罚权的行政机关在法定职权范围内实施。"在条块管理的行政体制之下，因专业化分工不同，各级人民政府及组成部门拥有不同事务的管辖权，因此，行政机关只能对其管辖范围内的事项立案，若发现违法行为不属于本机关管辖，应当向有管辖权的行政机关提供线索。三是在法定的追诉期内。为了提高行政管理效率以及维持行政法律关系的稳定，《行政处罚法》规定了行政处罚时效制度。《行政处罚法》第36条第1款规定，"违法行为在二年内未被发现的，不再给予行政处罚；涉及公民生命健康安全、金融安全且有危害后果的，上述期限延长至五年。法律另有规定的除外"。因此，在法定追诉期内的违法行为，行政机关才应立案。

## 实务应用

**樊某某诉蓝田县国土资源局处罚案**[①]

樊某某在孟村镇樊家村有一祖遗宅基地，其父樊某（已故）持有集体土地使用证，证载该用地长20.5米，宽15.15米，用地

① 参见陕西省蓝田县人民法院〔2014〕蓝行初字第00022号行政判决书。

面积310.6平方米。樊某某拆除旧房建新房时，蓝田县国土资源局于2014年3月24日接群众举报后即进行调查，制作了调查报告、询问笔录、现场勘查平面图等证据材料，下发了停止土地违法行为通知书，认定樊某某超占141.3平方米建房。2014年4月16日，蓝田县国土资源局立案后，告知樊某某享有陈述申辩及听证的权利。2014年5月12日，蓝田县国土资源局作出土地行政处罚决定，限樊某某在15日内自行拆除在非法占用141.3平方米土地上新建建筑物及其他设施，恢复土地原状。樊某某不服，向蓝田县人民政府申请复议，县政府作出行政复议决定维持该处罚行为。樊某某诉至人民法院。法院认为，蓝田县国土资源局负有对辖区内违反土地管理法律、法规的行为进行查处的法定职责，樊某某超批准面积建房不符合法律规定，但蓝田县国土资源局所作的处罚决定未查明樊某某违法超占土地的位置及地址，致其处罚决定执行标的不明确；且该处罚决定程序违法，立案之前已经调查终结并向原告送达了停止土地违法行为通知书，判决撤销该行政处罚决定。

行政处罚要按照法定的程序来实施，按照相关法律法规明确的方式、顺序、步骤和时限来进行。本案中，蓝田县国土资源局于2014年3月24日接到群众举报后，随即开展调查，通过询问当事人、现场勘查等方式调查取证，待调查终结后认为樊某存在超占141.3平方米建房的违法行为并向当事人下发停止土地违法行为通知书。但蓝田县国土资源局直到2014年4月16日才进行立案，并告知樊某某享有陈述申辩以及听证的权利。综上来看，蓝田县国土资源局的做法违反了“先立案后调查”的基本程序。对于立案与调查的关系而言，行政机关发现线索后可以进行初查，经初查认为当事人涉嫌违法行为符合立案标准的，应当及时立案，并进入正式调查程序。立案制度的作用在于明确了行政处罚程序的起算点，督促行政机关及时查处违法行为，尽快作出行政处罚决定，提高行政效率。同时也能够及时追究违法行为人的法律责任，让受损的法益和社会秩序尽快得到恢复。《行政处罚法》第60条规定："行政机关应当自行政处罚案件立案之日起九十日内作出行政处罚决定。法律、法规、规章另有规定的，从其规定。"因此，若允许行政机关在立案之前就进行正式调查，则行政处罚中关于"立案"的制度设计起不到完善行政处罚程序，约束行政机关及时查处违法行为的作用，关于行政处罚时限的规定也失去了意义。

**第五十五条【调查取证的程序】**

执法人员在调查或者进行检查时，应当主动向当事人或者有关人员出示执法证件。当事人或者有关人员有权要求执法人员出示执法证件。执法人员不出示执法证件的，当事人或者有关人员有权拒绝接受调查或者检查。

当事人或者有关人员应当如实回答询问，并协助调查或者检查，不得拒绝或者阻挠。询问或者检查应当制作笔录。

## 法条沿革

本条是关于调查取证程序中执法人员出示证件、当事人与有关人员协助取证与行政机关制作调查笔录的规定。

本条第1款沿袭修订前的《行政处罚法》第37条第1款的

规定，对执法人员出示证件的程序义务进行了细化和强化，并对违反此项程序义务的法律后果进行了明确。原《行政处罚法》第37条第1款规定，行政机关在调查或检查时，执法人员应当向当事人或者有关人员出示证件，修订后为《行政处罚法》第55条，行政机关在调查或检查时，应当主动向当事人或者有关人员出示执法证件。当事人或者有关人员有权要求执法人员出示执法证件。执法人员不出示执法证件的，当事人或者有关人员有权拒绝接受调查或者检查。

本条第2款即当事人与有关人员协助取证与行政机关制作调查笔录的规定沿袭原《行政处罚法》第37条第1款的规定，无任何变化。此外，此次修订把原《行政处罚法》第37条中“执法人员不得少于两人”“执法人员与当事人有利害关系的，应当回避”的规定从“行政处罚的决定”章节中的第三节“普通程序”转移至第一节“一般规定”中，意味着无论是适用简易程序或普通程序作出处罚决定，执法人员需要两人或两人以上，并且都需要遵守回避的正当程序要求。

## 规范目的或功能

本条第1款明确了行政处罚活动中，出示执法证件、告知执法身份是程序正当的基本要求，是最低限度公正的体现，只有具有执法资格的主体才能开展调查活动。这一正当程序不仅有监督行政机关及执法人员调查权行使的基本功能，还有保障当事人或相关人员在行政处罚活动的知情权、参与权、监督权的重要作用，而且在一定程度上能够争取被调查人的协助，提高当事人或相关人员对行政调查活动的可接受度。

本条第2款明确当事人与相关人员的协助调查或检查义务，目的在于查清事实收集证据，节约行政机关信息获取成本，提高行政调查的效率。“在进行调查的过程中，行政机关尽管已经尽力调查，但未必能完全掌握所有证据材料，所以有赖于当事人的协助。”[①]当事人或相关人员一般对违法事实都有一定的了解，并掌握着相关的信息与证据材料。若在行政调查程序中能如实回答执法人员的询问，积极配合调查工作或履行协助调查的义务，特别是能够提交相关的事实和证据，则有利于行政机关查明案件事实，作出正确、合法的行政处罚决定。

## 规范内容

### 一、执法人员告知身份是正当程序的基本要求

公开是最好的防腐剂，公开是正当程序原则的核心要素之一，透明度也是衡量法治政府建设的重要标志之一。随着法治政府建设的推进，对行政执法的规范化建设提出了新的要求，《中共中央关于全面推进依法治国若干重大问题的决定》和《法治政府建设实施纲要（2015—2020年）》提出要全面推行行政执法公示制度，并且对行政执法活动中的事前公开、事中公示、事后公开进行了明确和细化。[②]《行政处罚法》制定之初，其中第4条就已确定“行政处罚要遵循公正、公开的原则”。此次《行

① 宋华琳：《行政调查程序的法治建构》，载《吉林大学社会科学学报》2019年5月版，第147页。

② 具体参见《国务院办公厅关于全面推行行政执法公示制度执法全过程记录制度重大执法决定法制审核制度的指导意见》。

政处罚法》修改，对行政处罚活动的公开提出了更高的要求，对行政处罚的事前、事中、事后公开都进行制度细化。如《行政处罚法》第39条规定："行政处罚的实施机关、立案依据、实施程序和救济渠道等信息应当公示。"第41条第1款规定："行政机关依照法律、行政法规规定利用电子技术监控设备收集、固定违法事实的，应当经过法制和技术审核，确保电子技术监控设备符合标准、设置合理、标志明显，设置地点应当向社会公布。"第48条第1款规定："具有一定社会影响的行政处罚决定应当依法公开。"执法人员出示执法证件表明身份是执法活动事中公示的首要环节，包含以下内容：一是明确执法人员出示执法证件告知身份的"主动性"要求，再次强化了调查程序中执法人员主动表明身份的程序义务；二是明确当事人或者有关人员要求执法人员出示执法证件是其享有的公法权利，意味着当事人或有关人员对执法人员的身份信息的知悉获得了公法上的请求权；三是执法人员不出示执法证件的法律后果，即执法人员不出示执法证件的，当事人和相关人员可以拒绝。该规定说明了"出示执法证件"是行政执法正当程序的基本要求和最低限度的公正，若违反此程序，当事人或相关人员获得了对调查活动的拒绝权。这一规定在其他法律法规中也有体现，如《税收征收管理法》第59条规定："税务机关派出的人员进行税务检查时，应当出示税务检查证和税务检查通知书，并有责任为被检查人保守秘密；未出示税务检查证和税务检查通知书的，被检查人有权拒绝检查。"

## 二、当事人或有关人员的协助取证义务

本条第2款规定，在行政机关调查取证的过程中，"当事人

或者有关人员应当如实回答询问，并协助调查或者检查，不得拒绝或者阻挠……”由此明确了当事人或者有关人员要接受询问，配合调查检查的协助取证义务。“基于现代公法原理，个人因为享有权利而需随附一定的公共责任，这种公共责任本质上可以成为其承担协助国家机关执行公务之义务的法理基础。”[①]例如，在《民事诉讼法》《刑事诉讼法》中，都规定了凡是知道案件情况的人都有作证的义务。[②]因此，在行政机关调查取证的过程中，当事人、利害关系人、举报人、鉴定人、勘验人员等皆有接受询问、配合取证的义务。尤其是当事人，由于其是案件的真实亲历者，案件处理结果与其密切相关，因此当事人的陈述，当事人是否配合调查、检查，对行政机关全面掌握真实情况，确保行政调查程序顺利进行具有重要意义。

对于当事人或相关人员的协助取证义务，可以从以下几个方面进行理解：

一是协助取证义务的性质。在行政处罚或其他行政调查程序中确立当事人与相关人员的协助义务在法理上应无障碍，《行政处罚法》制定之初即明确了当事人与相关人员的协助取证义务。但由于《行政处罚法》未明确违反协助取证义务是否需要承担相应的不利后果或法律责任，导致协助取证义务的法律性质一直存有争议。在学理上，我国台湾地区学者多把这种协助义务称为当事人“协力义务”或“协力负担”。首先，这种负担

① 章剑生：《论行政处罚中当事人之协助》，载《法学论坛》2006年第4期。

② 《刑事诉讼法》第62条规定，凡是知道案件情况的人，都有作证的义务。《民事诉讼法》第72条规定，凡是知道案件情况的单位和个人，都有义务出庭作证。有关单位的负责人应当支持证人作证。

当然不同于诉讼制度中的证明负担，即负有举证责任的一方当事人对自己主张事实依法负有的提出证据的义务，因举证无法达到证明标准时须承担不利后果。在行政调查程序中，“如果当事人未能履行法定的协助义务，行政机关仍应在其法定裁量空间内，选择适当的调查方式，来努力查明事实”。[1]因此，协助取证义务并不意味着调查取证的职责和义务在行政机关与当事人之间进行了分配，也不意味着该义务可以强制履行。即使《行政处罚法》确定了当事人与相关人员的协助取证义务，仍应明确的是行政机关才是调查取证的责任主体，当事人或者相关人员仅具有补足行政机关调查能力不足的辅助功能，当事实真伪不明时，不能由当事人来承担不利后果。其次，协助义务作为一种特殊的法定义务，若当事人或相关人员违反了法定义务的第一性义务引发第二性义务即法律责任的产生，应当以法律的具体规定为限，这在比较法与我国单行法的规定中皆有体现。如《联邦德国行政程序法》第26条规定“证据方法（2）当事人须参与事实之调查。当事人尤须提出所知之事实与证据方法。至于参与调查事实之其他义务，尤其亲自出席或陈述之义务，仅于法规有特别规定者为限”。[2]该规定可以理解为如下：“第一句表明当事人在行政程序当中存在调查事实的‘负担’而不是‘法定义务’，因此在当事人没有提供协助时，不能够据此对当事人强制执行。第二句只是对第一句的举例说明。第三句的规

---

① 宋华琳：《行政调查程序的法治建构》，载《吉林大学社会科学学报》2019年5月版，第147页。

② 应松年主编：《外国行政程序法汇编》，中国法制出版社1999年版，第129页。

定有其特殊的意义，是指在特殊的情形下，当事人的协力会上升为一种‘法定义务’，具有强制性，但是必须基于法律的特殊规定。”①我国部分单行法对于当事人或相关人员违反协助举证义务也有关于法律责任的规定，如《治安管理处罚法》第60条规定，伪造、隐匿、毁灭证据或者提供虚假证言、谎报案情，影响行政执法机关依法办案的，处五日以上十日以下拘留，并处二百元以上五百元以下罚款。《食品安全法》第128条规定：“违反本法规定，事故单位在发生食品安全事故后未进行处置、报告的，由有关主管部门按照各自职责分工责令改正，给予警告；隐匿、伪造、毁灭有关证据的，责令停产停业，没收违法所得，并处十万元以上五十万元以下罚款；造成严重后果的，吊销许可证。”

二是协助取证义务应受到可期待性的约束。当事人协力义务的履行应当以具有可期待性为前提。由于受到年龄、文化水平、表达能力等多方面的限制，不同当事人或相关人员的协助能力和认知水平不同，因此当事人或相关人员提供协助义务应以自己能够支配和认识的程度为前提。同时，当事人或相关人员可以拒绝提供对自己不利的陈述或证据材料。《刑事诉讼法》第52条规定，不得强迫任何人证实自己有罪。任何人不得被强迫作出不利于自己的供述是一项朴素的基本原理，这一刑事诉讼程序中普遍适用的基本规则在行政调查程序中也应同样适用。“如果协力将造成自证己罪的结果，当事人完全可以拒绝履行协力义务，这种“作茧自缚”的程序法效果对于当事人来说，俨

① 林锡尧：《行政程序上职权调查主义》，载《当代公法理论——翁岳生教授六秩诞辰祝寿论文集》，第323页。

然是不具有道义上的正当性的。[①]当事人明知协助义务可能会导致对自己不利的行政处罚决定，极有可能不愿意履行协助义务。因此，在行政调查中，“当事人应免于不利陈述，当事人拒绝不利陈述不得成为从重、加重处罚的理由，这也是保护当事人权利保障的内在要求”。[②]

三是协助取证义务应受到比例原则的约束。当事人提供协助义务可能会对自己的隐私权、财产权等造成损害。如企业协助调查可能会停止生产经营，餐馆接受检查可能会停止营业等，因此，当事人或相关人员协助义务的履行，应受到行政法上比例原则的限制。首先，当事人的协助应有助于行政调查的目的达成且有必要性，如行政机关能够自行搜集的信息和材料不得依赖于相对人提供，与案件无关的信息材料不得要求当事人或相关人员提供。其次，有多种协助方式时，应选择对当事人权益侵害最少的一种。如一次调查就能查明案情的，不得采取多次调查。听取当事人陈述申辩就能获得的信息不得采取人身搜查的方式取证。再次，行政机关进行调查获取的证据材料的重要性应与当事人或相关人员提供协助受到的权益损害相平衡，不应过度损害其合法权益。

## 三、调查或者检查应当制作笔录

根据本条规定，调查人员在调查或检查后应当制作笔录，调查笔录包括陈述笔录、询问笔录、勘验笔录、现场笔录、搜

---

① 陈峰:《论行政程序中当事人协力义务的相对性》，载《学习论坛》2010年第1期，第75页。

② 章剑生:《论行政处罚中当事人之协助》，载《法学论坛》2006年第4期。

查笔录、检查笔录等。制作笔录是对整个调查或检查活动的全过程进行记录的一种形式，依法制作的内容规范、真实准确的调查笔录是调查取证过程合法有效的基本保证。根据《最高人民法院关于行政诉讼证据若干问题的规定》，对于不同笔录制作要求不同。对于询问、陈述、谈话类笔录，应当有行政执法人员、被询问人、陈述人、谈话人签名或者盖章。对于现场笔录，应当载明时间、地点和事件等内容，并由执法人员和当事人签名。当事人拒绝签名或者不能签名的，应当注明原因。有其他人在现场的，可由其他人签名。对于现场勘验，勘验人应邀请当地基层组织或者当事人所在单位派人参加。当事人或其成年亲属应当到场，拒不到场的，不影响勘验的进行，但应当在勘验笔录中说明情况。勘验笔录，要记载勘验的时间、地点、勘验人、在场人、勘验的经过和结果，由勘验人、当事人、在场人签名。同时，根据《行政诉讼法》第33条第1款的规定，调查或检查过程中形成的笔录是行政诉讼中主要的证据类型，在行政审判过程中，法院将通过询问笔录、现场笔录、勘验笔录等证据来查清案件事实，审查行政行为的合法性。

行政执法全过程记录是行政执法规范化建设的应有之义，也是行政执法活动合法有效的重要保证。除了《行政处罚法》以外，《行政许可法》《行政强制法》都有关于记录执法活动的要求。《行政强制法》第18条规定，行政机关实施行政强制措施应当制作现场笔录；现场笔录由当事人和行政执法人员签名或者盖章，当事人拒绝的，在笔录中予以注明；当事人不到场的，邀请见证人到场，由见证人和行政执法人员在现场笔录上签名或者盖章。《行政许可法》第61条第2款规定："行政机关依法对被许可人从事行政许可事项的活动进行监督检查时，应当将监督检查的情况和处理结果予以记录，由监督检查人员签字后归档。公众有权查阅行政机关监督检查记录。”随着法治政府建设的推进，党中央、国务院开始全面推行执法全过程记录制度，确保执法全过程留痕。除了可以用传统的以纸质文件或电子文件形式对行政执法活动进行全过程记录的文字记录方式之外，还可以通过照相机、录音机、摄像机、执法记录仪、视频监控等音像记录的方式，实时对行政执法过程进行记录。[①]

## 实务应用

**安吉丽娜公司与青岛市市南区消防救援大队行政处罚案**[②]

2019年6月9日，青岛市市南区消防大队消防监督检查员徐某、林某对安吉丽娜公司进行抽查时发现，该公司实际经营面积近500平方米与其持有的消防安全检查合格证载明的面积291平方米明显不符，遂于当日进行受案登记。2019年6月10日，调查人员在未按规定向公司及工作人员出示执法证件的情形下作出《调取证据清单》，要求提供营业执照、消防安全检查合格证、房屋产权证明、房屋租赁合同、建筑工程消防验收意见书。2019年6月14日，市南区消防大队向公司作出行政处罚告知书，告知其实际经营面积与消防安全检查合格证面积不符，涉嫌违反《山东省消防条例》第24条第4款之规定，依据《山东省消防条例》第67条的规定，拟吊销其消防安全检查合格证并处罚

① 具体参见《国务院办公厅关于全面推行行政执法公示制度执法全过程记录制度重大执法决定法制审核制度的指导意见》。

② 参见山东省青岛市中级人民法院〔2020〕鲁02行终225号行政判决书。

款3万元，同时告知其有陈述申辩和申请听证的权利。公司提出听证要求并于2019年6月25日举行听证。听证结束后，市南区消防大队委托测绘机构出具测绘报告，并最终作出吊销消防安全检查合格证并处以3万元罚款的行政处罚决定。公司不服，提起行政诉讼。对本案中的程序问题，一审法院认为，消防大队工作人员进行消防监督检查时应不少于两人，且出示执法身份证件，本案消防大队虽主张其出示了工作证，但未能提交证据证明。且被告提交的工作证并不代表执法资格身份证明，因而被告未出示执法身份证的行为构成执法程序违法，但根据查明事实，被告两名执法人员具备从事消防监督执法的公安消防岗位资格，故该程序轻微违法，但对原告权利不产生实际影响。二是消防大队在作出行政处罚告知和举行听证时，并未对公司实际经营面积进行具体测绘，直至听证程序结束后才委托测绘机构出具测绘报告，故调查取证程序不严谨，该取证程序问题并不影响案件事实认定和公司实体权利，法院予以指正。公司不服，提起上诉。二审法院认为，首先，消防大队虽主张其工作人员在监督检查时出示了执法身份证件，但未能提供有效证据证明。鉴于消防大队提交的公安消防岗位资格考试成绩能够证实两位工作人员具备从事消防监督执法的公安消防岗位资格，故原审法院认定该程序轻微违法并无不当。其次，该测绘报告系在行政处罚告知及听证程序后取得的，该行为明显有悖于行政处罚的调查取证、处罚告知、听取陈述申辩或举行听证、作出处罚决定的正当顺序。因此，调查程序存在违法之处，原审法院对此认定有误。

出示执法证件的目的不仅是向相对人表明调查人员是否具

有执法资格，同时也是行政公开的核心内容之一，表明执法人员是在履行职务，是应当主动告知的内容。因此，要求执法人员出示证件是一项为了充分保障行政相对人的知情权、参与权与监督权的程序性权利。本案中，消防大队的调查程序存在以下违法情形：一是调查程序中调查人员未出示执法证件；二是违反了调查程序中“先取证后裁决”的基本规则。对于第二个明显违反法定程序的情形，二审法院对一审法院的裁判进行了纠正。但对于行政机关工作人员应当出示执法证件的问题则进行了维持。执法人员在调查或者进行检查时，应当主动向当事人或者有关人员出示执法证件，是行政机关的一项程序义务，出示执法证件的行为不能轻易免除适用。调查人员是否具有执法资格与是否出示执法证件是不同的性质，消防大队提交的公安消防岗位资格考试成绩只能证明执法人员具有执法资格，调查人员即使具备执法资格但不出示执法证件也是没有履行公开的法定程序义务，属于程序违法的行为。同时，请求出示执法身份证件本身作为行政相对人的法定程序性权利，也是行政机关必须依法履行的法定程序性义务，并不因是否影响行政相对人的实体权利而有所不同，因此，不能由于该行为对行政相对人的实体权益产生不产生实际影响就认为是轻微程序违法的行为。

## 第五十六条【抽样取证与证据登记保全】

行政机关在收集证据时，可以采取抽样取证的方法；在证据可能灭失或者以后难以取得的情况下，经行政机关负责人批准，可以先行登记保存，并应当在七日内及时作出处理决定，在此期间，当事人或者有关人员不得销毁或者转移证据。

## 法条沿革

本条沿袭了修订前的《行政处罚法》第37条第2款的内容，是关于调查程序中特殊证据采集方式的规定，包括抽样取证和证据登记保存。本条在内容上无任何变化，仅在《行政处罚法（修订草案征求意见稿）》中将其独立成条，置于调查程序之后，并在修订后的《行政处罚法》中最终确立。

## 规范目的或功能

抽样取证是指在原物较多的情形下，执法人员采取科学的方法，从种类物中抽取具有一定数量和代表性的样本作为证据，并以此作出统计推断，证明相关物品属性的证明方法。抽样取证的证据收集方式简单易行，能够提高行政机关取证的效率，节约执法成本，同时对当事人或相关人员的影响不大，是较常见的证据采集方法。

证据的先行登记保全是指在证据可能灭失或以后难以取得的情形下对证据先行固定和保存的措施，如证据即将变质，证据可能会被当事人或相关人员转移、销毁等。证据先行登记保存能够让行政机关及时、果断地收集证据来查明事实，确保违法行为能够及时得到查处。但证据登记保存措施也会对当事人的权益造成一定的限制或影响。因此，严格把握证据登记保全的条件，规范证据保全的程序具有重要意义。

## 规范内容

### 一、抽样取证应符合法定的条件和程序

抽样取证是执法人员在行政执法过程中较为常见的取证方式，一般针对物证而言。进行抽样取证需满足以下条件：一是物证数量较多。涉及违法行为的证据数量较多或是成批的违法物品是进行抽样取证的前提。对于数量较多的物品，执法人员既没有必要也没有可能将每一物品列为证据，如果物品较少，也没有抽样取证的必要。抽取样品的数量以能够认定本品的品质特征为限。二是该类物品具有同质性，这是确保抽样取证成立的基础。样品要能够代表整体物品，就必须确保样品来源于整体物品，并且作为抽样对象的总体物品具有同质性。如烟草专卖部门查处一批涉嫌假冒伪劣烟草制品，文化执法部门查获一批涉嫌盗版书籍等，在涉嫌假烟制品或侵权制品的物品中进行抽样取证，则是具有同质性的物品。三是抽样的方式具有科学性。在复杂多样的整体物品中，针对不同类型的物品可能采取的抽样方式不同。在行政执法中常见的抽样方式有随机抽样、等距抽样、分层抽样等。如《产品质量法》第15条规定，国家对产品质量实行以抽查为主要方式的监督检查制度，对可能危及人体健康和人身、财产安全的产品，影响国计民生的重要工业产品以及消费者、有关组织反映有质量问题的产品进行抽查。抽查的样品应当在市场上或者企业成品仓库内的待销产品中随机抽取。对于较为复杂的总体，如涉嫌违法的当事人既有出售盗版书籍，也有出售盗版光碟的情形，则可采取分层抽样

的方式。

抽样取证要符合法定的程序。《行政处罚法》明确了抽样取证的方式后，不少部门制定的行政处罚程序规定对抽样取证程序进行了规范。如《公安机关办理行政案件程序规定》《邮政行政处罚程序规定》《中国银保监会行政处罚办法》《文化市场综合行政执法管理办法》《市场监督管理行政处罚程序暂行规定》等，综合来看，抽样取证一般要经过以下程序：（1）通知当事人或相关人员到场。抽样取证时，应当通知当事人或有关人员到场，当事人不到场或者暂时难以确定当事人的，可以请在场的其他人作证。（2）制作抽样取证清单。抽样取证，应当开具物品清单或制作抽样取证清单，标明物品名称、数量、单价等事项，由调查人员和当事人签名或盖章。当事人不在场或者拒绝签名、盖章的，由现场办案人员注明情况。（3）制作抽样取证记录。抽样取证时，执法人员也应当制作抽样取证记录，也可以对抽样取证的现场、被抽样物品及被抽取的样品进行拍照、录音或者对抽样过程进行录像等方式进行。（4）特定情形下进行检验、鉴定。抽取的物质必须经检验、检测、鉴定内在质量才能证明案件的真实情况的，抽样样品应及时送检或鉴定。另外，法律、法规、规章或者国家有关规定对实施抽样机构的资质或者抽样方式有明确要求的，应当委托相关机构或者按照规定方式抽取样品。如关于建筑工程质量的检测等。（5）抽样证据的确定或返回。对抽取的样品确定能够作为证据使用的，应当依法扣押、先行登记保存或者登记，经核实不属于证据的，应当及时返还样品。样品有减损的，应当予以补偿。特殊情形下，采取抽样取证还需要取得负责人批准，如《公安机关办理行政案件程序规定》第109条规定，收集证据时，经公安机关办案部门负责人批准，可以采取抽样取证的方法。

## 二、先行登记保存应符合法定的条件与程序

先行登记保存的目的在于及时固定证据，防止证据事后难以取得。作为一种取证的应急措施，先行登记保存的法律性质为行政强制措施。先行登记保存的性质在实务中存在争议，有学者认为其属于行政事实行为（取证行为）或属于行政处罚中的过程性行为，有学者认为其属于行政强制措施。《行政强制法》的释义已明确该问题，根据《行政强制法》的规定，行政强制措施是指行政机关在行政管理过程中，为制止违法行为、防止证据损毁、避免危害发生、控制危险扩大等情形，依法对公民的人身自由实施暂时性限制，或者对公民、法人或者其他组织的财物实施暂时性控制的行为。该法第9条规定，行政强制措施的种类包括限制公民人身自由，查封场所、设施或者财物，扣押财物，冻结存款、汇款以及其他行政强制措施。这里的其他行政强制措施“是一个兜底性的规定。因为除上述四类行政强制措施外，还有不少强制措施没有完全列举。如《行政处罚法》第37条规定的‘登记保存’……”[①]因此，证据先行保存完全符合行政强制措施中“防止证据损毁”的目的，由《行政处罚法》设定也满足行政强制措施的设定要件，属于行政强制措施。在行政执法活动中，登记保存、查封或扣押都是对物品进行暂时控制的措施，控制的财物都可能会成为证明案件事实的证据，登记保存与查封、扣押的区别在于：首先，二者的目的不尽相同。登记保存物品的目的仅在于取证，对证据进行及时有效的

① 全国人大常委会法制工作委员会编写：《〈中华人民共和国行政强制法〉释义与案例》，中国民主法制出版社2012年版，第430页。

收集和固定，一般证据本身没有危害性。查封、扣押更多源于物品本身具有违法性或危险性，从而限制相关物品转移或防止物品灭失无法处理。其次，实践中并非所有执法机关都具有查封、扣押权，没有查封、扣押权的行政机关为了避免证据转移或灭失只能采取先行登记保存。再次，从《行政强制法》的规定来看，登记保存与查封、扣押在执行程序和时限上有着明显区别。《行政强制法》第25条第1款规定："查封、扣押的期限不得超过三十日；情况复杂的，经行政机关负责人批准，可以延长，但是延长期限不得超过三十日。法律、行政法规另有规定的除外。"而登记保存的期限为七日，七日内必须作出处理决定。

采取登记保存应遵守法定的条件和程序。登记保存具有一定的强制性，对当事人或相关人员的财物产生了约束力，确定其在一定期限内不得损坏、销毁或者转移证据。因此，登记保存措施的采取需遵循法定的条件和程序，防止对当事人的合法权益造成损害。一是登记保存启动的条件是在证据可能灭失或者以后难以取得的情况下，如果采取询问当事人或证人、拍照录像或现场勘验等其他形式可以收集相关证据，就不用采取先行登记保存的措施。二是从登记保存的程序来看，经行政机关负责人批准是前置程序。同时，既然登记保存是一种行政强制措施，除应按照本法的规定外，还应遵守《行政强制法》第18条、第19条的规定。实施前应当向行政机关负责人报告或批准，情况紧急，需要当场实施的，行政执法人员应当在二十四小时内向行政机关负责人报告，并补办批准手续；由两名以上行政执法人员实施并示执法身份证件；通知当事人到场，当场告知当事人采取登记保存的理由、依据以及当事人依法享有的权利、救济途径；听取当事人的陈述和申辩；制作现场笔录，现场笔录由当事人和行政执法人员签名或者盖章，当事人拒绝的，在笔录中予以注明；当事人不到场的，邀请见证人到场，由见证人和行政执法人员在现场笔录上签名或者盖章。

## 三、登记保存后的处理决定与法律后果

根据《行政处罚法》的规定，行政机关采取登记保存措施的，应当在七日内及时作出处理决定。因此，若七日内行政机关没有作出处理决定的，应视为自动解除。先行登记保存的目的在于应急之下固定证据，法律只规定了七日的期限，登记保存后应积极采取记录、复制、拍照、录像等方式固定证据。一旦证据得到有效固定后，应当及时解除先行登记保存。若七日内发现证据与违法事实没有关联或没有违法行为等，也应及时解除。若七日内发现证据本身涉嫌违法或具有危害性，或需要进一步进行检验、鉴定的，具有查封扣押权的行政机关可以采取查封、扣押等措施，以便查明案件事实。需要说明的是，立案与否应不影响对登记保存物品的处理，即使进入立案阶段也应在七日内对登记保存作出处理决定。

就登记保存后的法律后果来看，登记保存期间“当事人或者有关人员不得销毁或者转移证据”。登记保存改变了当事人或相关人员的财产、物品等的事实状态，限制了其对财物的利用，属于合法权益受到影响的范畴，应属于《行政复议法》《行政诉讼法》的救济范围，实践中也有单独就登记保存行为进行司法审查的裁判。一般而言，采取登记保存行为后大致会有两种情形，一是作出登记保存行为之后又实施了行政处罚行为，登记保存作为行政处罚的过程性行为，其法律效果可被行政处罚行为吸收。二是行政机关采取登记保存后，由于不存在违法行为、

不够立案条件或有免于处罚的情形而不存在后续的行政处罚行为时，登记保存行为可视为独立的具体行政行为。因此“对登记保存行为不服的，如果之后有相应的处理，则以处理决定为对象，以作出处理决定的程序违法为由，提起行政复议或行政诉讼；如果之后无相应的处理，则直接以登记保存措施为对象，请求解除登记保存、确认违法或并予国家赔偿”。[①]

## 实务应用

**鲁潍盐业进出口有限公司苏州分公司诉江苏省苏州市盐务管理局先行登记保存行为纠纷案**[②]

盐新干盐化有限公司于2007年11月3日通过南昌铁路局大洋州站托运工业盐242吨，收货人为鲁潍盐业进出口有限公司苏州分公司（以下简称鲁潍公司），到达站为上海铁路局苏州站。11月12日，货物全部到达苏州站。江苏省苏州市盐务管理局（以下简称苏州盐务局）接到报案，着手进行查处。其间，鲁潍公司提走了约28吨盐产品。江苏省苏州市盐务管理局经向江苏省盐务管理局、省盐业公司查询，得知上述盐产品未经省盐业行政主管部门批准，也未经省盐业公司调拨，便于11月14日向上海铁路局苏州站作出了先行登记保存物品证据通知书，以鲁潍公司未经盐业行政主管部门批准，涉嫌私购盐产品，违反《盐业管理条例》（注：该法目前已失效）及《江苏省盐业管理条例实施办法》的规定为由，依

① 王贵松：《登记保存的合法性判断》，载《中国工商报》2012年3月27日。

② 该案来源于《人民司法·案例》2008年第24期。参见江苏省苏州市金阊区人民法院〔2008〕金行初字第0001号行政判决书。

据行政处罚法的相关规定，对鲁潍公司存放在上海铁路局苏州站货场的剩余精致工业盐121.7吨及93.1吨粉盐予以先行登记保存。上海铁路局苏州站依据铁道部有关规定，将被保存物交与苏州盐务局，事后又与鲁潍公司办理了相关的交提货手续，并向鲁潍公司告之其货物已经被先行登记保存的事实。鲁潍公司认为其是在依法核准的经营范围内经营工业盐，苏州盐务局以上海铁路局苏州站为对象，作出了先行登记保存物品的强制措施，造成公司重大经济损失，提起行政诉讼。法院认为，证据先行登记保存行为，属可诉的具体行政行为。证据先行登记保存是行政执法机关在执法调查过程中所采取的一种措施，不是一个完整的、独立的行政处理行为，其先行性表明不以案件事实清楚、证据确凿等作为必要前提。本案被告在涉案盐产品部分已被转移、行为涉嫌违法情况下，向涉案物品实际保管人即本案第三人（上海铁路局苏州站）出具证据先行登记保存通知书，其行为符合上述法律规定。至于该批盐产品的实际权利人是谁、鲁潍公司的行为是否确实构成违法、苏州盐务局认定该行为涉嫌违法的规范性文件是否与上位法冲突等问题，与对苏州盐务局先行登记保存行为的合法性审查并无关联。鲁潍公司要求撤销该行为的诉讼请求，法院不予支持。

证据先行登记保存行为是行政机关在案件调查过程中采取的一项证据固定措施，前提是出现了证据可能灭失或者以后难以取得的情况。登记保存行为具有特殊性，由于其是一种对当事人权益可能产生影响的证据调查手段，其是否可诉取决于是否对行政相对人独立产生影响。本案中，鲁潍公司是工业盐的实际权利人，苏州盐务局实施的登记保存行为对该公司的权利义务已经产生实际影响，经证据登记保存后，鲁潍公司在规定的期限内不得销毁或者转移证据，对其经营管理权产生了直接影响，与该行为具有法律上的利害关系，因此对登记保存行为不服，可以依法提起行政诉讼。对登记保存行为的审查主要是判断行为是否符合法定条件，即执法人员是否在证据可能灭失或者以后难以取得的法定情形下采取该措施，保存的物品是否与违法行为有直接必然关联。本案中若不采取登记保存措施，工业盐即将被转移，且直接是本案涉嫌违法运输的物品，具有直接关联性，可以采取登记保存措施。因此，是否应采取登记保存与是否具有违法行为或法律适用是否正确等问题无关联。从后续情况来看，在采取登记保存措施后，苏州市盐务管理局根据《江苏省〈盐业管理条例〉实施办法》的规定，认定鲁潍公司未经批准购买、运输工业盐违法，并对鲁潍公司作出行政处罚。鲁潍公司不服，就行政处罚决定再次提起诉讼，法院作出判决。[①]由此可见，证据保全登记行为作为一项独立对相对人权益产生的行为，具有可诉性。行政处罚作为最终的行政行为，其可诉性也不能否定先行登记保存行为的可诉性。

## 第五十七条【处罚决定】

调查终结，行政机关负责人应当对调查结果进行审查，根据不同情况，分别作出如下决定：

（一）确有应受行政处罚的违法行为的，根据情节轻重及具体情况，作出行政处罚决定；

---

① 该案是2012年最高人民法院指导案例第5号：鲁潍（福建）盐业进出口有限公司苏州分公司诉江苏省苏州市盐务管理局盐业行政处罚案。参见江苏省苏州市金阊区人民法院〔2009〕金行初字第0027号行政判决书。

（二）违法行为轻微，依法可以不予行政处罚的，不予行政处罚；

（三）违法事实不能成立的，不予行政处罚；

（四）违法行为涉嫌犯罪的，移送司法机关。

对情节复杂或者重大违法行为给予行政处罚，行政机关负责人应当集体讨论决定。

## 法条沿革

本条沿袭了修订前的《行政处罚法》第38条第1款、第2款的内容，是有关行政处罚决定的规定，包括作出行政处罚决定的主体和类型等内容，无任何变化。

## 规范目的或功能

行政处罚决定是指行政机关在调查终结后，在查清案件事实的基础上，根据案件不同的情况，依法作出不同处理决定的程序。行政处罚决定程序是行政处罚案件的关键程序，是对行政处罚前期步骤和程序的综合审查，并根据调查结果的不同情形作出与此相适应的处罚决定的过程。从行政处罚作出过程来看，行政处罚决定程序“是一般程序的终结阶段，是一个‘求是’的环节，关系到行政机关能否合理行使处罚权，制裁违法，保护公民、法人和其他组织合法权益”①，因此，《行政处罚法》将行政处罚的决定类型和程序进行了明确，减少行政机关自由

① 曹康泰主编：《行政处罚法教程》，中国法制出版社2011年版，第145页。

裁量。本条将适用一般程序进行处罚的案件分为一般行政处罚案件与重大行政处罚案件两种类型，并明确二者适用不同的决定程序。

## 规范内容

### 一、作出行政处罚决定的主体是行政机关负责人

由行政机关负责人最终作出行政处罚决定，这是由“行政首长负责制”所决定的。根据《宪法》第86条第2款的规定“国务院实行总理负责制。各部、各委员会实行部长、主任负责制”，第105条第2款的规定“地方各级人民政府实行省长、市长、县长、区长、乡长、镇长负责制”，由此确定了我国行政机关实行首长负责制的基本制度，且《地方各级人民代表大会和地方各级人民政府组织法》等法律法规也作出了相应的规定。行政机关首长负责制是指行政机关首长负责本部门的工作，召集和主持相关会议，讨论决定本部门工作的重大问题，并由行政机关首长承担相应责任的制度。行政机关首长负责制既是对我国长期以来行政管理实践的经验总结，也是民主集中制在行政管理领域的有效体现。因此，《行政处罚法》制定之初即对作出行政处罚决定的主体进行明确，即调查终结后，是由行政机关负责人对调查结果进行审查，并代表行政机关作出最终的行政处罚决定，这是行政机关首长负责制在行政处罚领域的体现。同时，行政处罚决定由行政机关负责人作出，也是行政处罚实行调查主体与决定主体分离制度的体现，有利于制约行政处罚权的行使。

## 二、审查决定的内容包括事实认定、法律适用与处罚程序等

行政处罚决定的作出是对前期进行的事实认定、法律适用、法定程序等内容的综合审查并作出的决定。从行政处罚案件的流程来看，大致包括以下步骤：一是立案程序。有初步线索或证据证明当事人涉嫌违法，行政机关即可进行立案。二是调查取证程序。执法人员通过对案件事实调查，经过查明事实、固定证据即调查终结后，可根据法律、法规、规章的规定，提出是否应当给与行政处罚的处理意见，并将调查情况和拟处理意见一并提交行政机关负责人进行审查。三是告知事实理由、听取陈述申辩或举行听证程序。经过行政机关相关负责人批准，行政机关作出拟行政处罚告知书，告知当事人拟作出行政处罚的事实、理由、法律依据以及当事人享有的权利，听取当事人陈述申辩，对当事人陈述、申辩或提出的意见进行复核，当事人提出的事实、理由以及依据成立的，行政机关应当采纳。对符合听证条件当事人申请听证的，行政机关应当举行听证程序，制作听证笔录。四是法制审核程序。对于重大行政处罚案件，应当由专门负责法制审核的人员提出合法性、合理性审查的参考意见。五是作出行政处罚决定程序。行政机关负责人在结合法制审核部门审核意见的基础上，对调查终结的案件进行全面审查，包括涉嫌违法行为的事实是否清楚，证据是否确凿，发现有证据不足需要进一步调查的，应当责令调查人员继续调查，待案件事实查清后再作决定；审查法律法规适用是否正确，发现法律法规适用不正确的，应当适用正确的法律、法规或规章等；审查执法人员是否按照法定的程序进行调查取证、是否经

过陈述申辩环节或听证程序、重大行政处罚案件是否经过法制审核程序等，对于违反法定程序进行行政处罚的案件应当及时纠正；在案件事实已经查清、适用法律法规正确、处罚程序合法的基础上，根据调查结果的不同情形，作出最终的行政处罚决定。六是制作行政处罚决定书并送达。行政处罚决定书应当加盖行政机关的公章，并按照法律规定的方式进行送达，送达是作出行政处罚的最后一个步骤。综上，行政机关负责人在作出行政处罚的决定之前，应当就案件事实、法律适用、处罚程序等进行全面审查，只有在案件事实清楚、证据确凿、法律适用正确、处罚程序合法正当的前提下，才能作出行政处罚决定，否则就只能要求调查人员进一步调查，或者对法律适用或处罚程序进行纠正之后，再作出行政处罚决定。

## 三、行政处罚决定的类型

执法人员调查终结、查明事实后，提出处理意见，经过告知事实理由、听取陈述申辩或听证程序，以及重大复杂案件经过法制人员审核提出意见后，由行政机关负责人对调查结果进行审核，根据不同的情形分别作出以下决定：

### （一）行政处罚决定

根据《行政处罚法》的规定，实施行政处罚必须以事实为依据，与违法行为的事实、性质、情节以及社会危害程度相当，由此确定了行政处罚应当遵循过罚相当的基本原则。第一，经过调查，如果违法行为事实清楚、证据确凿，处罚程序合法，依据法律、法规、规章的规定应当受到行政处罚的，则行政机关应当作出处罚决定。第二，明确违法行为应当受到行政处罚后，应当考查违法事实的基本情况和违法行为的情节轻重，考虑是否有减轻行政处罚的情节等，根据过罚相当的基本原则综合裁量作出行政处罚决定。如根据《行政处罚法》的规定，已满十四周岁不满十八周岁的人有违法行为的，从轻或者减轻行政处罚。当事人主动消除或者减轻违法行为危害后果的、受他人胁迫有违法行为的、配合行政机关查处违法行为有立功表现的或有其他依法从轻或者减轻行政处罚情形的，应当依法从轻或者减轻行政处罚。

### （二）不予行政处罚决定

行政机关作出不予行政处罚决定的前提是存在违法行为，但因出现了违法或责任阻却事由，当事人不应承担法律责任，因此，行政机关作出了不予处罚的决定。

违法行为和犯罪行为虽然社会危害性有很大不同，但本质上都是对法律规范的违反，因此在一定程度上可以进行借鉴类比适用。一般来说，对于犯罪行为是否应当受到刑事处罚有四要件与三阶层的争议，但四要件与三阶层没有本质区别，而在于犯罪成立要件之间是否具有位阶关系。因此，有学者把它类比适用到行政处罚中，认为"应受行政处罚行为的成立要件理应包括构成要件的该当性、违法性、有责性三个判定标准。只有相对人行为同时符合这三个要件，才能够成立行政处罚。"[①]构成要件的该当性是一种事实判断，即判断该行为是否符合相关的行政或刑事法律规定描述的事实要件；违法性则是一种价值

① 熊樟林：《行政处罚责任主义立场证立》，载《比较法研究》2020年第3期，第142页。

判断，判断该违法行为或犯罪行为有无社会危害性以及社会危害性的大小，是否出现正当防卫、紧急避险等违法性阻却事由；有责性主要是对行为人是否应当承担责任的法律判断。德国学者耶林曾说："使人负损害赔偿的，不是因为有损害，而是因为有过失，其道理就如同化学上的原则，使蜡烛燃烧的，不是光，而是氧气一般的浅显明白。"[①]因此，是否追究法律责任的关键在于行为人是否具备责任能力，即要求行为人能够认识到行为的违法性，并具备控制自己行为的能力。包括行为人是否达到责任年龄，是否具备违法性认识的可能性或期待可能性，存在故意或过失等，此类内容一般在有责性要件领域进行探讨。对于违法行为而言，虽然各要件的具体内容或阻却事由可能与犯罪行为不一致，如《行政处罚法》并没有规定正当防卫、紧急避险等违法性阻却事由，但犯罪行为的阶层关系却值得借鉴。

从《行政处罚法》的规定来看，虽然事实上存在违法行为，但有下列情形的不予行政处罚。一是出现了违法性阻却事由。若构成要件该当性是事实要件，则违法性属于实质评价性要件，二者是事实与价值的关系。若一个行为不具备违法性，则不能被视为违法行为。从《行政处罚法》的规定来看，只明确了一项违法性阻却事由，即该法第57条第1款第2项规定的"违法行为轻微，依法可以不予行政处罚的，不予行政处罚"。具体而言，《行政处罚法》第33条第1款规定"违法行为轻微并及时改正，没有造成危害后果的，不予行政处罚。初次违法且危害后果轻微并及时改正的，可以不予行政处罚"。"违法行为轻微并

---

① 王泽鉴：《侵权行为法》（第一册），中国政法大学出版社2001年版，第11—12页。

及时纠正，没有造成危害后果”说明该行为不具有社会危害性，欠缺了违法性要件而不予处罚。“初次违法且后果轻微并及时改正的”属于非常轻微的违法行为，是便宜主义在行政执法领域的体现，是指“即使当事人的行为符合处罚的要件，主管机关基于各种合理考虑包括违法情节、行为人之经济能力、处罚所付出之社会成本等，如果认为不处罚更适当即可以不予处罚”。[①] 当然，行政处罚应以合法性为原则，以便宜主义为极为特殊的例外，只有在初次违法、后果轻微、及时改正三个要件同时满足的情形下行政机关才可以裁量是否不予处罚。二是出现了责任阻却事由。《行政处罚法》第33条第2款规定：“当事人有证据证明没有主观过错的，不予行政处罚。法律、行政法规另有规定的，从其规定。”行政处罚的构成要件中是否需要主观过错一直存在争议，此次《行政处罚法》明确了行政处罚应要求行为人存在主观过错要件，但采取的过错推定的立法例，并由当事人承担证明责任。“从构成要件上说，行政处罚不应当过多强调主观要件。一方面，基于行政处罚在秩序维护等方面的特点，大部分行政处罚均以客观违法行为作为核心要件，无论相对人有无主观过错，只要客观上违反了行政法律规范，都应该给予行政处罚。另一方面，由于相对人的主观方面需要更多的证据加以证明，而在搜集证据过程中，如果要求行政执法机关举证证明行为人存在主观过错，有故意或者过失，这会加重行政执法机关的负担。但这并不意味着行政处罚采取完全的客观归责主义，对不具备可谴责性的行为也要进行处罚。事实上，从行

---

① 李洪雷：《论我国行政处罚制度的完善——兼评〈中华人民共和国行政处罚法〉修订草案》，载《法商研究》2020年第6期，第11页。

政相对人违反了某种行政管理秩序、违反行政法律规范的客观结果看，可以推定其主观上有故意或者过失。”[①]除了过错要件之外，责任阻却事由还有缺乏责任年龄、欠缺责任能力等情形，如《行政处罚法》规定，不满十四周岁的人有违法行为的，不予行政处罚，责令监护人加以管教；精神病人在不能辨认或者不能控制自己行为时有违法行为的，不予行政处罚。

（三）不得处罚并撤销立案的决定

若经过执法人员调查终结，发现行为人的违法事实不能成立，也即说没有证据证明当事人有违法行为。本条规定“违法事实不能成立的，不得给予行政处罚”。因此，行政机关不得作出行政处罚决定，已经立案的应当撤销立案登记。这种情形不同前述的不予行政处罚的决定。不予处罚的决定是有违法行为但出现了违法性或责任阻却事由不处罚，而不得给予行政处罚是由于违法事实不成立、违法行为不存在。同时，对于已经立案的案件，在调查、审核等过程中发现该违法行为已过追诉期，也应当及时作出撤销立案的决定，并将相关决定及时告知当事人。

（四）移送案件的决定

违法行为涉嫌犯罪的，移送司法机关。《行政处罚法》第8条第2款规定：“违法行为构成犯罪，应当依法追究刑事责任的，不得以行政处罚代替刑事处罚。”第27条第1款规定：“违法行为构成犯罪的，行政机关必须将案件移送司法机关，依法

---

① 马怀德：《行政处罚法修改中的几个争议问题》，载《华东政法大学学报》2020年第4期，第11页。

追究刑事责任……”因此，若执法人员经过调查或有关部门审核、审查发现违法行为已经涉及犯罪的，应当及时移送司法机关。由于行政违法行为与刑事违法行为（犯罪行为）本质上都是对法律规范的违反，二者都是一种违法行为，只是当违法行为的社会危害性达到了一定严重程度，则会上升为犯罪行为，二者在一定程度上会存在衔接关系。如刑法修正案（七）将偷税罪修改为逃税罪，并且增加了对逃税罪不予追究刑事责任的特殊规定，即“经税务机关依法下达追缴通知后，补缴应纳税款，缴纳滞纳金，已受行政处罚的，不予追究刑事责任”。因此，行政机关负责人经过审查，认为违法行为已涉嫌犯罪，则依法应当移送司法机关进行处理，不得以行政处罚代替刑事处罚。

## 四、情节复杂或者重大违法行为的特殊决定程序

《行政处罚法》将适用一般程序进行行政处罚的案件分为两种情形：一类是一般行政处罚案件，直接由行政机关负责人作出处罚决定。另一类是对重大行政处罚案件，除按照一般案件的决定程序办理外，还规定了由行政机关负责人集体讨论决定的程序，目的是更加慎重处理重大行政处罚案件，确保决定正确、有效。对此，需要明确以下几点：

一是复杂或重大行政处罚案件的范围。《行政处罚法》对此作出概括式规定，即“对情节复杂或者重大违法行为给予较重的行政处罚”的，应当经过行政机关负责人集体讨论决定。对于情节复杂或重大的行政处罚案件，《行政处罚法》的认定应当保持一致。可以参照应当进行法制审核的行政处罚案件的列举，包括“涉及重大公共利益的；直接关系当事人或者第三人重大权益，经过听证程序的；案件情况疑难复杂、涉及多个法律关

系的；法律、法规规定的其他情形。”行政拘留是否属于“重大的行政处罚”案件？从《行政处罚法》的规定来看，行政拘留没有明确纳入听证的范畴，也没有明确纳入法制审核的范畴，仅留给了法律、法规的补充规定。但从对公民权利的影响来看，行政拘留属于对人身自由权的限制应当属于较重的行政处罚。从《宪法》的规定来看，公民的人身自由不受侵犯。生命、健康、自由属于公民最重要的人身权利，是宪法保障公民的基本权利。从《行政处罚法》的规定来看，限制人身自由的行政处罚，只能由法律设定；限制人身自由的行政处罚权只能由公安机关和法律规定的其他机关行使。且从行政处罚种类对公民权利影响的排序看，行政拘留置于最后及兜底条款之前，由此可见，“限制人身自由”的行政处罚属于法律保留的范畴，行政拘留对公民的人身自由受到了限制，也应属于重大行政处罚案件纳入集体讨论决定的范围。

二是行政机关负责人集体讨论决定的含义。“这里所说的集体讨论，作出决定，并非就如何处罚予以表决”①，行政机关负责人集体讨论决定并非意味着按照“少数服从多数”的原则进行表决决定，而是经过负责人集体充分讨论之后由行政首长在考虑不同意见的基础上做出最终决定，这是民主集中制的根本体现，与行政首长负责制的基本内涵一致。否则若经过行政机关负责人多数决定而由行政机关首长来承担责任，则是不科学、不合理的。一般而言，为了发挥集体讨论的作用，行政首长应当按照多数人的意见作出决定，若作出相反决定的，应当充分

---

① 全国人大常委会法制工作委员会国家法室、行政法室编著：《〈中华人民共和国行政处罚法〉释义》，法律出版社1996年版，第112页。

说明理由并在会议记录中载明。

## 实务应用

**大连市金州区兴亮修船厂、大连金普新区农业局行政处罚案**[①]

2005年11月14日，修船厂原法定代表人丁某波（现修船厂法定代表人单某美丈夫，于2018年9月6日去世）取得海域使用权证书，项目名称为丁某波在东亮村修船用海，用海类型为船厂用海，用海面积为6.10公顷，批准使用终止日期为2025年11月17日。2017年11月，修船厂在其原有防风坝基础上扩建延伸坝体。2017年11月28日与12月12日，金普农业局就兴亮修船厂实施填海的行为两次送达《检查通知书》及《责令停止违法行为通知书》。2018年1月11日金普农业局委托国家海洋监测中心对修船厂施工占用海域的面积进行鉴定，2018年1月12日金普农业局再次向修船厂送达《责令停止违法行为通知书》。2018年3月22日金普农业局对修船厂非法占用海域一案进行会审（集体讨论）。2018年4月17日，金普农业局接受修船厂的听证申请，组织进行听证。2018年4月28日及5月15日，金普农业局就听证中提出的问题组织国家海洋环境监测中心进行说明质证。2018年5月31日，金普农业局作出退还非法占用海域、恢复海域原状，并处罚款492.435万元的行政处罚。当事人不服提起行政诉讼。法院认为，根据金普农业局提供的证据，该局于2018年3月28日告知修船厂听证的权利，并依修船厂申请于2018年4月17日举行听证，后又分别于2018年4月28日、5月15日两

---

① 参见辽宁省高级人民法院〔2019〕辽行终1320号行政判决书。

次进行了质证，但是在告知听证权利之前的2018年3月22日即已进行案件讨论（会审），并于2018年3月26日进行处罚审批。也就是说金普农业局在听证前即已经确定了处罚结果，其处罚决定并未考虑听证及质证的意见，该行政行为违反《行政处罚法》中先听证后处罚的法定程序，实际上是剥夺了当事人享有的听证权利，属于严重违反法定程序。根据金普农业局提供的案件讨论（会审）笔录，参加案件讨论（会审）的人员中属于单位负责人的仅有一名副局长，即是说本案并未经行政机关的负责人集体讨论决定，也属于程序严重违法。

行政处罚的法定程序意味着行政机关应当按照法定的顺序和步骤进行案件处理，是一个环环相扣的过程。行政处罚的决定程序是在案件调查终结、听取当事人陈述申辩、部分案件进行法制审核之后才进行的处置程序，本质是对调查结果、相对人意见以及法制审核意见进行综合审查之后作出的决定。在作出行政处罚决定之前让当事人陈述申辩，或者通过正式的听证程序听取意见或质证，不仅是为了实现程序正义，让当事人参与到行政处罚过程中来，同时也是为了听取相对人的意见，为最终作出行政处罚决定提供参考。在本案中，作出罚款492.435万元的行政处罚属于数额较大的行政处罚决定，当事人有申请听证的权利且提出听证申请。对此，农业局应当先举行听证程序，再进行集体讨论决定。如果先集体讨论决定后再进行听证，则听证程序属于走过场，使听证程序变成了对行政处罚决定的解释说明会，这一过程实质剥夺了当事人的听证权利，属于严重的程序违法。同时，对于重大违法行为给予行政处罚，由行政机关负责人集体讨论决定。行政机关负责人集体讨论决定并不是由一名负责人参加多人的案件讨论即可，若只有一名负责人参加，则是行政机关负责人决定而非负责人集体讨论决定，也属于违反法定程序的情形。

**第五十八条【重大行政处罚法制审核】**

有下列情形之一，在行政机关负责人作出行政处罚的决定之前，应当由从事行政处罚决定法制审核的人员进行法制审核；未经法制审核或者审核未通过的，不得作出决定：

（一）涉及重大公共利益的；

（二）直接关系当事人或者第三人重大权益，经过听证程序的；

（三）案件情况疑难复杂、涉及多个法律关系的；

（四）法律、法规规定应当进行法制审核的其他情形。

行政机关中初次从事行政处罚决定法制审核的人员，应当通过国家统一法律职业资格考试取得法律职业资格。

## 法条沿革

本条沿袭修订前的《行政处罚法》第38条第3款的内容，此次《行政处罚法》修订在此基础上明确列举哪些事项应当进行法制审核以及相关法律责任的规定。

《行政处罚法》1996年制定时没有规定行政处罚作出前应经过法制审核的制度，2017年9月《行政处罚法》修订时，于

第38条增加了第3款内容，规定“在行政机关负责人作出决定之前，应当由从事行政处罚决定审核的人员进行审核。行政机关中初次从事行政处罚决定审核的人员，应当通过国家统一法律职业资格考试取得法律职业资格”，确立了行政处罚法制审核制度。但若所有的行政处罚决定都要经过法制审核，则在一定程度上会降低执法效率，浪费执法资源。对一些案件事实较为清楚简单、法律适用较为明确的案件也无进行法制审核的必要。《行政处罚法（修订草案征求意见稿）》第54条就第3款进行了修订，对哪些事项应当进行法制审核以及法制审核的后果进行了明确：“有下列情形之一，在行政机关负责人作出决定之前，应当由从事行政处罚决定法制审核的人员进行法制审核，未经法制审核或者审核未通过的，不得作出决定：（一）涉及重大公共利益的；（二）直接关系当事人或者第三人重大权益，经过听证程序的；（三）案件情况疑难复杂、涉及多个法律关系的；（四）法律、法规规定应当进行法制审核的其他情形。行政机关中初次从事行政处罚法制审核的人员，应当通过国家统一法律职业资格考试取得法律职业资格。”由于增加内容较多导致法条内容过长，在《行政处罚法（修订草案二次审议稿）》中将第3款独立成条，置于“处罚决定”条款之后，作为作出处罚决定之前的程序条款，并最终被立法所采纳。

## 三 规范目的或功能

建立重大行政处罚法制审核制度，实质是建立起行政处罚的事前监督与内部监督程序，一方面能够通过法制审核，为行政首长以及集体讨论作出处罚决定提供法制参考，阻却重大行政处罚的违法性，确保行政处罚决定的合法有效，降低行政复议纠错率或行政诉讼败诉率。另一方面可以通过事前监督、过程性监督，保护公民、法人或其他组织的合法权益。从行政行为作出过程来看，一般由内部行政程序与外部行政程序两方面组成。从现实情况来看，传统上法律规范与法学研究关注的重点是外部行政程序，对有公民、法人或其他组织参与的程序较为重视，对行政机关内部行政程序关注较少，这一现象随着法治政府建设与依法行政深入推进有所改变。内部行政程序虽然仅涉及行政机关系统内部的权责分工与运行流程，但与行政相对人的权利义务存在莫大的联系，实质上对执法决定的内容有着深刻影响，内部行政程序与外部行政程序实际上往往会交织、转化，二者是一个连续的整体。因此，在具体行政执法过程中建立法制审核的内部程序，是内部行政程序逐步法制化、规范化的体现。

合法性审查制度较早适用于行政立法领域。《行政法规制定程序条例》《规章制度程序条例》专章规定了审查制度，明确行政法规、规章送审稿由法制机构负责统一审查。随着法治政府建设的推进，对行政管理活动的合法性提出了更高要求，合法性审查、集体讨论等制度逐步适用到行政机关规范性文件制定、重大行政决策等程序中。《中共中央关于全面深化改革若干重大问题的决定》提出要完善规范性文件、重大决策合法性审查机制，《法治政府建设实施纲要（2015—2020年）》重申“完善规范性文件制定程序，落实合法性审查、集体讨论决定等制度；建立行政机关内部重大决策合法性审查机制，推进行政决策科学化、民主化、法治化”。2018年12月国务院办公厅出台《关于全面推行行政规范性文件合法性审核机制的指导意见》，明确规范性文件合法性审核的范围、主体、程序、职责和责任。2019年9月1日《重大行政决策程序暂行条例》开始施行，其中第三章专门就重大行政决策的合法性审查和集体讨论决定进行了规定。无论是行政立法还是重大决策的作出、规范性文件的制定，其涉及的都是不特定多数人的利益，需要严格事先进行合法性审查的程序。同时，随着依法行政持续深入推进，行政机关的自我规制也逐步重视起来，重大行政执法决定法制审核制度作为完善执法程序的重要方面也被引入行政执法程序中。早在2014年10月，《中共中央关于全面推进依法治国若干重大问题的决定》提出要建立重大行政执法决定法制审核制度。《法治政府建设实施纲要（2015—2020年）》重申“严格执行重大行政执法决定法制审核制度，未经法制审核或者审核未通过的，不得作出决定”。2018年12月5日，《国务院办公厅关于全面推行行政执法公示制度执法全过程记录制度重大执法决定法制审核制度的指导意见》发布，要求各级行政执法机关要明确审核机构、审核范围、审核内容、审核责任等。此次《行政处罚法》修改进一步明确了行政处罚法制审核的具体范围，是对党中央国务院提出的“严格执行重大行政执法决定法制审核制度”的有效回应。

## 规范内容

### 一、法制审核程序是独立的内部审核程序

根据本条规定，“在行政机关负责人作出决定之前，应当由从事行政处罚决定法制审核的人员进行法制审核，未经法制

审核或者审核未通过的，不得作出决定。”由此明确：首先，行政处罚法制审核制度是行政主体在作出重大行政处罚决定之前，由特定审核机构及人员对拟作出行政处罚决定的合法性、合理性等内容进行审查并提出意见供行政机关负责人或集体讨论作决定时参考的内部审核程序，也是经过立案、调查取证、听取意见（听证）程序之后进行的独立审核程序，是处罚决定作出前的一项前置程序。因此，法制审核机构在审核具体处罚案件时既没有调查取证的权力，也没有作出决定的权力。其次，既然是行政机关的内部程序之一，行政处罚法制审核的结果即法制审核意见书，主要在于为行政机关负责人及其集体决定提供法律参考，并不会直接产生外部法律效力，因此公民、法人或其他组织对相关人员提出的法制审核意见不服，不能直接申请行政复议或提起行政诉讼。再次，法制审核程序虽然是内部程序，但却是重大行政处罚决定的必经程序。没有经过法制审核或者审核未通过的，行政机关负责人不得作出决定；没有经过法制审核或者审核未通过但行政机关负责人或者集体讨论作出决定的，属于违反法定程序的情形。

## 二、法制审核的范围与内容

法制审核的范围确定并非易事，法制审核的范围过宽，虽然能最大程度的提升执法水平，维护行政相对人的合法权益，但却会增加程序负担影响执法效率。反之，法制审核范围过窄，达不到制度设计的初衷，不能实现有效阻却违法行政处罚的目的。因此，法制审核的范围是在平衡程序的公正与效率价值之后作出的抉择。《国务院办公厅关于全面推行行政执法公示制度执法全过程记录制度重大执法决定法制审核制度的指导意见》

指出，凡涉及重大公共利益，可能造成重大社会影响或引发社会风险，直接关系行政相对人或第三人重大权益，经过听证程序作出行政执法决定，以及案件情况疑难复杂、涉及多个法律关系的，都要进行法制审核。具体来看，《行政处罚法》将其分为四种类型。一是涉及重大公共利益的。对于涉及公共利益的案件，由于涉及多数人利益，需要进行法制审核。合法性审查制度本身发端于涉及不特定多数人的行政立法、行政决策或规范性文件的程序中，在涉及公共利益案件中设置法制审核程序是应有之义。但由于重大、公共利益都属于不确定法律概念，需要作为下位法的法规、规章进行明确列举和细化。二是直接关系当事人或者第三人重大权益，经过听证程序的。需要听证的案件一般都是对当事人权益影响较大的案件，根据《行政处罚法》第63条的规定，对于较大数额罚款，没收较大数额违法所得、没收较大价值非法财物，降低资质等级、吊销许可证件，责令关闭、责令停产停业、限制从业等案件，当事人都可以申请听证。从《行政处罚法》的立法过程来看，当事人可以申请听证的范围逐步扩大，进一步保障了当事人参与行政处罚过程的程序性权利。同时，此类案件涉及的是当事人的重大权益，严重影响其从业或营业资格以及财产权益等，对此类案件附加法制审核程序，更有利于保障相关人员的合法权益。三是案件情况疑难复杂、涉及多个法律关系的。较之于调查取证人员而言，法制审核人员的法律专业水平更有优势，疑难复杂案件经过法制审核程序不仅可以对前期调查人员事实认定、法律适用进行审核监督，同时也可以通过法制审核意见给予调查人员更加专业化的分析与协助，从而为行政机关负责人作出决定提供专业化的法制参考。四是法律、法规规定应当进行法制审核的其他情形。授予其他法律、行政法规、地方性法规可以对法制审核的范围进行列举。

较之于在行政立法或重大行政决策、规范性文件制定中适用的合法性审查的内容而言，法制审核的内容更加广泛，合法性审查仅是其中一项。法制审核是一项全面审核工作，是对执法主体、权限、内容、程序、行使等多个要素的审查，全面审查行政处罚行为的合法性与合理性。《国务院办公厅关于全面推行行政执法公示制度执法全过程记录制度重大执法决定法制审核制度的指导意见》指出法制审核的范围大致包括“行政执法主体是否合法，行政执法人员是否具备执法资格；行政执法程序是否合法；案件事实是否清楚，证据是否合法充分；适用法律、法规、规章是否准确，裁量基准运用是否适当；执法是否超越执法机关法定权限；行政执法文书是否完备、规范；违法行为是否涉嫌犯罪、需要移送司法机关等”。法制审核机构完成审核后，要根据不同情形，提出同意或者存在问题的书面审核意见。行政执法承办机构应对法制审核机构提出的存在问题的审核意见进行研究，作出相应处理后再次报送法制审核。

## 三、进行法制审核的人员要求

为了提升法制审核的专业性，确保法制审核程序的制度效能，2017年修订《行政处罚法》增加行政处罚法制审核程序时，对法制审核人员的执业要求进行了规定，即“行政机关中初次从事行政处罚法制审核的人员，应当通过国家统一法律职业资格考试取得法律职业资格”。且为了满足实践需要，对实践中已长期从事法制审核工作，但没有通过国家统一法律职业资格考试取得法律职业资格的公务员，也从立法上准予其继续从事该项工作。这一法律执业专业化的要求逐步进行推广，2018年《公务员法》修订，对公务员中从事法律执业工作的有关任职条件进行了明确，其中第25条第2款规定："国家对行政机关中初次从事行政处罚决定审核、行政复议、行政裁决、法律顾问的公务员实行统一法律职业资格考试制度，由国务院司法行政部门商有关部门组织实施。"同时，为了体现行政处罚法制审核程序的独立性与专业性，根据职权分离制度与回避原则的基本要求，进行法制审核的人员应当不得参与相关案件的调查、听证等程序；与调查人员、听证主持人等类似，与案件事实有利害关系的人也应当进行回避。

## 实务应用

**韦某平与来宾市公安局兴宾分局、来宾市公安局行政处罚案**[①]

来宾市兴宾区水利局抗旱应急供水工程VI标段项目，位于兴宾区凤凰镇某村水源点。2018年，该工程中标单位广西河海公司工程队进入该村水源处进行施工。施工过程中，村民认为该水源自古以来都是该村屯灌溉、生活用水的来源，在此承建抗旱应急供水工程严重影响几个村的生产生活，所以对施工进行阻拦。2019年8月5日，兴宾区水利局带领工程施工队前往水源处施工时又遭到部分村民阻拦。来宾市公安局兴宾分局接到报警后，立即组织民警赶赴现场处置，通过民警和政府工作人员两个多小时解释劝导和思想工作，仍有30多名村民阻拦施工

① 参见广西壮族自治区来宾市中级人民法院〔2020〕桂13行终72号二审行政判决书。

队施工，执勤民警依法将韦某平等35人传唤到来宾市公安局兴宾分局调查询问。通过询问，被传唤人员均供述参与阻拦施工队施工的违法事实，且各自陈述相互印证，查实违法事实。来宾市公安局兴宾分局认为，韦某平等13人扰乱单位秩序的违法行为，情节较重，根据《治安管理处罚法》第23条的规定，决定对韦某平处以行政拘留十日的处罚决定。韦某平不服，向来宾市公安局申请行政复议，2019年11月23日来宾市公安局作出维持行政处罚决定。韦某平仍不服，向法院提起行政诉讼，称本案中给予拘留10日的行政处罚属于《来宾市公安机关重大行政执法决定法制审核办法》规定的重大执法决定，但是来宾市公安局兴宾分局并未通过集体讨论，也未经过法制部门审核，程序违法。来宾市公安局称，行政案件的法制审核、公安机关负责人对案件的集体讨论，是公安机关内部的审批程序，公安机关内部审批程序不是法院在行政诉讼中进行审查的对象，法院只审查公安机关对外决定及相应法律文书。法律也没有规定公安机关内部审批程序内容、内部如何审批要向被处罚人出示。对于程序问题，一审法院认为，来宾市公安局兴宾分局在作出行政处罚决定之前，告知韦某平作出行政处罚决定的事实、理由及依据，并告知其依法享有的权利，履行了告知、听证、决定、送达等法定程序。二审法院认为，韦某平认为调查取证过程中存在程序违法，但均未能提供充分证据予以证明。

从行政行为的作出过程来看，行政行为的作出是行政机关的内部程序与外部程序相结合的过程。一般来说，行政机关的内部行政行为不能单独被起诉，但并不意味着行政机关的内部程序不受法院监督和审查。从《行政处罚法》的立法、修订过程来看，逐步完善了对行政处罚立案、调查、陈述申辩及听证、法制审查、集体讨论、作出决定、送达以及公开等程序要求。只要启动了对行政处罚决定的审查，法院皆有权对行政处罚的作出过程进行监督，无论是法定的内部程序还是外部程序。本案的核心问题是法制审核程序是否属于法院审查范围的问题。本案涉及35人的违法行为，且13人涉嫌较重的“行政拘留”的行政处罚，应当属于案件情况较为复杂的类型，且《来宾市公安机关重大行政执法决定法制审核办法》明确规定行政拘留属于重大行政执法法制审核事项，应当经过行政机关法制审核程序。因此，行政案件的法制审核、公安机关负责人对案件的集体讨论虽然是公安机关的内部程序，但却是行政处罚的法定程序内容，属于人民法院的审查范围。同时，行政机关应当对行政行为的合法性承担举证责任，是否经过法制审核或行政机关集体讨论决定程序，是由行政机关进行举证，且该举证内容事实上也无法由当事人来完成。

## 第五十九条【行政处罚决定书】

行政机关依照本法第五十七条的规定给予行政处罚，应当制作行政处罚决定书。行政处罚决定书应当载明下列事项：

（一）当事人的姓名或者名称、地址；

（二）违反法律、法规、规章的事实和证据；

（三）行政处罚的种类和依据；

（四）行政处罚的履行方式和期限；

（五）申请行政复议、提起行政诉讼的途径和期限；

（六）作出行政处罚决定的行政机关名称和作出决

定的日期。

行政处罚决定书必须盖有作出行政处罚决定的行政机关的印章。

## 法条沿革

本条沿袭修订前的《行政处罚法》第39条的规定，是对行政处罚决定书及其内容的规范要求。修订前的《行政处罚法》第39条第1款第5项为："（五）不服行政处罚决定，申请行政复议或者提起行政诉讼的途径和期限。"本次修订删除了"不服行政处罚决定"字样，表述更简洁。

## 规范目的或功能

行政行为以是否必须具备某种法定形式为标准，可以分为要式行政行为与非要式行政行为。要式行政行为是指法律、法规规定必须具备某种方式或形式才能产生法律效力的行政行为。行政处罚属于典型的要式行政行为，行政处罚只有具备行政处罚决定书这种法定形式，才会发生行政机关想要产生的法律效果。"要式行政行为作为必须具备某种书面文字或具有特定意义符号的行政行为，有利于准确地载明行政主体的意思表示，体现行政行为的严肃性，分清责任，促进依法行政。"[①]行政处罚决定书是行政机关负责人审查决定的法律载体，代表着行政机关

① 姜明安主编：《行政法与行政诉讼法》，北京大学出版社、高等教育出版社2005年版，第181页。

意思表示正式作出，标志着行政处罚决定的成立，是行政处罚中非常重要的法律形式，因此本条对行政处罚决定书的内容和形式提出了明确的要求。

“要式”即代表了对行政行为的规范和要求。行政处罚决定书的内容是否完备，格式是否规范正确，直接影响了当事人或其他利害关系人对行政处罚决定的接受程度，影响到其是否能及时保障和救济自身的合法权益等。同时，行政处罚决定书的质量也是行政执法水平和执法能力的重要体现。另外，根据《行政处罚法》的要求，行政处罚决定要进行公开，行政处罚决定书不仅是行政机关实施行政处罚法的重要载体，而且也是行政相对人以及社会公众了解、监督执法行为的窗口。本条对行政处罚决定书的内容和格式等进行明确要求，对于提高行政处罚执法文书的统一性、规范性具有重要作用。

## 规范内容

### 一、行政处罚决定书是行政处罚行为成立的标志

随着行政法学理论研究的深入，行政行为的成立、生效以及有效之间的区别逐步受到关注，行政行为成立、生效以及有效之间的混同局面有所改变。从行政过程论的角度观察，行政行为的成立、生效与有效是对行政行为不同阶段的评价。具体行政行为的成立，是指满足何种条件时行政行为客观存在，行政行为不成立应当指的是该行为没有构成一个具体行政行为。具体行政行为的生效，是指在何种条件下可以认为具体行政行为产生了效力。因此，行政行为的成立是生效的逻辑前提，行

政行为成立之后才能谈及是否生效的问题。而生效是对行政行为效力的初级评价，是行政行为成立后推定产生的法律效力。行政行为的有效是一种实质评价，是有权机关对行政行为的主体、权限、程序、内容与形式等方面进行审查后作出的评价。在行政行为的成立与生效问题上，曾存在不同的观点。有学者认为“具体行政行为从其成为具体行政行为时就开始产生法律效力，生效条件不过是成立条件”的别称，因而主张“废弃生效条件的提法”[①]。但更多学者认为，行政行为的成立与生效属于不同范畴，生效时间对于行政主体与相对人一方各不相同，具体如下：“对于行政主体一方而言，行政行为的成立与生效在时间上是完全重合的。但成立与生效并不是等同的，一个已经成立的行政行为只有在符合特定的生效条件（如通知、所附期限届满等）时才能产生形式效力。对于行政主体而言，行政行为的成立与生效是完全一致的，即行政行为一旦作出，对行政主体就生效。但是，行政行为的成立只是为了确定行政行为在何种情况下已经完成，并不意味着行政行为一经成立，相对人就立即知晓。对相对人而言，行政行为并非一经成立就生效，只有在为相对人所知晓时才开始生效”[②]，即“符合了具体行政行为的构成要件就成立，其后自当事人收到通知之日，对其生效”[③]。同时，这在比较法上也有立法例。如《联邦德国行政程序法》第43条规定：（1）行政行为以相对人或涉及的人通知的时刻开

① 傅士成著：《行政强制研究》，法律出版社2001年版，第134页。

② 章志远：《略论行政行为的生效》，载《长春市委党校学报》2003年第3期，第77页。

③ 王锴：《具体行政行为的成立与生效区分》，载《政治与法律》2012年第10期，第111页。

始生效，行政行为的内容以有效的通知为准。（2）行政行为未被撤销、废止、以其他方式终止或通过期限届满或其他方式消灭之前，持续有效。（3）无效行政行为始终不产生效力（不生效）。[①]因此，行政行为的成立要件与生效要件各不相同。

具体行政行为的成立要件是判断如何构成一个具体行政行为，而不是其他事实行为或民事行为等。具体行政行为是一种法律行为，“法律行为之所以产生法律效果是因为当事人希望产生这一法律效果，与之相对的是那些自动产生法律效果的行为，即那些法律效果依据法律秩序的规定而不是当事人意愿产生的行为”[②]。当事人具有产生法律上效果的意思表示是法律行为区别于其他事实行为的最终因素，事实行为要么不会产生行政法上的法律效果，要么产生法律效果也不是行政主体的意思表示所导致。行政主体意欲产生的是行政法上的权利义务关系还是民法上的权利义务关系，则是行政行为区别于民事法律行为的关键。在行政处罚行为中，行政机关的意思表示体现在盖有行政机关印章的行政处罚决定文书上。经过调查取证，行政机关负责人或经过集体讨论作出的决定代表着行政处罚内部程序的完结，只有将行政机关负责人作出的决定通过行政处罚决定文书这一载体转化为行政机关的意思表示，这一行政处罚行为才算成立。因此，行政处罚决定书具有重要的法律地位，是行政机关作出行政处罚行为这一意思表示的载体，代表着行政处罚行

① 应松年主编：《外国行政程序法汇编》，中国法制出版社1999年版，第179—180页。

② ［德］维尔纳·弗卢梅著：《法律行为论》，迟颖译，米健校，法律出版社2019年版，第35页。

为的成立。

## 二、行政处罚决定书的内容

行政处罚决定书是行政处罚行为成立的标志，也是公民、法人或其他组织请求监督救济的对象，还是监督救济过程中行政复议机关、人民法院审查的主要证据之一，因此，行政处罚决定书的内容应当准确详尽，应当载明以下内容：

（一）当事人基本情况。主要是指当事人的姓名或者名称、地址；对公民实施行政处罚的，应当写明公民的姓名、地址；对法人或其他组织实施行政处罚的，应当写明法人或其他组织的名称、地址。

（二）违法事实。主要是指违反法律、法规或者规章的事实和证据；行为人的违法事实以及相关的证据是实施行政处罚的前提，应当在行政处罚决定书中载明。对有多个违法事实的，应当在处罚决定书中对单个事实进行认定，并罗列证据。对当事人违法行为的认定应作详细的分析，涉及当事人经过陈述、申辩或听证程序的，应当对有关复核情况进行论述。

（三）行政处罚的种类和依据。主要是指行政主体根据上述认定的违法事实，选择哪些法律、法规或规章作为依据。涉及多个违法事实的，应当对每一违法行为适用的法律依据、处罚种类以及具体的处罚内容进行明确，法律规范的适用应具体到条、款、项、目。尤其是涉及自由裁量权的运用时，处罚决定书应当充分说明理由。

（四）行政处罚的履行方式和期限。行政处罚的履行方式是指行政相对人以何种方式执行行政处罚决定，履行行政处罚决定确定的义务。行政行为具有执行力，当事人自执行是其中一种，因此行政处罚决定书应载明当事人应以什么方式履行行政处罚决定，如到指定银行缴纳罚款、自行停产停业等。行政处罚的履行期限是指法律法规明确规定或行政机关要求在一定期限内履行行政处罚决定书确定的义务，若行政相对人在法定期限内没有履行该义务，则行政主体可以根据《行政强制法》的规定启动强制执行程序。

（五）告知救济权利和期限。主要是指告知当事人不服该行政处罚决定时，申请行政复议或者提起行政诉讼的途径和期限。告知行政处罚相对人提起法律救济的权利和途径，一方面是为了进一步保护公民、法人或其他组织的合法权益，另一方面也是为了加强对行政机关与执法人员的监督。同时，为了体现便民原则，行政主体在告知救济途径时应明确具体的复议机关或管辖法院，不应以“有关机关”代替；告知期限时应准确按照《行政复议法》《行政诉讼法》确定的期限履行告知义务。

（六）作出行政处罚决定的行政机关名称和作出决定的日期。有权作出行政处罚决定的是行政主体，包括行政机关和法律、法规、规章授权的组织。行政机关的内设机构或派出机构在没有法律法规授权的情形下不能以自己的名义作出处罚决定，即使相关工作由具体内设机构承担，也只能以行政机关的名义作出行政处罚行为，因此行政处罚决定书上应写明作出行政处罚行为的行政机关的名称，这也是行政相对人或利害关系人提起行政复议或行政诉讼的被申请人或被告。作出决定的日期表明行政处罚行为成立的日期，一般情形下对行政主体而言，行政处罚决定的成立意味着对行政主体产生约束力，行政主体不得随意改变或撤销原行政处罚决定，因此行政处罚决定文书应当载明作出行政处罚决定的日期。

同时根据本条规定，“行政处罚决定书必须盖有作出行政处罚决定的行政机关的印章”。首先，“行政处罚决定书上的印章表明实施处罚的行政机关，同时也是行政处罚决定最终形成的标志。没有行政机关的印章，就不能认定行政处罚成立”①。行政机关加盖印章才表明行政机关的意思表示正式作出，否则视为行政处罚决定不成立。另外，行政处罚决定书上加盖的印章需与作出决定的行政机关的名称相一致、与处罚权限相匹配，不能以行政机关内设机构或派出机构的印章替代行政机关的印章。

另外，随着法治政府建设的推进，实践中有的行政机关开始推行说理性行政处罚文书，对行政处罚决定书的内容提出了更高的要求，如《宁波市人民政府关于推行说理性行政处罚文书的通知》《漳州市人民政府关于全面推行说理性行政处罚文书的通知》等。说理性行政处罚文书要求在对案件事实的表述、证据的列举及对案件的认定和处理等方面进行充分说理，具体阐释是否采纳当事人陈述、申辩意见的理由，法律依据适用的理由，行使行政处罚裁量权的理由和依据等。

## 实务应用

### 刘某与长治市公安局交通警察支队一大队行政处罚案②

长治市公安局交通警察支队一大队于2018年6月25日作出《公安交通管理简易程序处罚决定书》，查明：被处罚人刘某于2018年6月19日10时20分，在人民街路段实施机动车违反规定

① 曹康泰主编:《行政处罚法教程》，中国法制出版社2011年版，第146页。

② 参见山西省长治市中级人民法院〔2019〕晋04行终16号行政裁定书。

停放、临时停车且驾驶人不在现场或驾驶人虽在现场拒绝立即驶离，妨碍其他车辆、行人通行的违法行为（代码1039），违反了《道路交通安全法》第56条第1款、《道路交通安全法实施条例》第63条，依据《道路交通安全法》第114条、第93条第2款等，决定予以200元罚款，记0分。经查明《公安交通管理简易程序处罚决定书》没有交通警察盖章或签名，亦没有加盖单位公章。刘某不服，于2018年7月31日向长治市公安局交通警察支队提起行政复议，被告长治市公安局交通警察支队经审查，于2018年9月13日作出维持决定，并于2018年9月18日向刘某进行了送达。2018年11月5日，刘某提起行政诉讼，请求撤销被行政处罚决定书与行政复议决定。一审法院认为，本案中刘某在2018年9月18日收到行政复议决定书后，于2018年11月5日向本院提起行政诉讼，已经超过了15日的起诉期限，且无《行政诉讼法》第48条规定的情形，[①]故依法应予驳回起诉。二审法院认为，行政行为必须符合法定的形式要件。《行政处罚法》第39条第1款从六个方面规定了行政处罚决定应当载明的事项，第2款规定为：行政处罚决定书必须盖有作出行政处罚决定的行政机关的印章。行政主体以自己的名义发出的法律文书，必须加盖印章，否则，属于形式要件欠缺的行政行为，对外不具有法律效力，不具有法律效力的行政行为不可诉。本案中，长治市公安局交通警察支队一大队作出的《公安交通管理简易程序处罚决定书》，由于未加盖本大队的印章，就属此情形。因此，

---

① 《行政诉讼法》第48条第1款规定，公民、法人或者其他组织因不可抗力或者其他不属于其自身的原因耽误起诉期限的，被耽误的时间不计算在起诉期限内。

本案应驳回刘某的起诉。一审法院以超过起诉期限为由驳回起诉不当，现予以纠正，但驳回起诉的结果正确。

本案的关键是未加盖公章的行政处罚决定书的效力问题。从司法实践中法院的裁判来看，对未加盖公章的行政处罚决定文书的性质认定不一，有的法院认为未加盖印章或执法人员签名的《行政处罚决定书》仅属具有瑕疵，有的法院认为未加盖印章属于程序违法，也有法院直接认定未加盖印章为无效的行政行为。从学理上来看，行政处罚决定书承载着行政机关的意思表示，行政处罚决定书加盖印章标志着行政机关意思表示的作出和行政行为的成立，因此，没有加盖印章的处罚文书应当属于行政处罚没有成立，不产生法律效力。在本案中，二审法院认为行政处罚决定书没有加盖印章属于“欠缺形式要件，对外不具有法律效力”，即行政处罚行为不成立。既然行政处罚行为没有成立，就不存在行政处罚行为，更不涉及起诉期限的问题，据此，二审法院认为，一审法院以超过起诉期限为由裁定驳回起诉不当，应以行政处罚不成立为由裁定驳回起诉。

## 第六十条【行政处罚决定期限】

行政机关应当自行政处罚案件立案之日起九十日内作出行政处罚决定。法律、法规、规章另有规定的，从其规定。

### 法条沿革

本条是本次修订新增的条款。本次《行政处罚法》的修订进一步完善了行政处罚的程序内容，不仅设置了行政处罚的立案程序，即除当场作出的行政处罚外，行政机关认为符合立案标准的，应当立案；还在立案程序的基础上对行政处罚的期限制度作出明确，增加本条，即“行政机关应当自行政处罚案件立案之日起90日内作出行政处罚决定”的规定。

## 三 规范目的或功能

行政处罚决定期限是对行政机关开展处罚程序的时限要求。从现有立法情况来看，《行政处罚法》修订之前未设立行政处罚期限制度，仅其他法律、法规、规章有涉及。但从总的情况来看，行政处罚决定期限制度不完善为行政主体怠于行使职权、履行职责提供了便利，行政处罚“执法效率不高等问题的原因之一恐怕是《行政处罚法》没有体现高效便民要求”[①]。因此，确立行政处罚决定期限制度，一方面能够督促行政机关及时查处违法行为，促使行政机关尽快作出行政处罚决定，提高行政效率；另一方面也能够及时追究行为人的法律责任，恢复被违法行为侵害的权益，让社会秩序尽快稳定。同时，现有关于行政处罚决定期限的规定分散于不同的法律、法规、规章中，立法位阶普遍较低且缺乏统一性和科学性，《行政处罚法》的修订增设行政处罚期限制度，能够对分散于不同领域的期限制度起到引导和规范作用。综上，“为了防止行政机关发现违法行为或者立案之后怠于作为，维护法律安定性，提高行政效率，需要对

---

① 袁雪石：《整体主义、放管结合、高效便民：〈行政处罚法〉修改的“新原则”》，载《华东政法大学学报》2020年第4期，第27页。

决定期限加以明确，同时规定在特殊情况下的延长期限，以符行政实践需求”[①]。

## 规范内容

### 一、行政处罚的决定期限为90日

《行政处罚法》修订之前并未对行政处罚的处理期限作出规定，但其他法律、法规有涉及。如《治安管理处罚法》第99条规定：“公安机关办理治安案件的期限，自受理之日起不得超过三十日；案情重大、复杂的，经上一级公安机关批准，可以延长三十日。为了查明案情进行鉴定的期间，不计入办理治安案件的期限。”地方性法规如《西安市城市管理综合行政执法条例》第25条规定：“城管执法部门查处违法案件时，依照《中华人民共和国行政处罚法》规定，适用简易程序进行处罚的，可以当场作出处罚决定；适用一般程序进行处罚的，应当自立案之日起三十日内作出处罚决定。因特殊情况需要延长办案期限的，经城管执法部门负责人批准，可以延长三十日。”除此之外，大量关于行政处罚决定期限的规定散见于部门规章和地方政府规章。部门规章有《盐业行政执法办法》《煤炭行政处罚办法》《卫生行政处罚程序》《农业行政处罚程序规定》《商务行政处罚程序规定》等，地方政府规章有《湖南省行政程序规定》《山东省行政程序规定》《宁夏回族自治区行政程序规定》等。从立法的内容来看，各个规定将处罚决定期限设置为30日、60日、90日以及180日

---

① 李洪雷：《论我国行政处罚制度的完善——兼评〈中华人民共和国行政处罚法〉修订草案》，载《法商研究》2020年第6期，第17页。

的皆有。这不仅反映出不同行政管理领域处罚决定期限设置的差异性，也体现了不同领域对处罚期限设置的随意性。

此次《行政处罚法》修改，统一设置了行政处罚决定期限为90日，从行政处罚案件立案之日起算至作出行政处罚决定书之日止，不包括送达，为行政机关调查取证、法制审核以及听证留下充足时间。这一修改明确了以下内容：首先，这一规定确立的行政处罚决定期限制度，改变了不同行政管理领域中，有的行政处罚行为有决定期限要求，有的行政处罚没有决定期限要求的混乱状况，将没有行政处罚决定期限要求的统一设置为90日。其次，当前关于行政处罚决定期限的规定散见于不同的法律、法规及规章中，其中效力位阶较低的部门规章与政府规章占比较高，期限设置缺乏统一性和科学性。因此，在《行政处罚法》修订之后，法规、规章在设定或修改相关领域行政处罚决定期限时，一般应当参照本条规定。再次，行政处罚作为普遍适用的行政管理方式，涉及行政管理领域较多。由于不同部门或不同领域违法行为的调查取证等活动难易程度不同，对所有的行政处罚统一设置期限不符合实践需要，因此本条明确了例外情形，即法律、法规、规章可以根据不同部门或各自领域的实际需要确定行政处罚期限。应当说明的是，行政处罚的处理期限为90日是一般原则，具有行政立法权的行政机关虽然可以自主设置处罚期限，但原则上没有特殊实践需要不应延长这一法定期限，否则就会架空设置处罚期限来提高行政效率、尽快稳定社会秩序的意义。

## 二、行政处罚决定期限的延长或扣除（不计入）问题

行政处罚决定期限是否可以延长或者扣除，本条没有明确规定，但其他法律、法规、规章对此有涉及。

对行政处罚决定期限是否可以延长、延长的期限、延长的次数、延长期限的批准主体等，相关法律、法规、规章规定的内容也不尽一致。如《治安管理处罚法》第99条第1款规定，公安机关办理治安案件的期限，自受理之日起不得超过30日；案情重大、复杂的，经上一级公安机关批准，可以延长30日。从规章来看，《卫生行政处罚程序》《环境行政处罚办法》等规章没有规定行政处罚的决定期限可以延长，《西安市城市管理综合行政执法条例》《农业行政处罚程序规定》《气象行政处罚办法》《山东省行政程序规定》《宁夏回族自治区行政程序规定》等文件规定了行政处罚决定期限可以延长，但规定延长期限为15日、30日、60日、90日、120日、180日以及延长一年时间的皆有，更有立法规定了可以延长期限，但却没有规定可以延长的具体时限；同时，有的规章允许行政处罚决定期限进行第二次延长，如《煤炭行政处罚办法》《通信行政处罚程序规定》《邮政行政处罚程序规定》《海上海事行政处罚规定》等规范明确行政处罚的决定期限在特定情形下经过相关部门或负责人批准可以进行第二次延长。综上，对行政执法类事项而言，由于案情复杂特殊在法定期限内不能作出执法决定，一般应允许延长执法期限。《行政许可法》中也有相关规定，第42条明确，“除可以当场作出行政许可决定的外，行政机关应当自受理行政许可申请之日起20日内作出行政许可决定。20日内不能作出决定的，经本行政机关负责人批准，可以延长10日，并应当将延长期限的理由告知申请人……”但从现有规定内容来看，不同法律、法规、规章对延长期限设置不统一，具有恣意性。在《行政处罚法》没有明确行政处罚决定期限是否可以延长的情形下，“法律、法规、规章另有规定的，从其规定”的但书条款可视为《行政处罚法》认可其他法律、法规、规章可对期限的延长问题作出规定，但其他法律、法规、规章应当对延长期限的条件、时间、次数、主体作出明确规定。同时，延长期限的决定应及时告知相对人或利害关系人，并告知其延长期限的事实和理由，避免出现行政机关怠于履责的情形。

与行政处罚决定期限是否可以延长类似，《行政处罚法》并没有明确行政处罚决定期限的扣除或不计入，相关规定也散见于不同的法律、法规、规章中。在行政执法程序中或在法律纠纷解决程序中，为了督促行政机关或司法机关积极履行职责，通常都会设置执法期限、案件审理期限等。但在办案过程中，有些期限是行政机关或司法机关不能自行掌握的，需要依赖于其他专业机构或人员提供协助，如进行检测、检疫、鉴定等。此类事项是在办案过程中出现的较为特殊的情况，所需时间是行政机关或司法机关无法预计或不能把握的，因此需要从办案期限里面扣除。如《行政复议法实施条例》第37条规定，鉴定所用时间不计入行政复议审理期限。《最高人民法院关于适用〈中华人民共和国行政诉讼法〉的解释》第50条规定，公告期间、鉴定期间、调解期间、中止诉讼期间、审理当事人提出的管辖异议以及处理人民法院之间的管辖争议期间不应计算在审理期限内。但对于何种事项应当从行政处罚决定期限中扣除或不计入，现有的法律、法规、规章的规定却不一致。《治安管理处罚法》第99条第2款规定，为了查明案情进行鉴定的期间，不计入办理治安案件的期限。《农业行政处罚程序规定》第58条第2款规定，案件办理过程中，中止、听证、公告、检验、检测、鉴定等时间不计入案件办理期限。《商务行政处罚程序规定》第39条第3款规定，案件处理过程中听证、公告、鉴定等时间不计入案件办理期限。《浙江省行政程序办法》第64条第3款规定，行政机关作出行政执法决定，依法需要检验、检疫、检测、公告、听证、招标、拍卖、专家评审，或者委托有关行政机关调查取证的，所需时间不计算在规定的期限内。对于检验、检测、鉴定等需要其他部门处置的情形从行政处罚决定期限中扣除尚无争议。但对于听证等事项是否应当扣除，前述规定不一致，学理上也有不同意见，如有学者认为“对于行政主体能够掌握期限的事项，例如听证、调解等事项，则不应该排除在处理时效之外”[①]。对此，属于行政执法部门在行政处罚中无法预计且不能掌握时间的事项才应扣除，听证与调查取证、法制审核等程序一样，皆是行政处罚的普通流程，不应当扣除。

## 三、超出期限作出行政处罚决定的法律后果

超期处罚属于违反法定程序。从法律后果来看，违反法定程序大致可以分为以下几类，包括程序瑕疵、程序轻微违法、程序违法、重大且明显违反法定程序等情形，根据程序违法的不同程度，《行政处罚法》《行政复议法》《行政诉讼法》以及地方行政程序立法等法律法规确定了不同的法律后果。一是违反法定程序构成重大且明显违法的，行政处罚无效。2014年《行政诉讼法》修改确立了行政行为无效制度，《最高人民法院关于适用〈中华人民共和国行政诉讼法〉的解释》第99条列举了行政行为“重大且明显违法”的几种情形，包括行政行为实施主体不具有行政主体资格、减损权利或者增加义务的行政行为没

---

① 沈福俊等：《行政处罚处理期限制度的反思与完善——以潘龙泉诉新沂市公安局治安行政处罚案为切入点》，载《北京行政学院学报》2019年第2期，第90页。

有法律规范依据、行政行为的内容客观上不可能实施、其他重大且明显违法的情形。《行政处罚法》第38条第2款规定，“违反法定程序构成重大且明显违法的，行政处罚无效”，属于“其他重大且明显违法的情形”，明确了程序上也会存在因重大明显违法导致行政行为无效的法律后果。二是违反法定程序，行政行为被撤销。根据《行政诉讼法》第70条的规定，行政行为违反法定程序的，人民法院判决撤销或者部分撤销，并可以判决被告重新作出行政行为。三是程序轻微违法且对当事人权利不产生实际影响的，可确认违法。《行政诉讼法》第74条规定，行政行为程序轻微违法，但对原告权利不产生实际影响的，人民法院判决确认违法，但不撤销行政行为。《最高人民法院关于适用〈中华人民共和国行政诉讼法〉的解释》第96条规定，处理期限轻微违法，通知、送达等程序轻微违法或其他程序轻微违法的情形，且对原告依法享有的听证、陈述、申辩等重要程序性权利不产生实质损害的，属于《行政诉讼法》第74条第1款第2项规定的“程序轻微违法”。四是程序出现瑕疵，可进行补正。《行政诉讼法》及司法解释没有涉及行政程序瑕疵可补正的效力类型，但在地方行政程序立法的规章中有规定。如《江苏省行政程序规定》第75条规定，程序上存在其他轻微瑕疵或者遗漏，未侵犯公民、法人或者其他组织合法权利的，行政执法决定应当予以补正或者更正。

在《行政处罚法》没有明确行政处罚决定期限之前，有的行政管理领域的行政处罚没有规定办案期限，有的领域即使有办案期限的规定，规范位阶也较低。由于缺乏统一的关于程序性违法的司法认定标准，对于超期办案属于程序瑕疵、轻微违法、一般违法还是重大且明显违法不明确，导致对超期处罚的效力判断及裁判依赖于法官的自由裁量，在实践中出现了多种裁量结果。如认为超期办案属于程序瑕疵，未对相对人产生实际影响，判决驳回原告诉讼请求；认为超期办案属于程序违法，判决撤销行政处罚决定；或以确认违法等形式维持超期作出的行政处罚的效力等。《行政处罚法》对行政处罚决定期限作出明确规定后，超出期限作出行政处罚决定不应属于程序瑕疵可补正的内容，而应属于违法的范畴。至于程序轻微违法与程序一般违法的认定，应结合超出期限的时长，是否对原告享有的听证、陈述、申辩等重要程序性权利和实体性权利产生实质影响等要素综合判断。

超期处罚是否会构成重大且明显违法导致行为无效？“关于程序违法（瑕疵）是否导致行政行为的无效，各国行政法在学理上一直都存在争议。”[①]修订前的《行政处罚法》第3条第2款规定：“没有法定依据或者不遵守法定程序的，行政处罚无效。”但无论是实践中还是学理上对这一规定争议较大。本次《行政处罚法》修订明确了违反法定程序构成重大且明显违法的才无效。从《行政诉讼法》确立无效行政行为制度的发展过程来看，对重大且明显违法行为的认定较为谨慎，“确认无效判决的适用情形是很少的，不能成为常规化的判决形式。只有重大且明显的违法才是无效，重大与明显需同时具备，大陆法系国家基本都用了这个标准”[②]。从司法解释的规定来看，除了“行政行为实施主体不具有行政主体资格、减损权利或增加义务的行

① 章志远著：《行政行为效力论》，中国人事出版社2003年版，第116页。

② 袁杰主编：《中华人民共和国行政诉讼法解读》，中国法制出版社2014年版，第208页。

政行为没有法律规范依据、行政行为的内容客观上不可能实施”以外，还有“其他重大且明显违法的情形”作为兜底条款。但从现有立法来看，“由于行政诉讼法规定的无效判决属于新的、创制性规定，还需要在司法实践进一步积累经验，司法解释最终未就前述事项作出规定”[①]。从其他大陆法系国家或地区的行政程序立法来看，关于对哪些程序事项的违反属于重大且明显违法的情形也未明确。一般认为，没有履行告知事实理由、听取陈述申辩等重大程序事项属于重大明显违法的情形，“行政机关依法有举行听证之义务而未举行的，应认为该行政行为具有重大且明显的程序违法而无效，而当行政行为出现其理由完全没有被明示的情况时（即说明理由程序存在重大且明显违法），该行为同样无效”[②]。至于对其他重大且明显违反法定程序的情形的判断，需要在司法实践中不断积累经验。

## 实务应用

### 潘某泉诉新沂市公安局治安行政处罚案[③]

1997年8月26日，潘某泉与刘某、陆某、李某四人在新沂市新安镇张某家中赌博，被徐州市公安局督察大队查获。徐州市公安局当日对此事立案调查并作出处罚决定。2000年2月27日，徐州市公安局作出决定：撤销市局督察大队、纪委之前就此案

---

① 最高人民法院行政审判庭编著：《最高人民法院行政诉讼法司法解释理解与适用》，人民法院出版社2018年版，第461页。

② 梁君瑜：《论行政程序瑕疵的法律后果》，载《华东政法大学学报》2019年第2期，第112页。

③ 参见江苏省徐州市中级人民法院〔2008〕徐行终字第170号行政判决书。

出具的一切暂扣、没收、信函处理情况等文书，责成市局督察大队将此案所暂扣的财物随同案件材料一并移交案件发生地新沂市公安局依法处理。2000年2月28日此案移交新沂市公安局依法处理。2006年12月26，新沂市公安局对潘某泉进行传唤，并进行询问，同日告知潘某泉处罚的事实、理由及依据，听取陈述申辩，并于2007年1月31日作出行政处罚决定：对潘某泉予以治安拘留7日并罚款1500元。潘某泉不服该处罚决定，诉请法院判决撤销。一审法院认为，虽然被诉行政行为超过办案期限，但不影响对潘某泉等人赌博行为性质的定性，也不能以此限制行政机关行使行政权力。新沂市公安局违反《治安管理处罚法》关于办案期限的规定，属于程序瑕疵，尚不构成程序违法，判决维持行政处罚决定。二审法院认为，赌博行为发生于1997年8月26日，在无违反治安管理人逃跑等客观原因的情况下，再于2007年1月31日对潘某作出处罚决定，既不符合《治安管理处罚法》第99条关于“公安机关办理治安案件的期限，自受理之日起不得超过三十日；案情重大、复杂的，经上一级公安机关批准，可以延长三十日。为了查明案情进行鉴定的期间，不计入办理治安案件的期限”的规定，也有违《行政处罚法》的立法精神。该行政处罚决定违反了法定程序，亦属滥用职权，依法应予撤销。

在有行政处罚决定期限的前提下，行政机关超出法定期限作出行政处罚决定应属于程序违法。但超过期限的法律后果不易确定，比如超期是属于程序轻微违法还是一般违法，是否属于重大且明显违法等。本案涉及的是严重超过法定办案期限的法律后果问题。本案从发现违法行为、进行调查到最终作出处罚决定用了十年时间，虽然修订前《行政处罚法》没有规定办案期限，但《治安管理处罚法》规定了治安案件的办理期限经批准最长为60日，本案的办案期限远远超过了法定的办案期限，严重违反了法定程序。但即使是远远超过法定办案期限，法院依旧认为对于期限问题的违反不构成重大且明显违法应确认无效，而属于一般违反法定程序应被撤销的情形。这也源于《行政诉讼法》及司法解释对重大且明显违法行政行为的认定较为谨慎。从目前司法裁判来看，对于超过法定办案期限的案件，即使严重超期，法院亦不会轻易认定其为重大且明显违法。如在石某诉阳城县公安局行政处罚案中，公安机关在查明案情后时隔8年作出处罚决定，法院也认为，这虽然“严重超过法定办案期限，系程序违法，但所作处罚决定在法定自由裁量权幅度内，没有显失公正的情况，对石某作出拘留10日的处罚并无明显不当，故该程序违法对原告石某的权利不产生实质性影响，故而不属于行政诉讼法规定的行政行为无效情形[①]”。

## 第六十一条【行政处罚决定书的送达】

行政处罚决定书应当在宣告后当场交付当事人；当事人不在场的，行政机关应当在七日内依照《中华人民共和国民事诉讼法》的有关规定，将行政处罚决定书送达当事人。

当事人同意并签订确认书的，行政机关可以采用传真、电子邮件等方式，将行政处罚决定书等送达当事人。

---

① 石某诉阳城县公安局行政处罚案，山西省晋城市中级人民法院〔2016〕晋05行终46号行政判决书。

## 法条沿革

本条第1款沿袭修订前的《行政处罚法》第40条的规定，是关于行政处罚决定书送达的内容。只是将原法条中的“民事诉讼法”修改为“《中华人民共和国民事诉讼法》”，规范表述。本条第2款是新增内容，是对行政处罚决定书电子送达的专门规定。电子送达最早适用于司法文书的传递。随着互联网的普及和信息化的发展，为了更好地适应实践需要，2012年《民事诉讼法》的修改增加了电子送达方式，因此，行政执法文书的送达可以依照民事诉讼法的规定进行，其中已包含电子送达。此次《行政处罚法》修改对电子送达的前提、方法等内容进一步进行了明确。

## 规范目的或功能

行政处罚决定书的送达，“是指行政机关依照法定期间和方式将行政处罚决定书交付当事人的一种法律行为”[①]。送达的目的是使被送达人了解行政处罚决定书的内容，以便及时履行行政处罚决定设定的义务，并知悉应有的行政复议或行政诉讼等行政救济途径。行政处罚决定书一经送达即发生特定的法律效果，是行政处罚行为生效的标志，是行政处罚程序中非常重要的环节和步骤，因此本条对送达的方式和期限进行了规定。电子送

---

① 曹康泰主编:《行政处罚法教程》，中国法制出版社2011年版，第147页。

达是指以提高行政效率为目标，依托互联网平台或其他信息传递平台，通过专用电子送达系统在国家机关和当事人之间实现安全的文书送达和数据交互过程。为了提高行政效率、节约行政资源，此次《行政处罚法》的修改特别对电子送达方式予以明确，凸显电子送达方式的重要性，也是推行电子政务的体现。

## 规范内容

### 一、当场送达

本条规定，“行政处罚决定书应当在宣告后当场交付当事人”。当场送达行政处罚决定书的，首先应对行政处罚决定书进行宣告。对行政处罚决定书的宣告既可以是行政机关派人到当事人住所地、居住地、工作地或其他特定地点向当事人宣告行政处罚决定，也可以是通知当事人到行政机关听取行政机关宣告行政处罚决定。宣告后，行政处罚决定书应当直接送交受送达人。受送达人是公民的，本人不在的交他的同住成年家属签收；受送达人是法人或者其他组织的，应当由法人的法定代表人、其他组织的主要负责人或者该法人、组织负责收件的人签收；受送达人有诉讼代理人的，可以送交其代理人签收；受送达人已向行政机关指定代收人的，送交代收人签收。

送达行政处罚决定书应当有送达回证。送达回证是用以证明行政处罚决定书已送达的凭证。它既是行政机关送达行为的证明，也是受送达人接受送达的证明。由受送达人在送达回证上记明收到日期，签名或者盖章。受送达人在送达回证上的签收日期为送达日期。其他人签收的，如受送达人的同住成年家属、法人或者其他组织负责收件的人、诉讼代理人或者代收人在送达回证上签收的日期为送达日期。

## 二、其他方式送达

当事人不在场的，行政机关应当在7日内启动行政处罚决定书的送达程序。根据《民事诉讼法》的相关规定，送达方式大致有以下几种：

### （一）留置送达

留置送达是指受送达人或其他法定签收人无理由拒绝接收行政处罚决定书时，行政机关依法将行政处罚决定书留置于受送达人住所等地并产生送达法律效力的送达方式。留置送达作为直接送达不能时的补充送达方式，包含以下几方面内容。留置送达的适用前提是受送达人或其他法定签收人拒绝接收行政处罚决定书，“如果受送达人下落不明，行政机关将送达的法律文书放置在受送达人住处、办公地点，不能视为留置送达”[①]。具体而言，留置送达的方式有两种：一是受送达人或者他的同住成年家属拒绝接收行政处罚决定书的，行政机关可以邀请有关基层组织或者所在单位的代表到场，说明情况，在送达回证上记明拒收事由和日期，由送达人、见证人签名或者盖章，把行政处罚决定书留在受送达人的住所；二是也可以把行政处罚决定书留在受送达人的住所，并采用拍照、录像等方式记录送达过程，即视为送达。除了公民之外，向法人或其他组织送达行

---

① 郭修江：《行政行为决定的送达方式及注意事项》，载《中国国土资源报》2014年9月11日。

政处罚决定书也可以适用留置送达，若法人的法定代表人、其他组织的主要负责人或办公室、收发室等负责收件的人拒绝签收的，也可以适用留置送达。公民、法人或其他组织指定代理人的，若代理人为代收人且拒绝签收时，也可适用留置送达。

（二）电子送达

电子送达有以下内容需要明确：第一，电子送达采取自愿原则。电子送达需要当事人的配合度较高，因此电子送达必须在自愿的前提下才能有效送达。根据本条规定，行政机关采用传真、电子邮件等方式将行政处罚决定书等送达当事人的，当事人必须事先同意并签订确认书。同时参照《最高人民法院关于适用〈中华人民共和国行政诉讼法〉的解释》第51条第2款的规定，当事人同意电子送达的，应当提供并确认传真号、电子信箱等电子送达地址。第二，电子送达的方式。根据《民事诉讼法》第87条的规定，经受送达人同意，人民法院可以采用传真、电子邮件等能够确认其收悉的方式送达诉讼文书，但判决书、裁定书、调解书除外。《最高人民法院关于适用〈中华人民共和国民事诉讼法〉的解释》第135条第1款规定："电子送达可以采用传真、电子邮件、移动通信等即时收悉的特定系统作为送达媒介。"除电子邮件与传真外，电子送达的方式还处于实践探索阶段，行政机关可以建立专门的电子送达平台，或者采取与大型门户网站、通信运营商合作的方式，通过专门的电子邮箱、特定的通信号码、信息公众号等进行送达。第三，关于送达日期的确定。采用电子方式送达的，以传真、电子邮件等到达受送达人特定系统的日期为送达日期。为了确保当事人知悉送达信息，对信息查看能够及时反馈并形成"电子送达回证”作为当事人知悉信息的证明，实践中创设了一些做法。如送达邮箱为诉讼文书收取专用邮箱，只能阅读邮件，不能用于发送电子邮件，也无通信录等其他邮箱功能，当事人不能删除和更改。送达邮箱开通、电子邮件发送以及送达邮箱删除时，系统将自动向受送达人指定的手机号码发送短信通知；或受送达人点击电子版法律文书后，外网送达平台自动生成送达回证，送达回证自动生成并反馈至案件管理系统具体案件名下等。[①]

（三）委托或者邮寄送达

直接送达诉讼文书有困难的，可以采取委托送达或邮寄送达的方式。委托送达是指作出行政处罚决定的行政机关直接送达行政处罚决定书有困难，委托受托人所在地的其他行政机关代为送达。委托送达一般需要委托机关出具委托文书，并将委托文书、行政处罚决定书以及送达回证等材料一并交给受托行政机关。受托行政机关完成送达后应当将送达回证转交给委托机关，送达回证上签收的日期为送达日期。邮寄送达是指作出行政处罚决定的行政机关直接送达有困难时，通过邮寄的方式将行政处罚决定书送达给当事人的行为。邮寄送达的，以回执上注明的收件日期为送达日期。同时，邮寄送达行政处罚决定书也需要有送达回证，挂号信回执上注明的收件日期与送达回证上注明的收件日期不一致的，或者送达回证没有寄回的，以挂号信回执上注明的收件日期为送达日期。

---

① 具体参见广东省广州市某人民法院当事人电子邮件送达确认书，《江苏省高级人民法院关于印发〈司法文书电子送达规定（试行）〉的通知》（苏高法〔2015〕155号）等。

（四）转交送达

转交送达是指行政机关将行政处罚决定书送交受送达人所在机关或单位代收，由其单位将行政处罚决定书交给当事人的送达方式。转交送达适用于以下三种情形：第一，受送达人是军人的，通过其所在部队团以上单位的政治机关转交。第二，受送达人被监禁的，通过其所在监所转交。第三，受送达人被采取强制性教育措施的，通过其所在强制性教育机构转交。代为转交的机关、单位收到诉讼文书后，必须立即交受送达人签收，送达回证上的签收日期为送达日期。

（五）公告送达

公告送达是指作出行政处罚决定的行政机关在当事人下落不明或法律规定的前述送达方式无法送达的情形下，采取公开宣告进行送达的方式。公告送达有四点应予明确：一是公告送达的前提。公告送达的前提是当事人下落不明或法律规定的前述送达方式无法送达。受送达人下落不明是指公民离开最后住所地没有音讯的状况，但不能仅依据电话联系不上或信件被退回等就认定为下落不明，对于下落不明的认定程序需要结合实践进行完善。若当事人下落不明，自然不能依据前述送达方式进行送达。法律规定的其他方式无法送达是指通过前述当场直接送达、留置送达、电子送达、委托送达、邮寄送达、转交送达等方式皆送达未果，在此情形下才可以启动公告送达程序，因此公告送达属于兜底送达方式。若到行政复议或行政诉讼阶段，认定当事人下落不明或已经采取其他送达方式送达未果的举证责任应由行政机关承担，否则即违反法定程序启动公告送达程序。二是公告送达的方式。公告送达可以在行政机关的公告栏和受送达人住所地张贴公告，也可以在报纸、信息网络等媒体上刊登公告，发出公告日期以最后张贴或者刊登的日期为准。对公告送达方式有特殊要求的，应当按要求的方式进行。在受送达人住所地张贴公告的，应当采取拍照、录像等方式记录张贴过程。公告方式应采取尽可能让当事人知悉的方式进行，选择受送达人住所地的公共事务栏等易于知晓的地点张贴以及大众较为熟悉的报纸、信息网络媒体等进行刊登。三是公告送达的内容。公告送达应当说明公告送达的原因，载明行政处罚决定书的基本内容，包括当事人的基本情况，违反法律、法规或者规章的事实和证据，行政处罚的种类和依据，行政处罚的履行方式和期限，不服行政处罚决定申请行政复议或者提起行政诉讼的途径和期限，作出行政处罚决定的行政机关名称和作出决定的日期，同时公告上也必须盖有作出行政处罚决定的行政机关的印章。四是公告送达的时效。自发出公告之日起，经过60日，即视为送达，也就是说公告期满60日，公告送达发生效力。视为送达即视为当事人已经知晓行政处罚的内容和提请行政复议或行政诉讼的期限。同时，公告送达应当在案卷中记明原因和经过。

## 三、行政处罚决定书的送达是行政行为生效的标志

诚如前述，从行政过程论的角度，行政行为的成立、生效与有效是对行政行为不同阶段的评价。行政处罚决定的作出是行政机关意思表示的体现，标志着行政处罚行为的成立。但行政处罚决定作出后，在送达之前仅对行政机关产生效力，只有在行政处罚决定书送达后，才对公民、法人和其他组织生效。行政处罚决定书的送达是行政行为生效的标志，“行政行为效力是指具备法定

构成要件的行政法律行为所发生的法律上的效果和作用”[①]，传统上一般认为行政行为生效后即产生公定力、确定力、拘束力和执行力。同时行政行为送达生效后，提起行政复议和行政诉讼的期限则开始起算。根据《行政复议法》第9条规定第1款，“公民、法人或者其他组织认为具体行政行为侵犯其合法权益的，可以自知道该具体行政行为之日起六十日内提出行政复议申请；但是法律规定的申请期限超过六十日的除外”。《行政诉讼法》第46条规定第1款，“公民、法人或者其他组织直接向人民法院提起诉讼的，应当自知道或者应当知道作出行政行为之日起六个月内提出。法律另有规定的除外”。提起行政复议和行政诉讼的期限皆是从“知道”或“应当知道”具体行政行为之日起计算。“一般情况下，行政机关作出行政行为都有相应的文书，如处罚决定，在此情况下行政机关完成送达程序，就属于‘知道’或‘应当知道’。”[②]因此，行政处罚决定书的送达不仅是行政行为生效的标志，也是当事人知悉行政处罚内容的时间点以及提起行政复议和行政诉讼期限的起算点。

## 实务应用

**俞某与无锡市城市管理行政执法局行政处罚案**[③]

位于江苏省无锡市苏锡路365号的建筑物系俞某于2000年

---

① 应松年主编：《当代中国行政法（第三卷）》，人民出版社2018年版，第797页。

② 袁杰主编：《中华人民共和国行政诉讼法解读》，中国法制出版社2014年版，第128页。

③ 参见江苏省无锡市中级人民法院〔2010〕锡行终字第0043号行政判决书。

前建造。2009年4月，无锡市城市管理行政执法局（简称市城管局）在对俞某的上述建筑物进行巡查后，证实俞某建筑物现状与房屋权属证明登记事实不一致，且无建设工程规划许可证，依据《城乡规划法》第40条第1款、第64条的规定，于2009年6月25日以张贴的方式将行政处罚事先告知书送达给俞某，并载明了相关权利，有见证人邹某（太湖街道工作人员）证明，但俞某不在现场；2009年7月3日市城管局又以张贴的方式将行政处罚决定书送达给俞某，并载明了相关权利，要求俞某在15日内自行拆除，也有见证人邹某（太湖街道工作人员）的证明，但俞某不在现场。行政处罚决定书载明：2000年俞某在未办理建设工程规划许可证的情况下，在苏锡路365号建造二幢三层建筑物总面积为275.58平方米，上述行为违反了《城乡规划法》第64条的规定，责令俞某自收到行政处罚决定书之日起15日内自行拆除该违法建筑，逾期不拆除的，有关部门将组织强制拆除，所需费用由俞某承担。俞某不服，提起行政诉讼。法院认为，为保障行政处罚的公正合法，市城管局在作出行政处罚决定之前，应当将行政处罚的事实、理由和依据事先告知俞某，以保障其及时了解行政处罚内容，充分行使陈述和申辩权。2009年6月25日，在俞某不在现场的情况下，市城管局将行政处罚事先告知书采用张贴的方式进行告知，但俞某提出并未收到该告知书，市城管局未进行合法送达。根据现有证据和法院调查综合评判，不能认定在作出行政处罚决定之前，市城管局已经向被处罚人履行了法定告知义务，行政处罚决定书亦未以合法方式进行有效送达。因此，市城管局作出的行政处罚决定未能生效。

送达作为行政处罚的最后一个步骤，也应按照法定的送达条件和程序来进行。根据现有法律规定来看，不同的送达方式之间存在适用的先后顺序和各自的适用条件，如公告送达是在当事人下落不明或法律规定的当场送达、留置送达、邮寄送达、委托送达等方式无法送达的情形下才能采取的送达方式。本案涉及的是公告送达的启动条件以及未合法有效送达产生的法律后果问题。从本案查明的事实看，无论是行政处罚事先告知书还是行政处罚决定书，启动公告送达的条件皆不具备，行政机关没有提供其已经采取其他送达方式而无法有效送达的证据，行政处罚事先告知书和行政处罚决定书径直采取张贴文书进行公告送达的方式皆不合法，但会产生不同的法律后果。对于行政处罚事先告知书而言，由于送达方式不合法导致无法证明俞某是否收到行政处罚事先告知书，剥夺了当事人享有的陈述申辩的正当程序权利，根据《行政处罚法》第62条的规定，行政机关及其执法人员在作出行政处罚决定之前，未依照本法的规定向当事人告知拟作出的行政处罚内容及事实、理由、依据，或者拒绝听取当事人的陈述、申辩，不得作出行政处罚决定。因此，即使行政机关后续按照法定程序作出行政处罚决定，该决定也属于重大且明显违法导致无效的情形。对于行政处罚决定书而言，由于送达方式不合法，导致该处罚决定不会对相对人产生效力，即本案中的行政处罚决定不生效。

## 第六十二条【违反正当程序的法律后果】

行政机关及其执法人员在作出行政处罚决定之前，未依照本法第四十四条、第四十五条的规定向当事人告知拟作出的行政处罚内容及事实、理由、依据，或者拒绝听取当事人的陈述、申辩，不得作出行政处罚决定；

当事人明确放弃陈述或者申辩权利的除外。

## 法条沿革

本条沿袭修订前的《行政处罚法》第41条的内容，是对违反正当程序的法律后果所作的规定。修订前的《行政处罚法》第41条规定："行政机关及其执法人员在作出行政处罚决定之前，不依照本法第三十一条、第三十二条的规定向当事人告知给予行政处罚的事实、理由和依据，或者拒绝听取当事人的陈述、申辩，行政处罚决定不能成立；当事人放弃陈述或者申辩权利的除外。"此次《行政处罚法》修改，一是将"不依照"修改为"未依照"，体现行政机关不作为的特征。二是将"告知给予处罚的事实、理由和依据"修改为"告知拟作出的行政处罚内容及事实、理由、依据"，因处罚程序还在进行中，处罚决定的内容还未正式形成，告知"拟作出行政处罚内容及事实、理由、依据"表述更规范。三是对其中的法律后果进行了修正，将"行政处罚不能成立"变更为行政机关"不得作出行政处罚决定"。四是进一步规范当事人放弃程序权利的意思表示，将"当事人放弃陈述或者申辩权利的除外"修改为"当事人明确放弃陈述或者申辩权利的除外"。

## 规范目的或功能

本条对违反正当程序设置了独立的法律后果。本法第44条、第45条确立了行政处罚遵循正当程序的说明理由和听取意见制度，本条是对违反前述规定的法律后果进行明确。即行政机关及其执法人员在作出行政处罚决定之前未履行告知事实理由、听取陈述申辩等正当程序的，不得作出行政处罚决定。

法律程序是否具有独立的价值，能否产生独立的法律效果，是有一定争议的。一般而言，对法律程序有两种观点，一种观点认为法律程序有助于产生好的实体结果或效能，这是一种工具主义的程序观，认为程序具有附属于实体的价值存在。如日本法传统上就认为“违反了重要的程序（为了保护相对方权利的程序等），被认为会对行政行为的实体性结果带来明显的影响时，违反该程序的行为无效”[①]。另一种观点认为法律程序具有独立的价值，程序不只是实体结果的辅助工具，它具有独立于实体结果的优良品质或功能，这是本位主义的程序观。作为法律制度中的程序，“程序是交涉过程的制度化”[②]，“反映的是法律参加主体的关系定位以及各主体在权益交换过程中的运行规则”[③]，法律程序本身具有实现人的主体性回归、促进民主、提高效率、实现程序正义等独立价值。正是在此意义上，法律程序的独立价值被彰显，正当程序被视为人治与法治的分水岭。从行政程序的内容来看，一般而言，行政程序是指行政主体实施行政行为时所应遵循的方式、步骤、时限和顺序。这一定义是对行政程序的过程描述，没有揭示出行政程序的本质。行政程序看似是行政机关作出行政行为的时间、顺序、方式和步骤，但本质是行政相对人参与行政行为的一个过程。也就是说，以行政程序为载体，行政程序成为一个可供行政主体与相对人沟通、对话与交流的平台，可以

① ［日］南博方著：《行政法》（第6版），杨建顺译，中国人民大学出版社2009年版，第58、59页。

② 季卫东：《法律程序的意义》，载《中国社会科学》1993年第1期。

③ 关保英著：《行政法的价值定位》，中国政法大学出版社1997年版，第182页。

通过行政程序产生一个供意思表示进行互动的"法空间"。因此，正当程序原则作为行政法的一项基本原则，对于约束行政权力，实现相对人的参与，体现程序正义具有重要意义。《行政处罚法》对违反正当程序设置了独立、严厉的法律后果，即在作出行政处罚决定之前，未按规定向当事人告知拟作出的行政处罚内容及事实、理由、依据，或者拒绝听取当事人的陈述、申辩的，行政机关及不得作出行政处罚决定，即使行政机关作出了行政处罚决定，处罚决定的效力也会受到否定。这一规定体现了对正当程序原则的贯彻和重视，是正当程序原则独立价值的体现。

## 规范内容

### 一、说明理由、听取意见制度的含义

正当程序观念发端于英国，被称作"自然公正"（nature justice），是普通法上重要的司法审查原则，后被美国法律所吸收，被称为正当法律程序。古老的自然公正原则主要包括：第一，任何人不得做自己案件的法官。要求法官公平对待当事人，不偏私不歧视。第二，任何人的合法收益受到不利影响时，必须允许其陈述自己的意见。"非经正当法律程序，不得剥夺任何人的生命、财产和自由"是美国宪法修正案对正当法律程序的经典表达。正当法律程序原则在自然公正的基础上进一步发展，"自然公正原则的核心是通知、听证，正当法律程序的核心是通知、听证和行政机关说明理由"[①]。因此，说明理由、回避、陈述

① 应松年主编：《当代中国行政法（第一卷）》，人民出版社2018年版，第140页。

申辩及听证、通知送达构成正当程序原则的主要内容。随着实践的发展，正当程序作为主要适用于司法领域的原则也逐步引入行政领域，并被不同国家或地区的行政程序立法所吸收。《行政处罚法》制定之初，即在行政处罚中引入正当程序原则，设置了行政处罚的公开、回避、说明理由、听取意见及听证、送达等制度。《行政处罚法》第44条、第45条分别明确了行政处罚的说明理由与听取意见制度。第44条规定："行政机关在作出行政处罚决定之前，应当告知当事人拟作出的行政处罚内容及事实、理由、依据，并告知当事人依法享有的陈述、申辩、要求听证等权利。"第45条规定："当事人有权进行陈述和申辩。行政机关必须充分听取当事人的意见，对当事人提出的事实、理由和证据，应当进行复核；当事人提出的事实、理由或者证据成立的，行政机关应当采纳。行政机关不得因当事人陈述、申辩而给予更重的处罚。"

说明理由是指行政机关及执法人员在作出行政处罚决定之前，除非法律另有规定，应当向行政相对人说明调查的事实证据，拟实施行政处罚的理由、依据，行政处罚决定从重、从轻、减轻处罚的理由以及行使自由裁量权的情况，主要包括事实认定与证据采信、法律依据的适用和自由裁量三个方面。行政行为说明理由是对行政处罚活动进行说理的一个过程，对行政机关的处罚活动提出了要具备理性的更高要求，要求行政机关从合法性、合理性等角度对拟作出的行政处罚进行充分、明确的说理明事。说明理由制度不仅能够减少行政裁量权行使过程中的专横与恣意，提高行政行为的透明度和可接受性，起到监督行政机关的作用，也能保障行政相对人的知情权和参与权，是行政相对人程序权利的重要体现。作为当事人的程序权利，若行政处罚过程中，行政机关及执法人员没有向当事人告知拟作出的行政处罚内容及事实、理由、依据，当事人可以向行政机关及执法人员提出说明理由的要求。同时，说明理由不仅是对行政处罚行为的程序要求，也是行政执法程序乃至正当法律程序中普遍适用的原则。行政机关作出影响相对人权利义务的决定时是否需要说明理由，经历了一个从不需要说明理由到需要说明理由的发展过程。说明理由制度是正当程序原则发展过程中确立的重要制度，在大多数国家的行政程序立法中都有体现。如《美国联邦行政程序法（1976年）》第558条规定："案卷还应包括下列说明：就案卷中记载的所有实质性事实问题、法律问题或自由裁量权问题所作出的认定、结论及其理由或者根据。"《日本行政程序法》（1993年）第124条专门规定了说明理由义务。法国于1979年公布了《行政行为说明理由和改善行政机关和公民关系法》（1979年），共计15条，专门就行政机关说明理由程序进行规范。[①]

听取意见制度是指行政机关及执法人员在作出行政处罚决定之前，以一定方式听取受影响的当事人意见的基本制度。诚如前述，听取意见作为传统自然公正原则的主要内容，也是程序正当原则的基本制度之一。听取意见制度发源于英美国家，二战后又延续至大陆法系国家，意大利、瑞士、德国、奥地利、西班牙、日本、荷兰、葡萄牙等国制定的行政程序法典也规定了听取意见及听证制度。听取意见制度最初主要出现在司法领域，逐步发展到适用于立法以及行政领域，成为现代国家公权力行使的基本程序规则。虽然我国尚未制定统一的行政程序法，但在1996年《行

---

① 应松年主编：《外国行政程序法汇编》，中国法制出版社1999年版，第39、438、571页。

政处罚法》制定时，率先在行政行为法中设置了听取意见制度。在行政处罚过程中，听取意见制度主要分为两种形式，一是听取陈述申辩，即行政机关及执法人员以书面或口头的方式听取当事人对告知的事实、理由和依据发表意见的一种制度。二是听证，即行政机关通过召开听证会的形式听取当事人意见的制度。听证是一种类似于司法程序的制度设计，即由听证主持人居中，执法人员与当事人两造对抗，通过充分的言词辩论与质证来听取当事人意见，是一种正式听取当事人意见的形式。在行政处罚中事先听取当事人意见具有以下作用：一是实现信息对称，确保是在信息充分、全面的基础上作出行政处罚决定；二是能补强行政机关及执法人员的事实认定的证据与法律适用内容，提高行政处罚的可接受度和行政效率；三是让当事人切实参与到行政处罚的实施过程中，通过程序权利实现当事人的主体地位，即当事人不是行政处罚的对象，而是真正的行政处罚法律关系的主体之一。

## 二、未依照规定说明理由、听取意见的法律后果

修订前的《行政处罚法》第3条第2款规定，“没有法定依据或者不遵守法定程序的，行政处罚无效”。第41条规定，行政机关行政机关及其执法人员在作出行政处罚决定之前，不依照本法规定向当事人告知给予处罚的事实、理由和依据，或者拒绝听取当事人的陈述、申辩，行政处罚不能成立。这一规定混淆了行政处罚的违法与不成立。[①]“学界对于此处的‘不成立’展开过诸多讨论，指出这一立法表述混淆了行政行为的成立要

① 李洪雷：《论我国行政处罚制度的完善——兼评〈中华人民共和国行政处罚法〉修订草案》，载《法商研究》2020年第6期，第13页。

件与合法要件，在司法实践中引发了一定的混乱。”[①]学者们普遍认为，行政机关不告知给予处罚的事实、理由和依据，拒绝听取当事人的陈述、申辩的，应属于行政处罚的程序违法而并非不成立。诚如前述，行政行为的成立、生效以及是否有效、无效或被撤销是对行政行为不同阶段的判断。行政行为的成立主要是行政机关运用行政权作出产生公法上法律后果的意思表示，“行政行为不成立是指行政行为尚未作出，尚未满足成立要件或者成立要件尚未齐备，如缺少权能存在、权能实际运用、意思表示、法律效果中的一个或者几个因素”[②]。因此，程序要件并非行政处罚的成立要件或构成要件，违反法定程序并非导致行政处罚不能成立，而是导致行政处罚的效力受到影响。

对于未依照规定说明理由、听取意见会对行政处罚的效力产生何种影响，根据本条规定，“行政机关及其执法人员在作出行政处罚决定之前，未依照本法第四十四条、第四十五条的规定向当事人告知拟作出的行政处罚内容及事实、理由、依据，或者拒绝听取当事人的陈述、申辩，不得作出行政处罚决定”。未履行说明理由、听取意见程序，不得作出行政处罚决定是从正面对行政机关及执法人员履行程序义务的要求，起到立法的导向作用。而实践中往往存在未履行说明理由、听取意见程序，行政处罚行为的效力判断问题。根据《行政诉讼法》的规定，行政行为违法分为一般违法和重大且明显违法，一般违

---

① 马怀德：《行政处罚法修改中的几个争议问题》，载《华东政法大学学报》2020年第4期，第16页。

② 柳砚涛：《质疑行政处罚决定不能成立——以我国行政处罚法第41条为分析对象》，载《政治与法律》2017年第2期，第128页。

法的法律后果是行政行为可撤销，重大且明显违法的行政行为无效。可撤销的行政行为被撤销之前仍然有效，无效行政行为则自始无效、绝对无效。且根据相关解释，最高人民法院倾向于认为提起确认行政行为无效之诉不受起诉期限的限制，行政相对人可以在任何时候请求有权国家机关确认该行为无效。[①]同时《行政处罚法》也对行政处罚行为的无效进行了规定。《行政处罚法》第38条第2款规定："违反法定程序构成重大且明显违法的，行政处罚无效。"《行政处罚法》设立了一系列程序制度，包括公开、回避、职权分离、说明理由、听取意见及听证、送达、期限等。对哪些程序制度的违反构成一般违法或重大且明显违法，法律没有作出明确规定。从正当程序原则的发展来看，"说明理由、听取意见"是最低限度的自然公正，是最低限度的程序正义，"违反自然正义就使行政决定无效"。[②]且从《行政处罚法》的修订来看，无论是之前的"不成立"还是修订后的"不得作出行政处罚决定"的表述，皆是对"未说明理由、听取意见"作出行政处罚决定的严重否定，可将其视为构成明显且重大的违反法定程序的情形，因此本条中规定的违反正当程序作出的行政处罚决定应是无效的行政行为。

## 三、当事人对陈述申辩权的放弃

行政机关及执法人员说明理由、听取当事人意见的程序应

① 参见最高人民法院关于"对行政行为提起确认无效之诉是否要受到起诉期限限制"的答复（对十三届全国人大一次会议第2452号建议的答复）。

② ［英］威廉韦德著：《行政法》，徐炳等译，中国大百科全书出版社1997年版，第96页。

是在调查取证之后，作出行政处罚决定之前，不能以调查过程中的询问以及作出决定之后的说明理由替代前述正当程序，否则仍然构成违反法定程序。当然，要求行政机关说明理由与进行陈述申辩是当事人的程序权利，作为一项基本权利，当事人自然可以放弃。即在实施行政处罚的过程中，行政机关及执法人员已经依法履行了告知当事人享有陈述、申辩权利的义务，当事人可以自愿、明确表示放弃，此时行政机关未听取当事人的陈述申辩不属于违反法定程序的情形。需注意的是：第一，当事人对陈述申辩权的放弃应当是主动和自愿的，行政机关及执法人员不得以暴力、胁迫、利诱等方式使当事人放弃陈述、申辩权利，若以暴力、胁迫、利诱等其他方式使当事人放弃陈述申辩权的，视为当事人没有放弃。第二，当事人对陈述申辩权的放弃应是作出了明确的意思表示，以书面或以口头形式放弃陈述申辩权的，行政机关及执法人员应以书面形式记录并要求当事人签名盖章，行政机关及执法人员不得以当事人沉默等意思表示推定其放弃了陈述申辩权。

## 实务应用

### 张某、李某诉中国证券监督管理委员会行政处罚案[①]

2013年9月2日，中国证券监督管理委员会（以下简称中国证监会）作出《行政处罚事先告知书》，告知书中记载：张某自2011年1月12日参与“ST甘化”重组事项，是内幕信息的知情

① 该案为北京法院2017年发布十大金融典型行政案件之六。参见北京市第一中级人民法院〔2015〕一中行初字第236号行政判决书。

人。李某系张某配偶，张某向李某泄露了内幕信息。李某控制的“林某”账户于2011年1月12日至13日买入“ST甘化”股票54800股的行为属于内幕交易。“林某”账户因内幕交易“ST甘化”股票实现收益149624.19元。李某、张某的上述行为违反了《证券法》第73条以及第76条之规定，构成《证券法》第202条所述情形。依据《证券法》第202条之规定，中国证监会拟决定：1.对张某处以10万元罚款；2.没收李某违法所得149624.19元，并处以149624.19元罚款。《行政处罚事先告知书》送达后，证监会后经当事人要求进行了听证。2014年6月9日，中国证监会作出行政处罚决定，认为李某是“林某”账户的实际控制人，其丈夫张某是内幕信息知情人。李某2011年1月11日至13日多次向“林某”账户转入现金共计395000元，并买入“ST甘化”54800股。根据相关证据能够认定张某、李某共同从事内幕交易。依据《证券法》第202条的规定作出决定，该决定第一项内容为没收李某、张某违法所得149624.19元，并处以149624.19元罚款。张某、李某不服提起行政诉讼。法院认为：本案中，中国证监会在《行政处罚事先告知书》中认定张某的违法事实是“向李某泄露了内幕信息”，张某亦仅针对告知的该违法事实进行了陈述和申辩。但中国证监会在最终作出的处罚决定中却认定“张某、李某共同从事内幕交易”，该认定与事先告知的事实、理由及依据均不一致。在此情况下，应当认定被告在作出本案被诉处罚决定之前，未告知张某作出行政处罚决定的事实、理由及依据，同时也剥夺了张某进行陈述和申辩的权利，违反了原《行政处罚法》第31条和第32条第1款的规定，其针对张某作出的行政处罚决定不能成立，依法应予确认无效。

《行政处罚法》设立告知事实理由、听取陈述申辩这一正当程序的意义在于，确保行政处罚决定作出之前，当事人享有充分的陈述申辩权，能对行政机关的事实认定、法律适用以及拟作出的处理决定发表意见。若行政机关告知的事实、理由和依据与最终的处罚内容明显不一致，尤其是对违法行为的事实认定和法律适用出现了根本变化，即表明处罚决定书中所载事实与法律适用没有在陈述申辩或听证程序中得到充分的质证，则这一事实认定和法律适用问题相当于没有经过听取意见程序，架空了事先告知事实理由、听取意见这一程序的意义。本案是关于拟作出的处罚决定的事实、理由、依据与最终处罚决定的事实、理由、依据不一致如何处理的问题。中国证监会在《行政处罚事先告知书》中认定的违法事实是“张某向李某泄露了内幕信息”，而在处罚决定中认定的是“张某、李某共同从事内幕交易”，导致当事人针对处罚决定中认定的“张某、李某共同从事内幕交易”的事实及法律适用未能进行有效陈述申辩，该行政处罚决定应被认定为无效。行政处罚决定一般不应当超出拟告知的事实、理由和依据范围，且不得因经过听取陈述申辩而对当事人加重处罚。

## 第四节　听证程序

### 第六十三条【听证的适用范围】

行政机关拟作出下列行政处罚决定，应当告知当事人有要求听证的权利，当事人要求听证的，行政机关应当组织听证：

（一）较大数额罚款；

（二）没收较大数额违法所得、没收较大价值非法财物；

（三）降低资质等级、吊销许可证件；

（四）责令停产停业、责令关闭、限制从业；

（五）其他较重的行政处罚；

（六）法律、法规、规章规定的其他情形。

当事人不承担行政机关组织听证的费用。

## 法条沿革

本条沿袭修订前的《行政处罚法》第42条的规定。原第42条第1款规定了行政处罚听证的适用范围和听证程序，此次《行政处罚法》修改将原第42条第1款拆分为适用范围和听证程序两条，分别为第63条和第64条，删除了原第42条第2款关于“当事人对限制人身自由的行政处罚有异议的，依照治安管理处罚法有关规定执行”的规定。

修订前的《行政处罚法》第42条第1款前半部分规定，“行政机关作出责令停产停业、吊销许可证或者执照、较大数额罚款等行政处罚决定之前，应当告知当事人有要求举行听证的权利；当事人要求听证的，行政机关应当组织听证。当事人不承担行政机关组织听证的费用”。根据这一规定，适用听证程序的是较重的行政处罚，包括“责令停产停业、吊销许可证或者执照、较大数额罚款等”，但“等”字是否包括该条列举的三种行政处罚之外的其他行政处罚种类，无论是实践中还是学理上均存在争议。1996年全国人大常委会法制工作委员会国家法室、行政法室编著的《〈中华人民共和国行政处罚法〉释义》认为，“只有给予责令停产停业、吊销许可证或者执照、较大数额罚款的行政处罚案件，才可以举行听证。限定听证案件的范围：一是考虑公平与效率兼顾的原则；二是考虑我国国情。既保证行政机关处理行政处罚案件的效力，也注重行政处罚程序中的民主程序的建设，同时这一制度在我国刚刚建立，不论是群众的素质，还是基层行政机关的工作水平，建立这样一种制度不可操之过急，否则可能欲速则不达”[①]。但在执法实践、司法实践以及学理分析中，对“等”字的理解不一。从执法实践来看，《行政处罚法》颁布之后，部门规章、地方性法规、地方政府规章以及规范性文件针对不同行业、领域以及地域的听证范围的规定差异较大，大致可分为三种情形：一是与《行政处罚法》的范围一致，如《四川省劳动和社会保障监察条例》第18条，“劳动和社会保障行政部门在其职权范围内作出责令停业、吊销许可证、处以较大数额罚款等重大行政处罚决定之前，应告知当事人有要求听证的权利……”二是缩小了《行政处罚法》规定的听证范围，去掉“等”字。如《重庆市行政处罚听证程序规定》第3条规定，只有责令停产停业、吊销许可证或者执照、较大数额罚款的行政处罚才应听证。三是实质性扩大了《行政处罚法》规定的听证范围。《中国证券监督管理委员会行政处罚听证规则》第5条将责令停止发行证券，责令停业整顿，暂停、撤销或者吊销证券、期货、基金相关业务许可，暂停或者撤销任职资格、从业资格，对个人没收业务收入、没收违法所得、

---

① 全国人大常委会法制工作委员会国家法室、行政法室编著：《〈中华人民共和国行政处罚法〉释义》，法律出版社1996年版，第120页。

罚款，单独或者合计5万元以上，对单位没收业务收入、没收违法所得、罚款，单独或者合计30万元以上等行政处罚纳入听证范围。《海关行政处罚听证办法》第3条规定，将海关作出暂停从事有关业务、撤销海关注册登记、对公民处1万元以上罚款、对法人或者其他组织处10万元以上罚款、没收有关货物、物品、走私运输工具等纳入听证范围。在司法实践中，最高人民法院于2004年在一则司法答复中认为，没收较大数额财产的处罚行为应当适用听证程序，2012年发布指导案例第6号同样认为行政机关作出没收较大数额涉案财产的行政处罚决定，属于应当听证的范围。并认为“将正式的、严格的听证程序的适用范围理解为‘等外’，更有助于行政处罚程序功效的发挥，更高层次实现行政处罚法公正、公开原则”[①]。学理上，“学者们对《行政处罚法》规定的‘等’有不同的认识，有人认为是‘等外等’，也有人认为是‘等内等’”[②]，前者认为行政处罚听证适用范围仅前述三种情形，后者认为除了三类处罚决定之外的其他种类较重的处罚也应当听证。因此，与责令停产停业、吊销许可证或者执照、较大数额罚款类似的对相对人产生较大影响的行政处罚是否应适用听证程序存在争议。正是由于“法律解释的方法仍存在不确定性，宜通过立法将严重影响公民权益的行政处罚都纳入听证范围”[③]。随着正当程序理念的的深入与听

---

① 蔡小雪、郭修江、耿宝建著：《行政诉讼中的法律适用——最高人民法院行政诉讼批复答复解析》，人民法院出版社2011年第1版，第192页。

② 沈福俊：《立法本意与行政执法实践的冲突与协调———以行政处罚听证范围的理解与适用为分析对象》，载《法商研究》2007年第6期，第105页。

③ 李洪雷：《论我国行政处罚制度的完善——兼评〈中华人民共和国行政处罚法〉修订草案》，载《法商研究》2020年第6期，第18页。

证在立法以及行政立法、执法中的广泛适用，听证的本土化效果以及民众接受度的提升，扩大并明确行政处罚听证范围十分必要。

此次《行政处罚法》修改回应了这一实践需求，扩大了行政处罚的听证范围。但由于行政处罚的概念和种类本身就是立法的难点，对于哪些属于较重的行政处罚，争议更大。从修法过程来看，《行政处罚法（修订草案征求意见稿）》将听证范围列举为：（一）较大数额罚款；（二）没收较大数额违法所得、没收较大价值非法财物；（三）责令拆除违法建筑物、构筑物或者设施；（四）限制开展生产经营活动、责令停产停业或关闭；（五）吊销许可证或者执照；（六）限制或禁止从事相关职业活动；（七）法律、法规和规章规定可以要求举行听证的其他情形。由于对“责令拆除违法建筑物、构筑物或者设施”性质认定有争议，普遍认为责令拆除的措施是对违法行为的纠正，不具有行政处罚的惩戒性，不属于行政处罚行为。同时，根据《行政处罚法》关于行政处罚种类的调整，该条款在《行政处罚法（修订草案一次审议稿）》《行政处罚法（修订草案二次审议稿）》中根据处罚种类名称的变化而变化，最终确定为六种情形：（一）较大数额罚款；（二）没收较大数额违法所得、没收较大价值非法财物；（三）降低资质等级、吊销许可证件；（四）责令停产停业、责令关闭、限制从业；（五）其他较重的行政处罚；（六）法律、法规和规章规定的其他情形。

## 规范目的或功能

听证，是指在行政机关非本案调查人员的主持下，由调查取证人员、案件当事人、利害关系人以及委托代理人参加，听取各方的陈述意见、质证、提供证据的一种法律制度[①]。听证作为一项司法化程度较高的行政程序制度，能够最大限度地实现公正的价值，但正式听证需要的行政成本较高，需要大量的人力、物力和财力支撑，同时也在一定程度上影响效率的实现，因此大多数国家的行政程序立法都明确规定了正式听证的适用范围。如《美国联邦行政程序法（1976）》第554条明确了听证的适用范围，但在美国“非正式程序的范围非常广泛，非正式程序构成行政裁决的绝对多数，它们是行政程序的真正生命线”[②]。因此，听证范围的规定是一国在行政程序立法中兼顾公平与效率原则的结果，听证范围的大小也在一定程度上彰显了程序立法的价值取向。

1996年《行政处罚法》的制定首次引入听证制度，具有重要的历史意义。本次《行政处罚法》的修改，一是拓宽了行政处罚听证的范围。行政处罚是行政机关常用的执法方式，会对当事人及利害关系人的人身权、财产权等产生重要影响。听证制度作为听取相对人意见的正式程序，能够给予当事人及利害关系人充分参与程序的机会。拓宽听证程序的适用范围，能够在更多案件中充分发挥听证程序的价值以及对实体结果的影响，最大限度地保护行政相对人的程序权益，是程序正当原则在《行政处罚法》中的进一步贯彻。二是取消了“等”字，进一步明确了行政处罚中应当听证的范围。《行政处罚法》的修改解决了学理上与实践中关于“等”字的争议，并结合《行政处罚法》制定以来不同领

① 章剑生著：《行政听证制度研究》，浙江大学出版社2010年版，第121页。
② 王名扬著：《美国行政法》，北京大学出版社2019年版，第400页。

域、行业、地域关于行政处罚听证范围的不同规定，对听证范围进行了较为全面的列举，实现了立法的统一。

## 规范内容

### 一、听证的范围

根据《行政处罚法》第9条的规定，行政处罚的种类包括：警告、通报批评；罚款、没收违法所得、没收非法财物；暂扣许可证件、降低资质等级、吊销许可证件；限制开展生产经营活动、责令停产停业、责令关闭、限制从业；行政拘留；法律、行政法规规定的其他行政处罚。其中较重的行政处罚才属于可以听证的范畴。但由于“较重”属于不确定法律概念，因此，《行政处罚法》采取了“明确列举+双重兜底”的方式来确定听证范围。

#### （一）较大数额的罚款

罚款是行政机关强制违法行为人缴纳一定数额的金钱从而对当事人的财产权造成损害或剥夺的行为。对于较大数额的认定，有不少法律、法规、规章进行了明确。如《治安管理处罚法》第98条规定，公安机关作出2000元以上罚款的治安管理处罚决定前，应当告知违反治安管理行为人有权要求举行听证；《市场监督管理行政处罚听证暂行办法》第5条规定，对自然人处以1万元以上、对法人或者其他组织处以10万元以上罚款，应当告知当事人有要求举行听证的权利。《四川省行政处罚听证程序规定》第4条，本规定所称较大数额，是指对非经营活动中公民的违法行为处以罚款或者没收财产2000元以上、法人或者其他组织的违法行为处以罚款或者没收财产2万元以上；对在经营活动中的违法行为处以罚款或者没收财产5万元以上。若相关行业、领域或地方的法规规章对“较大数额”没有进行具体细化和明确，应结合本领域、部门的执法实践综合认定。同时，在不同部门或地方对较大数额罚款的认定出现冲突的情形下，应结合法律适用的基本规则按照有利于相对人的方式进行解释。

### （二）没收较大数额违法所得、没收较大价值非法财物

没收违法所得是指行政机关对当事人通过违法行为获取的财物进行没收并收归国有的情形，没收非法财物是指行政机关及执法人员将违禁物品或用以实施违法行为的相关工具等予以没收并收归国有的情形，二者同“罚款”类似，皆是对当事人的财产权进行剥夺，属于财产罚。从原理上来讲，较大数额的罚款属于应当听证的范畴，同样对财产权造成较大影响的没收较大数额违法所得与没收较大价值非法财物也应当纳入听证范围。这不仅在学理上无障碍，在行政执法与司法实践中也已有突破，此次《行政处罚法》修订将其纳入听证范围，亦是顺应了实践的需要。对于“较大数额”的认定，可以参照法律、法规、规章对于“较大数额罚款”的认定标准。

### （三）降低资质等级、吊销许可证件

暂扣许可证件、降低资质等级、吊销许可证件是《行政处罚法》明确的处罚种类，属于资格罚中常见的情形。暂扣或吊销许可证件是行政机关依法限制或剥夺违法行为人的某种资格

或资质，从而限制或剥夺当事人从事某项活动的资格的处罚，是传统法定的处罚种类。降低资质等级是指降低当事人从事某种工作或活动所具备的条件、资格、能力等以及与此资格相适应的等级标准，从而影响当事人从事该项活动的处罚。降低资质等级是《建筑法》《城乡规划法》《节约能源法》等法律、行政法规设置的常见处罚种类，此次《行政处罚法》修改将其列入法定处罚种类之中。暂扣许可证件属于暂时性的、可恢复的行政处罚，等暂扣期满，当事人的权益则恢复到行政处罚之前的状态。降低资质等级与吊销许可证件属于不可逆的行政处罚，降低资质等级、吊销许可证件后对当事人权益的影响具有持续性和永久性，除非当事人重新申请相关资质或许可。因此，该行政处罚对当事人从事某项行为或活动的资格或资质造成的是不可复原的剥夺，应属于较重的行政处罚并纳入听证范畴。

（四）责令停产停业、责令关闭、限制从业

限制开展生产经营活动、责令停产停业、责令关闭、限制从业是《行政处罚法》明确的处罚种类，后三种属于听证范畴。责令停产停业，是指行政机关责令违法行为人停止生产经营活动，从而剥夺当事人生产、经营权的行政处罚。责令关闭是指行政机关对严重污染环境或违反药品生产管理秩序等严重违法行为，采取的命令相关企事业单位或项目等关闭的处罚决定。责令关闭在《长江保护法》《固体废物污染环境防治法》《环境噪声污染防治法》《药品管理法》等法律法规中有设定。限制从业是指对从事违法行为的当事人限制其在一定时期或永久性的从事某项工作或进入某领域行业的资格。限制从业在《药品管理法》《疫苗管理法》等法律法规中有设定。责令关闭、限制从业是此次《行政处罚法》修订新增的列举处罚种类。责令停产停业与责令关闭皆是对企业或其他组织生产经营权的剥夺而不是限制，较限制开展生产经营活动的处罚而言是更严重的行政处罚。区别在于责令停产停业一般有期限限制，而责令关闭应是永久性的剥夺。限制从业是对公民的劳动权的限制和剥夺，对公民个人而言影响较大，属于较重的行政处罚，应纳入听证范畴。

（五）其他较重的行政处罚

该项属于兜底条款。根据《行政处罚法》第9条规定，行政处罚的种类包括法律、行政法规规定的其他行政处罚。第10条规定，法律可以设定各种行政处罚，限制人身自由的行政处罚，只能由法律来设定。第11条规定，行政法规可以设定除限制人身自由外的行政处罚。因此，除了本条列举的常见的处罚种类以外，法律、行政法规还可以根据实践的需要设定其他种类的行政处罚。在法律、行政法规设定的其他种类处罚中，对当事人权益影响较大属于较重行政处罚的，也应当告知当事人享有听证的权利。

（六）法律、法规和规章规定的其他情形

该项属于兜底条款。诚如前述，《行政处罚法》制定之后，法律、法规、规章乃至大量的规范性文件皆对行政处罚听证范围作了一些规定。尤其是金融、财政、海关、海洋、环境、市场监管、教育等领域以及地方省市制定了大量的关于处罚程序的规范，甚至专门出台关于行政处罚听证的程序规定，对行政处罚的听证范围进行了明确。不同部门或地方结合自身领域、行业或地域特点与实际运行情况，规定适合的听证范围更为合适，也是对《行政处罚法》所规定的听证范围的有效补充。此次《行政处罚法》修订肯定了法律、法规和规章对听证范围的列举，扩大了听证范围。需要注意的是，虽然规章只能设定警告、通报批评和一定数额罚款的行政处罚，但可以对哪些行政处罚应当听证进行规定。

此外，本条删除了修订前的《行政处罚法》第42条第2款即“当事人对限制人身自由的行政处罚有异议的，依照治安管理处罚法有关规定执行”。对行政拘留等限制人身自由的行政处罚是否应当听证历来有争议，在立法过程中也有将限制人身自由的处罚纳入听证范围的建议。“在全面推进依法治国的背景下，应当考虑将限制公民人身自由的处罚决定纳入听证范围，尤其是近年来人身自由罚在一些领域有扩张趋势，不再局限于《治安管理处罚法》的治安拘留，《道路交通安全法》中的交通拘留和《海关法》中的海关拘留，而是扩展到环保和网络安全等领域，这一立法需求显得更为迫切”[①]。此次《行政处罚法》修订未明确列举将限制人身自由处罚纳入听证范围。

## 二、听证的其他条件

根据《行政处罚法》的规定，适用听证程序除了要满足属于较重行政处罚的范围之外，还需满足其他条件，即当事人对行政机关的事实认定、法律适用或裁量权的行使等有异议，且提出了听证的申请。也即说并不是所有的较重的行政处罚案件都要适用听证程序，即使处罚较重但当事人无异议且没有提出

---

① 李洪雷：《论我国行政处罚制度的完善——兼评〈中华人民共和国行政处罚法〉修订草案》，载《法商研究》2020年第6期，第18页。

听证申请的，行政机关也没有必要进行听证。另外，由于行政处罚涉及的是特定主体的合法权益，没有设置类似于《行政许可法》中行政机关应主动举行听证的启动程序。古希腊谚语有云，“法律不保护躺在权利上睡觉的人”，若当事人没有主动提出听证的申请，行政机关应无主动举行听证的必要。但行政机关认为听证有利于查清事实、正确认定违法事实的，也可以主动举行听证。

## 实务应用

**黄某富等人诉四川省成都市金堂工商行政管理局行政处罚案**[①]

2003年12月20日，四川省金堂县图书馆与黄某富联办多媒体电子阅览室。经双方协商，由黄某富出资金和场地，每年向金堂县图书馆缴管理费2400元。2004年4月2日，黄某富在金堂县某一门面房挂牌开业。4月中旬，金堂县文体广电局以整顿网吧为由要求其停办。经金堂县图书馆与黄某富协商，金堂县图书馆于5月中旬退还黄某富2400元管理费，摘除了“金堂县图书馆多媒体电子阅览室”的牌子。2005年6月2日，金堂工商局会同文体广电局、公安局对黄某富门面房进行检查时发现，金堂实验中学初一学生叶某、杨某、郑某和数名成年人在上网玩游戏。黄某富未能出示《网络文化经营许可证》和营业执照。金堂工商局按照《互联网上网服务营业场所管理条例》第27条关于“擅自设立互联网上网服务营业场所，或者擅自从事互联

---

① 该案为最高人民法院2012年发布的指导案例第6号。参见四川省成都市中级人民法院〔2006〕成行终字第228号行政判决书。

网上网服务经营活动的，由工商行政管理部门或者由工商行政管理部门会同公安机关依法予以取缔，查封其从事违法经营活动的场所，扣押从事违法经营活动的专用工具、设备”的规定，以《扣留财物通知书》决定扣留黄某富32台电脑主机。同年10月12日，金堂工商局以黄某富的行为违反了《互联网上网服务营业场所管理条例》规定作出了《行政处罚决定书》，决定没收扣留的电脑主机32台。黄某富不服，提起行政诉讼。法院认为，根据《行政处罚法》规定，“行政机关作出责令停产停业、吊销许可证或者执照、较大数额罚款等行政处罚决定之前，应当告知当事人有要求举行听证的权利”。虽然该条规定没有明确列举“没收财产”，但是该条中的“等”系不完全列举，应当包括与明文列举的“责令停产停业、吊销许可证或者执照、较大数额罚款”类似的其他对相对人权益产生较大影响的行政处罚。为保证行政相对人充分行使陈述权和申辩权，保障行政处罚决定的合法性和合理性，对没收较大数额财产的行政处罚，也应当根据《行政处罚法》第42条的规定适用听证程序。关于没收较大数额的财产标准，应比照《四川省行政处罚听证程序暂行规定》第3条“本规定所称较大数额的罚款，是指对非法经营活动中的违法行为处以1000元以上，对经营活动中的违法行为处以20000元以上罚款”中对罚款数额的规定。本案中，金堂工商局在作出处罚决定前只按照行政处罚一般程序告知黄某陈述、申辩的权利，而没有告知听证权利，违反法定程序，依法应予撤销。

本案是《行政处罚法》修订之前，涉及行政处罚听证范围中“等”字解释的司法案例，并成为2012年最高人民法院发布的指导性案例第6号。根据修订前《行政处罚法》的规定，明确列举的听证范围包括责令停产停业、吊销许可证或者执照、较大数额罚款等行政处罚决定。本案中金堂工商局没收32台电脑主机的行政处罚决定，属于没收较大数额财产的行为，虽然该行为没有明确在修订前《行政处罚法》中列举，但“没收较大数额财产的行政处罚”与较大数额罚款类似，对当事人的利益也会产生重大影响，也应当属于听证范围，对此法院作出了有利于相对人且符合立法目的的解释。随着行政处罚法的修改，听证的范围逐步扩张，行政机关进行较重的行政处罚时皆应采取听证的方式正式听取相对人的意见，这不仅有利于对行政相对人程序性权利的保障，同时也能确保处罚决定的结果更加合法、合理。同时，听证程序较之于一般的听取陈述申辩程序不同，是一种以更公正的形式正式听取相对人意见的制度，通过听证环节的质证申辩更能充分地反映和吸纳当事人的意见。对属于听证范围内的事项，行政机关应当告知当事人享有听证权利，不得以一般的陈述申辩程序替代，否则即是违反法定程序。

## 第六十四条【听证的程序】

听证应当依照以下程序组织：

（一）当事人要求听证的，应当在行政机关告知后五日内提出；

（二）行政机关应当在举行听证的七日前，通知当事人及有关人员听证的时间、地点；

（三）除涉及国家秘密、商业秘密或者个人隐私依法予以保密外，听证公开举行；

（四）听证由行政机关指定的非本案调查人员主持；当事人认为主持人与本案有直接利害关系的，有权申请回避；

（五）当事人可以亲自参加听证，也可以委托一至二人代理；

（六）当事人及其代理人无正当理由拒不出席听证或者未经许可中途退出听证的，视为放弃听证权利，行政机关终止听证；

（七）举行听证时，调查人员提出当事人违法的事实、证据和行政处罚建议，当事人进行申辩和质证；

（八）听证应当制作笔录。笔录应当交当事人或者其代理人核对无误后签字或者盖章。当事人或者其代理人拒绝签字或者盖章的，由听证主持人在笔录中注明。

## 法条沿革

本条沿袭修订前的《行政处罚法》第42条第1款后半部分内容，是对听证程序的具体规定。此次《行政处罚法》对听证程序规定有以下修改：一是延长了申请听证的期限，将“当事人要求听证的，应当在行政机关告知后三日内提出”修改为“当事人要求听证的，应当在行政机关告知后五日内提出”，进一步保障了当事人申请听证的权利。二是强调国家秘密、商业秘密和个人隐私的依法保护，将“除涉及国家秘密、商业秘密或者个人隐私外，听证公开举行”改为“除涉及国家秘密、商业秘密或者个人隐私依法予以保密外，听证公开举行”。三是增加视为放弃听证的情形，即“当事人及其代理人无正当理由拒不出席听证或者未经许可中途退出听证的，视为放弃听证权利，行政机关应当终止听证”。四是增加代理人签字盖章的规定，并明确当事人或代理人拒绝在听证笔录上签字或盖章的处理，即“笔录应当交当事人或者其代理人核对无误后签字或者盖章。当事人或者其代理人拒绝签字或者盖章的，由听证主持人在笔录中注明”。

## 规范目的或功能

为确保听证活动顺利、有效进行，确保当事人或者相关人员通过听证程序达到陈述、申辩、质证的目的，切实参与到行政处罚过程中，《行政处罚法》专门就听证程序进行了规定，包括听证程序的启动、听证程序的进行、听证程序的结束以及听证程序中的特殊情形等内容。听证程序的设置同样是在公正与效率的价值权衡下进行的制度安排，但作为一种正式听取当事人意见的制度，最大限度实现公正的价值需求是首要的。

## 规范内容

本条是关于听证组织程序的内容，具体来看分为以下几个步骤：

### 一、听证的申请与决定

“当事人要求听证的，应当在行政机关告知后五日内提出”。理解该项内容，应明确以下三点：一是行政机关在拟作出处罚决定前，应当告知当事人拟作出行政处罚的事实、理由、法律依据，属于《行政处罚法》规定的听证范围内的处罚决定，还应告知当事人有申请听证的权利，包括告知申请听证的期限、方式以及受理机关等。二是当事人要求听证的，应当在行政机关告知后五日内提出，这里的五日应当从当事人收到行政机关告知内容开始起算，且“五日”的规定是指工作日，不含法定节假日。三是行政机关收到申请之后，应尽快决定听证的时间和地点，并根据案件是否涉及国家秘密、商业秘密和个人隐私决定案件是否公开审理。

## 二、听证的通知

“行政机关应当在举行听证的七日前，通知当事人及有关人员听证的时间、地点；除涉及国家秘密、商业秘密或者个人隐私依法予以保密外，听证公开举行。”理解该项内容，应明确以下四点：第一，通知一般应采用书面的方式进行，必要时可采用公告。第二，由于听证程序是一个类似于司法庭审的正式程序，专业性较强。为了保障当事人及相关人员及时进行听证准备，包括整理材料、委托代理人等，行政机关举行听证的，应当在七日前告知听证时间、地点，给当事人及有关人员充足的准备时间。第三，扩大公民对行政程序的参与是现代行政法的一个趋势，参加听证的利害关系人范围也应逐步扩大。因此，听证事项不仅应当通知当事人，还应当通知其权利和利益受行政行为影响的其他人参与听证。如行政处罚决定可能会涉及受害人合法权益的，还应当通知受害人等。第四，公开是最好的防腐剂。听证以公开为原则，不公开为例外。如果采取公开举行听证会的，应当将拟行政处罚的案由、听证的时间地点等信息通过行政机关公告栏或政务平台等方式公之于众。根据《行政处罚法》第50条规定，“行政机关及其工作人员对实施行政处罚过程中知悉的国家秘密、商业秘密或者个人隐私，应当依法予以保密。”如果听证内容涉及国家秘密、商业秘密或者个人隐私，依法应当保密的，则听证不公开举行。对于国家秘密、商业秘密与个人隐私的认定，应当依据《保守国家秘密法》《反不正当竞争法》《民法典》，及公布施行后的《个人信息保护法》等法律法规确定的范围依法进行界定。

## 三、听证的主持与参与

听证中的主体包括三种：一是居中的听证主持人；二是相互对抗的行政机关调查人员；三是当事人及代理人。理解该项内容，应明确以下两点：一是听证的主持人。“听证由行政机关指定的非本案调查人员主持；当事人认为主持人与本案有直接利害关系的，有权申请回避。”由于听证主持人承担的是类似于法院中“法官”的工作，因此需要独立性、中立性和专业性。“从各国规定来看，主持人的选任有两种做法，一种是美国的行政法官制，另一种是由行政机关的首长或指定的人担任，采用后一种做法的国家和地区占绝大多数。”[①]根据《行政处罚法》的规定，为保证听证主持人的独立性，应当由本机关中非本案调查人员担任听证主持人。根据正当程序的要求，当事人认为主持人与本案有直接利害关系的，可以申请回避，这也是确保独立性与中立性的需要。但目前法律对主持人的专业性没任何要求，“现阶段至少应要求听证主持人须具备法律职业资格”。[②]此

---

① 应松年主编：《当代中国行政法》第六卷，人民出版社2018年版，第2451页。

② 李洪雷：《论我国行政处罚制度的完善——兼评〈中华人民共和国行政处罚法〉修订草案》，载《法商研究》2020年第6期，第18页。

外，根据《行政处罚法》的规定来看，听证主持人仅有主持听证的权力，而无作出初步决定或建议的权力，在一定程度上影响了听证的实效。《美国联邦行政程序法》第556条、《葡萄牙行政程序法》第105条，我国澳门地区《行政程序法》第93条等对听证主持人的初步决定或建议权作出了规定。二是听证的参与人。“当事人可以亲自参加听证，也可以委托一至二人代理”；听证的参与人包括本案调查人员、当事人、相关人员及代理人。当事人和相关人员参与听证，一般享有得到通知、阅览卷宗、陈述申辩以及举证质证等权利。同时听证具有一定的专业性，当事人可以亲自参加听证，也可以聘请律师等专业人员参加。

## 四、听证的程序

“举行听证时，调查人员提出当事人违法的事实、证据和行政处罚建议，当事人进行申辩和质证。”听证一般采用言词方式进行，是各国行政程序立法的惯例。第一，主持人宣布听证开始。进入听证程序后，听证主持人一般应当宣布听证纪律、核对出席人员的身份事项、告知参与人的权利义务、是否申请回避等。第二，听证调查。进入听证调查阶段后，由于是行政机关调查人员收集的证据、认定的事实和选择适用的法律依据，因此，听证阶段主要由调查人员进行陈述，提出当事人违法的事实、证据和行政处罚建议，再由当事人及代理人针对调查人员提供的事实、证据和处罚建议等进行申辩、质证，并可以提交证据。第三，听证辩论。为充分了解案件事实，在听证主持人主持下，双方也可以就案件的事实、证据以及法律适用问题进行辩论。当事人申请听证的目的在于改变对自己不利的拟行政处罚决定，因此，陈述、申辩以及质证的对象包括是否存在违法事实、证据证明力的大小等事实问题，法律依据适用问题，是否存在减轻、免除处罚的情节，以及拟处罚决定的内容等。第四，当事人陈述。辩论结束后，听证主持人可让双方进行最后陈述。此外，《行政处罚法》并未就听证主持人在听证程序中的权力进行规定，听证主持人是否可以向参加人员提问、调查核实证据等。但从不同国家关于听证的规定来看，基于行政程序效率的考量，大多数国家采取的是职权主义听证模式，由听证主持人主导和掌握控制听证过程，拥有广泛的权力。

## 五、听证终止

对于听证是否存在中止、终止或延期等特殊情形，此次《行政处罚法》的修订明确了听证终止的情形，即“当事人及其代理人无正当理由拒不出席听证或者未经许可中途退出听证的，视为放弃听证权利，行政机关应当终止听证”。听证是当事人或相关人员的程序权利，当事人可以明确表示放弃。若当事人及其代理人无正当理由拒不出席听证或者未经许可中途退出听证的，可以推定其放弃听证权利，这也是诉讼程序中常见的推定撤诉制度。因此，当事人无正当理由不参加听证程序的，终止听证。此外，浙江省、上海市、广州市等地关于听证的程序规定中，还规定了中止听证、延期听证制度。

## 六、听证笔录

“听证应当制作笔录。笔录应当交当事人或者其代理人核对无误后签字或者盖章。当事人或者其代理人拒绝签字或者盖章的，由听证主持人在笔录中注明。”听证笔录是对听证过程的记录，正式听证应当制作听证笔录，这也是大多数国家行政程序立法的规定。《韩国行政程序法》第34条、《联邦德国行政程序法》第68条、《日本行政程序法》第24条等明确规定了听证笔录应当记录的内容。一般而言，听证笔录应当包括听证的时间、地点，出席听证的所有参与人的基本情况，当事人陈述、质证以及辩论的内容等。听证笔录不仅是作出行政处罚决定的依据，若行政处罚引起行政复议或行政诉讼，还会成为行政复议或行政诉讼中的证据之一。因此，听证笔录制作完毕应当交当事人核对或向当事人宣读，审核无误的要求当事人或其他人员签字或盖章，拒绝签字盖章的，应在听证笔录中注明。此外，听证主持人以及案件调查人员等参与人皆应在听证笔录上签字或盖章。

另外，行政机关组织听证的费用应当由国家财政负担，当事人不承担听证的费用。

## 实务应用

**木本水缘园林景观工程有限公司与重庆市璧山区国土资源和房屋管理局行政处罚案**[①]

2007年9月12日，木本水缘园林景观工程有限公司（以下简称园林公司）与璧山县某村签订土地使用权转让合同，约定将田17.572亩、土9.84亩转让给园林公司进行农业综合开发。2013年3月19日与11月27日，璧山县璧城国土资源管理所分别向园林公司送达责令停止违法行为通知书，责令停止未经批准

① 参见重庆市江北区人民法院〔2014〕江法行初字第00164号行政判决书。

占用集体土地修建彩钢棚的违法行为。2013年12月3日勘测公司出具违法用地测量报告书载明勘测红线范围面积为3034平方米。2013年12月9日，璧山县国土局送达《行政处罚告知书》，告知园林公司未经批准占用集体土地3034平方米修建厂房，构成非法占用土地的违法事实。依据《土地管理法》的规定拟作出行政处罚决定，并告知其享有陈述申辩、要求听证的权利。2013年12月9日公司申请听证，2013年12月24日国土局举行听证会。听证会中，案件承办人陈述，其巡查中发现园林公司未经批准于2012年年底开始搭建彩钢棚，后又于2013年搭建了3幢彩钢棚。国土局分别于2013年3月、11月分两次对园林公司送达责令停止违法行为通知书，后进行立案调查并送达行政处罚告知书；处罚面积由有资质的专业中介机构到现场进行实地测绘，处罚标准按照《土地管理法》与《土地管理法实施条例》的规定确定。拟作出如下处罚决定：1.没收在非法占用土地上新建建筑物和其他设施。2.对非法占用的集体土地按照30元/平方米并处罚款，共计91020元。公司代表陈述，使用租用的土地修建彩钢棚，对地面进行硬化作为农业库房并放置种植苗木工具，符合土地利用总体规划，要求从轻或减轻处罚。2013年12月27日，国土局作出《处罚决定书》并于2014年1月2日送达。园林公司提起行政诉讼。法院认为，按照相关法律规定，国土局在举行听证时应由案件调查人员提出当事人违法事实、违法证据和适用听证程序的行政处罚建议，并由当事人进行陈述、申辩和质证。听证会过程中，仅有案件承办人员陈述违法事实，并未将证据交由当事人质证，影响到当事人的陈述权、申辩权，系程序违法，判决撤销行政处罚决定书。

听证作为独立于普通陈述申辩程序的一项正式听取当事人意见的制度,《行政处罚法》不仅对听证范围进行了明确，还对听证程序的主要步骤和内容进行了规定，包括听证的时限、方式、步骤、听证主持人、听证公开等内容。按照类似于庭审的过程来建立听证程序，从某种程度而言是在效率与公正的价值中选择了后者，目的在于最大限度让当事人对行政机关认定的事实证据进行质证，确保程序正义。《行政处罚法》明确规定听证过程是在听证主持人主持的情况下“由调查人员提出当事人违法的事实、证据和行政处罚建议，当事人进行申辩和质证”。因此，行政机关在举行听证会时，不能走形式或按照一般的陈述申辩过程来进行，必须按照法定的方式、步骤、顺序和时限举行听证会，否则就是违反法定听证程序。本案的核心问题是听证程序的合法性问题，国土局在进行听证程序时，由办案人员对事实认定和法律适用进行了宣读，但未就相关的违法事实的认定与法律适用让当事人发表质证意见，交由当事人进行质证申辩，属于程序违法。当事人在本案中提出的减轻处罚的申请并不能认定是发表的质证意见。因此，法院对听证事项进行审查时，不仅要审查应告知听证权利的案件是否告知了听证权利，举行了听证会，还要审查举行听证的程序是否按照法定的方式和步骤来进行。

## 第六十五条【案卷排他原则】

听证结束后，行政机关应当根据听证笔录，依照本法第五十七条的规定，作出决定。

## 法条沿革

本条沿袭修订前《行政处罚法》第43条的内容，是关于听证后作出处罚决定的规定。修订前的《行政处罚法》第43条规定，“听证结束后，行政机关依照本法第三十八条的规定，作出决定”。《行政处罚法》制定之初，未对听证笔录的效力作出规定，未在行政处罚案件中引入案卷排他原则，导致实践中行政处罚听证流于形式，学理上也饱受诟病。2003年《行政许可法》制定时，规定了许可听证中的案件排他原则，《行政许可法》第48条第2款规定，“行政机关应当根据听证笔录，作出行政许可决定”。此次《行政处罚法》修订最初公布的《行政处罚法（修订草案征求意见稿）》第60条对听证笔录的效力作出专门规定：“听证结束后，行政机关应当结合听证笔录，依照本法第五十四条的规定，作出决定。”但征求意见稿的规定并没有从根本上解决问题，若行政机关是结合听证笔录作出决定意味着行政机关仍然可以采用其他未经听证程序的证据材料来作出决定，没有明确的确立案件排他原则。这一问题在《行政处罚法（修订草案二次审议稿）》中得到改变，二审稿第63条规定，“听证结束后，行政机关应当根据听证笔录，依照本法第五十五条的规定，作出决定”，明确了行政处罚中的案件排他原则并最终被立法所吸收。行政处罚案件中听证笔录的效力和案卷排他原则的确立，解决了行政处罚听证中的重要问题。

## 规范目的或功能

本条规定确立了听证笔录对于行政处罚决定的约束力。听证程序作为一般程序中的特殊程序，本身不作出任何决定，听证的功能和法律意义就体现在听证笔录的效力上。听证笔录对行政决定是否具有约束力是听证制度的关键和核心。如果听证笔录对于行政机关的决定没有任何约束力，允许行政机关将未经过听证的事实材料或证据作为行政处罚的依据，那么行政处罚的听证就是无意义的走过场。这样的听证程序不仅不能体现听证制度的公正价值，还浪费了行政资源、降低了行政效率。此外，自听证制度引入以来，民众起初的接受度和信任度不高，也源于听证制度设计的法律效果问题。

## 规范内容

### 一、根据听证笔录作出决定

根据听证笔录作出决定，即在我国《行政处罚法》中确立了案卷排他原则。案卷排他原则是诉讼程序中严格贯彻的原则，即未经法庭质证的证据不能作为法院判案的依据。从各国行政程序法来看，对于行政机关的决定是否要遵循案卷排他原则大致有两种情形：一是严格遵守案件排他原则，即“行政机关的裁决决定只能以听证的案卷记录作为根据，不能在案卷以外、以当事人未知悉的或者未经论证的事实作为裁决的根据”，美国是典型的确立案卷排他原则的国家。《美国联邦行政程序法》第

556条第5款规定，“书面证言、证物，以及在该程序中收入案卷的全部文书和申请书，就构成了本编第577条作为决定之依据的案卷”。二是规定听证记录具有一定的约束力，要在决定中充分体现和反映听证内容。《联邦德国行政程序法》第69条第1款规定，“行政机关作出的决定，必须综合全面反映行政程序所有的结果”。《韩国行政程序法》第35条第5款规定，“行政机关充分讨论依第4项之规定收受之听证笔录及其他相关资料后，若认为有相当理由，应在为处分时，积极反映听证结果”。《日本行政程序法》第26条规定，“行政机关为不利处分之决定时，应充分参酌记载于第24条第1项笔录内容及同条第3项报告书中主持人之意见”。本次《行政处罚法》的修订遵循严格的案卷排他原则，听证结束后，行政机关是应当根据听证笔录作出处罚决定，未经听证程序的事实、理由和证据不得作为作出处罚决定的依据。

## 二、由行政机关负责人作出决定

听证程序作为行政处罚一般程序中的特殊程序，是听取当事人陈述申辩的正式程序，听证程序结束后，仍然依照本法规定的决定程序由行政机关负责人作出行政处罚决定。确有应受行政处罚的违法行为的，根据情节轻重及具体情况，作出行政处罚决定；违法行为轻微，依法可以不予行政处罚的，不予行政处罚；违法事实不能成立的，不得给予行政处罚；违法行为涉嫌犯罪的，移送司法机关。对情节复杂或者重大违法行为给予较重的行政处罚，行政机关的负责人应当集体讨论决定。此外，《行政处罚法》并未明确听证主持人的意见是否具有拘束力的问题。作为全程参与、主导听证的主持人，其关于案件的意见也应当在行政机关作出决定中有所反映。

## 实务应用

**联合利华（中国）有限公司不服平顶山市工商行政管理局湛河分局工商行政处罚案**[①]

2011年2月24日，平顶山市工商行政管理局湛河分局（以下简称工商局）执法人员在对某商业连锁公司159家分店进行检查时，发现该店销售的“夏士莲”洗发露外包装上标注“黑亮焗油洗焗二合一洗发露”字样。工商局认为焗油只是一种护发产品，并不是具有焗油功能。联合利华公司故意将焗油一词标注在洗发露上误导消费者，该行为涉嫌虚假宣传，遂于当日立案调查。2011年3月31日，工商局向联合利华公司邮寄送达行政处罚听证告知书，联合利华公司申请听证，工商局于2011年5月18日举行听证。听证结束后，工商局认为联合利华公司提出的应该以消费者的认知作为处罚依据是合理的，工商局未就此进行取证，存在一定的取证瑕疵，遂决定由调查人员补充证据后重新告知当事人。工商局补充调查取证后，于2011年5月20日向工商局邮寄送达行政处罚听证告知书，工商局在法定期限内未提出听证的要求。2011年6月9日，工商局作出了《行政处罚决定书》并邮寄送达。联合利华公司提起行政诉讼，要求撤销《行政处罚决定书》。法院认为，根据《行政处罚法》规定，听证结束应当视为行政处罚调查终结，行政机关不能针

---

① 参见河南省平顶山市湛河区人民法院〔2011〕湛行初字第10号行政判决书。

对通过在听证程序中当事人提出的陈述和申辩意见而发现证据不充分进行补充调查。行政处罚案件听证制度的立法本意是，在行政机关作出较大的行政处罚决定之前，通过召开听证会的形式，充分听取当事人的陈述和申辩意见，并认真进行复核。对于当事人提出的陈述和申辩意见成立的，行政机关应当予以采纳。如果允许行政机关运用听证程序来发现和完善自己的不足，进而为将要作出的行政处罚决定提供支持，就完全违背了行政处罚案件听证制度的立法本意，也不符合《行政处罚法》的立法目的。这就决定了行政处罚的听证不是调查程序，而是在调查终结后处罚决定作出之前的听取意见程序；本案在听证程序后调取的证据只是进一步证明了当事人的违法行为，并不对案件的事实认定发生本质上的变化因而没有补充调查的必要性。补充调查取得的新证据不能通过再次举行听证会进行举证和质证，从而成为认定事实的依据。因此，法院判决撤销该行政处罚决定。

在行政处罚的过程中，行政机关承担查清违法行为事实的职责，是调查程序中应该完成的事项。在听证程序中，当事人对行政机关调查事实的真实性、关联性和合法性发表质证意见，对行政机关的法律适用提出意见，行政机关在吸收当事人合理意见的基础上作出行政处罚决定。因此，行政处罚的调查程序与听证程序是独立的两项程序制度。《行政处罚法》中设置听证程序是听取当事人发表意见的程序，是让当事人参与到行政处罚过程中，吸收当事人合理意见的正当程序。如果允许行政机关在听取当事人的陈述申辩或质证后，根据当事人提出的意见再去搜集证据，则听证程序则沦为行政机关调查取证环节而不是听取意见环节，是对当事人不利的程序设计，不符合听证制度设计的初衷。尤其是《行政处罚法》的修订更加明确了行政处罚案卷排他原则，没有经过听证的证据材料、未纳入听证笔录的事项不得作为作出行政处罚的依据。在本案中，工商局是根据联合利华公司的申辩再去补充调查收集“消费者认知”的证据，从而去进一步证明当事人的违法行为，混淆了行政处罚中调查程序与听证程序的功能，违背了听证程序制度设计的目的。

# 第六章

# 行政处罚的执行

## 第六十六条【被处罚人的履行义务】

行政处罚决定依法作出后，当事人应当在行政处罚决定书载明的期限内，予以履行。

当事人确有经济困难，需要延期或者分期缴纳罚款的，经当事人申请和行政机关批准，可以暂缓或者分期缴纳。

### 法条沿革

本条是关于被处罚人的履行义务的规定。

第1款的内容承袭于修订前的《行政处罚法》第44条第2款关于被处罚人确有经济困难时的延期或者分期缴纳罚款申请及其程序的规定，是修订前《行政处罚法》第52条的内容，本次修订予以合并。

具体内容上，在二审稿中提出的将第1款“行政处罚决定的期限内”之表达改为“行政处罚决定书载明的期限内”，最终保留下来，其他未有增减。之所以做此番修改，目的在于避免行政机关的文书瑕疵以及被处罚人产生理解上的混淆，有助于被处罚人依照行政处罚决定书上所载明的准确时间点自觉履行相应义务。在审议稿的征求意见过程中，有建议本条中增加行政处罚执行和解，当事人确有经济困难的特殊情况可以允许减少缴纳罚款等内容，但最终未予采纳。

### 规范目的或功能

行政处罚决定一经作出并依法送达后，即产生法律效力（具体包括公定力、确定力、拘束力和执行力），为被处罚人创设了新的惩戒性的法律关系，课予其本来义务之外的负担。对此，被处罚人应当自觉、充分地履行这些额外义务。以课予义务为基础，行政处罚决定在未被依法改变或撤销之前，对双方当事人始终具有约束效力，同一法律关系和违法事实不得重复评价（处罚）。法定期限届满后，如果被处罚人逾期未予履行，行政机关可依法强制执行或者申请人民法院强制执行。另外，本条新增第2款被处罚人可以申请迟延履行的规范内容，据此将被处罚人提出迟延履行的意思表示作为一种“接受处罚”的特殊情形来对待，如果在行政机关批准其迟延履行后，被处罚人再次逾期缴纳罚款的，则区别于一般逾期不履行的情形。本次修法新增第72条第2款的特殊期限来计算行政机关申请司法强制执行的期限，据此避免被处罚人在程序上以经济困难为由行拖延强制执行之实。

## 规范内容

### 一、行政处罚的行为效力与实施路径

1.行政处罚决定为相对人创设惩戒性的义务内容。行政处罚以减损权益或者增加义务为目的，内容是创设额外的惩戒性义务。因此，只有行政处罚决定作出后，相对人才会对行政机关负有在特定期限内履行的法律义务。相对应的，行政机关作出行政处罚决定书时也要遵循法定形式要求，如应当载明当事人姓名，违法事实和证据，处罚种类和依据，履行方式和期限，申请行政复议、提起行政诉讼的途径和期限，处罚机关名称，

决定日期以及处罚机关公章等。在此基础之上，一般公众才可能自觉接受和履行处罚内容，按照行政处罚决定书确定的罚款数额、期限，到指定的代收机构缴纳罚款。

当事人履行行政处罚的期限，是指行政处罚决定书中所载明的期限。虽然部分法律规范中规定有被处罚人履行处罚义务的具体期限，如《行政处罚法》第67条规定当事人应当自收到行政处罚决定书之日起十五日内，到指定银行或者通过电子支付系统缴纳罚款。但是各个行政管理领域中，对不同的处罚种类还有不同的履行期限规定，如果不在个案的行政处罚决定书中载明，一般相对人不能及时了解和遵守，就欠缺自觉履行的基础。综上，本次修法明确行政处罚决定书应当载明履行期限。

2.行政处罚的实现以当事人自觉履行为基础。行政处罚决定作出并依法送达生效后，以被处罚人的自觉履行为执行的前提，履行的标准为：（1）实际履行。被处罚人应当以自己的实际作为或者不作为方式履行行政处罚决定所设定的义务内容，如主动缴纳罚款、停产停业。（2）及时履行。行政处罚决定书载明被处罚人应当在合理期限内履行义务，如罚款决定是被处罚人在收到行政处罚决定书之日起十五日内到指定地点或者以特定方式缴纳。如果没有法律规范的明确规定，行政机关则可对履行期限行使裁量权；又如行政拘留决定一般在作出后立即执行，但是被处罚人有正当事由的，亦可在指定期限内到指定地点接受处罚。（3）完全履行。被处罚人应当全面履行行政处罚决定的内容，不能选择性履行或不充分履行。如行政处罚决定要求被处罚人缴纳罚款并停止生产，被处罚人只缴纳了罚款就属于未完全履行，这种情况同样会导致行政机关进一步采取强制执行措施。

## 二、被处罚人享有延期缴纳罚款的请求权

1. 被处罚人有经济困难的确凿事实。行政处罚决定应当考虑到被处罚人的实际履行能力，若被处罚人在经济上存在客观困难，或者遭遇不可抗力和意外事故等导致重大财产损失的情形，因此无法按时缴纳罚款的，不属于拒绝接受处罚、不履行义务的情况，行政机关应当将这种情形与故意抵抗或拖延履行义务的行为加以区分，依当事人的申请，准予其暂缓或者分期缴纳罚款。

2. 延期履行由当事人提出申请并经行政机关批准。被处罚人申请延期或者分期缴纳罚款，应当向行政处罚机关提交书面申请，充分证明经济困难的事实，合理说明不能按时缴纳罚款的理由，并附必要的证据材料。

行政机关应当认真审查被处罚人的申请材料是否属实，合理判断其是否具有缴纳罚款的能力。必要时，行政机关可以进行实际调查，防止当事人不当拖延。经过审查后，如果行政机关认为被处罚人的申请理由不成立，应予驳回，罚款继续执行。此时，被处罚人能否对不予批准决定提出异议，要视具体情况而定：（1）针对有强制执行权的行政机关，如果其执行忽视被处罚人的履行困难，甚至因强制执行导致被处罚人丧失生活之必要保障的，应当属于行政违法。受害人可以根据《行政强制法》第62条向上级行政机关或者有关部门投诉举报，也可以就此单独提起国家赔偿之诉。违法执行的行政机关须依照《国家赔偿法》第4条、《行政强制法》第68条给予赔偿。（2）如果行政机关不具有强制执行权，则在被处罚人的法定起诉期限届满后进入非诉执行程序，人民法院会依职权或依申请审查被申请

非诉执行是否有《行政强制法》第58条第3项之“明显违法并损害被执行人合法权益”的情形，作出是否准予执行的判断。

行政机关认为被处罚人的迟延履行申请理由成立，作出准予延期或者分期缴纳罚款的决定。批准决定应以决定书的形式送达当事人及收款银行，收款银行据此收缴罚款。

3.迟延履行的方式为暂缓或者分期缴纳。迟延履行的具体方式为暂缓或者分期缴纳，无论哪种方式都应当设定合理的迟延期限。目前，部分法律规范上对这类期限有明确规定，如《环境行政处罚办法》（环境保护部令第8号）第64条规定：“确有经济困难，需要延期或者分期缴纳罚款的，当事人应当在行政处罚决定书确定的缴纳期限届满前，向作出行政处罚决定的环境保护主管部门提出延期或者分期缴纳的书面申请。批准当事人延期或者分期缴纳罚款的，应当制作同意延期（分期）缴纳罚款通知书，并送达当事人和收缴罚款的机构。延期或者分期缴纳的最后一期缴纳时间不得晚于申请人民法院强制执行的最后期限。”如果没有法规范的明确规定，可以由行政机关根据被处罚人所请求的事由或期限进行酌定或磋商。

## 实务应用

### 云阳车辆配件厂不服巴南区技术监督局行政处罚决定案[①]

巴南区技术监督局（以下简称区技监局）执法人员接到举报，于10月20日到重庆市云阳铸造厂在重庆租用的重庆标件

① 祝铭山主编：《质量监督检验检疫行政诉讼》，中国法制出版社2004年版，第22页。

十五厂新桥车间，查封了该厂生产的连杆成品和坯件。当即扣押了云阳配件厂新购的桑塔纳轿车及连杆坯件、模具等物。后押样送嘉陵工业股份有限公司鉴定，结论为，该批产品标部分属假冒重庆嘉陵公司标识行为。同月10月30日和11月1日区技监局以便条形式收取了对云阳配件厂的罚款5万元并且将扣押的云阳配件厂的桑塔纳轿车作价20万元抵为罚款；同年11月1日区技监局认定云阳配件厂在2000年2月至2000年10月生产并销售的部分连杆坯件和对外销售的部分连杆成品假冒了重庆嘉陵公司的产品，对云阳配件厂作出行政处罚决定：没收连杆坯件销售违法所得，没收连杆成品销售违法所得，处以罚款，没收连杆坯件及成品模具。云阳配件厂对区技监局的处罚、扣押和预收罚款的行为不服，提起行政诉讼。一审重庆市第一中级人民法院认为，“区技监局在查封云阳配件厂生产销售的摩托连杆坯件和成品时，将云阳配件厂使用的桑塔纳小轿车一辆扣押的行为是一种无权限的越权行为，区技监局举示不出法律规定其可以扣押企业使用的交通工具——汽车。区技监局的处罚决定由于事实不清，证据不足造成适用法律错误。区技监局认定的事实未满足法律条款事先设定的要件，区技监局未举示出云阳配件厂违反了《产品质量法》第30条规定的情形”。因此，判决撤销原行政处罚决定和扣押行为。一审宣判后，区技监局不服，向重庆市高级人民法院提起上诉。二审驳回上诉，维持原判。

行政处罚的强制执行须以被处罚人逾期不履行为前提。本案中，根据《产品质量法》第18条第4项之规定，技术监督部门对“直接用于生产、销售该产品的原辅材料、包装物、生产工具”可以采取查封和扣押的强制措施，但本案被查封的物品中，桑塔纳小轿车显然不在法律规定可以查封和扣押的物品之列，查封扣押该车属于超越职权行为，应当予以纠正。根据《行政处罚法》第72条第2项之规定，行政机关将扣押的财物抵缴罚款，必须由法律规定，且只能在当事人逾期不履行行政处罚决定时通过拍卖变价抵缴。区技监局在作出行政处罚决定时就将云阳车辆配件厂的小轿车抵缴罚款，且没有经过拍卖程序，因此，该强制措施违法。

**第六十七条【罚缴分离原则】**

作出罚款决定的行政机关应当与收缴罚款的机构分离。

除依照本法第六十八条、第六十九条的规定当场收缴的罚款外，作出行政处罚决定的行政机关及其执法人员不得自行收缴罚款。

当事人应当自收到行政处罚决定书之日起十五日内，到指定的银行或者通过电子支付系统缴纳罚款。银行应当收受罚款，并将罚款直接上缴国库。

## 法条沿革

本条旨在确立行政处罚罚款的罚缴分离原则。

本条第1款的内容承袭自修订前的《行政处罚法》第46条第1款，内容未有修改。在没有确立罚缴分离之前，我国曾长期实行“自罚自收”的罚款管理制度，作出罚款决定的行政机关同时又是收缴罚款的机构，具体操作中通常是由执法人员直接收取罚款。在这种制度性的利益驱动和规范漏洞下，一些行政机关把罚没收入与执法经费挂钩，甚至将增加罚款收入作为组织和个人的创收手段，不断滋生执法泛滥和贪污腐败现象，引发广大人民群众的强烈愤慨，严重影响行政执法的公平正义以及国家机关的权威形象。20世纪80年代开始，我国开始摸索“收支两条线”的行政经费体制改革，同时配套统一罚款票据，严格财政纪律。最终，在总结旧制度弊端以及吸收地方和部门政策试点的基础上，1996年《行政处罚法》中正式确立行政处罚罚款的罚缴分离原则，仅保留20元以下罚款、不当场收缴罚款事后难以执行、被处罚人向银行缴纳罚款不便并向执法人员请求代缴的少数当场收缴情形，以满足便民和执法效率需求，其他罚款均要求由被处罚人自主向专门机构缴纳。1996年《行政处罚法》实施后，国务院又陆续制定《罚款决定与罚款收缴分离实施办法》（国务院令第235号）、《违反行政事业性收费和罚没收入收支两条线管理规定行政处罚暂行规定》（国务院令第281号），财政部、中国人民银行印发《罚款代收代缴管理办法》（财预字［1998］201号）等规定，罚缴分离制度的实施规范日趋完善。

本条第2款、第3款的内容承继自修订前《行政处罚法》第46条第2款、第3款的规定。本次修法在第3款中增加“通过电子支付系统缴纳罚款”的相关内容，是在二次审议稿讨论中提出的，最终予以保留。电子支付是指消费者、商家和金融机构之间使用安全电子手段把支付信息通过信息网络安全地传送到银行或相应的处理机构，用来实现货币支付或资金流转的行为。电子支付目前已成为广大人民群众日常生活中普遍使用的交易方式，主要途径包括手机扫码、手机银行、网上银行等。行政机关作出罚款决定后，将行政处罚信息输入执法系统后，会自动生成不可更改和复制的特定代码，因此通过电子支付可以完全避免罚款挪用、侵占、遗失等传统违法问题。截至2019年，我国的电子支付用户规模已经高达7亿，电子支付使用简便，资金流通安全，功能上充分契合罚缴分离的制度目的，同时各级各部门在日常政务中的支付应用和结算系统实践也已经相当成熟。因此本次修法将电子支付作为罚款缴纳的可选择手段之一，系充分吸收网络和信息化社会发展的必要成果。

## 规范目的或功能

罚款是行政机关代表国家对违法行为人实施的一种财产性惩戒。在不影响被处罚人比较重大的人身自由与合法经营活动的情况下，对其处以罚款可以相对起到有效的惩戒作用。罚款一直是行政处罚诸项措施应用最广泛的方式，同时也是基层执法中违法和贪腐问题高发的领域。罚缴分离的确立正是为了规避行政处罚机关和执法人员直接处理罚款可能引发的违法风险。罚款的行政处罚决定由享有行政处罚权的行政机关作出，而罚款的具体收缴则由法定的其他专门机构负责。除依法可以当场收缴罚款的情形外，处罚机关与执法人员均不得自行收缴任何罚款。行政机关指定银行作为罚款的专门收缴机构，被处罚人到指定银行缴纳罚款后，银行再将款项直接上缴国库。

## 规范内容

### 一、罚缴分离的一般原则及其例外

根据罚缴分离的一般原则，作出罚款决定的行政机关与实际收缴罚款的机构相分离，代收罚款的机构是经中国人民银行批准有代理收付款项业务的银行机构，以保障罚款全部顺利上缴国库，杜绝任何组织或者个人以任何形式截留、私分或者变相侵占。但是除此之外，行政处罚也存在两类当场收缴的例外情形：

1. 当场收缴罚款。当场收缴罚款是为了满足基层执法的便民和效率需求，这类行政处罚中涉及的处罚金额较小、对相对人权益影响不大或者被处罚人存在缴纳不便的情形，因此根据《行政处罚法》第68条和第69条的规定，可以由执法人员当场收缴罚款，包括“依法给予一百元以下的罚款的”“不当场收缴事后难以执行的”和“在边远、水上、交通不便等地区到指定的银行或者通过电子支付系统缴纳罚款确有困难且经当事人提出的”。

2. 当场查封、扣押或者没收财物后依法拍卖。当事人逾期不履行行政处罚决定的，行政机关在当场采取查封、扣押等强制措施或者实施没收非法财物的行政处罚之后，可以委托专业拍卖机构依照拍卖流程公开拍卖，拍卖款项抵缴罚款。由于拍卖的财物和款项交易均不经由处罚机关，直接抵缴罚款，因此也不会影响执法廉洁和公正。《行政处罚法》第72条第2项规定“根据法律规定，将查封、扣押的财物拍卖、依法处理或者将冻结的存款、汇款划拨抵缴罚款”。

## 二、专门收缴机构及其收缴程序

根据罚缴分离制度，经中国人民银行批准，有代理收付款业务的银行机构可以开办代收罚款的业务，这类罚款收缴机构也称代收机构。具体的代收机构，由县级以上政府组织本级财政部门、中国人民银行当地分支机构和依法具有行政处罚权的行政机关共同研究，统一确定。代收机构应当在代收网点、营业时间、服务设施、缴款手续等方面为当事人缴纳罚款提供便利。实践中，行政机关应与代收机构签订代收罚款协议，对双方权利义务用合同的形式加以确认。代收罚款协议具体包括以下内容：

（1）行政机关、代收机构的名称，即签订协议的双方当事人；

（2）具体的代收网点；

（3）代收机构上缴罚款的预算科目、预算级次（包括罚款入财政库的情况）；

（4）代收机构告知行政机关代收罚款情况的方式、期限；

（5）需要明确的其他事项。

此外，按照罚缴分离制度的规定，自代收罚款协议签订之日起15日内，行政机关应当将代收罚款协议报上一级行政机关和同级财政部门备案；代收机构应当将代收罚款协议报中国人民银行或者其当地分支机构备案。

依据《行政处罚法》《罚款决定与罚款收缴分离实施办法》《罚款代收代缴管理办法》等相关法律规范的规定，罚缴分离的具体操作应当遵循一系列法定程序。

（1）送达通知。向被处罚人送达罚款通知书。行政机关依法作出行政处罚决定后，在向被处罚人送达处罚决定的同时送达罚款通知书，并将罚款通知书的副本送达指定银行。行政处罚决定书中应当注明指定银行，被处罚人自收到行政处罚决定书之日起15日内，到指定银行缴纳罚款。

（2）催缴罚款。受委托的银行有权依据收缴罚款通知的期限，向被处罚人催缴罚款，并发出催缴通知书，督促其在行政处罚决定载明的期限内自觉缴纳。

（3）收缴罚款。被处罚人到指定银行缴纳罚款应当填写凭证，受委托机构收受款项后，应在缴款凭证上签章，并交付当事人。行政罚款专门票据由各省、自治区、直辖市财政部门统一制作。银行收缴后应将被处罚人缴纳罚款的情况及时通知行政处罚机关。

（4）上缴国库。代收机构应当按照《行政处罚法》《国家金库条例》等有关规定，将代收的罚款直接上缴国库。有关部门应当依法定期同财政部门和行政机关对账，以保证收缴罚款和上缴国库的罚款数额一致。

## 三、违反罚缴分离的法律后果

《行政处罚法》明确规定罚缴分离的基本原则，同时本法第78条也规定行政机关自行收缴罚款的，由上级行政机关或者有关机关责令改正，对直接负责的主管人员和其他直接责任人员依法给予处分。但是违反罚缴分离原则对行政处罚决定的效力影响，以及在司法审查中的定性在实践中存在一定争议。

多数判例观点认为，处罚与收款同为一个主体，应当认定属于程序违法。[①]也有个案中提出，即使被处罚人请求执法人员代为收取，执法人员也应当拒绝。因为行政处罚中应严格贯彻罚缴分离原则，严格限制当场收缴罚款的适用范围，随意扩大的，即构成程序违法。[②]但是，也有个案中因情节轻微而将违反

---

① 祝铭山主编：《质量监督检验检疫行政诉讼》，中国法制出版社2004年版，第22页。

② 参见天津市高级人民法院〔2018〕津行再字1号行政判决书。

罚缴分离认定为程序瑕疵，即行政机关未告知被执行人缴纳处罚的账号和收款单位，未能体现罚缴分离原则，处罚存在程序上的瑕疵，但不影响被执行人的合法权益。[①]另外，有少数观点认为违反罚缴分离属于执行违法，即“罚缴分离”是指作出罚款决定的行政机关应当与罚款收缴的机构分离，罚款的收缴属于行政处罚的执行行为，与行政处罚本身并无直接关系。[②]

## 实务应用

**宋某某诉天津市公安局东丽分局万新派出所治安行政强制案**[③]

2013年10月19日，万新派出所作出行政处罚决定书，认定宋某某殴打案外人刘某某，对其处以500元罚款。当日，万新派出所将行政处罚决定书送达宋某某，宋某某将500元罚款交给万新派出所民警。2013年10月21日，刘某某不服该处罚决定书，提起行政复议。2013年10月29日，万新派出所通过银行将500元罚款上缴国库，万新派出所向法院提供了代收罚款收据及银行缴款书。2013年11月1日，天津市公安局东丽分局复议撤销该处罚决定书，后对宋某某行政拘留3日。万新派出所多次向宋某某退还500元罚款均被拒绝，宋某某坚持以判决形式退还才同意接收。宋某某于2014年11月21日提起本案诉讼，请求依法解除万新派出所非法扣押的500元；对万新派出所违法的实施行为

① 参见兴义市人民法院〔2019〕黔2301行审8号行政判决书。

② 参见陕西省高级人民法院〔2019〕陕行申47号行政判决书。

③ 参见天津市东丽区人民法院〔2014〕丽行初字第31号行政判决，天津市第二中级人民法院〔2015〕二中行终字第60号行政判决书，天津市高级人民法院〔2018〕津行再字1号行政判决书。

作出明确判决。一审天津市东丽区人民法院认为，宋某某对万新派出所多次退还500元罚款的事实予以认可，因此万新派出所并未非法扣押宋某某500元罚款，且万新派出所按规定将罚款上缴国库，亦未违反罚缴分离规定，另万新派出所提供了500元罚款的代收罚款收据及缴款书，也不存在未开具票据的情况。关于500元罚款的退还问题，鉴于宋某某多次拒收，万新派出所亦表示随时可以退还，宋某某可自行去被告处领取其缴纳的500元罚款，万新派出所对退还一事予以配合。判决驳回宋某某的诉讼请求。宋某某不服一审判决向天津市第二中级人民法院提起上诉，二审判决驳回上诉，维持原判。宋某某不服两审判决，向天津市高级人民法院申请再审。再审法院认为，万新派出所对宋某某的罚款不符合当场收缴罚款的情形，若宋某某主动要求万新派出所代为缴纳罚款，万新派出所也不能收取罚款。因此判决撤销两审判决，确认预案行政处罚决定违法。

在行政处罚过程中，执法人员应当拒绝被处罚人提出的大额罚款的代收缴请求。其一，“罚缴分离”是《行政处罚法》的一项基本原则，即作出罚款的机关与收缴罚款的机构应当分离，一般不允许自罚自收的现象存在。但行政执法中面临的情况千差万别，行政执法不仅需要考虑公正和廉洁，还需要考虑便民和处罚的有效执行等因素，所以《行政处罚法》和《治安管理处罚法》也规定了罚缴分离原则的例外情况，即某些情况下行政执法机关可以当场收缴罚款。本案中，万新派出所对宋某某处以500元罚款，数额高于50元；宋某某有固定住所和固定职业，不属于不当场收缴事后难以执行的情形；处罚决定作出地天津市东丽区也并非交通不便，向银行缴纳罚款确有困难的地区，因此万新派出所不得当场收缴罚款。同时万新派出所当场收缴罚款后未开具省级财政部门统一制发的收据，也违反了《治安管理处罚法》第106条的规定。其二，若宋某某主动要求万新派出所的民警代为缴纳罚款，民警也不能收取罚款。罚缴分离是法律确定的一项基本原则，属于强行性规定，不符合当场收缴的条件，执法人员不得收缴罚款。罚缴分离原则主要维护的是执法的廉洁、公正及政府形象，但为了兼顾便民和处罚有效执行，法律也规定了几种当场收缴罚款的情形。也就是说符合当场收缴罚款的情形，法律更倾向于执法便民和保障处罚的有效执行；而必须罚缴分离的情形，法律更倾向于廉洁、公正及政府形象。涉案罚款决定不符合当场收缴罚款的条件，万新派出所当场收缴罚款后转缴至银行，表面是执法为民，但深层次违背了罚缴分离制度的设计初衷，有可能影响执法公正。在这种情况下，即使宋某某请求帮其代为缴纳罚款，民警也应当予以拒绝。

## 第六十八条【当场收缴罚款的一般情形】

依照本法第五十一条的规定当场作出行政处罚决定，有下列情形之一，执法人员可以当场收缴罚款：

（一）依法给予一百元以下罚款的；

（二）不当场收缴事后难以执行的。

## 法条沿革

本条明确了可以当场收缴罚款的一般情形，即在适用简易程序当场作出罚款决定的基础上，针对小额罚款和事后难以执行的罚款，执法人员可以当场收缴。

本条款的内容承袭自修订前的《行政处罚法》第47条："依照本法第三十三条的规定当场作出行政处罚决定，有下列情形之一的，执法人员可以当场收缴罚款：（一）依法给予二十元以下的罚款的；（二）不当场收缴事后难以执行的。"最早的相关立法可见《治安管理处罚条例》第34条："对违反治安管理的人处警告或者五十元以下罚款的，或者罚款数额超过五十元，被处罚人没有异议的，可以由公安人员当场处罚……"

本次修法将修订前《行政处罚法》第47条第2项的当场收缴的罚款额度从二十元提高至一百元。考虑到原条款的罚款额度已经25年未变，遥想1996年我国的居民人均可支配收入为2814元，而截至2020年的全国居民人均可支配收入已经达到32189元，继续沿用原处罚金额显然严重不符合社会经济的发展实际，完全无法发挥《行政处罚法》应有的惩戒和威慑功能。同时，目前在治安、交通等几个主要的处罚领域立法中，已设定有远高于原处罚法金额的当场收缴罚款情形。[①]因此，本法作为行政处罚领域的基础法律，对当场处罚收缴罚款的金额标准进行相应调整和提高是重要且必要的。本次修法过程中，也收到当场收缴罚款金额标准的不同建议，对具体金额问题有过数次调整和讨论，最终确定为"一百元以下"。

## 三 规范目的或功能

《行政处罚法》明确有当场收缴罚款的情形，旨在有效控

① 《道路交通安全法》第107条、《治安管理处罚法》第104条第1项。

制执法廉洁和违法风险的基础上，充分满足行政执法的便民和效率需求。根据本条款，执法人员可以决定当场收缴罚款，也可以由当事人自行前往指定银行缴纳罚款。本条第1项规定的“一百元以下”为行政认定的定量要件，第2项规定的“不当场收缴事后难以执行的”则属于定性要件，执法人员可以根据具体个案依法认定和决策，其中定量要件与定性要件的适用场景有较大差异。客观而言，在行政处罚程序要件和执法规范比较健全的情况下，执法人员主观上并不偏好行使当场收缴罚款的“权力”，小额罚款当场收缴实质上是为了满足公众便利。相对而言，“不当场收缴事后难以执行的”则是执法人员评估处罚的执行可能性之后，采取的一种即时执行措施，该行为除了具有较高的强制性之外，行政机关还要为此承担“难以执行”的证明责任，因此在执法实践中适用较少。

## 规范内容

当场收缴罚款的一般情形分别有定量标准和定性标准。

### 一、当场收缴罚款的定量标准

行政机关依法作出一百元以下罚款决定的，执法人员可以当场收缴。出于对罚缴分离制度的维护，本法在简易程序较小金额基础上设定了更低的当场收缴罚款金额。在这种情况下，一般是针对违法事实简单、违法情节轻微、社会危害性较小的违法行为。如果规定被处罚人必须到指定银行缴纳罚款，显然会无谓增加当事人的履行成本，同时也增加收缴机构的工作负担。当然，如果不具有事后难以执行的风险，被处罚人对一百元以下的小额罚款也有不当场缴纳的权利，可以选择自行前往指定银行缴纳。

## 二、当场收缴罚款的定性标准

对于执法人员认为事后难以执行的情形，可以决定当场收缴罚款，这本质上属于处罚决定即时执行的特殊情形。对于没有强制执行权的行政机关，本条款相对《行政强制法》第53条而言是特别规定，属于非诉执行的例外，在执法适用中需要高度审慎。

根据本条当场收缴罚款要同时符合两个条件：（1）罚款金额符合简易程序的适用标准，即对公民处以二百元以下、对法人或者其他组织处以三千元以下罚款；（2）有确凿证据表明如不当场收缴事后难以执行。根据以往的行政执法经验，有关部门在查处流动人员或者没有固定经营场所的摊贩所实施的违法行为时，会遭遇相对人的身份、住所或者经营信息无法确定的情况，此时如果连被处罚人的主体信息都无法核实，显然事后有很大的执行困难。此时就可以采取即时强制执行，来实现行政处罚的教育和惩戒功能。《北京市人民政府法制办公室、北京市工商行政管理局关于印发〈关于解决查处无照经营违法行为中若干执法问题的意见〉的通知》（京政法制监字［1997］第27号）中规定："查处在公共场所和道路上摆摊设点的个体无照经营行为，属于不当场收缴事后难以执行的情形"，同时"鉴于无照经营活动流动性大，其违法经营的商品和工具不当场采取措施事后难以执行的特点，有关执法部门在查处无照经营违法行为时，可依据《处罚法》第37条第2款规定，对其违法经营的物品和工具作出先行登记保存的决定，并实行异地保存然后在先行登记保存的法定期限内，按照行政处罚的一般程序适时作出将其违法经营的商品和工具予以没收的处罚决定。”换言之，这种情况下如果被处罚人拒绝缴纳罚款的，执法人员可以根据《行政处罚法》第56条来查封、扣押其财物，以便事后依法处理抵缴罚款。

**第六十九条【当场收缴罚款的特殊情形】**

在边远、水上、交通不便地区，行政机关及其执法人员依照本法第五十一条、第五十七条的规定作出罚款决定后，当事人到指定的银行或者通过电子支付系统缴纳罚款确有困难，经当事人提出，行政机关及其执法人员可以当场收缴罚款。

## 法条沿革

本条是关于当场收缴罚款的特殊情形的规定。

本条款的内容承继于修订前的《行政处罚法》第48条：“在边远、水上、交通不便地区，行政机关及其执法人员依照本法第三十三条、第三十八条的规定作出罚款决定后，当事人向指定的银行缴纳罚款确有困难，经当事人提出，行政机关及其执法人员可以当场收缴罚款。”本次修法在内容上增加“电子支付系统”，以适应网络与信息化时代的执法需求。

## 规范目的或功能

由于被处罚人客观上前往银行缴纳罚款存在困难，且经其本人提出要求，那么无论适用简易程序抑或普通程序，执法人员均可以当场收缴罚款，这是在当场收缴罚款的特殊情形，旨在最大程度地满足便民需求。

## 规范内容

当场收缴罚款的特殊情形应当同时符合主客观要件。

### 一、客观要件

由于客观因素，被处罚人前往指定银行或通过电子支付系统缴纳罚款确实存在困难。如在水上区域的执法，行政机关在作出罚款决定后，被处罚人可能要经过很长时间、途径很远距离才能前往银行，同时又没有条件使用载有电子支付系统的设备，限制其在受处罚后的15日内缴纳罚款，显然强人所难。

### 二、主观要件

除了客观要件之外，当场收缴罚款的特殊情形还需要被处罚人明确表达意思表示。换言之，法律固然允许有缴纳困难的被处罚人提出当场缴纳罚款的请求，且执法人员无正当理由不得拒绝，但是如果被处罚人没有主动提出，执法人员仍然要遵循罚缴分离，不得当场收缴罚款。

## 第七十条【出具罚款专用票据的程序义务】

行政机关及其执法人员当场收缴罚款的，必须向当事人出具国务院财政部门或者省、自治区、直辖市人民政府财政部门统一制发的专用票据；不出具财政部门统一制发的专用票据的，当事人有权拒绝缴纳罚款。

## 法条沿革

本条明确行政机关当场收缴罚款时要负担出具专用票据的特别程序义务。

本条款的内容承袭自修订前的《行政处罚法》第49条："行政机关及其执法人员当场收缴罚款的，必须向当事人出具省、自治区、直辖市财政部门统一制发的罚款收据；不出具财政部门统一制发的罚款收据的，当事人有权拒绝缴纳罚款。"更早可追溯至1986年《治安管理处罚条例》第36条第2款："公安机关或者公安人员收到罚款后，应当给被罚款人开具罚款收据。"

本次修法的内容是，在制发专用票据的机关中增加"国务院财政部门"，将"罚款收据"改为"专用票据"，是为了与相关法律的规范表述相统一。另外，修法过程中有收到建议，希望在比较成熟的地方实践经验的基础上，进一步明确财政电子票据的法律地位，推进全国范围非税收电子化收缴的执法应用，但是最终未予吸收。

## 规范目的或功能

本条规定行政机关对当场收缴罚款负有出具专用票据的程序义务，相应还赋予被处罚人拒绝缴纳罚款的权利。可以当场收缴罚款是基于便民和效率目的，但同时也让执法人员有机会直接经手罚款，可能产生执法腐败的风险，因此就需要特殊的程序机制加以控制。处罚法上要求行政机关必须在当场收缴罚款之时，向当事人出具有关部门统一制发的专用票据。如果行政机关不能出具，则视为无法满足最低程度的法治要求，就赋予被处罚人相应的拒绝权。根据本法第77条的规定，从法规范体系上而言，如果行政机关在作出行政处罚时未使用有关部门制发的罚款专用票据、没收财物单据的，被处罚人均有权利拒绝，即这种拒绝权不仅适用于当场收缴罚款的情形。

## 规范内容

出具专用票据的程序义务具体包括出具义务、统一制发和被处罚人的拒绝权等三部分内容。

### 一、出具义务

在早期的行政处罚实施中，与自收自支问题同时存在的，是行政机关罚款时普遍不向被处罚人出具收据，由此滋生滥罚、乱罚现象，导致本属于国家财政的罚款被一些行政机关和执法人员中饱私囊，应当上缴国库的罚款收入存在大量流失的风险，严重损害法律权威和国家利益，也连带引发行政机关违反财政纪律，拖欠、截留、挪用、私分罚款收入。因此，1996年《行政处罚法》制定之时就明确采取针对性措施，要求行政机关及其执法人员当场收缴罚款，必须出具专用票据，否则就构成违法。如此狠刹执法腐败，减少罚款收入流失，强化国家财政制度的监管能力。

### 二、统一制发

行政机关及其执法人员当场收缴罚款时所出具的票据，必须是国务院财政部门或者省、自治区、直辖市人民政府财政部门统一制发的专用票据，而不能是其他部门制发或执法机关自制的。统一制发是指专用票据的格式设计、出版印刷都有统一标准，同时盖有国务院财政部门或者省、自治区、直辖市人民政府财政部门的专用章，此举是为了对行政处罚机关进行财政监控。无论是执法人员当场收缴，还是当事人自行前往银行收缴，最终罚款都要上缴国家财政。相比专门收缴机构而言，执法人员当场收缴的违法风险显然更大，需要明确统一票据的规范形式来支持。根据财政部2000年发布的《当场处罚罚款票据管理暂行规定》规定，财政部负责罚款票据的监（印）制、发放、核销、稽查及其他监督管理工作。通用票据为当场处罚罚款收据，适用于一般的当场处罚罚款收缴；专用票据为治安管理当场处罚决定书（代收据）和边检罚款专用票据；治安管理当场处罚决定书（代收据）适用于铁道、交通公安系统依据《治安管理处罚法》实施的处罚；边检罚款专用收据适用于公安（武警）出入境管理和边防检查时依据有关法律、法规实施的处罚。罚款票据受财政部统一监（印）制，票据的式样、规格、联次、内容，由财政部制定并指定印刷单位印制，并套印“财政部票据监制章”。

## 三、被处罚人的拒绝权

罚款专用票据是行政处罚决定执行的主要凭证，也是相对人后续提起行政救济时维护自身权益的重要证据。1996年《行政处罚法》就明确，行政机关及其执法人员如果没有依法出具统一标准的专用票据，当事人有权拒绝缴纳罚款。

长期以来，学界对本条规定的公民拒绝权抱有比较高的学术期望，认为这是法律对公民拒绝权的明确承认，也是最著名、被最广泛引用的规定之一。[①]具体而言，多数观点是基于行政行为无效理论来分析和理解的，认为“立法已肯定公民对行政主体某些非法作出的侵害其合法权益的行政行为，拥有直接抵制的权利，并且还规定了相应的救济措施。这是对行政行为效力先定性的直接否定”。[②]或者认为，“相对人有权拒绝的行政行为实际上是指无效的行政行为。相对人有权拒绝，说明该行政行为不发生法律效力，是无效的行政行为”。[③]“当事人有权拒绝，意味着该处罚不发生法律效力，并且这种无效并不像一般行政违法行为那样需经有权机关撤销、废止、终止后才失去效力，而是相对人就有权主张的无效，是自始、当然、确定无效。因此，从当事人有权拒绝看，这些行政行为实质上属于无效行政行为的范畴。”[④]也有观点针对这项拒绝权本身，提炼出其行使的条件，即“拒绝的对象只能是具有重大明显违法情形的行政行为”“拒绝的目的只能是行政相对人基于对其个人重大利益的维护”“拒绝的方式只能是不予理睬式的直接抵制”。[⑤]此外，亦有重要的观点作出反省，认为“把行政行为无效理论与公民拒绝权简单地对接是有问题的。无论是法律对公民拒绝权的规定，还是司法实践对公

① 何海波:《公民对行政违法行为的藐视》，载《中国法学》2011年第6期。

② 戚建刚:《论我国行政法发展的分析模式》，载《现代法学》2005年第2期。

③ 韩凤然:《试论无效行政行为制度》，载《河北法学》2005年第12期。

④ 朱雁:《论建立我国无效行政行为制度》，载《行政法学研究》2004年第1期。

⑤ 章志远:《行政法上的公民拒绝权研究》，载《苏州大学学报（哲学社会科学版）》2010年第3期。

民拒绝权的肯定，并不总是以通常所理解的重大明显违法（即行政行为无效）为前提。用来自域外的行政行为无效理论来论证和界定公民的拒绝权时，多多少少疏离了中国的实际。”①

在此，基于本条款规定的文义理解，这项拒绝权的内容仅仅是被处罚人拒绝当场缴纳罚款，属于程序上的抵抗权利，而不是对行政处罚罚款决定效力的根本判断。换言之，本条款并非由被处罚人单方确认行政决定无效而行使的拒绝权。因此，被处罚人在拒绝当场缴纳罚款之后，行政处罚决定依然存续，其仍应限期前往专门机构缴纳罚款。

## 第七十一条【罚款缴付的期限】

执法人员当场收缴的罚款，应当自收缴罚款之日起二日内，交至行政机关；在水上当场收缴的罚款，应当自抵岸之日起二日内交至行政机关；行政机关应当在二日内将罚款缴付指定的银行。

## 法条沿革

本条是关于执法人员和行政机关当场收缴罚款后的缴付程序。

本条款的内容承继自修订前的《行政处罚法》第50条：“执法人员当场收缴的罚款，应当自收缴罚款之日起二日内，交至行政机关；在水上当场收缴的罚款，应当自抵岸之日起二日内交至行政机关；行政机关应当在二日内将罚款缴付指定的银行。”在此前历次及本次修法过程中，本条均未作修改。

① 何海波：《公民对行政违法行为的藐视》，载《中国法学》2011年第6期。

## 规范目的或功能

执法人员和行政机关当场收缴罚款后的缴付程序属于内部行政法律规范，旨在实现行政系统内的监督功能和财政秩序。当场收缴罚款属于一种代收罚款的行为，在本法明确的例外情形下，被处罚人无法或无须前往专门机构缴纳罚款的，由执法人员代为收取。相关例外情形被课予特殊程序予以规制，本条针对执法人员当场收缴罚款的情形，规定原则上二日内交至行政机关的明确期限。针对水上收缴罚款的情形，规定抵岸之日为特殊起算点。行政机关在收取上述罚款后，亦有原则上二日内缴付罚款至指定银行的期限。

## 规范内容

### 一、执法人员当场收缴罚款的上缴程序

执法人员当场收缴罚款后，首先对所在单位负责，应当在法定期限内上交收缴款。除了一般规定之外，上缴期限在具体行政执法领域也有特别规定，如《公安机关办理行政案件程序规定》（公安部令第160号）第216条中规定，“……在旅客列车上当场收缴的罚款，应当自返回之日起二日内将当场收缴的罚款交至其所属公安机关……”

### 二、行政机关收缴罚款的缴付程序

行政机关在收到执法人员的上缴款之后，应当统一缴付给

指定银行。为了确保当场收缴的罚款能够及时缴付银行，具有罚款权限的行政机关应当在辖区范围内确定收缴罚款的银行网点，并在银行建立罚款收受专户，将收缴的罚款存放专户，集中上交国库，不得以任何理由挪用罚款。银行也应当对执法机关及执法人员收缴罚款的情况进行经常性检查，若发现代收罚款的执法人员或有关机构违法收缴罚款的，应向其所在机关或其上级行政机关及有关部门反映，由相关的有权机关追究违法责任。

## 三、法律责任

执法人员和行政机关违反本条规定的内部程序规范，并不影响其已经作出的外部行政处罚决定的效力，一般由各级财政部门和中国人民银行按照各自的职责，依照有关规定追究单位直接负责的主管人员和其他直接责任人员的责任。

## 第七十二条【行政处罚强制执行措施】

当事人逾期不履行行政处罚决定的，作出行政处罚决定的行政机关可以采取下列措施：

（一）到期不缴纳罚款的，每日按罚款数额的百分之三加处罚款，加处罚款的数额不得超出罚款的数额；

（二）根据法律规定，将查封、扣押的财物拍卖、依法处理或者将冻结的存款、汇款划拨抵缴罚款；

（三）根据法律规定，采取其他行政强制执行方式；

（四）依照《中华人民共和国行政强制法》的规定申请人民法院强制执行。

行政机关批准延期、分期缴纳罚款的，申请人民法院强制执行的期限，自暂缓或者分期缴纳罚款期限结束之日起计算。

## 法条沿革

本条关于行政机关对被处罚人逾期不履行行政处罚决定时可以采取的强制执行措施。

本条款的内容承继自修订前的《行政处罚法》第51条：“当事人逾期不履行行政处罚决定的，作出行政处罚决定的行政机关可以采取下列措施：（一）到期不缴纳罚款的，每日按罚款数额的百分之三加处罚款；（二）根据法律规定，将查封、扣押的财物拍卖或者将冻结的存款划拨抵缴罚款；（三）申请人民法院强制执行。”部分更早的规范内容可以追溯至1986年《治安管理处罚条例》第36条：“……无正当理由逾期不交纳的，可以按日增加罚款一元至五元。拒绝交纳罚款的，可以处十五日以下拘留，罚款仍应执行……”

本次修法进一步实现与《行政强制法》的衔接，完善行政处罚的强制执行程序，针对当事人逾期不履行行政处罚决定的情况，明确规定行政机关可以分别依法实施行政强制执行或者申请人民法院强制执行。本条第2项中增加了“依法处理”和“汇款”的内容，亦是与《行政强制法》相统一，长期以来，对于行政处罚执法中查封、扣押的财物，行政机关除了拍卖之外，还会根据财物属性和条件依法采取销毁、变卖、捐赠、调配、移交等处理措施，本次修法将这部分内容予以补充，使该条款更加周延。值得注意的是，本次修法积极回应了行政执法实践中的两处法律适用争议：其一，明确加处罚款的数额不得超出罚款本数。其二，对行政机关批准延期、分期缴纳罚款后，申请人民法院强制执行的期限，作出了特别规定，明确该期限的起算点为暂缓或者分期缴纳罚款期限结束之日。

## 规范目的或功能

强制执行措施是行政处罚制度最重要的内容之一。当被处罚人逾期不履行行政处罚决定所设定的惩戒性义务时，行政机关就需要依法采取强制执行措施，确保行政处罚决定得以实现。本条款明确了强制执行行政处罚的四类措施，分别是执行罚、财物处分、直接强制执行和司法强制执行。由于各项强制执行措施都旨在实现减损权益或者增加义务的处罚内容，会对被处罚人的人身权和财产权产生重大影响，而且一旦进入强制执行阶段，说明被处罚人本身已无自觉履行的意愿，或积极或消极地存有对抗情绪。因此对行政处罚强制执行措施的规定，既在于强力保障行政处罚职能的实现，亦在于充分全面地对公权力进行控制和规范。

## 规范内容

### 一、行政处罚强制执行的法定条件

行政机关欲实施行政处罚的强制执行措施，必须满足以下法定条件：

1.强制执行以被处罚人逾期不履行义务为前提。其中，根据行政机关是否具有强制执行权，“逾期”可做两种理解：其一，对有强制执行权的行政机关而言，逾期不履行的期限仅考虑行政处罚决定载明的期限，被处罚人在收到行政处罚决定后，即使在法定期限内申请行政复议或者提起行政诉讼，除非法律另有规定，行政处罚也不停止执行。其二，对于没有强制执行权的行政机关而言，逾期不履行的期限为被处罚人在法定期限内不申请行政复议或者不提起行政诉讼，又不履行行政决定的，才可以自期限届满之日起三个月内，依法申请人民法院强制执行。

2.强制执行主体由法律明确规定。根据《行政强制法》第34条和第53条的规定，行政处罚决定分别由具有行政强制执行权的行政机关强制执行或者由没有行政强制执行权的行政机关申请法院强制执行。具体的强制执行权由法律设定，分布于各个具体的部门法领域，如《环境保护法》《治安管理处罚法》《城乡规划法》《税收征收管理法》《海关法》，等等。

3.强制执行应当依照法定方式。强制执行须遵循法定程序，如行政强制执行前应当履行催告义务，催告之通知应当穷尽送达手段等。同时，根据不同的行政处罚决定内容，要依法采取不同的强制执行方式，并同时遵循各种方式的限制要件，如被处罚人到期不缴纳罚款的，可以加处每日按罚款数额百分之三的罚款，但是加处罚款的数额不得超出罚款的数额。如果执法中有查封、扣押被处罚人的财物或者冻结的存款，被处罚人逾期不缴纳罚款的，则可以依法拍卖、依法处理或者直接划拨抵缴罚款。

## 二、行政处罚强制执行的种类

1.加处罚款

逾期不缴纳罚款的，每日按罚款金额的百分之三加处罚款，这一措施适用于到期不缴纳罚款的被处罚人，到期指的是超出行政处罚决定书上载明的期限。百分之三的加处罚款在行为性质上属于执行罚，即当事人不及时履行他人不能代为履行的义务时，行政机关进一步课予其财产惩戒上的新义务，通过更为不利的后果来威慑，促使其及时履行原处罚决定的义务。这种间接强制执行措施，只要当事人将原行政处罚决定所确定的义务履行完毕，执行罚自然停止。需要注意的是，执行罚与行政处罚罚款不同，行政处罚中的罚款是对当事人违法行为的惩戒。执行罚则是因被处罚人不履行处罚决定所确定的义务而采取的强制措施，是一种执行，不适用行政处罚罚款收缴程序。

行政处罚强制执行中的加处罚款应当依照《行政强制法》第45条、第46条的规定，当事人逾期不缴纳罚款的，行政机关在依法加处罚款时，应当将加处罚款的标准告知当事人，同时加处罚款的数额不得超出金钱给付义务的数额。加处罚款超过三十日，经催告当事人仍不履行的，可以与原罚款一并强制执行。也就是说，加处罚款的执行不需要行政机关另行制作行政决定，可以在行政强制执行或申请人民法院强制执行的文书中一并计算。加处罚款作为执行罚具有持续性，可反复多次地适用，但我国《行政强制法》规定了不得超出金钱给付义务数额的最高上限和加处罚款可得强制执行的合理期限，这是出于合理性的考虑，境外同类制度无此特别规定。①

2. 对财产的强制执行

如果被处罚人不履行缴纳罚款的义务，除了加处罚款之外，

---

① 胡建淼：《论作为行政执行罚的“加处罚款”——基于〈中华人民共和国行政强制法〉》，载《行政法学研究》2016年第1期。

行政机关还可以将查封、扣押的财物拍卖或者将冻结的存款划拨抵缴罚款，这是在间接强制执行无法实现财产罚目的时，所采取的一种对财产的直接强制措施。《治安管理处罚条例》曾规定受处罚人拒绝交纳罚款的可以处15日以下拘留，罚款仍应执行，即通过对人身自由加处强制来督促财产罚的执行，其执行强度的比例性值得商榷。如今，法律上对直接强制执行措施有更加严格的限制，无论是公开拍卖或其他依法处理的强制执行，均须依照法律的明确规定。

查封、扣押、冻结都是行政机关在行政管理过程中对被处罚人的财物实施的暂时性控制措施。查封是指行政机关将被处罚人的不动产或者难以扣押的动产贴上封条，就地封存，不准任何人转移和处理的强制措施。扣押是将被处罚人的财物移送到特定场所加以控制，不准被处罚人占有、使用和处分的强制措施。冻结是指行政机关或人民法院依法通知有关金融机构限制被处罚人提取使用或转移其存款的强制措施。根据《行政强制法》第32条的规定，除法律另有规定外，自冻结存款、汇款之日起三十日内，行政机关应当作出处理决定或者作出解除冻结决定；情况复杂的，经行政机关负责人批准，可以延长，但是延长期限不得超过三十日。上述强制措施均是为保障被处罚人履行义务的阶段性强制措施，行为的法律效力和处置效果附随于最终对违法行为的处理决定。在行政机关查封、扣押财物之后，如果被处罚人履行完毕义务时，就应当及时解除查封或扣押。如被处罚人逾期仍不履行义务，则可以拍卖、依法处理财物或者将冻结的存款、汇款划拨抵缴罚款。没有行政强制执行权的行政机关可以在实施行政管理过程中采取查封、扣押措施，但是后期处理仍要申请人民法院执行。

拍卖是指在执行过程中，行政机关或人民法院对已查封、扣押的财物以公平竞争的形式出价，确定被拍卖财产的价金，并将其出卖给最高价者，以其卖得价金履行义务的执行措施。依法拍卖财物，由行政机关或人民法院委托拍卖机构依照《拍卖法》的规定办理。划拨是指行政机关或人民法院通过金融机构将被处罚人的存款从其账户上，按照协助通知书规定的数额划入申请执行的行政机关专用账户内的执行措施。法律规定以外的行政机关或者组织要求划拨当事人存款、汇款的，金融机构应当拒绝。

3.其他行政强制执行措施

除了加处罚款和对财产的强制执行之外，根据《行政强制法》的规定，行政处罚的行政强制执行方式还包括排除妨碍、恢复原状、代履行等。在各个行政管理领域中，法律上也会设定并授权行政机关采取特殊的行政强制执行措施。如根据《城乡规划法》第68条的规定，城乡规划主管部门作出责令停止建设或者限期拆除的决定后，当事人不停止建设或者逾期不拆除的，建设工程所在地县级以上地方人民政府可以责成有关部门采取查封施工现场、强制拆除等措施。根据《治安管理处罚法》，公安机关可以对违法行为人进行行政拘留或者强制性教育措施。法律没有授权行政机关强制执行权的，则只能由人民法院强制执行。

另外，对法律已经规定行政机关强制执行的事务，行政机关向人民法院申请强制执行的，将不予受理。《最高人民法院关于违法的建筑物、构筑物、设施等强制拆除问题的批复》（法释〔2013〕5号）规定：“根据行政强制法和城乡规划法有关规定精神，对涉及违反城乡规划法的违法建筑物、构筑物、设施等的强制拆除，法律已经授予行政机关强制执行权，人民法院不受理行政机关提出的非诉行政执行申请。”《最高人民法院关于对公路桥梁下面违法建筑强制拆除适用法律问题的答复》(〔2013〕行他字第12号)规定：“根据《中华人民共和国行政强制法》第五十条、《中华人民共和国公路法》第五十六条、第八十一条和《公路安全保护条例》第十一条第三款的规定，公路管理机构对公路桥梁下面修建的违法建筑，有强制拆除的权力。公路管理机构向人民法院申请强制执行的，人民法院不予受理。”

4. 申请人民法院强制执行

大多数行政机关都不具有行政强制执行权，在作出行政处罚决定后，只有被处罚人在法定期限内不申请行政复议或者提起行政诉讼，又不履行行政处罚决定，且处罚机关已经尽到催告义务后，可以在三个月内申请人民法院强制执行。依照《最高人民法院关于适用〈中华人民共和国行政诉讼法〉的解释》第156条的规定：“……行政机关逾期申请的，除有正当理由外，人民法院不予受理”。这就意味着，超过法定申请期限的行政处罚决定将丧失执行力，而仅具有其他法律效力，如对违法事实的确认效力。由于原行政处罚行为已对该违法事实做过评价，即使行政机关发现当时的违法状态仍然存续，有必要再次进行阻却和惩戒的，也要先通过法定的纠错程序，撤销原处罚后重作决定。

**申请人民法院强制执行的形式要件。**根据《行政强制法》第55条的规定，行政机关向人民法院申请强制执行应当提供：(1)强制执行申请书；(2)行政决定书及作出决定的事实、理由和依据；(3)当事人的意见及行政机关催告情况；(4)申请强制执行标的情况；(5)法律、行政法规规定的其他材料。据此，法律、行政法规可以设定强制执行的形式要件，如《国有土地上房屋征收与补偿条例》第28条第2款规定的“强制执行申请书应当附具补偿金额和专户存储账号、产权调换房屋和周转用房的地点和面积等材料”，以及《最高人民法院关于办理申请人民法院强制执行国有土地上房屋征收补偿决定案件若干问题的规定》（法释〔2012〕4号）第2条中还要求提供：（1）征收补偿决定及相关证据和所依据的规范性文件；（2）征收补偿决定送达凭证、催告情况及房屋被征收人、直接利害关系人的意见；（3）社会稳定风险评估材料；（4）申请强制执行的房屋状况；（5）被执行人的姓名或者名称、住址及与强制执行相关的财产状况等具体情况。

**申请人民法院强制执行的实质要件。**根据《最高人民法院关于适用〈中华人民共和国行政诉讼法〉的解释》（法释〔2018〕1号）第155条的规定，行政机关申请执行其行政行为应当具备以下条件：（1）行政行为依法可以由人民法院执行；（2）行政行为已经生效并具有可执行内容；（3）申请人是作出该行政行为的行政机关或者法律、法规、规章授权的组织；（4）被申请人是该行政行为所确定的义务人；（5）被申请人在行政行为确定的期限内或者行政机关催告期限内未履行义务；（6）申请人在法定期限内提出申请；（7）被申请执行的行政案件属于受理执行申请的人民法院管辖。

**人民法院对行政行为可否执行的审查标准。**根据《行政强制法》第58条的规定，不予执行的情形为：（1）明显缺乏事实根据的；（2）明显缺乏法律、法规依据的；（3）其他明显违法并损害被执行人合法权益的。对部分行政管理领域，人民法院对所执行行政行为的司法审查标准会更加详细，如

《最高人民法院关于办理申请人民法院强制执行国有土地上房屋征收补偿决定案件若干问题的规定》（法释〔2012〕4号）第6条中规定：（1）明显缺乏事实根据；（2）明显缺乏法律、法规依据；（3）明显不符合公平补偿原则，严重损害被执行人合法权益，或者使被执行人基本生活、生产经营条件没有保障；（4）明显违反行政目的，严重损害公共利益；（5）严重违反法定程序或者正当程序；（6）超越职权；（7）法律、法规、规章等规定的其他不宜强制执行的情形。上述诸如“明显违反行政目的”“使被执行人基本生活、生产经营条件没有保障”“正当程序”等标准体现了非诉执行审查的全面性和审慎性。

## 三、行政机关批准延期、分期缴纳罚款后申请人民法院强制执行的期限

长期以来，对于行政机关批准被处罚人迟延缴纳罚款之决定的效力问题，如该决定可否改变原处罚决定，由于涉及行政机关申请司法强制执行期限的判断时点，因此司法实践中存有一定争议：

1.行为变更说认为，司法强制执行的申请期限可延长。延期缴纳的期限则可以适当延长强制执行的申请期限，如行政机关在作出行政处罚决定后准予相对人延期缴纳罚款，该批准延期缴纳罚款的行为相当于变更行政处罚决定的履行期限，应以延期缴纳罚款届满之日计算申请强制执行的申请期限。[①]也就是说，“期限届满之日起三个月内”是指，行政复议或起诉期限届

① 参见长春市中级人民法院〔2018〕吉01行审复2号行政裁定书。

满，且当事人又不履行行政决定的，两个条件同时满足后开始计算三个月期限。[①]

2.程序行为说认为，司法强制执行的申请期限不可延长。行政机关对相对人提出延期或者分期缴纳罚款的申请，可以作出暂缓或者分期缴纳罚款的决定，但未有法律、法规规定可将申请法院强制执行期限顺延。[②]在这种情况下，就有可能出现批准延期或分期缴纳罚款后的行政处罚案件在申请非诉执行时被人民法院以逾期为由裁定不予受理。

上述两种观点在司法案例中均有体现。因此本次修法对这个争议问题作出了明确，规定“行政机关批准延期、分期缴纳罚款的，申请人民法院强制执行的期限，自暂缓或者分期缴纳罚款期限结束之日起计算”。据此，行政机关的批准行为不仅具有独立效力，而且还设定了特殊的强制执行期限起算点。也就是说，对于无强制执行权的行政机关而言，如果被处罚人在获批延期或分期缴纳罚款后仍未按期履行，只要迟延履行期限结束，就可以开始申请司法强制执行，行政处罚在强制执行程序上就不必回复到《行政强制法》第53条的规定，行政机关无须再等处罚人的起诉期限届满。当然，如果执行时发现被处罚人仍然没有履行能力的，人民法院还可以依法中止执行。法体系上，本法第72条第2款相对《行政强制法》第53条而言属于特别规定与一般规定的关系。

---

① 参见重庆市第五中级人民法院〔2017〕渝05行审复2号行政裁定书。

② 参见南京市中级人民法院〔2017〕苏01行审复4号行政裁定书。

## 实务应用

**惠州大亚湾经济技术开发区环境保护局不服广东省博罗县人民法院行政执行裁定案**[①]

惠州大亚湾经济技术开发区环境保护局（以下简称大亚湾环保局）在执法检查过程中发现惠州大亚湾三林金属制品有限公司（以下简称三林公司）主要从事铝模修补工作，生产过程中有粉尘产生，配套有环保处理设施。该项目未经环保审批验收，擅自投入生产经营。对三林公司作出行政处罚决定：责令三林公司立即停止生产，并处罚款20000元。后三林公司向大亚湾环保局缴纳罚款，但未停止生产。大亚湾环保局向广东省博罗县人民法院提出行政强制执行申请强制执行行政处罚决定，责令被申请人立即停止生产。执行法院认为，该申请不具有可执行内容，因此驳回申请。大亚湾环保局向惠州市中级人民法院提起复议，复议法院认为，因三林公司收到处罚决定后既没有申请行政复议也没有提起行政诉讼，且经大亚湾环保局催告后，三林公司仍没有停止生产，故被申请执行的行政处罚决定并不存在上述司法解释规定的不准予执行的情形，原审法院以该申请不具有可执行内容为由裁定不准予执行，适用法律不当。因此裁定撤销原裁定，准予强制执行。可见，行政处罚决定中的责令停止生产一般属于可执行内容。

---

① 参见博罗县人民法院〔2017〕粤1322行审1167号行政裁定书，惠州市中级人民法院〔2017〕粤13行审复23号行政裁定书。

## 灯塔市环境保护局不服灯塔市人民法院行政执行裁定案[①]

灯塔市环境保护局于2016年7月22日作出行政处罚决定，认为灯塔市中医医院医疗服务项目未依法进行环境影响评价，主体工程擅自开工建设，决定对灯塔市中医医院处以罚款10万元；认为灯塔市中医医院医疗服务项目的水污染防治设施，未与主体工程同时设计、同时施工、同时投入使用，决定对灯塔市中医医院处以罚款50万元。同时告知“逾期不缴纳罚款，将依据《行政处罚法》第51条第1款的规定，每日按罚款数额的3%加处罚款”。灯塔市环境保护局认为灯塔市中医医院在法定期限内未申请复议或提起行政诉讼，亦未在规定的期限内履行上述义务，于2017年2月14日向灯塔市中医医院送达了行政强制执行催告书。后灯塔市中医医院缴纳罚款。灯塔市环境保护局向灯塔市人民法院申请强制执行逾期未缴纳罚款滞纳金60万元，执行法院裁定驳回执行申请。灯塔市环境保护局不服，向辽阳市中级人民法院申请复议。辽阳市中级人民法院审查后认为：行政决定应当做扩大理解，既包括行政决定本身，也包括行政机关因义务人不履行行政决定采取的加处罚金。本案中，灯塔市环境保护局并没有直接强制执行罚款的权力，其可以就加处罚款向人民法院申请强制执行。裁定撤销原裁定，指令灯塔市人民法院继续审查。换言之，执行加处罚款无须行政机关另作决定，可以在强制执行中一并计算。

---

① 参见灯塔市人民法院〔2017〕辽1081行审13号行政裁定书，辽阳市中级人民法院〔2017〕辽10行审复1号行政裁定书，灯塔市人民法院〔2017〕辽1081行审46号行政裁定书。

**北京市延庆区食品药品监督管理局不服北京市延庆区人民法院行政执行裁定案**[①]

北京市延庆区食品药品监督管理局（以下简称延庆食药局）在执法中查明，自2016年7月12日开始，陈某在未取得食品经营许可的情况下从事食品经营活动，决定对陈某没收违法所得，没收违法经营食品，并处罚款50000元。2017年5月23日，延庆食药局向延庆法院申请强制执行处罚决定。执行法院认为：延庆食药局于2016年9月6日作出处罚决定书后，于9月14日以挂号信的方式向陈某身份证上载明的地址邮寄送达，但延庆食药局提交的送达查询结果不能显示陈某本人接收，此后其于9月16日采取公告送达方式再次送达。通过延庆食药局提交的以上送达材料，其采取邮寄送达方式向陈某送达行政处罚决定的查询结果不能显示陈某本人接收了该行政处罚决定，该种送达方式并未有效送达。延庆食药局在并未穷尽其他送达手段的情况下径行采取了公告送达方式，且其提交的材料中不能显示公告送达原因及记录张贴公告过程的内容，因此延庆食药局未按照法律规定履行送达程序，其对陈某作出的行政处罚决定不能视为有效送达。据此认定申请人作出的处罚决定程序违法，对其强制执行申请不予支持。延庆食药局不服该裁定，向北京市第一中级人民法院申请复议。复议法院驳回复议申请，维持原裁定。

行政机关未穷尽送达手段的情况下径行采取公告方式属于

① 参见北京市延庆区人民法院〔2017〕京0119行审9号行政裁定书，北京市第一中级人民法院〔2017〕京01行审复3号行政裁定书。

程序违法。延庆食药局作出处罚决定后，虽然以挂号信的方式向陈某身份证上载明的地址邮寄送达，但送达查询结果不能显示陈某本人接收，此后又采取公告送达方式再次送达。以上送达材料，其采取邮寄送达方式向陈某送达行政处罚决定的查询结果不能显示陈某本人接收了该行政处罚决定，该种送达方式并未有效送达。参照《民事诉讼法》以及《最高人民法院关于适用〈中华人民共和国民事诉讼法〉的解释》中关于送达的相关规定，延庆食药局在并未穷尽其他送达手段的情况下径行采取了公告送达方式，且其提交的材料中不能显示公告送达原因及记录张贴公告过程的内容，因此延庆食药局未按照法律规定履行送达程序，其对陈某作出的行政处罚决定不能视为有效送达，因此处罚决定程序违法。

**涿州市国土资源局不服涿州市人民法院行政执行裁定案**[①]

2016年11月23日，涿州市国土资源局作出行政处罚决定，认定涿州市草芽儿农业技术开发有限公司未经批准，擅自占用涿州市某店镇祝村集体土地用于建房，作出行政处罚决定。嗣后申请涿州市人民法院强制执行并获准予。执行法院下达裁定书后，违法行为人反映违法初期现场勘测面积与现在实际占地面积不符。经行政机关工作人员再次对占地现场进行勘测后实际占地面积确实有误。因此原行政处罚决定面积确实有误，遂请求保定市中级人民法院对涿州市人民法院的裁定予以撤销。复议法院认为，行政处罚决定中认定涿州市草芽儿农业技术开发有限公司违法占用集体土地建房的面积与涿州市国土资源局

---

① 参见保定市中级人民法院〔2017〕冀06行审复2号行政裁定书。

重新现场勘验认定的违法占用集体土地建房的面积不相符。原行政裁定准予强制执行行政处罚决定，认定事实不清，应予撤销并发回涿州市人民法院重新审查。可见，行政机关申请人民法院强制执行行政处罚并获得准予后，若要变更原行政处罚执行内容，应当申请法院重作裁定。

### 兴城市林业局不服兴城市人民法院行政执行裁定案[①]

兴城市白塔乡白塔村村民范某在林地内建砖厂生产空心砖，经GPS实测比对，该地属于兴城市白塔乡白塔村1林班48小班，林地类别为商品林，面积625平方米。兴城市林业局依法对其作出了罚款并限期恢复林地原状的行政处罚决定。范某缴纳罚款，但未在规定期限内恢复林地原状。兴城市林业局经催告后，向兴城市人民法院提出强制执行申请。一审法院认为：兴城市林业局作出的行政处罚决定，事实清楚、程序合法，具有法律效力。但根据《行政强制法》第50条的规定："行政机关依法作出要求当事人履行排除妨碍、恢复原状等义务的行政决定，当事人逾期不履行，经催告仍不履行，其后果已经或者将危害交通安全、造成环境污染或者破坏自然资源的，行政机关可以代履行，或者委托没有利害关系的第三人代履行。"根据《森林法》第44条第2款、第3款规定，被申请人范某限期内未恢复林地，兴城市林业局可代履行。该申请执行事项不属于《行政强制法》第53条规定的法院受理强制执行案件范围。依据《行政强制法》第56条之规定，裁定不予受理行政处罚决定第2项恢

---

① 参见兴城市人民法院〔2017〕辽1481行审83号行政裁定书，葫芦岛市中级人民法院〔2017〕辽14行审复5号行政裁定书。

复林地原状的执行申请。兴城市林业局不服提起上诉，二审葫芦岛市中级人民法院认为：兴城市林业局对范某作出行政处罚决定，范某已履行该行政处罚决定的第1项罚款内容，但对于第2项处罚内容“限2017年4月30日恢复林地原状”没有实际履行。根据《行政强制法》第50条、《森林法》第44条第2款、第3款的规定，范某限期内未恢复林地，兴城市林业局可代履行。但国家林业局关于《森林法实施条例》第43条“责令限期恢复原状”规定具体应用有关问题的复函明确规定“《森林法实施条例》第43条关于‘责令限期恢复原状’规定的具体应用，即由县级以上人民政府林业主管部门责令擅自改变林地用途的公民、法人或者其他组织，在一定的期限内将擅自改变用途的林地恢复到改变前的状态。在擅自改变用途的林地上修筑的永久性建筑物，公民、法人或者其他组织在规定的期限内拒不拆除的，由作出责令限期恢复原状的林业主管部门依法申请人民法院强制执行，林业主管部门不得自行组织拆除。恢复原状所需费用，依法由擅自改变林地用途的公民、法人或者其他组织承担”。对于第2项处罚内容“限2017年4月30日恢复林地原状”，兴城市林业局在行政处罚中并未明确是否存在永久性建筑，恢复原状的面积与其审查的面积是否一致。一审法院对于以上问题亦未查明。故对于“恢复林地原状”的处罚是否适用代履行，是否适用《国家林业局关于第43条“责令限期恢复原状”规定具体应用有关问题的复函》的解释亦不明确。一审法院据此认定申请人兴城市林业局可代履行，以此裁定不予受理执行申请不妥。综上，根据国家林业局所做的行政解释，应当理解为强制拆除在擅自改变用途的林地上修筑的永久性建筑物由人民法院实施，恢复林地原状则可由行政机关代履行。

**托某不服乌鲁木齐市新市区城市管理执法局拆除违法建筑物决定案**[①]

托某系西星公司的经理、法定代表人。2004年4月，托某在将权属自己的位于乌鲁木齐市某私房进行翻建时，新市区执法局以西星公司未取得规划部门的合法手续、擅自建房为由，对西星公司作出限期拆除违法建筑物、构筑物的决定，并于2005年7月22日对托某房屋进行了强制拆除。托某不服诉至法院，要求法院依法确认被告所实施的强制拆除的具体行政行为违法并予以撤销，并赔偿托某因其违法行政行为所造成的经济损失280000元。一审新市区人民法院认为：托某翻建房屋，未经有关部门批准，违反了有关规定，新市区执法局依据《乌鲁木齐市城市规划管理条例》的规定，对违章建筑进行拆除是正确的。但执法局在拆除过程中，未严格审查被拆除人的主体，误认为被拆除的房屋系西星公司的，未给房屋实际所有人即托某送达限期拆除违法建筑物决定书，因此新市区执法局执法程序违法。判决撤销限期拆除违章建筑物、构筑物决定书。托某向乌鲁木齐市中级人民法院提出上诉，二审法院认为：托某对该房屋虽有私房产权证，但在翻建房屋时，未经有关部门批准擅自建房，属于违法建筑，新市区执法局对违章建筑依法进行拆除正确。新市区执法局在对该违章建筑强制拆除执法过程中，未严格审查被拆除人的主体，未给房屋实际所有人即托某本人送达有关限期拆除违法建筑物决定书，因此新市区执法局对此执法程序违法，对其限期拆除违法建筑物、构筑物决定书应予撤销。驳回上诉，维持原判。

---

① 参见乌鲁木齐市中级人民法院〔2006〕乌中行终字第2号行政判决书。

行政机关实施强制执行时未向被处罚人送达强制执行决定书属于执行违法。原《行政处罚法》第31条规定，行政机关在作出行政处罚决定之前，应当告知当事人作出行政处罚决定的事实、理由及依据，并告知当事人依法享有的权利。据此，行政机关在作出行政处罚决定之前，未尽到告知义务的，属程序违法。所以，行政机关因没有查清事实而通知错误的，即未对受到行政处罚的当事人尽到告知义务，其行政处罚违反法定程序，应予撤销。

**肇庆市国土资源局不服肇庆市鼎湖区人民法院行政执行裁定案**[①]

肇庆市国土资源局认为陆某某未经依法批准，擅自占用鼎湖区沙浦镇沙二村委会土名“山塘”处414.38平方米的土地，用于建设农庄，改变土地用途的行为，违反了《土地管理法》第2条、第43条和第44条的规定。立案查处后，复议申请人于2015年5月26日作出行政处罚决定书，责令陆某某限期退还非法占用的土地给鼎湖区沙浦镇沙二经济联合社，责令陆某某限期拆除在非法占用的土地上建设的建筑物和其他设施，恢复土地原状，对陆某某非法占用耕地的行为处以每平方米30元的罚款。肇庆市国土资源局将《行政处罚决定书》以留置送达方式送达。陆某某收到该《行政处罚决定书》后没有在法定期限内申请行政复议或提起行政诉讼，也没有履行《行政处罚决定书》确定的义务。肇庆市国土资源局于2015年12月7日作出《履行

① 参见肇庆市鼎湖区人民法院〔2016〕粤1203行审9号行政裁定书，肇庆市中级人民法院〔2016〕粤12行终99号行政裁定书。

行政处罚决定催告书》，催告陆某某履行上述处罚决定。后肇庆市国土资源局向法院申请强制执行。一审法院认为，肇庆市国土资源局没有提供有效的送达证据证明《履行行政处罚决定催告书》已经依法送达，裁定驳回申请。肇庆市国土资源局向肇庆市中级人民法院提出复议，复议法院驳回复议申请，维持原裁定。

申请非诉执行的行政机关须举证已尽到催告义务。在受送达人不承认收到《履行行政处罚决定催告书》的情况下，须由送达人举证证明依法进行了送达，本案复议申请人举证的送达回证，没有记明受送达人或者他的同住成年家属拒收文书的事由和日期，不能证实面见了受送达人或者他的同住成年家属并向受送达人或者他的同住成年家属进行了直接送达而遭受拒绝接收文书而适用留置送达方式的事实，不能确认其送达效力。本案中，由于肇庆市国土资源局没有依法履行催告程序，其申请强制执行行政处罚决定书不符合《行政强制法》第54条的规定，因此申请强制执行的条件未成就。

**许某某与福州市城乡建设委员会行政处罚案**[①]

施达公司与福州市洋下小学签订了《建设工程施工合同》，承包福州市洋下小学拆除重建工程。该项目于2013年11月29日取得建筑工程施工许可证。施达公司在该项工程施工期间，未给项目技术负责人贾某某、土建质量负责人余某

---

① 参见仓山区人民法院〔2015〕仓行初字第354号行政判决书，福州市中级人民法院〔2016〕闽01行终465号行政判决书。

某、安装质量负责人陈某某、安全管理负责人林某某缴纳社保。许某某为时任施达公司法定代表人。福州市城乡建设委员会在巡查中发现施达公司的上述行为，作出行政处罚决定，对施达公司处以人民币244448元的罚款。徐某某不服，向仓山区人民法院提起诉讼，一审法院驳回诉讼请求。徐某某向福州市中级人民法院提起上诉，二审法院认为：福州市城乡建设委员会对施达公司作出处以合同价款3.5%的罚款时一并对作为公司法定代表人的上诉人作出处以公司罚款金额8%的处罚，均属于处罚过重，明显不当。本院已另案判决变更福州市城乡建设委员会对施达公司的处罚裁量为“处工程合同价款6984225元2%的罚款，合计人民币139685元”。故对上诉人的处罚也应作出相应调整，在法定幅度范围内从轻处罚，应变更为处以单位罚款139685元5%的罚款，合计人民币6984元。因本案变更处罚金额为6984元，逾期未缴纳罚款应每日按6984元的3%加处罚款，但加处罚款的数额不得超过6984元。因此，人民法院判决变更行政处罚罚款金额时应当一并变更加处罚款金额。

**沈阳市城市管理行政执法局于洪分局不服于洪区人民法院执行裁定案**[①]

因王某某对其房屋存在拆改行为，未经批准擅自将没有防水要求的房间改为卫生间的行为，沈阳市城市管理行政执法局于洪分局（以下简称于洪分局）对其作出行政处罚决定

① 参见于洪区人民法院〔2016〕辽0114执异223号执行裁定书，沈阳市中级人民法院〔2016〕辽01执复205号行政裁定书。

书，责令限期改正并处罚款。后向于洪区人民法院提出强制执行，一审法院认为限期改正的内容不属于司法强制执行的范围，并且于洪分局未向王某某履行催告手续，裁定不予强制执行。于洪分局向沈阳市中级人民法院提出复议，复议法院认为：关于执行法院执行裁定认为责令七日内改正无明确给付内容、给付行为的意见，认为就该行政处罚事项具体内容，2016年4月5日，于洪分局发函，2016年4月14日，于洪分局向沈阳市于洪区人民法院进行回函，回复："责令七日内改正"的履行的标准为恢复改建卫生间所在卧室的原状，因此于洪分局作出的《行政处罚决定书》并非无明确给付内容及给付行为。综上，执行法院裁定驳回于洪分局的执行异议不妥，本案应当继续执行。裁定撤销一审执行裁定书，继续执行原处罚决定。因此，责令限期改正内容为特定的恢复原状时属于可执行内容。

**陕西宏达公司不服咸宁市政府行政复议不予受理决定案**[①]

咸宁市质量技术监督局于2015年12月25日作出行政处罚决定：给予陕西宏达公司罚款十万元整。限在收到本决定书之日起十五日内缴纳，逾期不缴纳罚款的，每日按罚款数额的3%加处罚款。陕西宏达公司不服，嗣后申请复议，提起诉讼、上诉，均被驳回。咸宁市质量技术监督局于2017年1月16日作出催告执行通知书，通知陕西宏达公司自收到本催告通知书之日起十日内依法履行原行政处罚决定：罚款十万元整，加处罚款十万元整。陕西宏达公司收到该催告执行通知书后不服，向咸宁市

① 参见湖北省咸宁市中级人民法院〔2017〕鄂12行初7号行政判决书。

政府申请行政复议，请求撤销催告执行通知书。复议机关作出不予受理决定。陕西宏达公司对该复议决定提起诉讼，法院认为：咸宁市质量技术监督局依据生效的法律文书作出催告执行通知书，是催告履行行政处罚决定书中确定的义务，没有增加陕西宏达公司新的义务，并非新的行政处罚行为，不属于《行政复议法》第6条规定的行政复议范围。据此驳回诉讼请求。可见，催告程序中的加处罚款金额通知未对被处罚人创设新的义务。

**第七十三条【行政救济不停止执行原则】**

当事人对行政处罚决定不服，申请行政复议或者提起行政诉讼的，行政处罚不停止执行，法律另有规定的除外。

当事人对限制人身自由的行政处罚决定不服，申请行政复议或者提起行政诉讼的，可以向作出决定的机关提出暂缓执行申请。符合法律规定情形的，应当暂缓执行。

当事人申请行政复议或者提起行政诉讼的，加处罚款的数额在行政复议或者行政诉讼期间不予计算。

## 法条沿革

本条是关于行政救济不停止行政处罚决定执行的规定，法律另有规定的情形可参见本法第72条第2款、《行政强制法》第53条、《行政诉讼法》第56条等特别规定。

诉讼不停止执行原则最早在1989年《行政诉讼法》第44条中得以确立，行政处罚制度中的行政救济不停止执行内容可以追溯至1996年《行政处罚法》第45条："当事人对行政处罚决定不服申请行政复议或者提起行政诉讼的，行政处罚不停止执行，法律另有规定的除外。"本次修法新增加第2款和第3款。第2款是关于对限制人身自由被处罚人的特殊保护，是吸收了《治安管理处罚法》第107条的规定："被处罚人不服行政拘留处罚决定，申请行政复议、提起行政诉讼的，可以向公安机关提出暂缓执行行政拘留的申请。公安机关认为暂缓执行行政拘留不致发生社会危险的，由被处罚人或者其近亲属提出符合本法第一百零八条规定条件的担保人，或者按每日行政拘留二百元的标准交纳保证金，行政拘留的处罚决定暂缓执行。"

第3款明确在行政救济期间不计算加处罚款数额，系吸收长期以来的司法实践经验。虽然加处罚款数额在行政救济期间的计算问题在立法中一直未予明确，但是全国绝大多数法院都是采取行政处罚的加处罚款在诉讼期间不予计算的方式，[①]最高人民法院在征求全国人大常委会法制工作委员会和国务院法制办公室的意见后，于2007年4月27日作出《最高人民法院行政审判庭关于行政处罚的加处罚款在诉讼期间应否计算问题的答复》(〔2005〕行他字第29号)，明确指出："根据《中华人民共和国行政诉讼法》的有关规定，对于不履行行政处罚决定所加处的罚款属于执行罚，在诉讼期间不应计算。"

---

① 蔡小雪：《行政处罚的加处罚款在诉讼期间不应计算》，载《人民司法(应用)》2008年第11期。

## 规范目的或功能

行政救济不停止执行规则的规范功能在于及时阻却违法行为或状态、维持行政处罚决定效力、保障行政法秩序稳定等三个方面，以“保障行政权行使、提高行政效率”。[①]

**及时阻却违法行为或状态。**行政处罚是国家公权力对行政违法行为的全面处置，不仅表现为减损权益或者增加义务的惩戒后果，而且应当包括及时阻却违法行为延续和危害结果扩大的管控措施，以此最大程度地保障国家和社会公共利益。本法第28条强调行政机关实施行政处罚时，应当责令当事人改正或者限期改正违法行为，正是出于此意。如果仅着眼相对人承担行政处罚的不利后果，却怠于及时阻却其违法行为，就会导致行政处罚的制度目的无法全面实现。如某工厂违法向河流中排放废弃物，严重污染周边水域环境，环保部门可以对其同时作出罚款、责令停止生产、限制治理污染等行政处罚决定。即使该行政处罚决定存在合法性瑕疵，被处罚工厂不服提起行政复议或行政诉讼，在复议和诉讼期间，该工厂仍应按照环保部门的决定（命令）内容立即缴纳罚款、停止生产、治理污染，而不得以行政救济为由不予履行全部或部分义务。

**维持行政处罚决定效力。**根据行政行为效力的一般理论，行政机关代表国家依法行使行政处罚职权，行政处罚决定一经作出就具有公定力、确定力、拘束力和执行力等法律效力。因

① 姜明安主编：《行政程序研究》，北京大学出版社2006年版，第170页。

此，在行政处罚决定未被依法变更、撤销和撤回之前，除了实施主体不具有行政主体资格或者没有依据等重大且明显违法的法定情形之外，应当推定该行政处罚决定合法有效，处罚内容不可随意抗辩和否定，对所涉当事人均有法律拘束效果，行政机关可得依法强制执行处罚决定。

**保障行政法秩序稳定。**日常的行政执法活动是抽象行政法秩序的具体落实，依法作出的行政处罚符合公众对法律规范的可期待性，形成社会秩序的连贯与稳定。行政处罚争议如果非因法定情形而被处罚人的诉讼个案而反复中止、中断，则会导致这种法秩序处于不稳定状态，大幅降低行政效率，也导致国家和社会公共利益处于风险之下。参与起草工作的顾昂然同志就提到："为什么采取不停止执行原则呢，行政机关作出的具体行政行为，是代表政府为了维护国家和社会的公共利益而行使的，如果当事人一起诉，在还没有确定其违法时就停止执行，那么法律秩序就处于不稳定的状态，影响行政管理的有效进行，国家和社会公共利益可能会受到损害。"[①]

## 规范内容

行政救济不停止执行的规范内容包括行政救济期间行政处罚决定应予执行之原则、停止执行之例外以及不予计算加处罚款数额。

① 顾昂然著:《新中国的诉讼、仲裁和国家赔偿制度》，法律出版社1996年版，第101页。

## 一、行政救济期间行政处罚决定应予执行之一般原则

基于行政效率、公共利益以及行政决定效力的考虑，行政处罚决定一经作出就被推定为合法有效，被处罚人应当限期履行，即使在此期间对行政处罚决定不服，申请行政复议或者提起行政诉讼都不得停止执行。我国《行政诉讼法》第56条、《行政复议法》第21条、《行政处罚法》第73条等规定中均体现了该原则。但是，具体制度中的行政救济不停止执行规则并不适用于所有行政机关，必须注意的是，该规则仅适用于依法具有行政强制执行权的行政机关，只有这些行政机关才能在行政救济期间继续执行行政处罚决定。对于没有强制执行权的行政机关而言，则只能适用《行政强制法》第53条规定，必须同时满足当事人“在法定期限内不申请行政复议或者提起行政诉讼”和“不履行行政决定”两个条件，才可以申请人民法院强制执行。换言之，如果被处罚人在法定期限内申请了行政复议或提起了行政诉讼，行政机关在复议或诉讼期间就不得向人民法院申请强制执行行政处罚决定，必须待司法审查对争议行政行为作出终局判断，才可以继续推进执行事宜。

1989年《行政诉讼法》第44条规定确立了诉讼期间不停止执行的原则，第66条又将不具有强制执行权的行政机关作出的具体行政行为排除在起诉不停止执行的原则之外。按照特别规定优于一般规定的冲突规范原则，人民法院在审查非诉执行案件时应当适用第66条的规定。[①]2000年《最高人民法院关于执行

---

① 蔡小雪：《行政处罚的加处罚款在诉讼期间不应计算》，载《人民司法（应用）》2008年第11期。

〈中华人民共和国行政诉讼法〉若干问题的解释》(法释〔2000〕8号)第94条曾对此有明确规定:“在诉讼过程中,被告或者具体行政行为确定的权利人申请人民法院强制执行被诉具体行政行为,人民法院不予执行,但不及时执行可能给国家利益、公共利益或者他人合法权益造成不可弥补的损失的,人民法院可以先予执行。后者申请强制执行的,应当提供相应的财产担保。”此后《行政诉讼法》及其司法解释虽然经过多次修改,没有保留原《行政诉讼法》第66条与上述司法解释第94条的内容,但是新旧行政诉讼法适用中对“诉讼不停止执行”规则的认定未有改变,2010年《行政强制法》第53条也完全吸收和确认了旧《行政诉讼法》第66条的内容。因此,现行《行政诉讼法》第56条与《行政强制法》第53条为一般规定与特别规定之关系,共同构成分别针对有强制执行权行政机关与无强制执行权行政机关之关于诉讼不停止执行的完整规则。

上述一般规定与特别规定的适用关系,理论上应当基于立法目的予以厘清。固然需要确保行政行为的及时执行来实现行政管理和公共服务的效率目标、维护行政法秩序的稳定性以及国家和社会公共利益。但是,相对应的一些行政行为如果过早执行,就有可能严重侵害行政相对人的合法权益,甚至对其造成无法弥补的损害。为了在制度设计上把握上述平衡关系,我国立法上将部分强制执行权直接授予税收、海关、公安等特定领域的行政机关,具有强制执行权的行政机关得以在作出行政决定后,径行依法采取各项强制执行措施,这些行政行为适用《行政诉讼法》第56条规定的诉讼不停止执行原则,偏向于国家行政管理秩序和公共利益等目标之追求。但是,有相当一部分行政行为,是否及时执行对公共利益影响不大,但是对行政相对人权益影响非常之大。为了贯彻《行政诉讼法》《行政强制法》《行政处罚法》等追求的制度目的，侧重保障这些行政行为所涉行政法律关系中相对弱势一方之行政相对人的合法权益，立法上未将部分行政强制执行权力授予行政机关。这种情况下，如果行政相对人还未依法行使诉权，人民法院就不会准予行政机关强制执行。《行政强制法》第53条的规定就是对诉讼不停止执行规则的相对限制，将不具有强制执行权的行政机关作出的行政行为排除在诉讼不停止执行的原则之外。[①]

## 二、行政救济期间行政处罚决定不予执行之例外

在行政救济不停止行政处罚决定执行的基础之上，具有强制执行权的行政机关所作出的行政行为也会在法定的例外情形下，被复议机关和人民法院停止执行。对此，《行政诉讼法》第56条规定："诉讼期间，不停止行政行为的执行。但有下列情形之一的，裁定停止执行：（一）被告认为需要停止执行的；（二）原告或者利害关系人申请停止执行，人民法院认为该行政行为的执行会造成难以弥补的损失，并且停止执行不损害国家利益、社会公共利益的；（三）人民法院认为该行政行为的执行会给国家利益、社会公共利益造成重大损害的；（四）法律、法规规定停止执行的。当事人对停止执行或者不停止执行的裁定不服的，可以申请复议一次。"《行政复议法》第21条规定："行政复议期间具体行政行为不停止执行；但是，有下列情形之一的，可以停止执行：（一）被申请人认为需要停止执

---

① 蔡小雪：《行政处罚的加处罚款在诉讼期间不应计算》，载《人民司法（应用）》2008年第11期。

行的；（二）行政复议机关认为需要停止执行的；（三）申请人申请停止执行，行政复议机关认为其要求合理，决定停止执行的；（四）法律规定停止执行的。”

上述停止执行的例外情形分为四类：其一，行政机关认为需要停止执行，一般是在相对人提起行政救济后，意识到行政处罚决定的违法或不当风险，为避免继续执行可能导致的相对人权益损害和执法资源浪费等消极影响，因此主动停止执行。其二，复议机关或人民法院基于相对人的请求而裁定停止执行。根据相对人提出的停止执行申请，如果复议机关或人民法院认为继续执行会造成难以弥补的损失且不会损害国家和社会公共利益的，可以暂缓执行。其三，复议机关或人民法院依职权裁定停止执行。在此，复议机关或人民法院会考量行政行为本身的重大明显的违法风险，或者行为效果上是否会导致重大且不可回复性的损害后果。其四，法律、法规规定可以停止执行的。这个兜底条款是立法上为诉讼停止执行的其他情形留有法律体系上的创制空间。

本条修改新增加的第2款内容，即是参照和总结了行政处罚实践的成熟经验，对《治安管理处罚法》第107条规定予以联结和吸收，放宽了限制人身自由类行政处罚的暂缓条件。据此，被处罚人对限制人身自由的行政处罚决定不服，申请行政复议或者提起行政诉讼的，可以向作出决定的机关提出暂缓执行申请。符合法律规定情形的，应当暂缓执行。根据《治安管理处罚法》第107条的规定，公安机关认为暂缓执行行政拘留不致发生社会危险的，由被处罚人或者其近亲属提出符合该法第108条规定条件的担保人，或者按每日行政拘留二百元的标准交纳保证金，行政拘留的处罚决定暂缓执行。值得注意的是，根据本条款，对人身自由限制行政处罚的暂缓执行将成为原则性规定，而非诉讼停止执行的例外。也就是说，除非被处罚人存在导致发生社会危险的高度盖然性，无法满足法定的担保条件，或者不依法缴纳保证金等情形，行政机关一般应当准予人身自由限制行政处罚的暂缓执行。如果不予批准，行政机关则要承担相应的举证责任。之所以制度设计如此，在于立法上认为限制人身自由这类高强度的行政处罚会对当事人造成不可回复的严重精神创伤，因此强制执行要高度审慎并充分保障被处罚人行使行政救济权利。

## 三、行政救济期间不予计算加处罚款数额

本条修法增加的第3款规定，即被处罚人申请行政复议或者提起行政诉讼的，加处罚款的数额在此期间不予计算，此举有利于保护被处罚人的诉讼权益。关于被处罚人在申请行政复议或者提起行政诉讼期间，加处罚款数额是否应当计算的问题，《行政诉讼法》和《行政强制法》一直没有明确规定，导致司法实践中存在一定分歧，本次修法则明确解决了这个问题。根据前文对《行政诉讼法》第56条与本法第72条第2款、《行政强制法》第53条适用关系的分析，可知本条款同样属于“行政救济停止执行”的特别规定，无论行政机关有无强制执行权，在执行时均不得在罚款总额中计算这部分金额。

## 第七十四条【罚没款与非法财物的处理】

除依法应当予以销毁的物品外，依法没收的非法财物必须按照国家规定公开拍卖或者按照国家有关规定处理。

罚款、没收的违法所得或者没收非法财物拍卖的款项，必须全部上缴国库，任何行政机关或者个人不得以任何形式截留、私分或者变相私分。

罚款、没收的违法所得或者没收非法财物拍卖的款项，不得同作出行政处罚决定的行政机关及其工作人员的考核、考评直接或者变相挂钩。除依法应当退还、退赔的外，财政部门不得以任何形式向作出行政处罚决定的行政机关返还罚款、没收的违法所得或者没收非法财物拍卖的款项。

## 法条沿革

本条关于罚没款和非法财物的处理和监督的规定，是对罚缴分离制度实施的进一步细化。

本条款的内容承袭自修订前的《行政处罚法》第53条："除依法应当予以销毁的物品外，依法没收的非法财物必须按照国家规定公开拍卖或者按照国家有关规定处理。罚款、没收违法所得或者没收非法财物拍卖的款项，必须全部上缴国库，任何行政机关或者个人不得以任何形式截留、私分或者变相私分；财政部门不得以任何形式向作出行政处罚决定的行政机关返还罚款、没收的违法所得或者返还没收非法财物的拍卖款项。"罚款、没收非法财物的处理最早可追溯至1994年《治安管理处罚条例》第37条："裁决机关没收财物，应当给被没收人开具收据。没收的财物全部上交国库。属偷窃、抢夺、骗取或者敲诈勒索他人的，除违禁品外，六个月内查明原主的，依法退还原主。"

本次修法进一步延续和强化了行政处罚罚缴分离制度，早期的规定主要是防范与款项直接相关的违法行为，如经费划拨、返还、提留、分成和挪作奖金福利，等等。本次则明确禁止同作出行政处罚决定的行政机关及其工作人员的考核、考评直接或者变相挂钩，主要针对行政机关的工作机制，提高了罚缴分离的实施强度，确保行政处罚的执行能落实到国家财政。

## 规范目的或功能

根据《民法典》第229条规定："因人民法院、仲裁机构的法律文书或者人民政府的征收决定等，导致物权设立、变更、转让或者消灭的，自法律文书或者征收决定等生效时发生效力。"行政机关作出的行政处罚没收决定可以即时产生物权变更的法律效果，因此财产没收制度在立法上应当明确、审慎，在行政机关没收权与相对人财产权之间保持平衡，如《行政处罚法》排除了规章及其以下规范对"没收非法财物"处罚的设定权。在行政管理领域，行政相对人的合法财产若用于非法目的，就成为非法财物。违法行为所涉及的违禁品、违法工具和违法财物，会被认定为行政法上的非法财物，行政机关应当作出没收的行政处罚决定，剥夺违法行为人对具有违法性的财产或物品的所有或占有，交由国家处理。非法财物没收后应当依法处理，包括销毁、公开拍卖等。与"非法财物"相对应的是剥夺行为人通过违法经营所获得利益的"没收违法所得"。[1]本条旨在确保上述罚没款和非法财物的处

---

① 王贵松：《论行政处罚的制裁性》，载《法商研究》2020年第6期。

理款项能及时上缴国库。

## 规范内容

### 一、非法财物没收后的处理方式

#### （一）应当予以销毁的非法财物

根据财政部《关于印发〈罚没财物管理办法〉的通知》（财税〔2020〕54号）等规定，淫秽、反动物品，非法出版物，有毒有害的食品药品及其原材料，危害国家安全以及其他有社会危害性的物品，以及法律法规规定应当销毁的，应当由执法机关予以销毁。对难以变卖且无经济价值或者其他价值的，可以由执法机关、政府公物仓予以销毁。

#### （二）依法处理的非法财物

除了依法应当予以销毁的物品之外，依法没收的非法财物必须按照国家规定公开拍卖或者按照国家规定处理，严禁内部私分或者低价处理。

1.公开拍卖

公开拍卖是指以公开竞价的方式将特定物品或者与财产有关的权利转让或者出让给最高应价者。拍卖具有竞争性强、透明度高等特点。行政机关将依法没收的物品通过拍卖方式进行处理，有利于公众对行政机关进行监督，防止贪腐行为。行政机关决定对依法没收的非法财物进行拍卖的，应当委托所在地县级以上人民政府指定的拍卖企业进行拍卖，签订拍卖合同。

执法机关依法取得的罚没物品，除法律、行政法规禁止买卖的物品或者财产权利、按国家规定另行处置外，应当按照国家规定进行公开拍卖。公开拍卖应当符合下列要求：

（1）拍卖活动可以采取现场拍卖方式，鼓励有条件的部门和地区通过互联网和公共资源交易平台进行公开拍卖。

（2）公开拍卖应当委托具有相应拍卖资格的拍卖人进行，拍卖人可以通过摇珠等方式从具备资格条件的范围中选定，必要时可以选择多个拍卖人进行联合拍卖。

（3）罚没物品属于国家有强制安全标准或者涉及人民生命财产安全的，应当委托符合有关规定资格条件的检验检疫机构进行检验检测，不符合安全、卫生、质量或者动植物检疫标准的，不得进行公开拍卖。

（4）根据需要，可以采取"一物一拍"等方式对罚没物品进行拍卖。采用公开拍卖方式处置的，一般应当确定拍卖标的保留价。保留价一般参照价格认定机构或者符合资格条件的资产评估机构作出的评估价确定，也可以参照市场价或者通过互联网询价确定。

（5）公开拍卖发生流拍情形的，再次拍卖的保留价不得低于前次拍卖保留价的80%。发生3次（含）以上流拍情形的，经执法机关商同级财政部门确定后，可以通过互联网平台采取无底价拍卖或者转为其他处置方式。

2.其他依法处理方式

对于不具备拍卖条件的非法财物，按照国家有关规定，根据不同性质和用途进行及时处理：

（1）属于应销毁的物品经无害化或者合法化处理，丧失原有功能后尚有经济价值的，可以由执法机关、政府公物仓作为废旧物品变卖。

（2）罚没物品难以变卖或者变卖成本大于收入，且具有经济价值或者其他价值的，执法机关应当报送同级财政部门，经同级财政部门同意后，可以赠送有关公益单位用于公益事业；没有捐赠且能够继续使用的，由同级财政部门统一管理。

（3）依法没收的文物，应当移交国家或者省级文物行政管理部门，由其指定的国有博物馆、图书馆等文物收藏单位收藏或者按国家有关规定处置。经国家或者省级文物行政管理部门授权，市、县的文物行政管理部门或者有关国有博物馆、图书馆等文物收藏单位可以具体承办文物接收事宜。

（4）武器、弹药、管制刀具、毒品、毒具、赌具、禁止流通的易燃易爆危险品等，应当移交同级公安部门或者其他有关部门处置，或者经公安部门、其他有关部门同意，由有关执法机关依法处置。

（5）依法没收的野生动植物及其制品，应当交由野生动植物保护主管部门、海洋执法部门或者有关保护区域管理机构按规定处置，或者经有关主管部门同意，交由相关科研机构用于科学研究。

（6）依法没收的在非法转让的土地上新建的建筑物和其他设施，向本级财政部门进行移交。

（7）易腐烂的生鲜用品，经检验检疫合格且不宜拍卖的，直接送有关经营单位收购；检疫不合格的，予以销毁。

（8）对国家规定须有特许生产、经营、使用权的物资，通过有关部门质量认证、价格评估后，按有关规定有偿调拨。

## 二、行政处罚处理款项的上缴

无论以何种方式处理涉案罚没款和非法财物，行政机关都必须将所得款项全部上缴国库，任何行政机关或者个人不得以任何形式截留、私分或者变相私分；财政部门不得以任何形式向作出行政处罚决定的行政机关返还罚款、没收的违法所得或者返还没收非法财物的拍卖款项。

罚没款一般应按照执法机关的财务隶属关系缴入同级国库，除此之外，海关、公安、中国海警、市场监管等部门取得的缉私罚没收入全额缴入中央国库。海关（除缉私外）、国家外汇管理部门、国家邮政部门、通信管理部门、气象管理部门、应急管理部所属煤矿安全监察部门、交通运输部所属海事部门中央本级取得的罚没收入全额缴入中央国库。省以下机构取得的罚没收入，50%缴入中央国库，50%缴入地方国库。国家烟草专卖部门取得的罚没收入全额缴入地方国库。应急管理部所属的消防救援部门取得的罚没收入，50%缴入中央国库，50%缴入地方国库。国家市场监督管理总局所属的反垄断部门与地方反垄断部门联合办理或者委托地方查办的重大案件取得的罚没收入，全额缴入中央国库。国有企业、事业单位监察机构没收、追缴的违法所得，按照国有企业、事业单位隶属关系全额缴入中央或者地方国库。中央政法机关交办案件按照有关规定执行。

罚没物品处置收入，可以按扣除处置该罚没物品的质量鉴定、评估和必要的修复费用等直接支出后的余额，作为罚没收入上缴；政府预算已经安排罚没物品处置专项经费的，不得扣除处置该罚没物品的直接支出。

## 第七十五条【监督机制】

行政机关应当建立健全对行政处罚的监督制度。县级以上人民政府应当定期组织开展行政执法评议、考核，加强对行政处罚的监督检查，规范和保障行政处罚的实施。

行政机关实施行政处罚应当接受社会监督。公民、法人或者其他组织对行政机关实施行政处罚的行为，有权申诉或者检举；行政机关应当认真审查，发现有错误的，应当主动改正。

## 法条沿革

本条是关于行政处罚执行的监督机制的规定。

本条款内容承继自修订前的《行政处罚法》第54条的规定："行政机关应当建立健全对行政处罚的监督制度。县级以上人民政府应当加强对行政处罚的监督检查。公民、法人或者其他组织对行政机关作出的行政处罚，有权申诉或者检举；行政机关应当认真审查，发现行政处罚有错误的，应当主动改正。"在此前历次修法中，本条均未作修改。本次修法在第1款中将原规定的监督检查内容予以细化，明确为定期组织执法评议、考核，同时强调了规范和保障行政处罚权行使的重要性。

## 规范目的或功能

本条款的规范目的在于贯彻落实行政执法责任制和责任追究制度，加强对行政处罚的监督检查，规范和保障行政处罚的实施。行政机关内部应当建立各级各部门的行政处罚监督机制，县级以上地方各级政府主要是通过定期组织开展行政执法评议、考核的方式来加强监督检查，规范和保障行政处罚实施。这既是本级政府建立和完善常态化监督的职责，也明确其监督方式仅限于行政执法评议、考核等间接途径，不得越权干预、甚至代替法定行政处罚主体依法实施处罚。

《宪法》第41条第1款规定："中华人民共和国公民对于任何国家机关和国家工作人员，有提出批评和建议的权利；对于任何国家机关和国家工作人员的违法失职行为，有向有关国家机关提出申诉、控告或者检举的权利，但是不得捏造或者歪曲事实进行诬告陷害。"公民对行政机关的监督权是我国《宪法》明确规定的基本权利，社会监督是监督行政处罚职权依法行使的必要机制之一。一方面需要加强行政处罚过程和结果的公开，另一方面也要广泛接收公民、法人或者其他组织对行政处罚的申诉和检举。申诉与举报人一般是指与行政处罚决定没有利害关系的第三人，有利害关系的行政相对人和相关人主要可以通过申请行政复议和提起行政诉讼，直接维护自身合法权益。

行政处罚实施机关应当审慎行使处罚职权，在行政处罚决定作出后如果发现有错误的，应当坚决贯彻有错必纠原则，依法变更或撤销原行政处罚决定，行政机关主动纠错的时间不受行政复议和行政诉讼法定期限的限制。

## 规范内容

### 一、申诉、检举及相关行为的法律效力

申诉与检举的行为目的在于监督依法行政的客观法秩序，行政机关对申诉与检举的答复属于程序性的事实行为，并不会对申诉人和检举人创设新的权利义务，如只是客观阐述处罚决

定的理由和依据。因此，申诉和检举人并不能因此获得针对行政处罚实施行为的行政诉讼原告资格。

### 二、行政机关自我纠错的程序

基于行政行为的确定力和拘束力，行政机关作出行政处罚决定后同样受到法律约束，应当遵循一事不再罚原则。但与此同时，如果行政机关基于外部投诉、举报或自我审查，发现所作行政处罚确实存在错误，那就应当贯彻有错必纠的原则，勇于纠错，及时纠错。行政机关自我纠错应当遵守法定程序，对已生效的行政处罚决定先予撤销后再依法重做。一般情况下，行政机关针对原行政处罚的撤销行为具有独立的法律效力，改变了已作判定的法律关系，也导致法律关系回复到未履职之前违法现象存续的待处理状态，此时对相关人的权益可能产生影响。因此相关人同样可以对撤销行为申请行政复议或提起行政诉讼。相对应的，行政机关对该撤销行为的合法性也要承担举证责任。

## 实务应用

#### 杨某某诉洪湖市城乡规划局城乡建设行政管理案①

杨某某等30人系戴家场镇农贸市场周边的居民，与该市场相邻，房屋土地属于国有土地。戴家场镇政府在未办理建设工程规划许可证等相关手续的情况下对农贸市场进行维修改造，

---

① 参见洪湖市人民法院〔2017〕鄂1083行初4号行政判决书，荆州市中级人民法院〔2017〕鄂10行终48号行政判决书。

该农贸市场的土地属于集体土地。2015年6月30日，杨某某等30人向洪湖市规划局书面申请，要求对戴家场镇农贸市场的违法建筑责令停止建设，限期拆除。2015年7月22日，洪湖市规划局对戴家场镇农贸市场没有办理建设工程规划许可证擅自建设的行为进行了立案、调查，并下达了停工整改告知书，责令停止违法行为并整改，听候处理，但戴家场镇政府并未停工，现农贸市场已完工，投入使用。此后，杨某某等30人以洪湖市规划局未履行法定职责为由向法院提起行政诉讼，一审法院判决责令洪湖市规划局在法定期限内对洪湖市戴家场镇集贸市场的违法建设问题依法作出处理，洪湖市规划局作出行政处理决定书，责令戴家场镇政府在收到该处理决定书后的60日内将洪湖市戴家场镇农贸市场的违规建筑物予以自行拆除完毕。如逾期不拆除，洪湖市规划局将报请洪湖市人民政府对第三人的上述违规建筑物作出予以强制拆除的决定。第三人在收到行政处理决定书后，向洪湖市人民政府申请复议，洪湖市规划局于2016年8月1日作出《关于撤销对洪湖市戴家场镇农贸市场违法建设限期拆除决定的函》，撤销行政处理决定书中限期拆除的决定。杨某某等30人向洪湖市规划局申请政府信息公开得知此函，认为洪湖市规划局作出的撤销函严重损害了杨某某等30人合法权益，遂诉至洪湖市人民法院法院，请求判令撤销洪湖市规划局作出的撤销函，责令洪湖市规划局作出强制拆除戴家场镇农贸市场违法建筑物的决定。一审法院认为：洪湖市规划局在作出行政处理决定书后，于2016年8月1日作出撤销函，决定撤销行政处理决定书中的限期拆除决定，至今未对农贸市场的违法行为作出处理，使本案所涉建筑物恢复到了洪湖市规划局未履行职责之前待处理的状态，就会导致杨某某等的合法权益受到侵害、权利义务产生影响的后果。撤销函系因认定行政处理决定书涉嫌适用法律错误而作出，洪湖市规划局对作出的行政行为负有举证责任，本案中，洪湖市规划局不仅要举证证明撤销函合法，还要承担行政处理决定适用法律错误的举证责任。根据《行政处罚法》第54条第2款的规定，只有在行政机关发现行政处罚有错误时，才应当主动改正。本案中的A02号撤销函，首先，洪湖市规划局认为行政处理决定涉嫌适用法律尺度有误，说明洪湖市规划局并不能确定其在行政处理过程中是否存在错误。其次，洪湖市规划局作出的行政处理决定书适用的法律依据为《城乡规划法》第64条，在庭审调查过程中，洪湖市规划局述称作出撤销函也是适用《城乡规划法》第64条，撤销函中的涉嫌适用法律尺度有误系指涉案建筑物存在第三人可以采取措施改正违法行为，洪湖市规划局依照前述法律依据作出限期改正行政处理的可能性。洪湖市规划局前后作出的行政行为均是根据《城乡规划法》第64条的规定作出处理，只是根据不同的事实、情形作出不同的处理结果，洪湖市规划局并无证据证明行政处理决定适用法律错误，故撤销函认定行政处理决定涉嫌适用法律错误的事实不清楚，证据不足，且未引用法律依据，即作出该撤销函，应予撤销。洪湖市规划局不服，向荆州市中级人民法院提起上诉，二审法院认为：洪湖市规划局作出的撤销函，是对原先作出的行政处理决定书之变更，是重新作出的具体行政行为，对被上诉人的实体权利义务产生影响，是一个已经完成的行政处理决定，具有可诉性。因此驳回上诉，维持原判。综上所述，行政机关应当对行政处罚纠错行为的合法性承担举证责任。

**甘肃某建筑工程有限责任公司诉某县安全生产监督管理局其他行政行为案**[①]

2015年3月21日，甘肃某建筑工程有限责任公司（以下简称某公司）承建的某县怡园综合楼工程项目工地发生一起高处坠落死亡事故，造成1人死亡。被告随后予以立案，对该工程的相关人员进行了调查询问，上述项目相关人员在被询问时均陈述至发生事故时，未办理建筑工程施工许可证。在上述事实的调查基础上，某县安全生产监督管理局（以下简称“安监局”）对某公司处以250000元的罚款。送达后，某公司均未申请复议和提起行政诉讼。后某公司提起行政诉讼，法院受理后，以某公司的起诉超过起诉期限为由，裁定不予立案。其间，某公司于2016年10月10日向安监局递交请求撤销行政处罚决定书的申请一份，要求安监局自行依法撤销两份行政处罚决定，安监局向某公司口头答复不予撤销。随后，在某公司的要求下，安监局作出《关于甘肃某建筑工程有限公司请求撤销行政处罚决定申请的答复》。该答复认为，某公司作为工程的总承包单位，未尽到安全管理职责，对事故的发生负有责任，事故责任主体明确，因此，安监局所作出的行政处罚决定事实清楚、证据充分、适用法律适当，不予撤销。某公司在接到上述答复后，向甘州区人民法院提起诉讼。一审法院认为：安监局的不予撤销答复具有事实和法律依据，判决驳回诉讼请求。某公司不服向张掖市中级人民法院提起上诉，二审法院认为：安监局作出的行政处罚决定送达后，某公司既未在法定期限提起行政复议，也未

---

① 参见甘州区人民法院〔2017〕甘0702行初15号行政判决书，甘肃省张掖市中级人民法院〔2017〕甘07行终27号行政判决书。

提起行政诉讼，该处罚决定书已生效。某公司在法定起诉期限后，又以书面申请的形式，要求安监局撤销处罚决定，在安监局书面答复不予撤销后，又对答复提起行政诉讼，从而达到对处罚决定启动诉讼程序的目的。而安监局作出的《关于甘肃某建筑工程有限公司请求撤销行政处罚决定申请的答复》属复审答复意见，因该答复对某公司没有创设新的权利义务，只是重复阐述了作出处罚决定的理由及依据。对某公司的权利义务没有产生新的影响，该答复就等同于通知某公司不予撤销处罚决定，答复不具有可诉性。因此判决撤销一审判决，驳回某公司起诉。由此可见，行政机关对公民申诉纠错行政处罚的答复不具有可诉性。

**姜某诉南京市公安局交通管理局、南京市公安局交通管理局六大队行政处罚案**[①]

2015年12月24日9时许，姜某驾驶苏A牌小汽车在机动车道路上行驶时由南向北车道等候跨越双黄虚线，被交警查获。执法民警对姜某处以100元罚款，后发现错误，将前述处罚决定书收回，重新对姜某实施的机动车逆向行驶的违法行为处以200元罚款，同时记3分。姜某不服处罚决定向市交管局提出行政复议申请，复议维持行政处罚决定。姜某不服提起诉讼，一审南京市鼓楼区人民法院认为：姜某对交警六大队的行政处罚进行了陈述和申辩，与姜某陈述的“加重处罚”亦能印证。关于法律规定的不得因当事人申辩加重处罚，是指不得基于同一事

① 参见南京市鼓楼区人民法院〔2016〕苏0106行初21号行政判决书，南京市中级人民法院〔2016〕苏01行终323号行政判决书。

实情形下因为当事人进行申辩加重处罚，不包括在违法事实发生变化的情形下依法进行处罚，即使相较之前的行政处罚更重。交警六大队向姜某作出处罚决定不是基于同一违法事实，不属于因姜某的申辩加重对姜某的处罚。判决驳回姜某诉讼请求。姜某不服提起上诉，二审南京市中级人民法院认为：执勤民警开具处罚决定书后，发现该处罚决定书中记载的违法行为与事实不符，故当场收回该处罚决定书，并重新开具处罚决定书。处罚决定并未执行。《行政处罚法》第54条第2款规定："公民、法人或者其他组织对行政机关作出的行政处罚，有权申诉或者检举；行政机关应当认真审查，发现行政处罚有错误的，应当主动改正。"交警六大队的执勤民警发现原处罚决定书有错误并重新作出《处罚决定》的行为符合行政处罚法的上述规定。姜某主张该行为系因其陈述、申辩而加重处罚，缺乏依据，本院不予采纳。综上所述，执法人员自我纠错行政处罚决定不受申辩不加重处罚原则的限制。

第七章

# 法律责任

## 第七十六条【上级行政机关的监督】

行政机关实施行政处罚，有下列情形之一，由上级行政机关或者有关机关责令改正，对直接负责的主管人员和其他直接责任人员依法给予处分：

（一）没有法定的行政处罚依据的；

（二）擅自改变行政处罚种类、幅度的；

（三）违反法定的行政处罚程序的；

（四）违反本法第二十条关于委托处罚的规定的；

（五）执法人员未取得执法证件的。

行政机关对符合立案标准的案件不及时立案的，依照前款规定予以处理。

### 法条沿革

本条规定的是上级行政机关的监督，为此次修订修改的条文。

本条在1996年《行政处罚法》中即已存在。20世纪90年代，现实中滥用行政处罚权的现象较为普遍，《行政处罚法》开创性地规定了行政处罚的法律责任，旨在“防止滥用处罚权，督促其合法、公正地履行法定职责，以保护公民、法人的合法权益”[①]。这在我国行政立法史上是首次尝试，[②]同时也是一项独具中

① 全国人大常委会法制工作委员会国家法室、行政法室：《〈中华人民共和国行政处罚法〉讲话》，法律出版社1996年版，第218页。

② 朱维究：《“两个根本转变”与政府管理观念、管理依据及管理手段——抓住〈行政处罚法〉实施的契机，深化行政改革》，载《中国行政管理》1996年第12期；朱维究：《行政行为的司法监督》，山西教育出版社1997年版，第288页。

国特色的制度创新。自此，“我国的刑事责任、民事责任和行政法律责任三大法律责任制度框架基本建立起来”。[①]对于这一制度，学界也予以较高的评价，例如有学者指出：“《行政处罚法》设专章对执法机关的法律责任加以规定，这在我国立法史上具有重要的意义，对于行政法的作用更是不可估量，因为行政法本身就是规范行政机关的行为的法律规范。该法不仅规定了行政机关违反行政行为的法律责任，而且对行政机关的工作人员也作出了明确规定，这更有助于依法行政的进一步推行。”[②]

然而，该条款在实践中发挥的实效受到不少质疑。例如，应松年教授指出，从1996年至今，似尚未见有一名工作人员因程序违法而受行政处分。[③]杨伟东教授指出，“从行政处罚法实施情况来看，单一通过强化行政责任的方式提升行政程序作用的做法，效果并不理想。因为在我国行政责任追究和落实机制不健全，导致在实践中鲜有这样的事项出现，这些责任追究机制被束之高阁”。[④]还有学者通过列举实例指出，“行政处罚法的责任规定在实际执行中存在着一定的差距，不利于制止处罚违法行为，有损法律的尊严，亟待引起人们的重视”。[⑤]除此之外，

---

① 全国人大常委会法制工作委员会国家法室、行政法室：《〈中华人民共和国行政处罚法〉讲话》，法律出版社1996年版，第5页。

② 刘善春：《行政处罚法释义与案例评析》，中国政法大学出版社1996年版，第136页。

③ 应松年：《〈行政程序法（试拟稿）〉评介》，载《政法论坛》2004年第5期。

④ 杨伟东：《行政程序违法的法律后果及其责任》，载《政法论坛》2005年第4期。

⑤ 段红柳：《行政处罚法实例说》，湖南人民出版社2011年版，第226页。

随着我国行政法律体系的不断完善，不少概念也逐步固定下来，而制定于90年代中期的《行政处罚法》尚未与之统一。在此次修订之前，便有学者对此提出建议。[①]

在此次《行政处罚法》修订中，立法者从五个方面对本条进行了修改，在其中对上述问题进行了充分的回应。

第一，将“有关部门”的表述改成了“有关机关”，这主要是基于法律概念的精确性和统一性要求，以及回应我国近年来国家监察体制的改革。从我国目前的法律体系来看，有关部门是指行政机关的职能部门，而有关机关则是指独立的国家机关。在1996年《行政处罚法》制定时，第76条的有关部门一般被认为是政府内部的监察部门，属于行政机关的职能部门。但随着近年来我国监察体制的改革，我国建立了专门的国家监察机构——监察委员会。根据《监察法》第3条的规定，其是独立于行政机关的行使国家监察职能的专责机关。此时，有关机关的表述就比有关部门更加精确。

第二，将“行政处分”的表述改成了“处分”，这主要是基于法律概念的统一性要求。所谓行政处分，是指国家行政机关依照行政隶属关系给予有违法失职行为的国家机关公务人员的一种惩罚措施。行政处分的表述一直可以追溯到我国建国初期，例如《新解放区农业税暂行条例》（1950年）、《政务院关于各级政府工作人员保守国家机密的指示》（1950年）和《惩治贪污条例》等法律规范最早使用了这一概念。至今，这一表述仍有不少法律在使用。但随着《公务员法》和《行政机关公务员处分条例》等法律的出台，处分开始逐渐取代行政处分的表述。《公

① 曹康泰主编：《行政处罚法教程》，中国法制出版社2011年版，第215页。

务员法》是对公务员进行纪律责任追究的基本法，其明确限定了公务员承担纪律责任的形式只能是处分，而不能是其他。[①]近年来，《专利法》《教育法》《安全生产法》《商标法》和《兵役法》等不少法律均将行政处分的表述改为处分，也是出于法律概念的统一性要求。此外，实施处分行为的不仅包括行政机关，还包括以国家监察机关为代表的有关机关。根据《公职人员政务处分法》的规定，监察机关实施的政务处分，严格区分于行政处分。此次将行政处分修改为处分，在语义上也能将监察机关的政务处分囊括在内，在立法上更加周延。

第三，去掉了“可以”的表述，这是此次修订中本条最大的修改。在本次修订后，对于第1款所列的五种行政处罚违法行为，上级行政机关或者有关机关不再有裁量空间，而是必须追究实施机关和责任人员的责任。这一修改极大地激活了行政处罚法律责任制度的作用，强化了本条在实践中的刚性。事实上，这一修改也与近年来我国行政处分机制的不断完善相呼应。自20世纪90年代开始，我国各地便开始了行政执法过错责任追究办法。早在1997年，哈尔滨市便出台了《哈尔滨市行政执法过错责任追究办法》。随后，青海省（2000年）、新疆维吾尔族自治区（2003年）、贵州省（2005年）、辽宁省（2005年）、上海市（2007年）、西藏自治区（2008年）、河北省（2010年）、浙江省（2012年）、河南省（2018年）和海南省（2020年）等地方也先后出台了行政执法过错责任追究办法。对于《行政处罚法》第76条所列举的行政处罚违法行为，这些法律均明文规定必须追究执法过错。例如，《河南省行政执法过错责任追究办法》

① 《公务员法》第61条、第62条。

第8条规定：行政执法机关及行政执法人员在行政处罚、行政许可、行政强制、行政征收等行政执法过程中，有下列行为之一的，应当追究行政执法过错责任。值得注意的是，这一修改与《行政许可法》的责任机制保持了一致。我国《行政许可法》第74条规定：行政机关实施行政许可，有下列情形之一的，由其上级行政机关或者监察机关责令改正，对直接负责的主管人员和其他直接责任人员依法给予行政处分；构成犯罪的，依法追究刑事责任。这一条文没有“可以”的表述，是一个强制性而非裁量性的责任。[①]

第四，在第1款增加了第5项：“执法人员未取得执法证件的。”这一修改主要是为了与《行政处罚法》第42条的修改配套。在此次修订中，新修改的第42条规定了行政执法人员资格制度，即行政处罚应当由具有行政执法资格的执法人员实施。为了保证这一新增制度能够在实践中切实发挥作用，立法者在法律责任也进行了配套修改。这样一来，结合这两个条文的规定，执法人员没有执法证件的，要受到上级机关或有关机关的处分。

第五，增加了第2款“行政机关对符合立案标准的案件不及时立案的，依照前款规定予以处理”。这一修改将拖延作为的行政处罚违法纳入处分情形。从理论上来说，行政处罚违法既包括作为，也包括不作为。[②]所谓不作为，是指行政主体负有法定

---

① 杨伟东：《行政程序违法的法律后果及其责任》，载《政法论坛》2005年第4期。

② 徐继敏主编：《行政处罚法的理论与实务》，法律出版社1997年版，第275页。

义务且能够履行而未履行或拖延履行法定职责的行为，[1]可以进一步区分为单纯的不作为和拖延不作为这两种表现形式。对于单纯的不作为，《行政处罚法》在第83条已经单独规定了法律责任：行政机关对应当予以制止和处罚的违法行为不予制止、处罚，致使公民、法人或者其他组织的合法权益、公共利益和社会秩序遭受损害的，对直接负责的主管人员和其他直接责任人员依法给予处分；情节严重构成犯罪的，依法追究刑事责任。而对于拖延不作为，《行政处罚法》在此次修订前则一直未予以规范。在实践中，对行政处罚不及时立案的不作为现象并不罕见，有必要在立法层面回应。

此次《行政处罚法》修订过程中，立法者对这一条文如何修改这一问题也发生了观点的改变。最初公布的《行政处罚法（修订草案征求意见稿）》并未出现第2款，而且也未删去“可以”，有关部门也未改成有关机关。此外，其第5项的规定是“执法人员不具有执法资格或者未取得执法证件的”。《行政处罚法（修订草案一次审议稿）》将“未取得执法证件的”这一表述删除。《行政处罚法（修订草案二次审议稿）》在一审稿的基础上增加了第2款关于不及时立案的规定。最终版的新修订《行政处罚法》则删除了“可以”，有关部门的表述也修改成了有关机关。

## 三 规范目的或功能

为了使行政机关严格遵守《行政处罚法》的规定，制止乱

① 朱新力：《论行政不作为违法》，载《法学研究》1998年第2期；周佑勇：《行政不作为构成要件的展开》，载《中国法学》2001年第5期。

处罚、乱罚款，保护公民、法人或者其他组织的合法权益不受侵犯，[1]立法者在《行政处罚法》中规定了法律责任。作为行政处罚法律责任最为重要的首要条款，第76条主要存在如下三个规范目的：首先，监督违法行政处罚行为。在《行政处罚法》起草初期，我国实践中行政处罚活动十分混乱，引起社会公众的广泛不满，迫切要求加强对行政处罚的监督。其次，促使行政机关和公职人员依法行使行政处罚权。行政处罚必须通过行政机关及其工作人员来实现，要减少违法行政处罚行为的发生，就必须对责任进行追究。最后，保障公民权利。加大对违法行政处罚行为的惩处，能够促使行政机关依法行使行政处罚权，进而保障了公民权利。

## 规范内容

本条规定了上级行政机关的监督，主要包括监督主体、监督对象、监督情形、监督方式和依法监督这五个方面。

### 一、监督主体

根据本条规定，监督主体主要包括上级行政机关和有关机关。所谓上级机关，是指对本机关或组织有直接领导和指挥责任的机关，包括上级主管部门和本级人民政府。[2]那么，如何理

① 曹志：《关于〈中华人民共和国行政处罚法（草案）〉的说明——1996年3月12日在第八届全国人民代表大会第四次会议上》，载《中华人民共和国全国人民代表大会常务委员会公报》1996年第3期。

② 刘善春主编：《行政处罚法释义与案例评析》，中国政法大学出版社1996年版，第70页。

解有关机关这一概念呢？对于这一问题学界存在不同看法，主要包括狭义说，中义说和广义说这三种理解。狭义说认为，有关机关是指监察机关。[①]中义说认为，有关机关主要包括行政监察部门、内部审计部门、人事管理部门和行政复议部门等。[②]广义说则认为，有关机关还包括权力机关和司法机关，尤其是人民法院。值得注意的是，对于行政系统以外的追究法律责任的主体，必须经过《宪法》《组织法》或特别法律，如《行政诉讼法》《国家赔偿法》赋予监督权后取得主体资格。

本书认为，这里有关机关一般来说是指监察机关。正如前文所说，这里有权实施处分行为的有关机关必须经过法律的授权。而目前，我国仅有《监察法》和《公职人员政务处分法》规定了国家监察机关有权对违法行政处罚的机关和人员实施处分。按照《监察法》第11条第3项和第45条第2项的规定，监察委员会可以对违法的公职人员作出政务处分。根据《监察法》制定的《公职人员政务处分法》，全面细致地规定了政务处分的种类、适用规则、违法情形、程序、救济途径、法律责任等事项。[③]此外，我国《行政许可法》第72条规定：行政机关及其工作人员违反本法的规定，有下列情形之一的，由其上级行政机关或者监察机关责令改正；情节严重的，对直接负责的主管人员和其他直接责任人员依法给予行政处分。这里的表述是监管机关，基于体系解释也可认为《行政处罚法》第76条的有关机关同样也是监察机关。

---

① 曹康泰主编：《行政处罚法教程》，中国法制出版社2011年版，第227页。

② 朱维究著：《行政行为的司法监督》，山西教育出版社1997年版，第289页。

③ 郭文涛：《〈政务处分法〉双惩戒制度之间的衔接协调》，载《法学》2020年第12期。

## 二、监督对象

根据本条，监督对象包括实施违法行政处罚的行政机关、直接负责的主管人员和直接责任人员。其中，直接负责的主管人员，主要是指行政机关的首长、行政处罚行为的决定者。

直接责任人员，主要是指执法人员，进行调查、听证和执行的行政处罚具体实施者。[①]这里的直接负责的主管人员和其他直接责任人员是我国刑法中经常出现的表述，可以参考刑法的解释。《最高人民法院研究室关于如何理解“直接负责的主管人员”和“直接责任人员”问题的复函》指出，所谓“直接负责的主管人员”，是指在企业事业单位、机关、团体中，对本单位实施走私犯罪起决定作用的、负有组织、决策、指挥责任的领导人员。单位的领导人如果没有参与单位走私的组织、决策、指挥，或者仅是一般参与，并不起决定作用的，则不应对单位的走私罪负刑事责任。所谓“直接负责人员”，是指直接实施本单位走私犯罪行为或者虽对单位走私犯罪负有部分组织责任，但对本单位走私犯罪行为不起决定作用，只是具体执行、积极参与的该单位的部门负责人或者一般工作人员。

值得注意的是，根据《行政处罚法》的规定，目前行政处罚的实施机关包括三类：一是有行政处罚权的行政机关；二是法律、法规授权的具有管理公共事务职能的组织；三是行政机关依照法律、法规、规章的规定在其法定权限内委托的组织。对于第一类实施机关的执法人员，根据本条规定，毫无疑义地属于监督对象。那么，第二类和第三类组织的执法人员，究竟

---

① 金国坤编著：《行政处罚法通解》，经济管理出版社1996年版，第141页。

是否属于本条规定的监督对象呢？根据《公务员法》的规定，处分只针对行政机关的公务员，被授权和被委托组织的执法人员被排除在外。我国各地的行政执法过错追究办法也将使用范围限定在行政机关及其工作人员。于是，就出现了学者所说的"《行政处罚法》法律责任的断档"。这一问题在实践中早已凸显，例如山西省在行政执法检查中，曾查处了几起事业单位执法人员执法违纪行为，但对其追究行政责任却缺乏依据，这种情况在全国也具有普遍性。事实上，法律、法规授权的组织和行政机关依法委托的组织是一支人数众多、规模庞大的执法队伍，但其素质参差不齐，是发生问题较多的执法群体。[①]这一法律漏洞对于《行政处罚法》的实施来说具有一定的不利影响。[②]

不过，在此次修订后，对执法人员也可进行政务处分。根据《监察法》第15条的规定，法律、法规授权或者受国家机关依法委托管理公共事务的组织中从事公务的人员也受到监察机关的监察。这意味着，《行政处罚法》中被授权和被委托组织的执法人员可以是政务处分的对象。这对完善行政处罚法律责任机制，促使行政处罚规范执法来说具有很大意义。但作为一种内部监督形式，行政处分在行政处罚法律责任体系中应发挥主要角色。本书认为未来仍应考虑规定被授权和被委托组织的法律责任。

## 三、监督情形

根据本条，监督情形包括五种。

---

① 马春生：《行政处罚法法律责任的断档》，载《政府法制》1999年第9期。

② 叶朝晖：《略论我国的法律责任制度和〈行政处罚法〉》，载《惠州大学学报（社会科学版）》1997年第3期。

第一，没有法定的行政处罚依据的。根据新修订的《行政处罚法》第4条的规定，行政处罚应当由法律、法规和规章规定。这实际上是行政处罚法定原则的要求。[①]这里所说的法定依据是指法律、法规和规章，具体包括法律、行政法规、地方性法规、部门规章和地方政府规章。在实践中，行政机关如果没有法律、法规或规章的依据而实施行政处罚，或者依据法律、法规或规章之外的其他规范性文件实施行政处罚，自定处罚项目，均属于行政处罚缺乏法定依据。

第二，擅自改变行政处罚种类、幅度的。行政机关作出行政处罚决定，处罚的种类、幅度必须符合法律规定，而不能擅自改变。由于社会生活复杂多变，法律不能规范所有的行政活动。即使法律对某一方面的行政活动加以规定，也不可能事无巨细、面面俱到。[②]因此，法律必须赋予行政机关一定的裁量空间。但是行政机关在进行裁量时须符合立法精神目的，在法律、法规和规章规定的种类和幅度内实施行政处罚。例如，《治安管理处罚法》第36条，擅自进入铁路防护网或者火车来临时在铁路线路上行走坐卧、抢越铁路，影响行车安全的，处警告或者二百元以下罚款。如果行政机关处拘留或二百元以上罚款，那么就是擅自改变行政处罚种类、幅度。

第三，违反法定的行政处罚程序。正当程序是行政活动的基本要求，行政处罚也应严格按照法定的程序进行。这里

---

① 曹康泰主编:《行政处罚法教程》，中国法制出版社2011年版，第220页。

② 王连昌等编著:《行政处罚法概论》，重庆大学出版社1996年版，第137页；徐继敏主编:《行政处罚法的理论与实务》，法律出版社1997年版，第277页。

的法定不仅包括《行政处罚法》本身规定的程序，例如第63条关于听证的规定，而且包括其他法律中关于行政处罚程序的规定，例如《治安管理处罚法》第98条关于听证的规定。值得注意的是，修订前的《行政处罚法》第3条第2款还规定，没有法定依据或者不遵守法定程序的，行政处罚无效。新修订《行政处罚法》第38条限缩了行政处罚无效的情形，规定违反法定程序构成重大且明显违法的，行政处罚无效。这样一来，只有重大且明显违法的程序违法行为才会无效，而一般的程序违法只会带来内部行政法律关系上的法律后果。这样的制度安排，一方面减少不必要地撤销程序违法、结果正确的行政处罚行为，另一方面通过内部程序处分作出程序违法行政行为的行政机关和人员，更加兼顾了行政效率与权利保障。①

第四，违反本法第20条关于委托处罚的规定的。《行政处罚法》第20条和第21条规定了委托处罚的条件：首先，行政机关实施行政处罚的委托必须有法律、法规或者规章的依据，没有法律、法规和规章的规定，行政机关不能根据上级文件、内部文件、领导指示或者自行决定委托某个组织或个人实施行政处罚。其次，被委托实施的行政处罚权必须是委托机关所依法享有的职权，行政机关不能将自己都不具有的职权委托给其他组织行使。换言之，委托必须是在法定权限以内。②再次，委托必须以书面的形式，委托书应当载明委托的具体事项、权限、期

① 张步洪：《行政处罚程序违法的实体化处理与法律责任》，载《国家检察官学院院报》2020年第5期。

② 曹康泰主编：《行政处罚法教程》，中国法制出版社2011年版，第221页。

限等内容。委托行政机关和受委托组织应当将委托书向社会公布。这是此次修订新增的要求。最后，受委托组织必须符合第21条规定的三个要求。缺乏上述任何一个条件，行政委托均可被认为违法。根据本项规定，这里所处分的是违反本法第20条关于委托处罚的规定的，对受委托组织不符合条件的便不予处分。

第五，执法人员未取得执法证件的。该情形是此次修订所新增的，主要是为了与《行政处罚法》新增加的第42条的修改配套。在此次修订中，新修改的第42条规定了行政执法资格制度，即行政处罚应当由具有行政执法资格的执法人员实施。值得注意的是，这里的执法人员仅指行政执法机关正式在编工作人员，其他人员均不得实施。在我国行政管理实践中，不少执法人员是合同工、临时工和协管等，并不具有行政执法资格。例如《安徽省行政执法人员管理办法》第7条规定，经政府法制机构会同机构编制管理机关审核，申请参加考试人员为行政执法机关正式在编工作人员的，由省人民政府法制工作机构安排参加通用法律知识考试。《商务部行政执法人员资格管理办法》第6条规定，取得商务部行政执法资格应当具备下列条件：（一）从事商务部行政执法工作的正式工作人员；（二）具有良好的政治、业务素质和道德品行；（三）参加行政执法专业知识培训，并考试合格。不过，从该表述来看，未取得执法证件，究竟是指执法人员未出示执法证件还是未取得执法资格，抑或是已经取得执法资格但尚未获得执法证件，在理解上似乎存在歧义，本书认为在今后的修订中应予以明确。事实上，在最初公布的《行政处罚法（修订草案征求意见稿）》中，本项的规定是“执法人员不具有执法资格或者未取得执法证件的”。但“不具有执法资格”这一表述在一审稿中便被删除。

## 四、监督方式

根据本条规定，监督方式包括责令改正和处分这两种形式。其中责令改正是针对行政机关，而处分则是针对责任人员。值得注意的是，不同于处分，责令改正并不是法律责任形式，而是有权机关对行政处罚机关及其执法机关行为的监督权而对违法处罚行为作出的处理，是有关机关对行政处罚进行监督的一种形式，其性质是行政命令。责令改正尽管不是独立的法律责任形式，但是也属于一种独立的监督形式，具有特殊的内容和用途，具有不可替代的独特作用。[①]

根据监督主体的不同，处分还可区分为上级行政机关作出的行政处分和监察机关作出的政务处分。前文已指出，本条规定的有关机关是指监察机关，根据《公职人员政务处分法》的规定，监察机关实施的是政务处分。因此，本条的处分是一个广义概念，既包括传统行政系统内部的行政处分，也包括监察机关作出的政务处分。

## 五、依法监督

根据本条规定，对责任人员的处分应依法进行。具体来说，在对公职人员追究责任时，应遵循法治主义，符合法律规定的实体标准和程序要求，并充分保障其申诉救济的权利。此时，

---

① 曹康泰:《行政处罚法教程》，中国法制出版社2011年版，第235页。

比例原则[①]、正当程序等适用于外部行政法律关系的基本原则在这种内部行政法律关系之中也应遵循。对此，我国《公务员法》和《公职人员政务处分法》均作出了较为详尽的规定。例如，《公务员法》第63条规定，对公务员的处分，应当事实清楚、证据确凿、定性准确、处理恰当、程序合法、手续完备。第15章还专门规定了申诉与控告机制。《公职人员政务处分法》也有类似的规定。在根据本条对责任人员进行处分时，应严格遵循这些法律所规定的程序和实体要求。

一个具有争议的问题是，对责任人员进行处分是否要求其具有过错，对此我国学界存在肯定说和否定说两种对立的观点。肯定说认为，存在过错是对责任人员进行处分的前提。例如，有学者指出，行政违法行为是出于行政机关及其工作人员的过错。任何行为都是人们有意识活动的结果。行为是否违法，不仅要看行为在客观上是否违法，还要看行为是否出于行政机关及其工作人员的故意或过失。任何不出于故意也不出于过失的行为，均不构成行政违法。[②]还有学者认为有关故意和过失的标准，应当参照《刑法》的有关规定确认。所谓故意是指明知自己的行为会发生危害社会的后果，但却希望或者放任这种后果发生的心理状态，如行政机关及执法人员滥用职权的行为，以

---

① 章剑生教授指出，追究过错责任涉及行政机关工作人员的行政责任甚至刑事责任，必须符合比例原则，不可挫伤行政机关工作人员履职积极性。章剑生：《作为担保行政行为合法性的内部行政法》，载《法学家》2018年第6期。在德国法上，在对公务人员进行惩戒时也应遵循比例原则，Thorsten Ingo Schmidt, Beamtenrecht, 2017, S. 147。

② 王成栋、杨解君编著：《行政处罚法概论》，中国人民公安大学出版社1996年版。

权谋私的行为等。所谓过失是指应当预见自己行为可能发生的社会危害性因疏忽大意而没有预见，或虽有预见但轻信可以避免，以致发生危害后果的心理状态，如行政机关的工作人员不注重对事实的调查、证据的收集与保存，凭借自己的工作经验和对事件的判别能力作出的行政处罚，而致行政处罚因事实不清，适用法律错误等而违法。[①]否定说则认为，无论责任人员主观上有无过错，只要客观上存在《行政处罚法》第7章规定的行为，都应依法追求其相应的责任。理由在于，行政法学上，不是十分强调行为人的主观状态。或者说，行为人的主观状态对追究行为人的行政法律责任并没有决定性的影响。在《行政处罚法》中，并没有规定行为人在主管上必须有故意或者有过失才能实施行政处罚，同样的，在追究行政处罚法律责任时，也没有明确规定行政主体及其工作人员主观上有过错。[②]

这一争议直接反映到了我国的立法实践中。尽管《行政处罚法》对这一问题没有作出规定，但各地的行政执法过错责任追究办法均作出了明确的安排。一些地方立法采取了肯定说的立场。例如《河北省行政执法过错责任追究办法》第2条规定，

---

① 王连昌等编著：《行政处罚法概论》，重庆大学出版社1996年版，第132页。该书还进一步将过错分为两种情况，一种是法律错误，即对自己实施的行为是否违法，以及违法的程度有不正确的理解，如行为人越权处罚而自认为是权限之内，行为人因对法律的错误理解，错误适用法律而自认为正确。这类法律的认识错误并不影响行为的认定，另一类是事实错误，即对自己行为的事实情况有错误的理解，如在行政处罚中将处罚对象搞错，手段错误。事实错误和法律错误都不影响对违法行政处罚行为的认定及法律责任的追究。为了避免出现这类错误，必须加强对执法人员的素质培养，提高执法人员的水平和对法律的理解能力，从根本上保证行政处罚的合法进行。

② 应松年主编：《行政处罚法教程》，法律出版社2012年版，第244页。

本办法所称行政执法过错，是指各级人民政府和县级以上人民政府所属行政执法部门、法律法规授权或者依法委托的组织（以下简称行政执法机关）及其执法人员在行政执法活动中，因故意或者过失不履行、违法履行或者不当履行法定职责，致使公民、法人和其他组织的合法权益受到损害，造成不良后果，经法定程序确认应当追究行政责任的行为。一些地方则采取了否定说的立场。例如《河南省行政执法过错责任追究办法》第4条规定，本办法所称行政执法过错是指行政执法机关及行政执法人员在行政处罚、行政许可、行政强制、行政征收等行政执法过程中不履行、违法履行或者不当履行行政执法职责的行为。

本书认为，并不能因为我国《行政处罚法》没有规定行政处罚认定的主观要素，就认为行政处分的认定也应将主观要素排除在外。更何况，在此次修订中，在各界的共同呼吁下，[①]立法者增加了主观过错的规定。问题的关键在于，这种内部行政处分的功能究竟是什么。从理论上来说，法律体系中的制裁具有救济、惩罚和预防这三种功能。救济功能是指填补被害人的损害，典型的形式是民事赔偿。惩罚功能则是指对伤害行为的一种报应，主要是为了平衡受害人的正义感，进而维护法律秩序，典型的例子便是刑罚。而预防功能则是指通过对一种行为表达不满，旨在阻止或者预防同样行为的发生。[②]就本条规定的内部处分机制来说，其主要是为了通过一种责任机制督促公职

---

① 王贵松：《论行政处罚的责任主义》，载《政治与法律》2020年第6期；熊樟林：《行政处罚责任主义立场证立》，载《比较法研究》2020年第3期。

② Oswald Jansen ed., Administrative Sanction in the European Union, Intersentia, 2013, p. 217.

人员依法行政，避免将来实施违法行政处罚，因而主要目的在于预防。当然，其也具有一定的惩罚性，但这种惩罚并不是为了报应伤害行为，平复受害人心理。基于这种理由，对责任人员进行处分时的确可以考虑过错，但不宜像刑罚认定那样严格。在比较法上也存在类似的问题。以德国法为例，对公职人员的处分也像刑法那样奉行责任主义原则。①但有学者指出，处分法毕竟与刑法的性质和目的不一样，导致责任主义在处分法中的适用会带来矛盾，应根据其特性调整适用。②

因此，本书认为较为妥当的办法是将过错程度作为一个情节，上级行政机关或者相关机关在处分时可以根据责任人员的过错程度来决定处分形式。③

## 三 实务应用

在司法实践中，援引本条的裁判较少。唯一的情形是行政相对人提出应基于本条对违法行政机关进行追责的请求，但基本均被排除在行政诉讼的受案范围之外。理由是，这是内部行政关系，并不属于行政诉讼受案范围。根据2018年《最高人民法院关于适用〈中华人民共和国行政诉讼法〉的解释》第1条第2款第8项的规定，上级行政机关基于内部层级监督关系对下级行政机关作出的听取报告、执法检查、督促履责等行为不属于

---

① Thorsten Ingo Schmidt, Beamtenrecht, 2017, S. 137.

② Ulrich Pflaum, Schuldprinzip und Disziplinarrecht, ZBR 2013, S.187.

③ 郑水泉、沈开举主编:《行政处罚法通论》，中国人民公安大学1996年版，第238页。皮纯协主编:《行政处罚法释义》，中国书籍出版社1996年版，第235页。

人民法院行政诉讼的受案范围。

例如，在马某某、门峡市人民政府二审行政裁定书中，法院指出："为监督行政机关工作人员依法履职，法律、法规和规章通常规定行政机关或上级行政机关应当对存在执法过错的行政机关工作人员依法追究责任，实践中，行政机关或上级机关对存在执法过错的行政机关工作人员进行追责主要有两种启动途径：一是根据公民、法人或其他组织的举报线索；二是行政机关或上级机关主动发现，无论是哪种途径启动追责，均是行政机关或上级机关基于行政机关内部人事管理权实施的行为，属于行政机关内部行政管理范畴，依法不属于《行政诉讼法》和《行政复议法》规定的受案、受理范围。"①

又如，在王某某其他一审行政裁定书中，法院认为："根据《行政诉讼法》第49条第4项，当事人提起诉讼应当属于人民法院受案范围。又根据《最高人民法院关于适用〈中华人民共和国行政诉讼法〉的解释》第1条第2款第8项的规定，上级行政机关基于内部层级监督关系对下级行政机关作出的听取报告、执法检查、督促履责等行为，不属于人民法院受案范围。本案中，原告2019年1月2日向被告提交行政查处申请，请求被告根据《行政处罚法》第55条等法律规定对被申请人上海市房屋管理局作出处理，实质上是要求被告基于内部层级监督关系履行对下级机关检查、督促的职责，不属于人民法院受案范围。故，原告因此提起本案诉讼，不符合法定受理条件，本院依法应予

---

① 参见马某某、门峡市人民政府二审行政裁定书，河南省高级人民法院，〔2020〕豫行终2293号。

驳回。”[①]

**第七十七条【当事人的拒绝处罚权及检举权】**

行政机关对当事人进行处罚不使用罚款、没收财物单据或者使用非法定部门制发的罚款、没收财物单据的，当事人有权拒绝，并有权予以检举，由上级行政机关或者有关机关对使用的非法单据予以收缴销毁，对直接负责的主管人员和其他直接责任人员依法给予处分。

## 法条沿革

本条规定了行政机关违法使用单据的法律责任。其立法背景是在20世纪90年代，不少行政机关通过罚款和没收财物的形式创收，进而滥用行政处罚权。为了遏制这一现象，立法者在《行政处罚法》中采取了不少举措，本条就是其中之一。[②]本条在实践中的确发挥了良好的效果，自1996年《行政处罚法》制定以来基本没有发生变化。在此次修订中，立法者仅对本条进行了文字性的修改。一是将有关部门和行政处分的表述修改成有关机关和处分，其理由可参考第76条的解释。二是将检举后的逗号改成了句号，并在上级机关之前加了一个“由”字。

① 参见王某某其他一审行政裁定书，〔2019〕京01行初1077号。

② 全国人大常委会法制工作委员会国家法室、行政法室：《〈中华人民共和国行政处罚法〉讲话》，法律出版社1996年版，第159页。

## 规范目的或功能

在20世纪90年代，罚款是行政管理活动中运用得最为普遍的一种处罚措施，存在的问题也最多。一些行政机关将罚款作为创收的一种手段，用来解决本单位经费不足，或用于发奖金和办福利，造成罚款受经济利益驱动，导致行政机关滥罚款，侵害了公民利益，腐化了干部队伍，破坏了政府形象，影响了政府和群众的关系。为了防止行政机关及其执法人员行政管理活动中受经济利益驱动而滥施处罚，杜绝行政管理活动中的不正之风，立法者制定了本条。[①]总结起来，本条的目的是，通过对违法使用罚款单据进行惩处，遏制现实中行政机关将罚款作为创收手段，进而滥用行政处罚权的现象，达到了规范行政处罚权行使、保障公民权益、改进政府形象和保护国家财政收入等多种功能。

## 规范内容

本条的规范内容主要由事实构成和法律结果[②]这两部分组成。

事实构成是行政机关对当事人进行处罚不使用罚款、没收财物单据或者使用非法定部门制发的罚款、没收财物单据。罚

---

① 吴高盛编:《〈中华人民共和国行政处罚法〉释义及实用指南》，中国民主法制出版社2015年版，第138页。

② 从法律方法上来说，法律规则一般由事实构成和法律结果组成。郑永流著:《法律方法阶梯》，北京大学出版社2012年第2版，第45—46页。

款和没收财物归国家所有，行政机关应将处罚和拍卖没收财物所得的款项上缴国库，罚款、没收财物单据是行政机关收取被罚款人罚款、财物的凭证，也是行政机关向财政部门缴纳款项的凭证。[①]无论是不使用凭证还是使用非法定凭证，均构成行政处罚违法。

法律结果则包括三个方面：一是当事人的拒绝权和检举权。行政机关在行政处罚时如果违法使用单据，那么行政相对人便有权拒绝和检举，这便是理论上所谓的“拒绝权”。《行政处罚法》第70条和第77条规定的特定情形下“当事人有权拒绝缴纳罚款”，是法律对公民拒绝权的明确承认，也一直被学界作为拒绝权的典型范例。[②]学界多用有限公定力理论和无效行政行为理论[③]来解释公民拒绝权，但或多或少存在不兼容之处。本书认为，我国法律体系之中的拒绝权，尤其是《行政处罚法》中规定的处罚权，是一种时代的回音，[④]是为了解决特定时期行政机关乱收费、乱罚款和乱摊派的政策性立法。二是上级行政机关或者有关机关对使用的非法单据的收缴销毁。这里上级机关是指对本机关或组织有直接领导和指挥责任的机关，包括上级主管部门和本级人民政府。有关机关则一般是指监察机关。三是上级行政机关或者有关机关对责任人员的处分。这里的处分同时包括行政机关作出的处分和监察机关作出的政务处分。

---

① 全国人大常委会法制工作委员会国家法室、行政法室：《〈中华人民共和国行政处罚法〉讲话》，法律出版社1996年版，第159页。

② 何海波：《公民对行政违法行为的藐视》，载《中国法学》2011年第6期。

③ 王锡锌：《行政行为无效理论与相对人抵抗权问题探究》，载《法学》2001年第10期。

④ 何海波：《公民对行政违法行为的藐视》，载《中国法学》2011年第6期。

## 实务应用

整体来说，本条仍属于规范内部行政法律关系的条文，一般很少在司法裁判中运用。不过，本条所确立的拒绝权涉及行政相对人，属于外部行政法律关系，在理论上具有司法争议的可能。但迄今为止，我国很少有裁判文书援引本条。如果一项具有司法争议性的制度在司法实践中无法找到，那么很有可能在行政管理实践中没有被运用。事实上，已有学者指出，

这一条款在行政执法过程中的实际运作不容乐观。[①]还有学者指出，行政相对人并不一定意识到自己享有拒绝权，在被处罚过程中很少行使这一权利。[②]本书认为，本条具有鲜明的时代特征，是改革开放初期行政机关滥用罚款权现象较为猖獗的大背景下的政策性立法。经过接近四十年的发展，我国法治政府建设取得了长足的进步，行政处罚已经规范化和制度化，目前实践中不太可能出现不使用罚款单据或罚缴不分离的状况。因此，在近年来的司法裁判文书中很难找到本条的适用。

### 第七十八条【自行收缴罚款的处理】

行政机关违反本法第六十七条的规定自行收缴罚款的，财政部门违反本法第七十四条的规定向行政机关返

---

① 刘亮：《拒绝条款缘何难以保障“拒绝”——对〈行政处罚法〉第49条、第56条的分析》，载《四川行政学院学报》2014年第5期。

② 宗冬艳：《行政法律文本中相对人拒绝权论析》，载《四川警察学院学报》2020年第4期。

还罚款、没收的违法所得或者拍卖款项的，由上级行政机关或者有关机关责令改正，对直接负责的主管人员和其他直接责任人员依法给予处分。

## 法条沿革

本条规定的指自行收缴罚款的处理，为此次修订中修改的条文。

在1996年《行政处罚法》制定时，我国作出罚款决定的机关和收缴罚款的机关并没有分开，对处罚机关缺少必要的监督。一些行政机关将罚款作为创收的一种手段，与办单位的奖金和福利挂钩，造成罚款受经济利益驱动。除此之外，有的地方为了解决经费不足，将行政机关的罚款、没收违法所得和没收非法财物的收入按一定比例返还给行政机关，作为行政经费。这样一来，行政处罚对处罚机关来说有利可图，行政机关罚得越多，它的经费就越多，形成了收支挂钩、互相推动的利益格局。[①]对此，我国政府采取了诸多举措。例如，财政部在1986年出台了《罚没财物和追回赃款赃物管理办法》，其第11条规定：执法机关依法收缴的罚没款、赃款和没收物资、赃物的变价款一律作为国家"罚没收入"或"追回赃款和赃物变价款收入"，加数上缴国库。1993年，中央办公厅和国务院办公厅转发了财政部关于行政性经费、罚没收入实行预算管理的规定。然而，这些规定并没有彻底解决上述现象。对此，立法者在《行

① 全国人大常委会法制工作委员会国家法室、行政法室：《〈中华人民共和国行政处罚法〉讲话》，法律出版社1996年版，第160—161页。

政处罚法》中对此问题采取了诸多举措，确立了罚缴分离、不得返还的制度，而本条便是对破坏上述制度的内部惩戒机制。

本条自《行政处罚法》制定以来一直未发生变化。在此次修订中，立法者加入了返还没收的违法所得这一违法情形。这主要是为了与第74条第3款和第78条第1款统一，这两个条款的表述均包含罚款、没收的违法所得和拍卖款项这三种形式。修订前的法律表述在一定程度上存在漏洞。除此之外，立法者还将将行政处分的表述改成了处分，也是基于法律概念的统一性要求。

## 规范目的或功能

本条具有鲜明的时代背景，立法者设计本条的目的便是遏制现实中行政机关自行收缴罚款，财政部门向行政机关返还罚款，进而导致行政处罚权滥用的现象。在实践中，本条也起到了预期的作用，发挥了规范行政处罚权行使和保障公民权益的功能。

## 规范内容

本条的规范内容主要由事实构成和法律结果这两部分组成。

事实构成主要包括两种情况：一是行政机关违反本法第67条的规定自行收缴罚款；二是财政部门违反本法第74条的规定向行政机关返还罚款、没收的违法所得或者拍卖款项。对于第一种情形，《行政处罚法》第67条明确确立了收缴分离的原则，即作出罚款决定的行政机关应当与收缴罚款的机构分离，作出行政处罚决定的行政机关及其执法人员不得自行罚款。罚款的收缴应由通过银行或电子支付系统进行，罚款收缴后直接上缴国库。对于第二种情形，《行政处罚法》第74条第2款规定，罚款、没收的违法所得或者没收非法财物拍卖的款项，必须全部上缴国库，任何行政机关或者个人不得以任何形式截留、私分或者变相私分，财政部门也应如此。

法律结果也存在两种：一是上级机关或者有关机关责令改正；二是对直接负责的主管人员和其他直接责任人员依法给予处分。对于第一种法律结果的法律性质，前文已经分析，是一种行政命令。这里上级机关是指对本机关或组织有直接领导和指挥责任的机关，包括上级主管部门和本级人民政府。有关机关则一般是指监察机关。这里的处分同时包括行政机关作出的处分和监察机关作出的政务处分。值得注意的是，并非所有的行政机关自行缴纳都违法，《行政处罚法》第68条和第69条规定了三种例外情形：一是依法给予一百元以下罚款的；二是在不当场收缴事后难以执行的；三是在边远、水上、交通不便地区。

## 实务应用

从行政管理实践来看，在《行政处罚法》出台以后，其所确立的罚缴分离制度得到了贯彻，很大程度上减少了现实中行政罚款权滥用的现象。目前，罚缴分离制度已经成为我国行政处罚执行机制中的重要组成部分。由于本条主要规范的是内部行政法律关系，援引本条规定的裁判并不多见。在司法实践中，有行政相对人以行政罚款机关违反罚缴分离原则为由向法院提起行政诉讼，此时便会同时援引第67条和第74条。[①]

## 第七十九条【私分罚没财物的处理】

行政机关截留、私分或者变相私分罚款、没收的违法所得或者财物的，由财政部门或者有关机关予以追缴，对直接负责的主管人员和其他直接责任人员依法给予处分；情节严重构成犯罪的，依法追究刑事责任。

执法人员利用职务上的便利，索取或者收受他人财物、将收缴罚款据为己有，构成犯罪的，依法追究刑事责任；情节轻微不构成犯罪的，依法给予处分。

### 法条沿革

本条是对行政机关及其执法人员将罚没款项和财物私分、截留以及贪污、受贿行为追究刑事责任和行政责任的规定，为此次修订中修改的条文。

在1996年《行政处罚法》制定时，存在不少行政机关将罚款作为创收手段，进而截留、私分或者变相私分罚款的现象。为了实现这一目的，行政机关往往摊派罚款任务，公务人员为了增加收入会滥用行政处罚权。为了遏制这一现象，立法者在《行政处罚法》中对其规定了严格的法律责任。除对罚款予以追缴外，还要追究责任人员的责任，对其进行处分。如果情节特别严重的，还可能构成犯罪。此外，当时在实践中，由于执法

① 参见黄某某与兴国县公安局治安行政处罚决定纠纷上诉案，〔2006〕赣中行终字第21号。

人员拥有较大的裁量权，行政相对人为了少罚款或不被罚款，会与执法人员行贿，这便是典型的权力寻租。为了打击这一现象，本条第2款也专门规定了法律责任。如果构成犯罪，应依法追究刑事责任；即便情节轻微没有构成犯罪，也应依法给予处分。

本条自《行政处罚法》制定以来一直未发生变化。在此次修订中，立法者在最后一次审议中对本条进行了文字性的调整。第一处是将“将罚款、没收的违法所得或者财物截留、私分或者变相私分的”改成了“截留、私分或者变相私分罚款、没收的违法所得或者财物的”；第二处是将“收缴罚款据为己有”改成了“将收缴罚款据为己有”，使得法条表述更加严谨。除此之外，立法者还将有关部门改成了有关机关，将行政处分改成了处分，与其他条文保持了一致。

## 规范目的或功能

本条的规范目的是打击与行政处罚权利行使有关的贪污受贿行为，主要包括截留、私分或变相私分罚款、没收的违法所得或者财物，以及利用职务上的便利，索取或者收受他人财物、将收缴罚款据为己有，进而起到了规范行政处罚权行使、保护公民权利、惩治违法犯罪和保障执法队伍廉洁的多重作用。

## 规范内容

本条分为2款。

就第1款来说，其事实构成是行政机关截留、私分或者变相私分罚款、没收的违法所得或者财物的。所谓截留，是指把应上缴国库的罚没款项不上缴或者不全部上缴。所谓私分，是指罚没机关把罚没的款项或财物在其内部人员中私自分配。所谓变相私分，是指罚没机关采取其他手段，如用罚没款项为其内部人员办福利，或将罚没财物以较低的价格处理给内部人员等。上述行为均属于违法法律规定的以权谋私的行为。[①]

法律结果主要分为三种：首先是由财政部门或者有关机关予以追缴。其次是对直接负责的主管人员和其他直接责任人员依法给予处分。这里的处分既包括行政处分也包括政务处分。就行政处分来说，根据《行政机关公务员处分条例》第23条的规定，有贪污、索贿、受贿、行贿、介绍贿赂、挪用公款、利用职务之便为自己或者他人谋取私利、巨额财产来源不明等违反廉政纪律行为的，给予记过或者记大过处分；情节较重的，给予降级或者撤职处分；情节严重的，给予开除处分。就政务处分来说，《公职人员政务处分法》第32条规定，公职人员贪污贿赂的，予以警告、记过或者记大过；情节较重的，予以降级或者撤职；情节严重的，予以开除。

最后是刑事责任。根据《刑法》第382条的规定，国家工作人员利用职务上的便利，侵吞、窃取、骗取或者以其他手段非法占有公共财物的，是贪污罪。行政机关截留、私分或者变相私分罚款、没收的违法所得或者财物，如果情节较重，那么确实可能构成贪污罪。除此之外，我国《刑法》还专门设置了私分罚没财物罪这一罪名。根据《刑法》第389条第2款的规定，

---

① 郑水泉、沈开举主编：《行政处罚法通论》，中国人民公安大学1996年版，第232页。

司法机关、行政执法机关违反国家规定，将应当上缴国家的罚没财物，以单位名义集体私分给个人的，依照前款的规定处罚。数额较大的，对其直接负责的主管人员和其他直接责任人员，处三年以下有期徒刑或者拘役，并处或者单处罚金；数额巨大的，处三年以上七年以下有期徒刑，并处罚金。

就第2款来说，其事实构成是执法人员利用职务上的便利，索取或者收受他人财物、将收缴罚款据为己有。这里主要包括两个行为：一是利用职务上的便利，索取或者收受他人财物，这是一种受贿行为；二是将收缴罚款据为己有，这是一种贪污行为。

法律结果则包括两种：首先是刑事责任。根据《刑法》第385条的规定，国家工作人员利用职务上的便利，索取他人财物的，或者非法收受他人财物，为他人谋取利益的，是受贿罪。这里，利用职务上的便利，索取或者收受他人财物的行为如果情节严重，可能构成受贿罪。《刑法》第382条的规定，国家工作人员利用职务上的便利，侵吞、窃取、骗取或者以其他手段非法占有公共财物的，是贪污罪。将收缴罚款据为己有，如果情节严重的话，可能构成贪污罪。其次是情节轻微不构成犯罪的，依法给予处分。这里的处分同时包括行政处分和政务处分。就政务处分来说，《公职人员政务处分法》第32条规定，公职人员贪污贿赂的，予以警告、记过或者记大过；情节较重的，予以降级或者撤职；情节严重的，予以开除。第38条规定，公职人员违反规定向管理服务对象收取、摊派财物的，情节较重的，予以警告、记过或者记大过；情节严重的，予以降级或者撤职。

## 实务应用

本条仍属于规范内部行政法律关系的条文，不属于行政诉讼的受案范围，一般很少在司法裁判中运用。在刑事诉讼中，一般法院也仅援引《刑法》关于贪污罪和受贿罪的规定。

**第八十条【行政机关的赔偿责任及其对有关人员的处理】**

行政机关使用或者损毁查封、扣押的财物，对当事人造成损失的，应当依法予以赔偿，对直接负责的主管人员和其他直接责任人员依法给予处分。

## 法条沿革

本条是关于行政机关的赔偿责任及其对有关人员的处理的规定，是此次修订修改的条款。

在1996年《行政处罚法》制定时，行政机关在扣押财物时经常不注意保管，使用和损毁当事人财物的事件时有发生，严重侵害了行政相对人的财产权。为了遏制这一现象，立法者设置了本条。在之后的几次修正中，立法者均未对本条进行修改。

在此次修订中，立法者对本条进行了两处修改：一是在扣押之外加入了查封。查封和扣押是两种非常类似的行政强制措施，主要的区别在于针对的对象不同，因此在法律法规中这两种形式都是同时出现。例如《国家赔偿法》第4条第2项的表述是“违法对财产采取查封、扣押、冻结等行政强制措施的”。《行政强制法》第3章第2节更是以“查封、扣押”为标题。在我国公安、交通、税收、工商、卫生和金融等具体的行政法律规范中，行政机关一般同时享有查封和扣押的权力。因此，这一修改与其他法律的规定保持了一致。二是将行政处分改成了处分。在此次修订中，立法者在《行政处罚法（修订草案一次审议稿）》中将行政处分改成了处分，直到最后一次审议加入了查封。

值得注意的是，本条实际上规定的是行政强制措施的法律责任，严格来说并不是本法规范的范畴。但是，在《行政处罚法》制定时，我国还没有《行政强制法》，对于违法行政强制措施就不存在法律责任机制。考虑到行政机关在扣押过程中损害当事人财产权的现象，立法者制定了本条。但随着《行政强制法》的出台，本条基本丧失了实际作用。尤其是《行政强制法》第62条第2项规定，行政机关使用或者损毁查封、扣押场所、设施或者财物的，由上级行政机关或者有关部门责令改正，对直接负责的主管人员和其他直接责任人员依法给予处分。这一规定与本条内容完全重复。

## 规范目的或功能

本条的规范目的是通过法律责任的追究查封扣押财物过程中损害当事人财产权的行为，促使行政机关依法行政，注意对当事人财产权的保护。

## 规范内容

本条的规范内容由事实构成和法律结果这两部分组成。

事实构成是行政机关使用或者损毁查封、扣押的财物，对当事人造成损失。其中，查封是《行政强制法》第9条第2项所设定的一种种类和手段，是指行政机关为了预防和制止违法，保证行政决定的有效作出和执行，通过就地封存的方法，在短时间内禁止对场所使用和限制对财物的使用、毁损、转移和处分的行政强制措施。[①]扣押是由《行政强制法》第9条第3项所设定的并与查封并行的一种种类和手段，是指行政机关为了预防和制止违法，在短时间内禁止当事人对扣押财物的实用、毁损、转移和处分的行政强制措施。[②]查封和扣押这两项措施的主体、功能和依据基本相同，因而法律法规往往对这两项措施同时做出规定，行政机关可以针对不同财物的特点选择不同措施。一般来说，查封所针对的对象是场所、设施或财物，而扣押针对的对象则是财物。两者主要的区别在于查封措施主要是就地封存，而扣押措施则主要是异地控制。[③]根据《行政强制法》第26条的规定，对查封、扣押的场所、设施或者财物，行政机关应当妥善保管，不得使用或者损毁。对于违反这一规定，使用或者损毁查封、扣押的场所、设施或者财物的，要依法承担相应的法律责任。

法律结果包括两种形式，一是应当依法予以赔偿。这里的依法主要是指《国家赔偿法》。根据《国家赔偿法》第4条的规定，行政机关违法对财产采取查封、扣押、冻结等行政强制措施时侵害财产权的，受害人有取得赔偿的权利。二是对直接负

---

① 胡建森著：《行政法学》，法律出版社2015年第4版，第324页。
② 胡建森著：《行政法学》，法律出版社2015年第4版，第326页。
③ 胡建森著：《行政法学》，法律出版社2015年第4版，第327页。

责的主管人员和其他直接责任人员依法给予处分。这里的处分既包括《公务员法》和《行政机关公务员处分条例》规定的处分，也包括《监察法》和《公职人员政务处分法》规定的政务处分。

值得注意的是，行政责任的追究应不以对当事人造成损失为前提。也就是说，只要有使用或者损毁查封、扣押的财物的行为，无论是否给当事人造成损失，都要承担行政责任。对于公权力来说，法无授权即禁止，法律并未规定行政机关可以使用扣押财物，因而擅自使用的行为应受到惩罚。对此，《行政强制法》第26条明确规定，对查封、扣押的场所、设施或者财物，行政机关应当妥善保管，不得使用或者损毁。除此之外，《行政强制法》第62条第2项规定，行政机关使用或者损毁查封、扣押场所、设施或者财物的，由上级行政机关或者有关部门责令改正，对直接负责的主管人员和其他直接责任人员依法给予处分。这里并未要求对当事人造成损失。

## 实务应用

本条属于规范内部行政法律关系的条文，不属于行政诉讼的受案范围，在司法实践中很少被援引。本条涉及国家赔偿，但法院一般也是依据《国家赔偿法》第4条的规定裁判。此外前文已指出，本条在《行政强制法》出台后便已经丧失了实际功能，因而目前无论在行政管理实践还是司法实践中基本不会被援引。

### 第八十一条【违法实施检查或执行措施的赔偿责任】

行政机关违法实施检查措施或者执行措施，给公民人身或者财产造成损害、给法人或者其他组织造成损失的，应当依法予以赔偿，对直接负责的主管人员和其他直接责任人员依法给予处分；情节严重构成犯罪的，依法追究刑事责任。

## 法条沿革

本条是关于行政机关违法实行检查措施或执行措施的法律责任的规定，是本次修订修改的条文。在《行政处罚法》制定时，存在不少行政处罚执法不规范的现象。尤其是在实施检查和执行措施的过程中，公民的人身权和财产权经常得不到保障。立法者为了解决这一问题，对违法实施检查或执行措施设置了严格的法律责任。本条自《行政处罚法》制定至今基本没有发生变化，在此次修订中立法者也仅在最后一次审议中进行了两处文字性修改。一处是把实行改成了实施，这样的表述更加严谨，而且与其他条文保持了一致。《行政处罚法》其他条文均为使用实行的表述，而都是使用实施。另一处则是将行政处分改成了处分。

## 规范目的或功能

本条的目的是通过对违法实行检查或执行措施的行为追究法律责任，促使行政机关依法行政，保障公民权益。

## 规范内容

本条的规范内容可以分为事实构成和法律结果。

事实构成是行政机关违法实施检查措施或者执行措施，给公民人身或者财产造成损害、给法人或者其他组织造成损失。这里的检查措施是指行政机关在调查、收集有关证据时，需要采取相应的强制措施。行政机关实施行政处罚，必须查明事实，违法事实不清的，不能处罚。为了查明事实，需要调查、收集有关证据。行政机关在调查、收集有关证据时，需要采取相应的强制措施。如本法规定的“登记保存”“抽样取证”等措施；海关法规定的检查走私嫌疑人的身体、扣留走私嫌疑人移送司法机关等措施；税收征管法规定的扣押、查封纳税人的商品、货物或者其他财产的措施等，这些带有强制性的检查措施都属于本条规定的检查措施。这里的执行措施是指行政强制执行，是被处罚人不履行行政机关的处罚决定时，行政机关强制其履行的一些措施。如本法规定，对当事人逾期不履行行政处罚决定的，行政机关可以采取加处3%的罚款，将查封、扣押的财物拍卖或者将冻结的存款划拨抵缴罚款等。采取检查措施或者执行措施是为了行政机关更好地履行法定职责，维护行政管理秩序，行政机关在采取这些措施时，应该严格遵守法定的权限和程序，否则就构成了这里所谓的违法。此时，如果给公民人身或者财产造成损害、给法人或者其他组织造成损失，就要承担一定的法律责任。①

法律结果主要包括三个方面，一是依法予以赔偿。这里的依法主要是《国家赔偿法》，对受害的行政相对人进行行政赔偿。《国家赔偿法》第4条规定，行政机关及其工作人员在行使

---

① 全国人大常委会法制工作委员会国家法室、行政法室：《〈中华人民共和国行政处罚法〉讲话》，法律出版社1996年版，第166页。

行政职权时违法对财产采取查封、扣押、冻结等行政强制措施的，受害人有取得赔偿的权利。二是对直接负责的主管人员和其他直接责任人员依法给予处分。这里的处分既包括《公务员法》和《行政机关公务员处分条例》规定的处分，也包括《监察法》和《公职人员政务处分法》规定的政务处分。三是在情节严重构成犯罪时，追究刑事责任。

## 实务应用

本条属于规范内部行政法律关系的条文，不属于行政诉讼的受案范围，在司法实践中很少被援引。本条涉及国家赔偿，但法院一般也是依据《国家赔偿法》第4条的规定裁判。

### 第八十二条【对拒不移交罪犯的有关人员的处理】

行政机关对应当依法移交司法机关追究刑事责任的案件不移交，以行政处罚代替刑事处罚，由上级行政机关或者有关机关责令改正，对直接负责的主管人员和其他直接责任人员依法给予处分；情节严重构成犯罪的，依法追究刑事责任。

## 法条沿革

本条规定的是对拒不移交罪犯的有关人员的处理，是本次修订修改的条文。

根据我国法律规定，对一般的违法行为，由行政机关予以查处；对严重的违法行为，如果构成犯罪，则由司法机关予以查处。行政机关享有的行政处罚权和司法机关享有的刑罚权是性质不同的两种权力，所适用的行为的社会危害性不同，适用的程序不同，产生的社会效果也不一样，应当由行政机关和司法机关分别行使。因此，行政机关在处理行政违法案件时如发现违法行为构成犯罪，必须移送对刑事案件有管辖权的司法机关。[①]在《行政处罚法》制定时，实践中一些行政机关为了本单位的利益，或者个人私利，将应当移送司法机关处理的案件不移交，以罚代刑。这一现象不仅滋生了贪污腐败，而且还破坏了我国刑事司法秩序，姑息了不少犯罪行为。例如有学者指出，一些污染、破坏环境与资源的犯罪之所以未受到应有的刑事制裁，一个很重要的原因就是环境与资源行政监督管理部门在执法中往往以罚代刑，应向公安、检察机关移送的案件不移送，而以行政处罚代之。[②]为了遏制这一现象，立法者在第7条第2款规定，违法行为构成犯罪的，应当依法追究刑事责任，不得以行政处罚代替刑事处罚，并在本条对以罚代刑的行为规定了法律责任。

在1996年《行政处罚法》中，本条在刑事责任的追究上是比照《刑法》第188条的规定。《刑法》第188条规定，司法工作人员徇私舞弊，对明知是无罪的人而使他受追诉、对明知是有罪的人而故意包庇不使他受追诉，或者故意颠倒黑白做枉法裁判的，处五年以下有期徒刑、拘役或者剥夺政治权利；情节

---

① 吴高盛编:《〈中华人民共和国行政处罚法〉释义及实用指南》，中国民主法制出版社2015年版，第144页。

② 王灿发:《论新刑法关于环境犯罪的规定及其实施》，载《政法论坛》1998年第1期。

特别严重的，处五年以上有期徒刑。当时我国《刑法》尚未修订，整体来说比较粗糙，并没有规定执法人员拒不移交罪犯的情形。因此，只能比照司法工作人员的规定适用。[①]但比照在本质上是一种类比适用，在一定程度上违背了罪刑法定的基本精神。[②]很快，在1997年的《刑法》修订中规定了徇私舞弊不移交刑事案件罪。根据该条的规定，行政执法人员徇私舞弊，对依法应当移交司法机关追究刑事责任的不移交，情节严重的，处三年以下有期徒刑或者拘役；造成严重后果的，处三年以上七年以下有期徒刑。因此，立法者在2007年对《行政处罚法》修正时删去了比照的规定，而是直接规定依照《刑法》有关规定追究刑事责任。在此之后的修正中，本条一直未发生变化。

在此次修订中，立法者对本条主要从以下两个方面进行了调整。首先，删除了为牟取本单位私利这一目的要素，并删除了徇私舞弊、包庇纵容违法行为的前提要件，改成了情节严重构成犯罪的，依法追究刑事责任。这一修改解决原来立法的不足，[③]提高了立法的科学性。原法将谋取本单位私利作为追究法律责任的构成要件，存在明显不足。根据原法的规定，行政机关只要是为谋取本单位私利，便不构成徇私，只用追究行政责任。只有存在徇私舞弊、包容纵容违法行为的，才能依照《刑法》有关规定追究刑事责任。但事实上，我国《刑法》分则第

---

① 徐立、朱正余：《徇私舞弊不移交刑事案件罪名设置及其客体的认定》，载《河北法学》2004年第5期

② 吴亚可：《刑法上禁止类推禁止的是什么——一个方法论的考察》，载《东南大学学报（哲学社会科学版）》2020年第3期。

③ 对于本条的不足之处参见李慧织、宋超：《加强行政执法与刑事司法衔接工作的对策探究》，载《河南社会科学》2015年第2期。

9章“渎职罪”采用了“堵截构成要件”的立法方法，对于国家机关工作人员无徇私舞弊情节的渎职犯罪行为，可以《刑法》第397条规定的滥用职权罪、玩忽职守罪追究刑事责任。也就是说，即便不存在徇私情节，也可能构成滥用职权罪或玩忽职守罪。近年来，刑法学界还有不少学者认为谋取本单位私利也构成徇私。而即便根据这种观点，旧法则存在语义重复的问题。这样看来，无论采何种观点，原规定均存在明显的漏洞，新规定则对此进行了完善。其次，将有关部门改成了有关机关，将行政处分改成了处分，将责令纠正改成了责令改正，这都是基于法律概念的统一性要求。

此次《行政处罚法》修订过程中，立法者对这一条文如何修改这一问题也发生了观点的改变。在最初公布的《行政处罚法（修订草案征求意见稿）》中，本条未发生任何变化。《行政处罚法（修订草案一次审议稿）》仅行政处分改成了处分。在《行政处罚法（修订草案二次审议稿）》中，立法者删去了徇私舞弊、包庇纵容违法行为的前提要件，改成了情节严重构成犯罪的，依法追究刑事责任。最终版新修订的《行政处罚法》则将有关部门改成了有关机关，并删除了牟取本单位私利这一目的要素。

## 三 规范目的或功能

本条的规范目的在于，通过对实践中以罚代刑行为的惩处，促使行政机关及时移交涉嫌犯罪行为，进而起到打击犯罪、维护社会秩序和保护公共利益的作用。

## 规范内容

本条的规范内容可以分为事实构成和法律结果。事实构成是行政机关对应当依法移交司法机关追究刑事责任的案件不移交，以行政处罚代替刑事处罚。

法律结果包括三个方面：一是上级行政机关或者有关机关责令改正。这里上级机关，是指对本机关或组织有直接领导和指挥责任的机关，包括上级主管部门和本级人民政府。有关机关是指检察机关。责令改正是一种内部的行政命令，不同于本法第23条规定的责令当事人改正。

二是对直接负责的主管人员和其他直接责任人员依法给予处分。这里的依法是指《公务员法》《行政机关公务员处分条例》《监察法》和《公职人员政务处分法》等法律，这里的处分既包括《公务员法》和《行政机关公务员处分条例》规定的处分，也包括《监察法》和《公职人员政务处分法》规定的政务处分。

三是情节严重构成犯罪的，依法追究刑事责任。这里主要涉及《刑法》第402条规定的徇私舞弊不移交刑事案件罪：行政执法人员徇私舞弊，对依法应当移交司法机关追究刑事责任的不移交，情节严重的，处三年以下有期徒刑或者拘役；造成严重后果的，处三年以上七年以下有期徒刑。如果不存在徇私舞弊情节，而是谋取本单位利益，那么就不构成徇私舞弊不移交刑事案件罪，而是构成第397条规定的滥用职权罪和玩忽职守罪。根据该条规定，国家机关工作人员滥用职权或者玩忽职守，致使公共财产、国家和人民利益遭受重大损失的，处三年以下有期徒刑或者拘役；情节特别严重的，处三年以上七年以下有期徒刑。

## 实务应用

本条规范的是行政机关和司法机关对违法行为处理的衔接问题，因而在司法裁判中很少被援引。在刑事诉讼中，一般法院也仅援引《刑法》的相关规定。例如在胡宝刚、郑伶徇私舞弊不移交刑事案件案中，法院依照《刑法》第402条、第25条第1款、第37条之规定，判决被告人胡宝某、郑某犯徇私舞弊不移交刑事案件罪。[①]这里并未援引本条的规定。

从行政管理实践来看，本条的实施状况并不乐观。时至今日，行政执法与刑事司法相衔接仍是一个突出的问题，“行政执法机关有案不移、以罚代刑问题仍未得到有效解决，一些行政执法部门向司法机关移送案件很少，有的甚至是空白，与实际案发情况严重不符”。[②]正基于此，两法衔接问题受到党和国家近年来的高度重视，先后出台了不少法律文件，并进行了诸多制度改革，例如行政执法证据向刑事司法证据转化问题、案件咨询制度、走访检查制度、联席会议制度、建立信息平台互联互通共享机制。

---

① （检例第7号）最高院人民检察院第二批指导性案例。

② 王松苗：《加强监检衔接配合更好形成监督合力》，载《人民检察》2020年第16期。除此之外，还有不少学者指出特定领域的以罚代刑问题，参见吴小帅：《论刑法与生物安全法的规范衔接》，载《法学》2020年第12期；王亚林；鲁海军：《洪泽湖流域生态环境司法保护的加强与完善》，载《人民司法（应用）》2020年第19期。

## 第八十三条【执法人员失职责任的承担】

行政机关对应当予以制止和处罚的违法行为不予制止、处罚，致使公民、法人或者其他组织的合法权益、公共利益和社会秩序遭受损害的，对直接负责的主管人员和其他直接责任人员依法给予处分；情节严重构成犯罪的，依法追究刑事责任。

### 法条沿革

本条是对执法人员失职的法律责任的规定，是本次修订修改的条文。

在《行政处罚法》制定时，行政管理实践中不仅存在滥处罚，还存在行政处罚不作为。例如，地方政府为了保护地方经济，姑息企业污染环境的行为不进行行政处罚。这类现象在现实中大量存在。正基于此，立法者认为《行政处罚法》的目的一是治滥，二是治软。[①]从理论上来说，当时的行政法学界普遍认为行政处罚违法包括作为和不作为，作为是行为人以积极的行为侵害行政法保护的社会关系，如行政机关私分罚没财物的行为。不作为就是作为人有义务施行某种行为义务却消极地不去履行而造成危害后果。[②]也就是说，在行政执法过程中，既要保护公民和法人的合法权益，防止行政机关乱处罚，又要保障

---

① 全国人大常委会法制工作委员会国家法室、行政法室：《〈中华人民共和国行政处罚法〉讲话》，法律出版社1996年版，第168页。

② 王连昌等编著：《行政处罚法概论》，重庆大学出版社1996年版，第131页。

行政机关有效地实施行政管理，维护公共利益和社会秩序，这就要求行政机关既不能乱处罚，又不能不作为，对应当制止和处罚的违法行为应当及时制止和处罚。[①]基于以上考虑，立法者制定了本条。

本条自《行政处罚法》制定以来没有发生变化。在此次修订中，立法者对其作了两处调整：首先，删去了玩忽职守的表述。所谓玩忽职守，是指不认真、不负责地对待本职工作。我国《刑法》规定了玩忽职守罪，其是国家机关工作人员对工作严重不负责任，致使公共财产、国家和人民的利益遭受重大损失的行为。玩忽职守描述的是执法人员的一种主观态度，其作为一个法律概念具有主观性和模糊性，在实践中难以操作。[②]此外，行政不作为违法不仅包括主观状态表现为过失的玩忽职守，而且还包括主观状态表现为故意的滥用职权，[③]对于这种情形更应惩处。因此，旧法实际上存在一个法律漏洞，立法者在此次修订中对此进行了完善，不仅提高了立法的科学性，而且加强了对行政处罚不作为的惩处力度，是一次较大的进步。其次，将行政处分的表述改成了处分，这是出于法律概念统一性的要求。

---

① 吴高盛编：《〈中华人民共和国行政处罚法〉释义及实用指南》，中国民主法制出版社2015年版，第145页。

② 事实上，对于玩忽职守这一概念，刑法上都难以完全界定，参见高国其：《重新认识滥用职权和玩忽职守的关系——兼论〈刑法〉第397条的结构与罪名》，载《刑法论丛》2016年第2卷。

③ 在刑法上，玩忽职守罪的罪过形式是过失，滥用职权罪的罪过形式是故意，参见高铭暄、马克昌编：《刑法学》（第6版），北京大学出版社、高等教育出版社2014年版，第643页；王作富编：《刑法分则实务研究》，中国方正出版社2010年版，第1879页；黎宏著：《刑法学》，法律出版社2012年版，第977页。在行政法中，一般不专门讨论玩忽职守这一概念，但其从字面上就有过失的意蕴。

在此次修订中，立法者在《行政处罚法（修订草案一次审议稿）》中将行政处分的表述改成了处分，并在最后一次审议中删去了玩忽职守的表述。

## 规范目的或功能

本法的规范目的是通过追究不作为违法的法律责任促使行政机关积极行使行政处罚权，保护公民、法人或者其他组织的合法权益、公共利益和社会秩序不受侵犯。

## 规范内容

本条的规范内容由事实构成和法律结果组成。事实构成是行政机关对应当予以制止和处罚的违法行为不予制止、处罚，致使公民、法人或者其他组织的合法权益、公共利益和社会秩序遭受损害。

法律结果包括两种：首先是对直接负责的主管人员和其他直接责任人员依法给予处分。这里的处分同时包括行政处分和政务处分。就行政处分来说，我国《公务员法》第59条第4项规定公务员不得不担当、不作为、玩忽职守和贻误工作，《行政机关公务员处分条例》第20条规定了公务员不依法履行职责时，给予记过、记大过处分；情节较重的，给予降级或者撤职处分；情节严重的，给予开除处分。就政务处分来说，《公职人员政务处分法》第39条规定，公职人员不履行或者不正确履行职责，玩忽职守，贻误工作的，造成不良后果或者影响的，予以警告、记过或者记大过；情节较重的，予以降级或者撤职；情节严重的，予以开除。

其次是情节严重构成犯罪的，依法追究刑事责任。这里主要涉及《刑法》第397条规定的滥用职权罪和玩忽职守罪，国家机关工作人员滥用职权或者玩忽职守，致使公共财产、国家和人民利益遭受重大损失的，处三年以下有期徒刑或者拘役；情节特别严重的，处三年以上七年以下有期徒刑。本法另有规定的，依照规定。值得注意的是，行政机关对应当予以制止和处罚的违法行为不予制止、处罚，亦即行政处罚不作为，既可能构成玩忽职守，也可能构成滥用职权。换言之，滥用职权罪也可以表现为不作为。滥用职权罪究竟是否可以表现为不作为犯罪曾是刑法学界争论的问题。[①]但就目前来说，无论是在实务还是学界，滥用职权罪可以表现为不作为的形式已经成为通说。[②]

## 实务应用

本条仍属于规范内部行政法律关系的条文，不属于行政诉讼的受案范围，一般很少在司法裁判中运用。在刑事诉讼中，一般法院也仅援引《刑法》关于滥用职权罪和玩忽职守罪的规定。

例如在杨周某玩忽职守、徇私枉法、受贿案中，法院认为，认为被告人杨周某作为同乐派出所的所长，对辖区内的娱

① 黄太云、滕炜主编：《中华人民共和国刑法释义与适用指南》，红旗出版社1997年版，第596页。

② 劳东燕：《滥用职权罪客观要件的教义学解读——兼论故意·过失的混合犯罪类型》，载《法律科学》2019年第4期。

乐场所负有监督管理职责，其明知舞王俱乐部未取得合法的营业执照擅自经营，且存在众多消防、治安隐患，但严重不负责任，不认真履行职责，使本应停业整顿或被取缔的舞王俱乐部持续违法经营达一年之久，并最终导致发生44人死亡，64人受伤的特大消防事故，造成了人民群众生命财产的重大损失，其行为已构成玩忽职守罪，情节特别严重。[①]这里被告人的行为完全符合本条的规定：一方面，他故意放纵辖区内娱乐场所的众多违法行为，对应当予以制止和处罚的违法行为不予制止、处罚；另一方面，他的行为导致了特大消防事故的发生，致使公民、法人或者其他组织的合法权益、公共利益和社会秩序遭受损害的。不过，法院并未援引本条规定，而是仅援引了《刑法》的相关规定。

---

① （检例第8号）最高人民检察院第二批指导性案例。

# 第八章

# 附则

## 第八十四条【对外国人、无国籍人、外国组织的效力】

外国人、无国籍人、外国组织在中华人民共和国领域内有违法行为，应当给予行政处罚的，适用本法，法律另有规定的除外。

### 法条沿革

本条规定的是本法对外国人、无国籍人、外国组织的效力，是此次修订新增的条款。

早在1996年《行政处罚法》出台时，《行政处罚法》是否适用于外国人的问题便引起了实务界的关注。劳动部曾于1996年12月25日询问全国人大，全国人大给出的答复是《行政处罚法》关于行政处罚的规定，适用于中华人民共和国境内的外国人、外国组织、无国籍人，法律另有规定的除外。一直以来，在我国的行政管理实践中，《行政处罚法》也是适用于外国人的。我国行政法学界一般也认为，外国人也应受到《行政处罚法》规范。[①]但在此前的历次修正之中，并未对此予以明文规定。随着我国改革开放的不断深入，国际交流日益频繁，来我国旅游、学习和工作的外国人、无国籍人和外国组织日益增加，我国行政机关在行政过程中，行政相对人为外国人的情况越来越多。而在2020年新冠肺炎疫情防控中，曾出现外籍人士在中国境内不遵守中国有关政府部门出台的防疫规定等情况，社会予

---

① 朱维究著:《行政行为的司法监督》，山西教育出版社1997年版，第278页。

以了高度关注。此次修订回应了这一问题，进一步明确，外国人、无国籍人、外国组织在中华人民共和国领域内有违法行为，应当给予行政处罚的，适用本法，法律另有规定的除外。

此次修订中，本条在最初公布的《行政处罚法（修订草案征求意见稿）》中即已出现，此后三次审议中均未发生变化。

## 规范目的或功能

通过本条，此次修订首次在《行政处罚法》中规定了法的对象效力问题。法的效力范围，通常指法针对什么对象，在什么时间和空间有效。明确法的效力范围，是法的遵守和适用的一个前提。法的效力主要包括对象效力、空间效力和时间效力，本条所规范的就是对象效力，亦即法的适用对象有哪些，对什么样的人和组织有效。[①]

## 规范内容

本条的规范内容主要包括如下三个问题。

第一个是外国人、无国籍人和外国组织的概念。外国人是指不具有中国国籍同时有其他国国籍的人，主要包括外国自然人和外国法人。无国籍人则是指没有任何一个国家国籍的人。外国组织则是指我国组织以外的组织，不包括中外合资经营企业、中外合作经营企业、外资企业，因为这些企业在法律上均

① 周旺生编：《法理学》，西安交通大学出版社2006年版，第266页。

属于我国组织。[1]对于这三类主体，本条确立了属地原则，即只要是在中华人民共和国领域内进行了违法活动，依法应当给予行政处罚，那么就受本法规范。

第二个是中华人民共和国领域这一概念。对于这一概念，目前行政法学尚没有太多探讨，可参考我国民法[2]和刑法的界定。根据《国际法》的有关规定，确定国家领域的标准是该国的主权范围，凡是一个国家享有主权的区域均属该国的领域。据此，我国的领域，应当是指我国主权所及的全部区域，也就是说，只要是我国享有主权的地方，就是我国的领域。具体来说，我国领域的范围主要包括以下几个问题：

我国领土，包括领陆、领水和领空。领陆是指我国国境线以内的陆地及其地下层。领陆是我国领域的最主要的组成部分。《领海及毗连区法》第2条第2款规定，中华人民共和国陆地领土包括中华人民共和国大陆及其沿海岛屿，台湾及其包括钓鱼岛在内的附属各岛，彩湖列岛、东沙群岛、西沙群岛、中沙群岛、南沙群岛以及其他一切属千中华人民共和国的岛屿。领水，是指我国陆地疆界内以及与我国陆地相邻接的一定范围内的水域及其地下层，包括内水和领海。内水是指我国国境内的江、河、湖泊、内海及其与他国之间界河的一部分。领海指滨海国家所享有的沿岸一定宽度的海水域。《领海及毗连区法》第3条第1款规定，中华人民共和国领海的宽度从领海基线量起为12海里。领空，即我国领陆和领水之上的空间。一般认为，

---

① 马怀德编：《中华人民共和国行政诉讼法释义》，中国法制出版社2014年版，第474页。

② 陈甦编：《民法总则评注》，法律出版社2017年版，第83页。

一国的领空不包括该国领陆和领水之上的外层空间，而只及于空气空间。

我国船舶和航空器。根据国际法上的旗国主义原则，一国在悬挂其国旗的船舶和航空器内享有主权。因此，悬挂我国国旗的船舶和航空器也应属于我国领域的组成部分之一。这里的船舶和航空器不受性质的限制，也就是说，既可是军用的，也可是民用的；既可是国有的、集体所有的，也可是私有的。这里的船舶和航空器包括处千任何状态和任何位置的我国的船舶和航空器，具体来讲，既包括航行途中的，也包括处于停泊、停飞状态的；既包括航行于公海或公海上空的，也包括航行于外国领海或领空的；既包括停泊、降落于我国港口和机场的，也包括停泊、降落于外国港口和机场的。[①]我国《治安管理处罚法》第4条规定，在中华人民共和国船舶和航空器内发生的违反治安管理行为，除法律有特别规定的外，适用本法。这一规定实际上也佐证了这一观点。

我国驻外使馆。我国刑法学界通说曾一度认为一国驻外使馆是派遣国的领土延伸。而国际法学界则普遍反对这一观点。从外交代表和使馆馆舍享有外交特权和豁免这一法则，不能推论出“使馆是派遣国的领域”这样的结论。我国《刑法》有关空间适用范围的规定没有将使馆馆舍包括在内，这恰恰表明我国《刑法》不认为使馆馆舍所在地是派遣国的领土延伸部分，国际法院的判决也已经表明，使馆馆舍所在地并不是派遣国领土的延伸部分，在其内发生的犯罪行为，应

---

① 陈国庆编：《中华人民共和国刑法最新释义》，中国人民公安大学出版社2016年版，第4页。

被视为发生在驻在国领土上。近年来，刑法学界也开始普遍认为，驻外使馆并不是派遣国领土。[①]不过，近年来我国民法学界仍认为驻外使馆属于派遣国领域。[②]本书认为，驻外使馆是否构成我国领土，应以国际法学界的观点为准，因为其之所以被认为是领土，主要基于国际法和国际惯例的规定[③]。因此，本书认为这里的中华人民共和国领域内并不包括我国驻外使馆。

三是法律另有规定的除外，这里的法律主要包括两类，其他规定了行政处罚的法律和关于外交豁免的法律。

其他规定了行政处罚的法律。本法是规范行政处罚的一般法，除本法外还存在不少规定了行政处罚的特别法。例如《治安管理处罚法》第4条规定，在中华人民共和国领域内发生的违反治安管理行为，除法律有特别规定的外，适用本法。在中华人民共和国船舶和航空器内发生的违反治安管理行为，除法律有特别规定的外，适用本法。第10条第2款规定：对违反治安管理的外国人，可以附加适用限期出境或者驱逐出境。根据我国《立法法》第92条的规定和特别法优于一般法的法律适用规则，在治安管理方面的行政处罚适用《治安管理处罚法》的规定。

---

① 张明楷著：《刑法学》，法律出版社2016年第5版，第69页；罗翔著：《刑法学总论》，中国政法大学出版社2017年版，第29页；王爱民编：《中华人民共和国刑法释义》，法律出版社2021年版，第10页。

② 黄薇编：《中华人民共和国民法典释义》，法律出版社2020年版，第31页；陈甦编：《民法总则评注》，法律出版社2017年版，第83页。

③ 例如有学者指出，我国驻外使馆是根据国际法规被视为我国领域，见黄薇编：《中华人民共和国民法典释义》，法律出版社2020年版，第31页。

关于外交豁免的法律。这里的法律还包括关于外交豁免的法律。《外交特权与豁免条例》第14条第2款规定，外交代表对接受国之刑事管辖享有豁免，同时在几种特定情形之外对接受国之民事及行政管辖亦享有豁免。《领事特权与豁免条例》第14条第2款规定，领事官员和领馆行政技术人员执行职务的行为享有司法和行政管辖豁免。领事官员执行职务以外的行为的管辖豁免，按照中国与外国签订的双边条约、协定或者根据对等原则办理。不难看出，享有外交特权和豁免权的外国人，享受行政管辖豁免，不适用本法的规定。

**第八十五条【期限的计算】**

本法中“二日”“三日”“五日”“七日”的规定是指工作日，不含法定节假日。

## 法条沿革

本条是关于期限计算的规定，是此次修订新增的条文。

一直以来，期限的计算关系到行政相对人的权益和行政权的高效行使，在实践中是一个非常重要的问题，如果不对其规定清楚，那么实践中会产生很多争议。在《行政处罚法》制定时，很少有立法专门规定这一问题，因此立法者未予以考虑，这给实践中法律适用带来一定困扰。尤其是期限的计算究竟是按自然日还是工作日，实践中存在不少争议。对此，有学者指出，行政处罚期限不明有很多弊端。比如明知存在违法行为而不及时处罚，会使受害人权益或者公共秩序和社会利益得不到有效保护，又不及时作出处罚决定并告知被处罚人，恐怕也会影响到被处罚人相关权利的行使。[①]

而在该部法律出台后，《行政复议法》《行政许可法》和《行政强制法》均先后规定了期限计算，我国行政法立法形成了规定期限计算的惯例。例如《行政复议法》第40条第2款规定：本法关于行政复议期间有关“五日”“七日”的规定是指工作日，不含节假日。《行政许可法》第82条规定，本法规定的行政机关实施行政许可的期限以工作日计算，不含法定节假日。《行政强制法》第69条规定：本法中十日以内期限的规定是指工作日，不含法定节假日。

在此次修订中，立法者对期限计算的问题进行了回应，明确了“二日”“三日”“五日”“七日”的规定是指工作日，不含法定节假日。在最初公布的《行政处罚法（修订草案征求意见稿）》中，并不存在这一条文。本条首次出现在《行政处罚法（修订草案一次审议稿）》之中，在随后的三次审议中均未发生变化。

## 规范目的或功能

本条的规范目的是，为《行政处罚法》中期限的计算提供指引。这显著提升了法律的确定性和可操作性，进而为提高行政效率和保护公民权益发挥了积极作用。此外，本条充分借鉴了之前立法的经验，采取了行政法期间计算的二分法，即短时间以工作日为标准，长时间则以自然日为标准。这种做法在可

① 雷小欣著：《法律专家教您如何打行政官司》，吉林文史出版社2015年版，第126页。

行性和行政效率之间达到了一种平衡状态。[①]具体来说，对于短时间的期限，如果将法定节假日考虑在内的话，那么会同时给行政相对人和行政机关带来不便，因此有必要予以排除。而对于长时间的期限，行政机关和行政相对人均有足够的时间，没有必要将法定节假日排除在外。如果排除在外的话，那么还会使减损行政效率，使得行政程序变得冗长。

## 规范内容

根据本条的规定，如果本法条文中出现两日、三日、五日和七日这四种期限，那么在计算的时候应仅考虑工作日，将法定节假日排除在外。具体来说，《行政处罚法》分别在第71条、第48条和第64条规定了两日、三日和五日这三种期限，并在第56条、第61条和第64条这三个条文规定了七日的期限，涉及缴款、信息公开、听证、证据和送达等多个制度。

所谓工作日是指工作日也称劳动日，是指在一昼夜内职工进行工作时间的长度（小时数）。工作日是以日为计算单位的工作时间。1995年3月25日，《国务院关于职工工作时间的规定》对工时制度作了修改，规定为："职工每日工作八小时，每周工作四十小时。"因此，从1995年5月1日起，中国普遍实行每周工作5日（周一到周五）、每日工作8小时的工时制度。本条的期限仅指工作日，这意味着双休日在计算期限时不被考虑在内。

---

① 信春鹰编：《中华人民共和国行政强制法释义》，法律出版社2011年版，第228页。

法定节假日是法定节假日，一般是指根据各国、各民族的风俗习惯或纪念要求，由国家法律统一规定的用以进行庆祝及度假的休息时间。法定节假日制度是国家政治、经济、文化制度的重要反映，涉及经济社会的多个方面，涉及广大人民群众的切身利益。根据国务院《全国年节及纪念日放假办法》，法定节假日主要分为三类：一是全体公民放假的节日：（一）新年，放假1天（1月1日）；（二）春节，放假3天（农历正月初一、初二、初三）；（三）清明节，放假1天（农历清明当日）；（四）劳动节，放假1天（5月1日）；（五）端午节，放假1天（农历端午当日）；（六）中秋节，放假1天（农历中秋当日）；（七）国庆节，放假3天（10月1日、2日、3日）。二是部分公民放假的节日及纪念日：（一）妇女节（3月8日），妇女放假半天；（二）青年节（5月4日），14周岁以上的青年放假半天；（三）儿童节（6月1日），不满14周岁的少年儿童放假1天；（四）中国人民解放军建军纪念日（8月1日），现役军人放假半天。三是少数民族习惯的节日，由各少数民族聚居地区的地方人民政府，按照各该民族习惯，规定放假日期。这意味着，我国法定节假日实际上包括三类，本条中的法定节假日是否包含上述三类呢？一般认为，这里的法定节假日仅包括全体公民放假的节日。此外，在少数民族地区，地方人民政府确定的少数民族习惯节日也属于本条所指的法定节假日。[①]

值得注意的是，期限的计算还应注意如下问题：首先，期

---

① 我国《行政强制法》中法定节假日就是仅包括全体公民放假的节日。参见信春鹰编：《中华人民共和国行政强制法释义》，法律出版社2011年版，第227页。

限开始的时和日不计算在期限内，从下一个小时或从次日起算。例如《行政处罚法》第60条规定，行政机关应当自行政处罚案件立案之日起九十日内作出行政处罚决定。如果行政机关在2021年8月16日立案，那么就应从第二天开始起算，即从2021年8月17日开始起算。其次，期限届满的最后一日是法定节假日的，以法定节假日后的第一日为期限届满的日期。再次，期限不包括在途时间，执法文书在期满前交邮的，不算过期。所谓在途时间，是指行政机关或者人民法院、当事人通过邮寄快递的有关决定、申请的，在途中所用去的时间。确定期满前是否交邮，应当以邮局的邮戳为准。[①]

**第八十六条【法律生效日期】**

本法自2021年7月15日起施行。

## 法条沿革

本条是关于法律生效日期的规定，是本次修订修改的条文。本条是在修订前《行政处罚法》第64条的基础上修改而来，立法者主要从两个方面进行了修改。一是将施行日期修改为2021年7月15日。二是删除了原第64条第2款，即“本法公布前制定的法规和规章关于行政处罚的规定与本法不符合的，应当自本法公布之日起，依照本法规定予以修订，在1997年12月31日前修订完毕”。

---

① 信春鹰编:《中华人民共和国行政强制法释义》，法律出版社2011年版，第228—229页。

法律通过以后，就产生了法律的效力问题。法律效力包括时间效力、空间效力和对人效力三个方面。法律的时间效力又包括法律从何时开始生效、到何时终止生效和法律生效后有无溯及力三个问题。法律开始生效的时间，是指法律从何时开始发生约束力，法律的施行日期是法律开始生效的标志。我国《立法法》第57条规定，法律应当明确规定施行日期。第58条第1款规定，签署公布法律的主席令载明该法律的制定机关、通过和施行日期。明确规定施行日期，不仅是我国《立法法》所明确要求的，也是法律得到有效实施的必要条件。

从我国的立法实践来看，法律的施行时间通常有三种方式：一是自发布或公布之日起生效。此类法律在其附则中明确规定，"本法自公布之日起施行"。例如我国《监察法》第69条规定，本法自公布之日起施行。采用这种方式，一般来说多是由于情势急需，或者公布后不立即实施将有碍施行。这种方式在我国立法实践中并不多见。二是在发布或公布后某一特定时间起生效。此类法律在其附则中一般规定，"本法自年月日起施行。"这种作法通常目的在于给执法部门一定的准备时间，同时也为法律施行进行宣传。三是在其他法律生效一定期限后生效。此类法律法规本身并不规定具体的施行时间，而是规定在其他法律施行后才开始生效。为了给法律的实施留出一定的准备时间，我国绝大多数法律都规定法律公布的一段时间后的一个具体日期作为法律的施行日期，本法就是采取这种形式。之所以采取这种形式，主要是因为《行政处罚法》此次修改幅度较大，社会关注度高，涉及面广，影响较大，有必要为各个部门预留足够的准备时间。

值得注意的是，全国人大在2009年和2017年也分别对《行政处罚法》进行了修正，但并未修改法律的施行日期。这主要是因为修改后的施行日期与修改法律的具体方式有关系。从目前来看，我国修改法律的方式主要有两种：一种是对法律条文进行全面修改，又称为修订。修订模式，是对原法律的全面的修改，相当于一次新的立法。因此，施行日期需要重新确定。另一种是对法律条文进行部分修改，被称为修正。这种方式的修改是一种局部的、部分的修改，原有条文和修改条文同时存在于一部法律中。因此，该部法律的生效日期为修改前的法律的生效日期。[①]

在此次修订过程之中，立法者在最初公布的《行政处罚法（修订草案征求意见稿）》《行政处罚法（修订草案一次审议稿）》和《行政处罚法（修订草案二次审议稿）》中均未确定生效时间。直到最后一次审议通过，立法者才最终将实行日期确定为2021年7月15日。

## 二 规范目的或功能

本条的规范目的是确定修订后的《行政处罚法》的施行日期。立法者将施行日期确定为2021年7月15日，为本法施行的准备工作预留了足够的时间。此次修订对《行政处罚法》进行了较大幅度的修改，存在不少制度创新和变革，准备工作相对较大。为了保障修订后的《行政处罚法》顺利施行，应从法律宣传、配套制度建设和修改配套的行政法规、规章和标准这三

---

① 梁凤云著：《新行政诉讼法讲义》，人民法院出版社2015年版，第505页。

个方面进行。[①]

## 规范内容

本条规定，本法自2021年7月15日起施行。这意味着，新《行政处罚法》自2021年7月15日起生效，任何公民和组织都要按照新法的规定活动，否则就要承担相应的法律责任。法律明确规定生效时间一般涉及法律有无溯及力的问题。所谓法律的溯及力，是指新的法律实施后，对它生效前发生的事件和行为是否适用新法的问题。如果适用，就是有溯及力；如果不适用，就是不具有溯及力。[②]那么，《行政处罚法》的溯及力如何呢？自近代以来，各国法律一般都奉行法不溯及既往，其成为法理上的一个原则。[③]我国《立法法》确定了法不溯及既往、允许有利溯及的一般原则，《刑法》进一步明确从旧兼从轻的原则。《行政处罚法》也应遵循从旧兼从轻的基本原则，但在特定情形下也应结合具体情况考量。[④]

首先是程序问题。《最高人民法院关于审理行政案件适用法律规范问题的座谈会纪要》第3条规定，“关于新旧法律规范的适用规则根据行政审判中的普遍认识和做法，行政相对人的行为发生在新法施行以前，具体行政行为作出在新法施行以后，

---

① 姜明安主编：《行政许可法条文精释与案例解析》，人民法院出版社2003年版，第256—258页。

② 全国人大常委会法制工作委员会国家法室、行政法室：《〈中华人民共和国行政处罚法〉讲话》，法律出版社1996年版，第172页。

③ 皮纯协主编：《行政处罚法释义》，中国书籍出版社1996年版，第242页。

④ 周佑勇著：《行政法原论》，北京大学出版社2018年第3版，第17页。

人民法院审查具体行政行为的合法性时，实体问题适用旧法规定，程序问题适用新法规定，但下列情形除外：（一）法律、法规或规章另有规定的；（二）适用新法对保护行政相对人的合法权益更为有利的；（三）按照具体行政行为的性质应当适用新法的实体规定的”。该规定基本确立了行政法领域的从旧兼从轻原则，但就程序问题作出了特别规定。也就是说，对于程序问题应适用新法规定。

其次是持续性、连续性行为。连续性、持续性行为发生在新旧法交替阶段，即行为开始于新法生效之前而持续至新法生效之后，跨越新旧两部法，这种情形被称为“跨法持续行为”。一般来说，继续性违法行为完全适用新法规定；对于连续性违法行为，因考虑其为连续实施数个独立的行政违法行为，并不是实质意义上的一个行为，若旧法处罚规定比之新法较轻，应在做出处罚决定时对此因素加以考虑，酌情从轻。①

最后是旧法有效期内已公布但未生效的新法的适用。从旧兼从轻原则应是在两个生效法律之间选择适用对相对人有利的法律，对于已经公布但尚未生效的法律，虽不能直接适用，但应当将其作为法律适用者在行使裁量权时的考量因素。在旧法有效期内，参照已公布未生效的新法做出较轻处罚，是在行政法领域保护私权的应有之义，也是追求法律价值与实质正义的应有之义。②目前，我国司法实践中已经出现这种观点。③

---

① 闫嘉琦：《论行政处罚中的实体从旧兼从轻原则》，载《广西政法管理干部学院学报》2020年第1期。

② 闫嘉琦：《论行政处罚中的实体从旧兼从轻原则》，载《广西政法管理干部学院学报》2020年第1期。

③ 南京市中级人民法院行政判决书：〔2014〕宁知行终字第1号。

# 附录

# 中华人民共和国行政处罚法（修订草案）（一次审议稿）

目　录



## 第一章　总　　则

**第一条**　为了规范行政处罚的设定和实施，保障和监督行政机关有效实施行政管理，维护公共利益和社会秩序，保护公民、法人或者其他组织的合法权益，根据宪法，制定本法。

**第二条**　行政处罚是指行政机关在行政管理过程中，对违反行政管理秩序的公民、法人或者其他组织，以依法减损权利或者增加义务的方式予以惩戒的行为。

**第三条** 行政处罚的设定和实施，适用本法。

**第四条** 公民、法人或者其他组织违反行政管理秩序的行为，应当给予行政处罚的，依照本法由法律、法规或者规章规定，并由行政机关依照本法规定的程序实施。

**第五条** 行政处罚遵循公正、公开的原则。

设定和实施行政处罚必须以事实为依据，与违法行为的事实、性质、情节以及社会危害程度相当。

对违法行为给予行政处罚的规定必须公布；未经公布的，不得作为行政处罚的依据。

**第六条** 实施行政处罚，纠正违法行为，应当坚持处罚与教育相结合，教育公民、法人或者其他组织自觉守法。

**第七条** 公民、法人或者其他组织对行政机关所给予的行政处罚，享有陈述权、申辩权；对行政处罚不服的，有权依法申请行政复议或者提起行政诉讼。

公民、法人或者其他组织因行政机关违法给予行政处罚受到损害的，有权依法提出赔偿要求。

**第八条** 公民、法人或者其他组织因违法受到行政处罚，其违法行为对他人造成损害的，应当依法承担民事责任。

违法行为构成犯罪，应当依法追究刑事责任，不得以行政处罚代替刑事处罚。

## 第二章 行政处罚的种类和设定

**第九条** 行政处罚的种类：

（一）警告、通报批评；

（二）罚款、没收违法所得、没收非法财物；

（三）暂扣许可证件、降低资质等级、吊销许可证件、不得申请行政许可；

（四）责令停产停业、限制开展生产经营活动、限制从业、责令停止行为、责令作出行为；

（五）行政拘留；

（六）法律、行政法规规定的其他行政处罚。

**第十条** 法律可以设定各种行政处罚。

限制人身自由的行政处罚，只能由法律设定。

**第十一条** 行政法规可以设定除限制人身自由以外的行政处罚。

法律对违法行为已经作出行政处罚规定，行政法规需要作出具体规定的，必须在法律规定的给予行政处罚的行为、种类和幅度的范围内规定。

**第十二条** 地方性法规可以设定除限制人身自由、吊销营业执照以外的行政处罚。

法律、行政法规对违法行为已经作出行政处罚规定，地方性法规需要作出具体规定的，必须在法律、行政法规规定的给予行政处罚的行为、种类和幅度的范围内规定。

地方性法规为实施法律、行政法规，对法律、行政法规未规定的违法行为可以补充设定行政处罚。地方性法规拟补充设定行政处罚的，应当通过听证会、论证会等形式听取意见，并向制定机关作出说明。

**第十三条** 国务院部门规章可以在法律、行政法规规定的给予行政处罚的行为、种类和幅度的范围内作出具体规定。

尚未制定法律、行政法规的，国务院部门规章对违反行政管理秩序的行为，可以设定警告或者一定数量罚款的行政处罚。

罚款的限额由国务院规定。

**第十四条** 地方政府规章可以在法律、法规规定的给予行政处罚的行为、种类和幅度的范围内作出具体规定。

尚未制定法律、法规的，地方政府规章对违反行政管理秩序的行为，可以设定警告或者一定数量罚款的行政处罚。罚款的限额由省、自治区、直辖市人民代表大会常务委员会规定。

**第十五条** 除本法第十条、第十一条、第十二条、第十三条以及第十四条的规定外，其他规范性文件不得设定行政处罚。

## 第三章 行政处罚的实施机关

**第十六条** 行政处罚由具有行政处罚权的行政机关在法定职权范围内实施。

**第十七条** 国家在城市管理、市场监管、生态环境、文化市场、交通运输、农业等领域实行综合行政执法，相对集中行政处罚权，由一个行政机关统一实施相关领域的行政处罚。

国务院或者省、自治区、直辖市人民政府可以决定一个行政机关行使有关行政机关的行政处罚权。

限制人身自由的行政处罚权只能由公安机关行使。

**第十八条** 法律、法规授权的具有管理公共事务职能的组织可以在法定授权范围内实施行政处罚。

**第十九条** 行政机关依照法律、法规或者规章的规定，可以在其法定权限内委托符合本法第二十条规定条件的组织实施行政处罚。行政机关不得委托其他组织或者个人实施行政处罚。委托行政机关和受委托组织应当向社会公开委托实施的行政处罚事项和依据。

委托行政机关对受委托的组织实施行政处罚的行为应当负

责监督，并对该行为的后果承担法律责任。

受委托组织在委托范围内，以委托行政机关名义实施行政处罚；不得再委托其他任何组织或者个人实施行政处罚。

**第二十条** 受委托组织必须符合以下条件：

（一）依法成立的具有管理公共事务职能的组织；

（二）具有熟悉有关法律、法规、规章和业务的工作人员；

（三）对违法行为需要进行技术检查或者技术鉴定的，应当有条件组织进行相应的技术检查或者技术鉴定。

## 第四章 行政处罚的管辖和适用

**第二十一条** 行政处罚由违法行为发生地的行政机关管辖。法律、行政法规、部门规章另有规定的除外。

**第二十二条** 行政处罚由县级以上地方人民政府具有行政处罚权的行政机关管辖。法律、行政法规另有规定的除外。

省、自治区、直辖市根据当地实际情况，可以决定符合条件的乡镇人民政府、街道办事处对其管辖区域内的违法行为行使有关县级人民政府部门的部分行政处罚权。

**第二十三条** 两个以上行政机关都有管辖权，由最先发现的行政机关管辖。对管辖发生争议的，应当协商解决，协商不成的，报请共同的上一级行政机关指定管辖；也可以由共同的上一级行政机关直接指定管辖。

**第二十四条** 行政机关因实施行政处罚的需要，可以向有关机关提出协助请求。协助事项属于被请求机关职权范围内的，应当予以协助。

**第二十五条** 违法行为涉嫌犯罪的，行政机关必须及时将案件移送司法机关，依法追究刑事责任。

**第二十六条** 行政机关实施行政处罚时，应当责令当事人改正或者限期改正违法行为；有违法所得的，应当予以没收。

**第二十七条** 对当事人的同一个违法行为，不得给予两次以上罚款的行政处罚。

**第二十八条** 不满十四周岁的人有违法行为的，不予行政处罚，责令监护人加以管教；已满十四周岁不满十八周岁的人有违法行为的，从轻或者减轻行政处罚。

**第二十九条** 精神病人在不能辨认或者不能控制自己行为时有违法行为的，不予行政处罚，但应当责令其监护人严加看管和治疗。间歇性精神病人在精神正常时有违法行为的，应当给予行政处罚。

**第三十条** 当事人有下列情形之一的，应当从轻或者减轻处罚：

（一）主动消除或者减轻违法行为危害后果的；

（二）受他人胁迫或者诱骗实施违法行为的；

（三）主动供述行政机关尚未掌握的违法行为的；

（四）配合行政机关查处违法行为有立功表现的；

（五）法律、法规、规章规定其他应当从轻或者减轻处罚的。

违法行为轻微并及时纠正，没有造成危害后果的，不予行政处罚。

当事人有证据证明没有主观过错的，不予行政处罚。法律、行政法规有特别规定的，依照其规定。

**第三十一条** 行政机关可以依法制定行政处罚裁量基准，规范行使行政处罚裁量权。

**第三十二条** 违法行为构成犯罪，人民法院判处拘役或者有期徒刑时，行政机关已经给予当事人行政拘留的，应当依法折抵相应刑期。

违法行为构成犯罪，人民法院判处罚金时，行政机关已经给予当事人罚款的，应当折抵相应罚金。

**第三十三条** 违法行为在二年内未被有权机关发现的，不再给予行政处罚。对涉及公民生命健康安全的违法行为，在五年内未被有权机关发现的，不再给予行政处罚。法律另有规定的除外。

前款规定的期限，从违法行为发生之日起计算；违法行为有连续或者继续状态的，从行为终了之日起计算。

**第三十四条** 行政处罚的依据适用违法行为发生时的法律、法规和规章的规定。但是，作出行政处罚决定时，法律、法规和规章已被修改或者废止，且新的法律、法规和规章的规定更有利于当事人的，适用新的法律、法规和规章的规定。

**第三十五条** 行政处罚没有法定依据或者实施主体不具有行政主体资格的，行政处罚无效。

不遵守法定程序构成重大且明显违法的，行政处罚无效，

## 第五章 行政处罚的决定

### 第一节 一般规定

**第三十六条** 行政处罚的实施机关、立案依据、实施程序和救济渠道等信息应当公示。

**第三十七条** 公民、法人或者其他组织违反行政管理秩序的行为，依法应当给予行政处罚的，行政机关必须查明事实；违法事实不清、证据不足的，不得给予行政处罚。

**第三十八条** 行政机关依照法律、行政法规规定利用电子

技术监控设备收集、固定违法事实的，应当经过法制和技术审核，确保电子技术监控设备设置合理、标准合格、标志明显，设置地点应当向社会公布。

电子技术监控设备记录违法事实应当清晰、准确。行政机关应当对记录内容进行审核，未经审核的，不得作为证据。

行政机关应当及时通知当事人违法事实，并采取适当措施，方便当事人查询。

**第三十九条** 行政机关实施行政处罚，应当由具有执法资格的执法人员承担。

**第四十条** 执法人员与案件有直接利害关系或者有其他关系可能影响公正执法的，应当回避。

当事人认为执法人员与案件有直接利害关系或者有其他关系可能影响公正执法的，有权申请回避。

当事人提出回避申请的，行政机关应当依法审查，但不停止调查或者实施行政处罚。

**第四十一条** 行政机关在作出行政处罚决定之前，应当告知当事人拟作出的行政处罚内容及事实、理由、依据，并告知当事人依法享有的陈述、申辩、要求听证等权利。

**第四十二条** 当事人有权进行陈述和申辩。行政机关必须充分听取当事人的意见，对当事人提出的事实、理由和证据，应当进行复核；当事人提出的事实、理由或者证据成立的，行政机关应当采纳。

行政机关不得因当事人申辩而加重处罚。

**第四十三条** 证据包括：

（一）书证；

（二）物证；

（三）视听资料；

（四）电子数据；

（五）证人证言；

（六）当事人的陈述；

（七）鉴定意见；

（八）勘验笔录、现场笔录。

证据必须经查证属实，方可作为认定案件事实的根据。

以非法手段取得的证据，不得作为认定案件事实的根据。

第四十四条　行政机关应当依法以文字、音像等形式，对行政处罚的启动、调查取证、审核、决定、送达、执行等进行全过程记录，归档保存。

**第四十五条**　行政处罚决定应当依法公开。

公开的行政处罚决定被依法变更、撤销、确认违法或者确认无效的，行政机关应当在三日内撤回行政处罚决定相关信息并说明理由。

**第四十六条**　发生重大传染病疫情等突发事件，为了控制、减轻和消除突发事件引起的社会危害，行政机关对违反突发事件应对措施的行为，依法从重处罚，并可以简化程序。

## 第二节　简易程序

**第四十七条**　违法事实确凿并有法定依据，对公民处以二百元以下、对法人或者其他组织处以三千元以下罚款或者警告的行政处罚的，可以当场作出行政处罚决定。其他法律另有规定的，从其规定。当事人应当依照本法第六十二条、第六十三条、第六十四条的规定履行行政处罚决定。

**第四十八条**　执法人员当场作出行政处罚决定的，应当向当事人出示执法证件，填写预定格式、编有号码的行政处罚决定书。行政处罚决定书应当当场交付当事人。当事人拒绝签收的，应当在行政处罚决定书上注明。

前款规定的行政处罚决定书应当载明当事人的违法行为、行政处罚依据、罚款数额、时间、地点以及行政机关名称，并由执法人员签名或者盖章。

执法人员当场作出的行政处罚决定，必须报所属行政机关备案。

**第四十九条** 当事人对当场作出的行政处罚决定不服的，可以依法申请行政复议或者提起行政诉讼。

## 第三节 普通程序

**第五十条** 除本法第四十七条规定的可以当场作出的行政处罚外，行政机关发现公民、法人或者其他组织有依法应当给予行政处罚的行为的，必须全面、客观、公正地调查，收集有关证据；必要时，依照法律、法规的规定，可以进行检查。

行政机关认为符合立案标准的，应当立案。

**第五十一条** 行政机关在调查或者进行检查时，除法律另有规定外，执法人员不得少于两人，并应当向当事人或者有关人员出示执法证件。当事人或者有关人员有权要求执法人员出示执法证件。执法人员不出示执法证件的，当事人或者有关人员有权拒绝接受调查或者检查。

当事人或者有关人员应当如实回答询问，并协助调查或者检查，不得拒绝或者阻挠。询问或者检查应当制作笔录。

**第五十二条** 行政机关在收集证据时，可以采取抽样取证的方法；在证据可能灭失或者以后难以取得的情况下，经行政机关负责人批准，可以先行登记保存，并应当在七日内及时作出处理决定，在此期间，当事人或者有关人员不得销毁或者转移证据。

**第五十三条** 行政机关对调查、检查中知悉的国家秘密、商业秘密或者个人隐私，应当依法予以保密。

**第五十四条** 调查终结，行政机关负责人应当对调查结果进行审查，根据不同情况，分别作出如下决定：

（一）确有应受行政处罚的违法行为的，根据情节轻重及具体情况，作出行政处罚决定；

（二）违法行为轻微，依法可以不予行政处罚的，不予行政处罚；

（三）违法事实不能成立的，不得给予行政处罚；

（四）违法行为涉嫌犯罪的，移送司法机关。

对情节复杂或者重大违法行为给予较重的行政处罚，行政机关的负责人应当集体讨论决定。

有下列情形之一，在行政机关负责人作出决定之前，应当由从事行政处罚决定法制审核的人员进行法制审核，未经法制审核或者审核未通过的，不得作出决定：

（一）涉及重大公共利益的；

（二）直接关系当事人或者第三人重大权益，经过听证程序的；

（三）案件情况疑难复杂、涉及多个法律关系的；

（四）法律、法规规定应当进行法制审核的其他情形。

行政机关中初次从事行政处罚法制审核的人员，应当通过国家统一法律职业资格考试取得法律职业资格。

**第五十五条** 行政机关依照本法第五十四条的规定给予行

政处罚，应当制作行政处罚决定书。行政处罚决定书应当载明下列事项：

（一）当事人的姓名或者名称、地址；

（二）违反法律、法规或者规章的事实和证据；

（三）行政处罚的种类和依据；

（四）行政处罚的履行方式和期限；

（五）不服行政处罚决定，申请行政复议或者提起行政诉讼的途径和期限；

（六）作出行政处罚决定的行政机关名称和作出决定的日期。

行政处罚决定书必须盖有作出行政处罚决定的行政机关的印章。

**第五十六条** 行政处罚决定书应当在宣告后当场交付当事人；当事人不在场的，行政机关应当在七日内依照民事诉讼法的有关规定，将行政处罚决定书送达当事人。

**第五十七条** 行政机关及其执法人员在作出行政处罚决定之前，未依照本法第四十一条、第四十二条的规定向当事人告知拟作出的行政处罚内容及事实、理由、依据，或者拒绝听取当事人的陈述、申辩，不得作出行政处罚决定；当事人明确放弃陈述或者申辩权利的除外。

## 第四节 听证程序

**第五十八条** 行政机关拟作出下列行政处罚决定之前，应当告知当事人有要求举行听证的权利，当事人要求听证的，行政机关应当组织听证：

（一）较大数额罚款；

（二）没收较大数额违法所得、没收较大价值非法财物；

（三）吊销许可证件、不得申请行政许可；

（四）责令停产停业、责令关闭、限制开展生产经营活动、限制从业；

（五）法律、法规和规章规定的其他情形。

当事人不承担行政机关组织听证的费用。

**第五十九条** 听证应当依照以下程序组织：

（一）当事人要求听证的，应当在行政机关告知后五日内提出；

（二）行政机关应当在举行听证的七日前，通知当事人及有关人员听证的时间、地点；

（三）除涉及国家秘密、商业秘密或者个人隐私依法予以保密外，听证公开举行；

（四）听证由行政机关指定的非本案调查人员主持；当事人认为主持人与本案有直接利害关系的，有权申请回避；

（五）当事人可以亲自参加听证，也可以委托一至二人代理；

（六）当事人及其代理人无正当理由拒不出席听证或者未经许可中途退出听证的，视为放弃听证权利，行政机关应当终止听证；

（七）举行听证时，调查人员提出当事人违法的事实、证据和行政处罚建议，当事人进行申辩和质证；

（八）听证应当制作笔录。笔录应当交当事人或者其代理人核对无误后签字或者盖章。当事人或者其代理人拒绝签字或者盖章的，由听证主持人在笔录中注明。

**第六十条** 听证结束后，行政机关应当结合听证笔录，依照本法第五十四条的规定，作出决定。

## 第六章　行政处罚的执行

**第六十一条**　行政处罚决定依法作出后，当事人应当在行政处罚决定的期限内，予以履行。

当事人确有经济困难，需要延期或者分期缴纳罚款的，经当事人申请和行政机关批准，可以暂缓或者分期缴纳。

**第六十二条**　作出罚款决定的行政机关应当与收缴罚款的机构分离。

除依照本法第六十三条、第六十四条的规定当场收缴的罚款外，作出行政处罚决定的行政机关及其执法人员不得自行收缴罚款。

当事人应当自收到行政处罚决定书之日起十五日内，向指定的银行缴纳罚款。银行应当收受罚款，并将罚款直接上缴国库。

**第六十三条**　依照本法第四十七条的规定当场作出行政处罚决定，有下列情形之一的，执法人员可以当场收缴罚款：

（一）依法给予一百元以下的罚款的；

（二）不当场收缴事后难以执行的。

**第六十四条**　在边远、水上、交通不便地区，行政机关及其执法人员依照本法第四十七条、第五十四条的规定作出罚款决定后，当事人向指定的银行缴纳罚款确有困难，经当事人提出，行政机关及其执法人员可以当场收缴罚款。

**第六十五条**　行政机关及其执法人员当场收缴罚款的，必须向当事人出具国务院或者省、自治区、直辖市人民政府财政部门统一制发的专用票据；不出具财政部门统一制发的专用票据的，当事人有权拒绝缴纳罚款。

**第六十六条** 执法人员当场收缴的罚款，应当自收缴罚款之日起二日内，交至行政机关；在水上当场收缴的罚款，应当自抵岸之日起二日内交至行政机关；行政机关应当在二日内将罚款缴付指定的银行。

**第六十七条** 当事人逾期不履行行政处罚决定的，作出行政处罚决定的行政机关可以采取下列措施：

（一）到期不缴纳罚款的，每日按罚款数额的百分之三加处罚款；

（二）根据法律规定，将查封、扣押的财物拍卖、依法处理或者将冻结的存款、汇款划拨抵缴罚款；

（三）根据法律规定，采取其他行政强制执行方式；

（四）没有行政强制执行权的行政机关，依法申请人民法院强制执行。

行政机关批准延期、分期缴纳罚款的，申请人民法院强制执行的期限，自暂缓或者分期缴纳罚款期限结束之日起计算。

**第六十八条** 当事人对行政处罚决定不服申请行政复议或者提起行政诉讼的，行政处罚不停止执行，法律另有规定的除外。

当事人申请行政复议或者提起行政诉讼的，加处罚款的数额在行政复议或者行政诉讼期间不予计算。

**第六十九条** 除依法应当予以销毁的物品外，依法没收的非法财物必须按照国家规定公开拍卖或者按照国家有关规定处理。

罚款、没收违法所得或者没收非法财物拍卖的款项，必须全部上缴国库，任何行政机关或者个人不得以任何形式截留、私分或者变相私分。

罚款、没收违法所得或者没收非法财物拍卖的款项，不得同作出行政处罚决定的行政机关及其工作人员的考核、考评直接或者变相挂钩。财政部门不得以任何形式向作出行政处罚决定的行政机关返还罚款、没收的违法所得或者返还没收非法财物的拍卖款项。

**第七十条** 行政机关应当建立健全对行政处罚的监督制度。县级以上人民政府应当定期组织开展行政执法评议、考核，加强对行政处罚的监督检查，规范和保障行政处罚的实施。

公民、法人或者其他组织对行政机关作出的行政处罚，有权申诉或者检举；行政机关应当认真审查，发现行政处罚有错误的，应当主动改正。

## 第七章 法律责任

**第七十一条** 行政机关实施行政处罚，有下列情形之一的，由上级行政机关或者有关部门责令改正，可以对直接负责的主管人员和其他直接责任人员依法给予处分：

（一）没有法定的行政处罚依据的；

（二）擅自改变行政处罚种类、幅度的；

（三）违反法定的行政处罚程序的；

（四）违反本法第十九条关于委托处罚的规定的；

（五）执法人员未取得执法证件的。

**第七十二条** 行政机关对当事人进行处罚不使用罚款、没收财物单据或者使用非法定部门制发的罚款、没收财物单据的，当事人有权拒绝处罚，并有权予以检举。上级行政机关或者有关部门对使用的非法单据予以收缴销毁，对直接负责的主管人员和其他直接责任人员依法给予处分。

**第七十三条** 行政机关违反本法第六十二条的规定自行收缴罚款的，财政部门违反本法第六十九条的规定向行政机关返还罚款或者拍卖款项的，由上级行政机关或者有关部门责令改正，对直接负责的主管人员和其他直接责任人员依法给予处分。

**第七十四条** 行政机关将罚款、没收的违法所得或者财物截留、私分或者变相私分的，由财政部门或者有关部门予以追缴，对直接负责的主管人员和其他直接责任人员依法给予处分；情节严重构成犯罪的，依法追究刑事责任。

执法人员利用职务上的便利，索取或者收受他人财物、收缴罚款据为己有，构成犯罪的，依法追究刑事责任；情节轻微不构成犯罪的，依法给予处分。

**第七十五条** 行政机关使用或者损毁扣押的财物，对当事人造成损失的，应当依法予以赔偿，对直接负责的主管人员和其他直接责任人员依法给予处分。

**第七十六条** 行政机关违法实行检查措施或者执行措施，给公民人身或者财产造成损害、给法人或者其他组织造成损失的，应当依法予以赔偿，对直接负责的主管人员和其他直接责任人员依法给予处分；情节严重构成犯罪的，依法追究刑事责任。

**第七十七条** 行政机关为牟取本单位私利，对应当依法移交司法机关追究刑事责任的不移交，以行政处罚代替刑罚，由上级行政机关或者有关部门责令纠正；拒不纠正的，对直接负责的主管人员给予处分；徇私舞弊、包庇纵容违法行为的，依照刑法有关规定追究刑事责任。

**第七十八条** 执法人员玩忽职守，对应当予以制止和处罚的违法行为不予制止、处罚，致使公民、法人或者其他组织的合法权益、公共利益和社会秩序遭受损害的，对直接负责的主管人员和其他直接责任人员依法给予处分；情节严重构成犯罪的，依法追究刑事责任。

## 第八章　附则

**第七十九条**　外国人、无国籍人、外国组织在中华人民共和国领域内有违法行为，应当给予行政处罚的，适用本法，法律另有规定的除外。

**第八十条**　本法中“二日”“三日”“五日”“七日”的规定是指工作日，不含法定节假日。

**第八十一条**　本法自　　年　月　日起施行。

# 中华人民共和国行政处罚法（修订草案）
# （二次审议稿）

## 目　录



## 第一章　总则

**第一条**　为了规范行政处罚的设定和实施，保障和监督行政机关有效实施行政管理，维护公共利益和社会秩序，保护公民、法人或者其他组织的合法权益，根据宪法，制定本法。

**第二条**　行政处罚是指行政机关依法对违反行政管理秩序的公民、法人或者其他组织，以减损权益或者增加义务的方式予以惩戒的行为。

**第三条** 行政处罚的设定和实施，适用本法。

**第四条** 公民、法人或者其他组织违反行政管理秩序的行为，应当给予行政处罚的，依照本法由法律、法规或者规章规定，并由行政机关依照本法规定的程序实施。

**第五条** 行政处罚遵循公正、公开的原则。

设定和实施行政处罚必须以事实为依据，与违法行为的事实、性质、情节以及社会危害程度相当。

对违法行为给予行政处罚的规定必须公布；未经公布的，不得作为行政处罚的依据。

**第六条** 实施行政处罚，纠正违法行为，应当坚持处罚与教育相结合，教育公民、法人或者其他组织自觉守法。

**第七条** 公民、法人或者其他组织对行政机关所给予的行政处罚，享有陈述权、申辩权；对行政处罚不服的，有权依法申请行政复议或者提起行政诉讼。

公民、法人或者其他组织因行政机关违法给予行政处罚受到损害的，有权依法提出赔偿要求。

**第八条** 公民、法人或者其他组织因违法受到行政处罚，其违法行为对他人造成损害的，应当依法承担民事责任。

违法行为构成犯罪，应当依法追究刑事责任，不得以行政处罚代替刑事处罚。

## 第二章 行政处罚的种类和设定

**第九条** 行政处罚的种类：

（一）警告、通报批评；

（二）罚款、没收违法所得、没收非法财物；

（三）暂扣许可证件、降低资质等级、吊销许可证件；

（四）责令关闭、责令停产停业、限制开展生产经营活动、限制从业；

（五）行政拘留；

（六）法律、行政法规规定的其他行政处罚。

**第十条** 法律可以设定各种行政处罚。

限制人身自由的行政处罚，只能由法律设定。

**第十一条** 行政法规可以设定除限制人身自由以外的行政处罚。

法律对违法行为已经作出行政处罚规定，行政法规需要作出具体规定的，必须在法律规定的给予行政处罚的行为、种类和幅度的范围内规定。

法律对违法行为未作出行政处罚规定，行政法规为实施法律，可以补充设定行政处罚。拟补充设定行政处罚的，应当通过听证会、论证会等形式广泛听取意见，并向制定机关作出书面说明。行政法规报送备案时，应当说明补充设定行政处罚的情况。

**第十二条** 地方性法规可以设定除限制人身自由、吊销营业执照以外的行政处罚。

法律、行政法规对违法行为已经作出行政处罚规定，地方性法规需要作出具体规定的，必须在法律、行政法规规定的给予行政处罚的行为、种类和幅度的范围内规定。

法律、行政法规对违法行为未作出行政处罚规定，地方性法规为实施法律、行政法规，可以补充设定行政处罚。拟补充设定行政处罚的，应当通过听证会、论证会等形式广泛听取意见，并向制定机关作出书面说明。地方性法规报送备案时，应当说明补充设定行政处罚的情况。

**第十三条** 国务院部门规章可以在法律、行政法规规定的给予行政处罚的行为、种类和幅度的范围内作出具体规定。

尚未制定法律、行政法规的，国务院部门规章对违反行政管理秩序的行为，可以设定警告、通报批评或者一定数量罚款的行政处罚。罚款的限额由国务院规定。

**第十四条** 地方政府规章可以在法律、法规规定的给予行政处罚的行为、种类和幅度的范围内作出具体规定。

尚未制定法律、法规的，地方政府规章对违反行政管理秩序的行为，可以设定警告、通报批评或者一定数量罚款的行政处罚。罚款的限额由省、自治区、直辖市人民代表大会常务委员会规定。

**第十五条** 国务院部门和省、自治区、直辖市人民政府及其有关部门应当定期组织评估行政处罚的实施情况和必要性，对不适当的行政处罚事项，应当提出修改或者废止的建议。

**第十六条** 除本法第十条、第十一条、第十二条、第十三条以及第十四条的规定外，其他规范性文件不得设定行政处罚。

## 第三章 行政处罚的实施机关

**第十七条** 行政处罚由具有行政处罚权的行政机关在法定职权范围内实施。

**第十八条** 国家在城市管理、市场监管、生态环境、文化市场、交通运输、农业等领域推行建立综合行政执法制度，相对集中行政处罚权。

国务院或者省、自治区、直辖市人民政府可以决定一个行政机关行使有关行政机关的行政处罚权。

限制人身自由的行政处罚权只能由公安机关行使。

**第十九条** 法律、法规授权的具有管理公共事务职能的组织可以在法定授权范围内实施行政处罚。

**第二十条** 行政机关依照法律、法规或者规章的规定，可以在其法定权限内委托符合本法第二十一条规定条件的组织实施行政处罚。行政机关不得委托其他组织或者个人实施行政处罚。委托行政机关和受委托组织应当向社会公开委托实施的行政处罚事项和依据。

委托行政机关对受委托的组织实施行政处罚的行为应当负责监督，并对该行为的后果承担法律责任。

受委托组织在委托范围内，以委托行政机关名义实施行政处罚；不得再委托其他任何组织或者个人实施行政处罚。

**第二十一条** 受委托组织必须符合以下条件：

（一）依法成立的具有管理公共事务职能的组织；

（二）具有熟悉有关法律、法规、规章和业务并取得行政执法资格的工作人员；

（三）对违法行为需要进行技术检查或者技术鉴定的，应当有条件组织进行相应的技术检查或者技术鉴定。

## 第四章 行政处罚的管辖和适用

**第二十二条** 行政处罚由违法行为发生地的行政机关管辖。法律、行政法规、部门规章另有规定的，从其规定。

**第二十三条** 行政处罚由县级以上地方人民政府具有行政处罚权的行政机关管辖。法律、行政法规另有规定的，从其规定。

省、自治区、直辖市根据当地实际情况，可以决定将基层管理迫切需要的县级人民政府部门的行政处罚权交由能够有效承接且符合条件的乡镇人民政府、街道办事处行使。

**第二十四条** 两个以上行政机关都有管辖权，由最先立案的行政机关管辖。对管辖发生争议的，应当协商解决，协商不成的，报请共同的上一级行政机关指定管辖；也可以由共同的上一级行政机关直接指定管辖。

**第二十五条** 行政机关因实施行政处罚的需要，可以向有关机关提出协助请求。协助事项属于被请求机关职权范围内的，应当依法予以协助。

**第二十六条** 违法行为涉嫌犯罪的，行政机关必须及时将案件移送司法机关，依法追究刑事责任。

**第二十七条** 行政机关实施行政处罚时，应当责令当事人改正或者限期改正违法行为。

当事人因违法行为获取的违法所得，除依法应当退赔的外，应当予以没收。

**第二十八条** 对当事人的同一个违法行为，不得给予两次以上罚款的行政处罚。同一个违法行为违反多个法律规范应当给予罚款处罚的，按照罚款数额高的规定执行。

**第二十九条** 不满十四周岁的人有违法行为的，不予行政处罚，责令监护人加以管教；已满十四周岁不满十八周岁的人有违法行为的，从轻或者减轻行政处罚。

**第三十条** 精神病人、智力残疾人在不能辨认或者不能控制自己行为时有违法行为的，不予行政处罚，但应当责令其监护人严加看管和治疗。间歇性精神病人在精神正常时有违法行为的，应当给予行政处罚。

**第三十一条** 当事人有下列情形之一的，应当从轻或者减轻行政处罚：

（一）主动消除或者减轻违法行为危害后果的；

（二）受他人胁迫或者诱骗实施违法行为的；

（三）主动供述行政机关尚未掌握的违法行为的；

（四）配合行政机关查处违法行为有立功表现的；

（五）法律、法规、规章规定其他应当从轻或者减轻行政处罚的。

违法行为轻微并及时纠正，没有造成危害后果的，不予行政处罚。

当事人有证据证明没有主观过错的，不予行政处罚。法律、行政法规另有规定的，从其规定。

**第三十二条** 行政机关可以依法制定行政处罚裁量基准，规范行使行政处罚裁量权。行政处罚裁量基准应当向社会公布。

**第三十三条** 违法行为构成犯罪，人民法院判处拘役或者有期徒刑时，行政机关已经给予当事人行政拘留的，应当依法折抵相应刑期。

违法行为构成犯罪，人民法院判处罚金时，行政机关已经给予当事人罚款的，应当折抵相应罚金。

**第三十四条** 违法行为在二年内未被有权机关发现的，不再给予行政处罚。对涉及公民生命健康安全的违法行为，在五年内未被有权机关发现的，不再给予行政处罚。法律另有规定的除外。

前款规定的期限，从违法行为发生之日起计算；违法行为有连续或者继续状态的，从行为终了之日起计算。

**第三十五条** 行政处罚的依据适用违法行为发生时的法律、法规和规章的规定。但是，作出行政处罚决定时，法律、法规和规章已被修改或者废止，且新的法律、法规和规章不认为是违法行为或者处罚较轻的，适用新的法律、法规和规章。

**第三十六条** 行政处罚没有依据或者实施主体不具有行政主体资格的，行政处罚无效。

违反法定程序构成重大且明显违法的，行政处罚无效。

## 第五章 行政处罚的决定

### 第一节 一般规定

**第三十七条** 行政处罚的实施机关、立案依据、实施程序和救济渠道等信息应当公示。

**第三十八条** 公民、法人或者其他组织违反行政管理秩序的行为，依法应当给予行政处罚的，行政机关必须查明事实；违法事实不清、证据不足的，不得给予行政处罚。

**第三十九条** 行政机关依照法律、行政法规规定利用电子技术监控设备收集、固定违法事实的，应当经过法制和技术审核，确保电子技术监控设备设置合理、标准合格、标志明显，设置地点应当向社会公布。

电子技术监控设备记录违法事实应当真实、清晰、完整、准确。行政机关应当对记录内容进行审核，未经审核的，不得作为证据。

行政机关应当及时通知当事人违法事实，并采取适当措施，方便当事人查询、陈述和申辩。

**第四十条** 行政处罚应当由具有行政执法资格的执法人员实施。执法人员不得少于两人，法律另有规定的除外。

执法人员应当文明执法，尊重和保护当事人合法权益。

**第四十一条** 执法人员与案件有直接利害关系或者有其他关系可能影响公正执法的，应当回避。

当事人认为执法人员与案件有直接利害关系或者有其他关系可能影响公正执法的，有权申请回避。

当事人提出回避申请的，行政机关应当依法审查，由行政机关负责人决定。决定作出前，不停止调查。

**第四十二条** 行政机关在作出行政处罚决定之前，应当告知当事人拟作出的行政处罚内容及事实、理由、依据，并告知当事人依法享有的陈述、申辩、要求听证等权利。

**第四十三条** 当事人有权进行陈述和申辩。行政机关必须充分听取当事人的意见，对当事人提出的事实、理由和证据，应当进行复核；当事人提出的事实、理由或者证据成立的，行政机关应当采纳。

行政机关不得因当事人申辩而加重处罚。

**第四十四条** 证据包括：

（一）书证；

（二）物证；

（三）视听资料；

（四）电子数据；

（五）证人证言；

（六）当事人的陈述；

（七）鉴定意见；

（八）勘验笔录、现场笔录。

证据必须经查证属实，方可作为认定案件事实的根据。

以非法手段取得的证据，不得作为认定案件事实的根据。

**第四十五条** 行政机关应当依法以文字、音像等形式，对行政处罚的启动、调查取证、审核、决定、送达、执行等进行全过程记录，归档保存。

**第四十六条** 行政处罚决定应当按照政府信息公开的有关规定予以公开。

公开的行政处罚决定被依法变更、撤销、确认违法或者确认无效的，行政机关应当在三日内撤回行政处罚决定相关信息并说明理由。

**第四十七条** 发生重大传染病疫情等突发事件，为了控制、减轻和消除突发事件引起的社会危害，行政机关对违反突发事件应对措施的行为，依法快速、从重处罚。

## 第二节 简易程序

**第四十八条** 违法事实确凿并有法定依据，对公民处以二百元以下、对法人或者其他组织处以三千元以下罚款或者警告的行政处罚的，可以当场作出行政处罚决定。法律另有规定的，从其规定。

**第四十九条** 执法人员当场作出行政处罚决定的，应当向当事人出示执法证件，填写预定格式、编有号码的行政处罚决定书。行政处罚决定书应当当场交付当事人。当事人拒绝签收的，应当在行政处罚决定书上注明。

前款规定的行政处罚决定书应当载明当事人的违法行为，行政处罚的种类和依据、罚款数额、时间、地点，申请行政复议或者提起行政诉讼的途径和期限以及行政机关名称，并由执法人员签名或者盖章。

执法人员当场作出的行政处罚决定，必须报所属行政机关备案。

**第五十条** 对当场作出的行政处罚决定，当事人应当依照本法第六十五条、第六十六条、第六十七条的规定履行。

## 第三节　普通程序

**第五十一条**　除本法第四十八条规定的可以当场作出的行政处罚外，行政机关发现公民、法人或者其他组织有依法应当给予行政处罚的行为的，必须全面、客观、公正地调查，收集有关证据；必要时，依照法律、法规的规定，可以进行检查。

符合立案标准的，行政机关应当及时立案。

**第五十二条**　执法人员在调查或者进行检查时，应当主动向当事人或者有关人员出示执法证件。当事人或者有关人员有权要求执法人员出示执法证件。执法人员不出示执法证件的，当事人或者有关人员有权拒绝接受调查或者检查。

当事人或者有关人员应当如实回答询问，并协助调查或者检查，不得拒绝或者阻挠。询问或者检查应当制作笔录。

**第五十三条**　行政机关在收集证据时，可以采取抽样取证的方法；在证据可能灭失或者以后难以取得的情况下，经行政机关负责人批准，可以先行登记保存，并应当在七日内及时作出处理决定，在此期间，当事人或者有关人员不得销毁或者转移证据。

**第五十四条**　行政机关及其工作人员对调查、检查中知悉的国家秘密、商业秘密或者个人隐私，应当依法予以保密。

**第五十五条**　调查终结，行政机关负责人应当对调查结果进行审查，根据不同情况，分别作出如下决定：

（一）确有应受行政处罚的违法行为的，根据情节轻重及具体情况，作出行政处罚决定；

（二）违法行为轻微，依法可以不予行政处罚的，不予行政处罚；

（三）违法事实不能成立的，不予行政处罚；

（四）违法行为涉嫌犯罪的，移送司法机关。

对情节复杂或者重大违法行为给予较重的行政处罚，行政机关的负责人应当集体讨论决定。

**第五十六条** 有下列情形之一，在行政机关负责人作出决定之前，应当由从事行政处罚决定法制审核的人员进行法制审核，未经法制审核或者审核未通过的，不得作出决定：

（一）涉及重大公共利益的；

（二）直接关系当事人或者第三人重大权益，经过听证程序的；

（三）案件情况疑难复杂、涉及多个法律关系的；

（四）法律、法规规定应当进行法制审核的其他情形。

行政机关中初次从事行政处罚法制审核的人员，应当通过国家统一法律职业资格考试取得法律职业资格。

**第五十七条** 行政机关依照本法第五十五条的规定给予行政处罚，应当制作行政处罚决定书。行政处罚决定书应当载明下列事项：

（一）当事人的姓名或者名称、地址；

（二）违反法律、法规或者规章的事实和证据；

（三）行政处罚的种类和依据；

（四）行政处罚的履行方式和期限；

（五）不服行政处罚决定，申请行政复议或者提起行政诉讼的途径和期限；

（六）作出行政处罚决定的行政机关名称和作出决定的日期。

行政处罚决定书必须盖有作出行政处罚决定的行政机关的印章。

**第五十八条** 行政机关应当自行政处罚案件立案之日起九十日内作出行政处罚决定。法律、法规、规章另有规定的，从其规定。

**第五十九条** 行政处罚决定书应当在宣告后当场交付当事人；当事人不在场的，行政机关应当在七日内依照《中华人民共和国民事诉讼法》的有关规定，将行政处罚决定书送达当事人。

**第六十条** 行政机关及其执法人员在作出行政处罚决定之前，未依照本法第四十二条、第四十三条的规定向当事人告知拟作出的行政处罚内容及事实、理由、依据，或者拒绝听取当事人的陈述、申辩，不得作出行政处罚决定；当事人明确放弃陈述或者申辩权利的除外。

### 第四节 听证程序

**第六十一条** 行政机关拟作出下列行政处罚决定之前，应当告知当事人有要求举行听证的权利，当事人要求听证的，行政机关应当组织听证：

（一）较大数额罚款；

（二）没收较大数额违法所得、没收较大价值非法财物；

（三）降低资质等级、吊销许可证件；

（四）责令关闭、责令停产停业、限制从业；

（五）法律、法规和规章规定的其他情形。

当事人不承担行政机关组织听证的费用。

**第六十二条** 听证应当依照以下程序组织：

（一）当事人要求听证的，应当在行政机关告知后五日内提出；

（二）行政机关应当在举行听证的七日前，通知当事人及有关人员听证的时间、地点；

（三）除涉及国家秘密、商业秘密或者个人隐私依法予以保密外，听证公开举行；

（四）听证由行政机关指定的非本案调查人员主持；当事人认为主持人与本案有直接利害关系的，有权申请回避；

（五）当事人可以亲自参加听证，也可以委托一至二人代理；

（六）当事人及其代理人无正当理由拒不出席听证或者未经许可中途退出听证的，视为放弃听证权利，行政机关应当终止听证；

（七）举行听证时，调查人员提出当事人违法的事实、证据和行政处罚建议，当事人进行申辩和质证；

（八）听证应当制作笔录。笔录应当交当事人或者其代理人核对无误后签字或者盖章。当事人或者其代理人拒绝签字或者盖章的，由听证主持人在笔录中注明。

**第六十三条** 听证结束后，行政机关应当根据听证笔录，依照本法第五十五条的规定，作出决定。

## 第六章 行政处罚的执行

**第六十四条** 行政处罚决定依法作出后，当事人应当在行政处罚决定的期限内，予以履行。

当事人确有经济困难，需要延期或者分期缴纳罚款的，经当事人申请和行政机关批准，可以暂缓或者分期缴纳。

**第六十五条** 作出罚款决定的行政机关应当与收缴罚款的机构分离。

除依照本法第六十六条、第六十七条的规定当场收缴的罚款外，作出行政处罚决定的行政机关及其执法人员不得自行收缴罚款。

当事人应当自收到行政处罚决定书之日起十五日内，向指定的银行缴纳罚款。银行应当收受罚款，并将罚款直接上缴国库。

**第六十六条** 依照本法第四十八条的规定当场作出行政处罚决定，有下列情形之一的，执法人员可以当场收缴罚款：

（一）依法给予一百元以下的罚款的；

（二）不当场收缴事后难以执行的。

**第六十七条** 在边远、水上、交通不便地区，行政机关及其执法人员依照本法第四十八条、第五十五条的规定作出罚款决定后，当事人向指定的银行缴纳罚款确有困难，经当事人提出，行政机关及其执法人员可以当场收缴罚款。

**第六十八条** 行政机关及其执法人员当场收缴罚款的，必须向当事人出具国务院或者省、自治区、直辖市人民政府财政部门统一制发的专用票据；不出具财政部门统一制发的专用票据的，当事人有权拒绝缴纳罚款。

**第六十九条** 执法人员当场收缴的罚款，应当自收缴罚款之日起二日内，交至行政机关；在水上当场收缴的罚款，应当自抵岸之日起二日内交至行政机关；行政机关应当在二日内将罚款缴付指定的银行。

**第七十条** 当事人逾期不履行行政处罚决定的，作出行政处罚决定的行政机关可以采取下列措施：

（一）到期不缴纳罚款的，每日按罚款数额的百分之三加处罚款；

（二）根据法律规定，将查封、扣押的财物拍卖、依法处理或者将冻结的存款、汇款划拨抵缴罚款；

（三）根据法律规定，采取其他行政强制执行方式；

（四）依照《中华人民共和国行政强制法》规定申请人民法院强制执行。

行政机关批准延期、分期缴纳罚款的，申请人民法院强制执行的期限，自暂缓或者分期缴纳罚款期限结束之日起计算。

**第七十一条** 当事人对行政处罚决定不服申请行政复议或者提起行政诉讼的，行政处罚不停止执行，法律另有规定的除外。

当事人申请行政复议或者提起行政诉讼的，加处罚款的数额在行政复议或者行政诉讼期间不予计算。

**第七十二条** 除依法应当予以销毁的物品外，依法没收的非法财物必须按照国家规定公开拍卖或者按照国家有关规定处理。

罚款、没收违法所得或者没收非法财物拍卖的款项，必须全部上缴国库，任何行政机关或者个人不得以任何形式截留、私分或者变相私分。

罚款、没收违法所得或者没收非法财物拍卖的款项，不得同作出行政处罚决定的行政机关及其工作人员的考核、考评直接或者变相挂钩。财政部门不得以任何形式向作出行政处罚决定的行政机关返还罚款、没收的违法所得或者返还没收非法财物的拍卖款项。

**第七十三条** 行政机关应当建立健全对行政处罚的监督制度。县级以上人民政府应当定期组织开展行政执法评议、考核，加强对行政处罚的监督检查，规范和保障行政处罚的实施。

公民、法人或者其他组织对行政机关作出的行政处罚，有权申诉或者检举；行政机关应当认真审查，发现行政处罚有错误的，应当主动改正。

## 第七章　法律责任

**第七十四条**　行政机关实施行政处罚，有下列情形之一的，由上级行政机关或者有关机关责令改正，可以对直接负责的主管人员和其他直接责任人员依法给予处分：

（一）没有法定的行政处罚依据的；

（二）擅自改变行政处罚种类、幅度的；

（三）违反法定的行政处罚程序的；

（四）违反本法第二十条关于委托处罚的规定的；

（五）执法人员未取得执法证件的。

行政机关对符合立案标准的案件不及时立案的，依照前款规定予以处理。

**第七十五条**　行政机关对当事人进行处罚不使用罚款、没收财物单据或者使用非法定部门制发的罚款、没收财物单据的，当事人有权拒绝处罚，并有权予以检举。上级行政机关或者有关部门对使用的非法单据予以收缴销毁，对直接负责的主管人员和其他直接责任人员依法给予处分。

**第七十六条**　行政机关违反本法第六十五条的规定自行收缴罚款的，财政部门违反本法第七十二条的规定向行政机关返还罚款或者拍卖款项的，由上级行政机关或者有关机关责令改正，对直接负责的主管人员和其他直接责任人员依法给予处分。

**第七十七条**　行政机关将罚款、没收的违法所得或者财物截留、私分或者变相私分的，由财政部门或者有关部门予以追缴，对直接负责的主管人员和其他直接责任人员依法给予处分；情节严重构成犯罪的，依法追究刑事责任。

执法人员利用职务上的便利，索取或者收受他人财物、收缴罚款据为己有，构成犯罪的，依法追究刑事责任；情节轻微不构成犯罪的，依法给予处分。

**第七十八条** 行政机关使用或者损毁扣押的财物，对当事人造成损失的，应当依法予以赔偿，对直接负责的主管人员和其他直接责任人员依法给予处分。

**第七十九条** 行政机关违法实行检查措施或者执行措施，给公民人身或者财产造成损害、给法人或者其他组织造成损失的，应当依法予以赔偿，对直接负责的主管人员和其他直接责任人员依法给予处分；情节严重构成犯罪的，依法追究刑事责任。

**第八十条** 行政机关对应当依法移交司法机关追究刑事责任的不移交，以行政处罚代替刑罚，由上级行政机关或者有关机关责令纠正；拒不纠正的，对直接负责的主管人员给予处分；徇私舞弊、包庇纵容违法行为的，依照刑法有关规定追究刑事责任。

**第八十一条** 执法人员玩忽职守，对应当予以制止和处罚的违法行为不予制止、处罚，致使公民、法人或者其他组织的合法权益、公共利益和社会秩序遭受损害的，对直接负责的主管人员和其他直接责任人员依法给予处分；情节严重构成犯罪的，依法追究刑事责任。

## 第八章 附则

**第八十二条** 外国人、无国籍人、外国组织在中华人民共和国领域内有违法行为，应当给予行政处罚的，适用本法，法律另有规定的除外。

**第八十三条** 本法中“二日”“三日”“五日”“七日”的规定是指工作日，不含法定节假日。

**第八十四条** 本法自　　年　月　日起施行。

# 《中华人民共和国行政处罚法》新旧对照[1]

（左栏黑体部分为增加的内容，右栏删除线部分为删除的内容，两栏下划线部分为修改的内容，右栏波浪线部分为移动的内容）

| | |
|---|---|
| **目　　录** | **目　　录** |
| 第一章　总　　则<br>第二章　行政处罚的种类和设定<br>第三章　行政处罚的实施机关<br>第四章　行政处罚的管辖和适用<br>第五章　行政处罚的决定<br>　**第一节　一般规定**<br>　第二节　简易程序<br>　第三节　普通程序<br>　第四节　听证程序<br>第六章　行政处罚的执行<br>第七章　法律责任<br>第八章　附　　则 | 第一章　总　　则<br>第二章　行政处罚的种类和设定<br>第三章　行政处罚的实施机关<br>第四章　行政处罚的管辖和适用<br>第五章　行政处罚的决定<br>　第一节　简易程序<br>　第二节　一般程序<br>　第三节　听证程序<br>第六章　行政处罚的执行<br>第七章　法律责任<br>第八章　附　　则 |
| **第一章　总　　则** | **第一章　总　　则** |
| 　　第一条　为了规范行政处罚的设定和实施，保障和监督行政 | 　　第一条　为了规范行政处罚的设定和实施，保障和监督行政 |

① 以下表格左栏为2021年1月22日第十三届全国人民代表大会常务委员会第二十五次会议修订公布的新《行政处罚法》，右栏为1996年3月17日通过、2009年8月27日第一次修正、2017年9月1日第二次修正的旧《行政处罚法》。

| | |
|---|---|
| 机关有效实施行政管理，维护公共利益和社会秩序，保护公民、法人或者其他组织的合法权益，根据宪法，制定本法。 | 机关有效实施行政管理，维护公共利益和社会秩序，保护公民、法人或者其他组织的合法权益，根据宪法，制定本法。 |
| **第二条　行政处罚是指行政机关依法对违反行政管理秩序的公民、法人或者其他组织，以减损权益或者增加义务的方式予以惩戒的行为。** | 新增条文 |
| 第三条　行政处罚的设定和实施，适用本法。 | 第二条　行政处罚的设定和实施，适用本法。 |
| 第四条　公民、法人或者其他组织违反行政管理秩序的行为，应当给予行政处罚的，依照本法由法律、法规、规章规定，并由行政机关依照本法规定的程序实施。 | 第三条　公民、法人或者其他组织违反行政管理秩序的行为，应当给予行政处罚的，依照本法由法律、法规或者规章规定，并由行政机关依照本法规定的程序实施。<br>没有法定依据或者不遵守法定程序的，行政处罚无效。（移至第三十八条修改） |
| 第五条　行政处罚遵循公正、公开的原则。<br>设定和实施行政处罚必须以事实为依据，与违法行为的事实、性质、情节以及社会危害程度相当。<br>对违法行为给予行政处罚的规定必须公布；未经公布的，不得作为行政处罚的依据。 | 第四条　行政处罚遵循公正、公开的原则。<br>设定和实施行政处罚必须以事实为依据，与违法行为的事实、性质、情节以及社会危害程度相当。<br>对违法行为给予行政处罚的规定必须公布；未经公布的，不得作为行政处罚的依据。 |

| | |
|---|---|
| 第六条　实施行政处罚，纠正违法行为，应当坚持处罚与教育相结合，教育公民、法人或者其他组织自觉守法。 | 第五条　实施行政处罚，纠正违法行为，应当坚持处罚与教育相结合，教育公民、法人或者其他组织自觉守法。 |
| 第七条　公民、法人或者其他组织对行政机关所给予的行政处罚，享有陈述权、申辩权；对行政处罚不服的，有权依法申请行政复议或者提起行政诉讼。<br>公民、法人或者其他组织因行政机关违法给予行政处罚受到损害的，有权依法提出赔偿要求。 | 第六条　公民、法人或者其他组织对行政机关所给予的行政处罚，享有陈述权、申辩权；对行政处罚不服的，有权依法申请行政复议或者提起行政诉讼。<br>公民、法人或者其他组织因行政机关违法给予行政处罚受到损害的，有权依法提出赔偿要求。<br>~~第三十五条　当事人对当场作出的行政处罚决定不服的，可以依法申请行政复议或者提起行政诉讼。~~ |
| 第八条　公民、法人或者其他组织因违法**行为**受到行政处罚，其违法行为对他人造成损害的，应当依法承担民事责任。<br>违法行为构成犯罪，应当依法追究刑事责任**的**，不得以行政处罚代替刑事处罚。 | 第七条　公民、法人或者其他组织因违法受到行政处罚，其违法行为对他人造成损害的，应当依法承担民事责任。<br>违法行为构成犯罪，应当依法追究刑事责任，不得以行政处罚代替刑事处罚。 |
| **第二章　行政处罚的种类和设定** | **第二章　行政处罚的种类和设定** |
| 第九条　行政处罚的种类：<br>（一）警告**、通报批评**；<br>（二）罚款、没收违法所得、没收非法财物；<br>（三）暂扣许可证件、**降低** | 第八条　行政处罚的种类：<br>（一）警告；<br>（二）罚款；<br>~~（三）~~没收违法所得、没收非法财物； |

| | |
|---|---|
| **资质等级**、吊销许可证件；<br>（四）**限制开展生产经营活动**、责令停产停业、**责令关闭、限制从业**；<br>（五）行政拘留；<br>（六）法律、行政法规规定的其他行政处罚。 | （四）责令停产停业；<br>（五）暂扣或者吊销许可证、~~暂扣或者吊销执照~~；<br>（六）行政拘留；<br>（七）法律、行政法规规定的其他行政处罚。 |
| 第十条　法律可以设定各种行政处罚。<br>限制人身自由的行政处罚，只能由法律设定。 | 第九条　法律可以设定各种行政处罚。<br>限制人身自由的行政处罚，只能由法律设定。 |
| 第十一条　行政法规可以设定除限制人身自由以外的行政处罚。<br>法律对违法行为已经作出行政处罚规定，行政法规需要作出具体规定的，必须在法律规定的给予行政处罚的行为、种类和幅度的范围内规定。<br>**法律对违法行为未作出行政处罚规定，行政法规为实施法律，可以补充设定行政处罚。拟补充设定行政处罚的，应当通过听证会、论证会等形式广泛听取意见，并向制定机关作出书面说明。行政法规报送备案时，应当说明补充设定行政处罚的情况。** | 第十条　行政法规可以设定除限制人身自由以外的行政处罚。<br>法律对违法行为已经作出行政处罚规定，行政法规需要作出具体规定的，必须在法律规定的给予行政处罚的行为、种类和幅度的范围内规定。 |
| 第十二条　地方性法规可以设定除限制人身自由、吊销营业 | 第十一条　地方性法规可以设定除限制人身自由、吊销~~企业~~ |

| | |
|---|---|
| 执照以外的行政处罚。<br>法律、行政法规对违法行为已经作出行政处罚规定，地方性法规需要作出具体规定的，必须在法律、行政法规规定的给予行政处罚的行为、种类和幅度的范围内规定。<br>**法律、行政法规对违法行为未作出行政处罚规定，地方性法规为实施法律、行政法规，可以补充设定行政处罚。拟补充设定行政处罚的，应当通过听证会、论证会等形式广泛听取意见，并向制定机关作出书面说明。地方性法规报送备案时，应当说明补充设定行政处罚的情况。** | 营业执照以外的行政处罚。<br>法律、行政法规对违法行为已经作出行政处罚规定，地方性法规需要作出具体规定的，必须在法律、行政法规规定的给予行政处罚的行为、种类和幅度的范围内规定。 |
| 第十三条　国务院部门规章可以在法律、行政法规规定的给予行政处罚的行为、种类和幅度的范围内作出具体规定。<br>尚未制定法律、行政法规的，国务院部门规章对违反行政管理秩序的行为，可以设定警告、**通报批评**或者一定数额罚款的行政处罚。罚款的限额由国务院规定。 | 第十二条　国务院部、委员会制定的规章可以在法律、行政法规规定的给予行政处罚的行为、种类和幅度的范围内作出具体规定。<br>尚未制定法律、行政法规的，~~前款规定的~~国务院部、委员会制定的规章对违反行政管理秩序的行为，可以设定警告或者一定数量罚款的行政处罚。罚款的限额由国务院规定。<br>~~国务院可以授权具有行政处罚权的直属机构依照本条第一款、第二款的规定，规定行政处罚。~~ |

| | |
|---|---|
| 第十四条　地方政府规章可以在法律、法规规定的给予行政处罚的行为、种类和幅度的范围内作出具体规定。<br>尚未制定法律、法规的，地方政府规章对违反行政管理秩序的行为，可以设定警告、**通报批评**或者一定数额罚款的行政处罚。罚款的限额由省、自治区、直辖市人民代表大会常务委员会规定。 | 第十三条　省、自治区、直辖市人民政府和省、自治区人民政府所在地的市人民政府以及经国务院批准的较大的市人民政府制定的规章可以在法律、法规规定的给予行政处罚的行为、种类和幅度的范围内作出具体规定。<br>尚未制定法律、法规的，~~前款规定的~~人民政府制定的规章对违反行政管理秩序的行为，可以设定警告或者一定数量罚款的行政处罚。罚款的限额由省、自治区、直辖市人民代表大会常务委员会规定。 |
| **第十五条　国务院部门和省、自治区、直辖市人民政府及其有关部门应当定期组织评估行政处罚的实施情况和必要性，对不适当的行政处罚事项及种类、罚款数额等，应当提出修改或者废止的建议。** | 新增条文 |
| 第十六条　除法律、法规、规章外，其他规范性文件不得设定行政处罚。 | 第十四条　除本法第九条、第十条、第十一条、第十二条以及第十三条的规定外，其他规范性文件不得设定行政处罚。 |
| **第三章　行政处罚的实施机关** | **第三章　行政处罚的实施机关** |
| 第十七条　行政处罚由具有行政处罚权的行政机关在法定职权范围内实施。 | 第十五条　行政处罚由具有行政处罚权的行政机关在法定职权范围内实施。 |

| | |
|---|---|
| 第十八条　**国家在城市管理、市场监管、生态环境、文化市场、交通运输、应急管理、农业等领域推行建立综合行政执法制度，相对集中行政处罚权。**<br>国务院或者省、自治区、直辖市人民政府可以决定一个行政机关行使有关行政机关的行政处罚权。<br>限制人身自由的行政处罚权只能由公安机关**和法律规定的其他机关**行使。 | 第十六条　国务院或者~~经国务院授权的~~省、自治区、直辖市人民政府可以决定一个行政机关行使有关行政机关的行政处罚权，~~但~~限制人身自由的行政处罚权只能由公安机关行使。 |
| 第十九条　法律、法规授权的具有管理公共事务职能的组织可以在法定授权范围内实施行政处罚。 | 第十七条　法律、法规授权的具有管理公共事务职能的组织可以在法定授权范围内实施行政处罚。 |
| 第二十条　行政机关依照法律、法规、规章的规定，可以在其法定权限内**书面**委托符合本法第二十一条规定条件的组织实施行政处罚。行政机关不得委托其他组织或者个人实施行政处罚。<br>**委托书应当载明委托的具体事项、权限、期限等内容。委托行政机关和受委托组织应当将委托书向社会公布。**<br>委托行政机关对受委托组织实施行政处罚的行为应当负责监督，并对该行为的后果承担法律责任。<br>受委托组织在委托范围内，以委托行政机关名义实施行政处 | 第十八条　行政机关依照法律、法规或者规章的规定，可以在其法定权限内委托符合本法第十九条规定条件的组织实施行政处罚。行政机关不得委托其他组织或者个人实施行政处罚。<br>委托行政机关对受委托~~的~~组织实施行政处罚的行为应当负责监督，并对该行为的后果承担法律责任。<br>受委托组织在委托范围内，以委托行政机关名义实施行政处罚；不得再委托其他~~任何~~组织或者个人实施行政处罚。 |

| | |
|---|---|
| 罚；不得再委托其他组织或者个人实施行政处罚。 | |
| 第二十一条　受委托组织必须符合以下条件：<br>（一）依法成立并具有管理公共事务职能；<br>（二）有熟悉有关法律、法规、规章和业务**并取得行政执法资格**的工作人员；<br>（三）需要进行技术检查或者技术鉴定的，应当有条件组织进行相应的技术检查或者技术鉴定。 | 第十九条　受委托组织必须符合以下条件：<br>（一）依法成立的管理公共事务的事业组织；<br>（二）~~具~~有熟悉有关法律、法规、规章和业务的工作人员；<br>（三）~~对违法行为~~需要进行技术检查或者技术鉴定的，应当有条件组织进行相应的技术检查或者技术鉴定。 |
| **第四章　行政处罚的管辖和适用** | **第四章　行政处罚的管辖和适用** |
| 第二十二条　行政处罚由违法行为发生地的行政机关管辖。法律、行政法规、**部门规章**另有规定的，从其规定。 | 第二十条　行政处罚由违法行为发生地的~~县级以上地方人民政府具有行政处罚权的~~行政机关管辖。法律、行政法规另有规定的除外。 |
| **第二十三条　行政处罚由县级以上地方人民政府具有行政处罚权的行政机关管辖。法律、行政法规另有规定的，从其规定。** | 新增条文 |
| **第二十四条　省、自治区、直辖市根据当地实际情况，可以决定将基层管理迫切需要的县级人民政府部门的行政处罚权交由能够有效承接的乡镇人民政府、街道办事处行使，并定期组织评估。决定应当公布。** | 新增条文 |

| | |
|---|---|
| **承接行政处罚权的乡镇人民政府、街道办事处应当加强执法能力建设，按照规定范围、依照法定程序实施行政处罚。**<br>**有关地方人民政府及其部门应当加强组织协调、业务指导、执法监督，建立健全行政处罚协调配合机制，完善评议、考核制度。** | |
| 第二十五条　**两个以上行政机关都有管辖权的，由最先立案的行政机关管辖。**<br>对管辖发生争议的，**应当协商解决，协商不成的，**报请共同的上一级行政机关指定管辖；**也可以直接由共同的上一级行政机关指定管辖。** | 第二十一条　对管辖发生争议的，报请共同的上一级行政机关指定管辖。 |
| **第二十六条　行政机关因实施行政处罚的需要，可以向有关机关提出协助请求。协助事项属于被请求机关职权范围内的，应当依法予以协助。** | 新增条文 |
| 第二十七条　违法行为涉嫌犯罪的，行政机关应当及时将案件移送司法机关，依法追究刑事责任。**对依法不需要追究刑事责任或者免予刑事处罚，但应当给予行政处罚的，司法机关应当及时将案件移送有关行政机关。**<br>**行政处罚实施机关与司法机** | 第二十二条　违法行为构成犯罪的，行政机关必须将案件移送司法机关，依法追究刑事责任。 |

| | |
|---|---|
| **关之间应当加强协调配合，建立健全案件移送制度，加强证据材料移交、接收衔接，完善案件处理信息通报机制。** | |
| 第二十八条　行政机关实施行政处罚时，应当责令当事人改正或者限期改正违法行为。<br>**当事人有违法所得，除依法应当退赔的外，应当予以没收。违法所得是指实施违法行为所取得的款项。法律、行政法规、部门规章对违法所得的计算另有规定的，从其规定。** | 第二十三条　行政机关实施行政处罚时，应当责令当事人改正或者限期改正违法行为。 |
| 第二十九条　对当事人的同一个违法行为，不得给予两次以上罚款的行政处罚。**同一个违法行为违反多个法律规范应当给予罚款处罚的，按照罚款数额高的规定处罚。** | 第二十四条　对当事人的同一个违法行为，不得给予两次以上罚款的行政处罚。 |
| 第三十条　不满十四周岁的**未成年**人有违法行为的，不予行政处罚，责令监护人加以管教；已满十四周岁不满十八周岁的**未成年**人有违法行为的，**应当**从轻或者减轻行政处罚。 | 第二十五条　不满十四周岁的人有违法行为的，不予行政处罚，责令监护人加以管教；已满十四周岁不满十八周岁的人有违法行为的，从轻或者减轻行政处罚。 |
| 第三十一条　精神病人、**智力残疾人**在不能辨认或者不能控制自己行为时有违法行为的，不予行政处罚，但应当责令其监护 | 第二十六条　精神病人在不能辨认或者不能控制自己行为时有违法行为的，不予行政处罚，但应当责令其监护人严加看管和 |

| | |
|---|---|
| 人严加看管和治疗。间歇性精神病人在精神正常时有违法行为的，应当给予行政处罚。**尚未完全丧失辨认或者控制自己行为能力的精神病人、智力残疾人有违法行为的，可以从轻或者减轻行政处罚。** | 治疗。间歇性精神病人在精神正常时有违法行为的，应当给予行政处罚。 |
| 第三十二条　当事人有下列情形之一，应当从轻或者减轻行政处罚：<br>（一）主动消除或者减轻违法行为危害后果的；<br>（二）受他人胁迫**或者诱骗**实施违法行为的；<br>**（三）主动供述行政机关尚未掌握的违法行为的；**<br>（四）配合行政机关查处违法行为有立功表现的；<br>（五）法律、法规、规章规定其他应当从轻或者减轻行政处罚的。 | 第二十七条　当事人有下列情形之一~~的~~，应当~~依法~~从轻或者减轻行政处罚：<br>（一）主动消除或者减轻违法行为危害后果的；<br>（二）受他人胁迫有违法行为的；<br>（三）配合行政机关查处违法行为有立功表现的；<br>（四）其他依法从轻或者减轻行政处罚的。<br>违法行为轻微并及时纠正，没有造成危害后果的，不予行政处罚。（移至第三十三条修改） |
| 第三十三条　违法行为轻微并及时改正，没有造成危害后果的，不予行政处罚。**初次违法且危害后果轻微并及时改正的，可以不予行政处罚。**<br>**当事人有证据足以证明没有主观过错的，不予行政处罚。法律、行政法规另有规定的，从其规定。** | 第二十七条第二款　违法行为轻微并及时纠正，没有造成危害后果的，不予行政处罚。 |

| | |
|---|---|
| **对当事人的违法行为依法不予行政处罚的，行政机关应当对当事人进行教育。** | |
| **第三十四条　行政机关可以依法制定行政处罚裁量基准，规范行使行政处罚裁量权。行政处罚裁量基准应当向社会公布。** | 新增条文 |
| 第三十五条　违法行为构成犯罪，人民法院判处拘役或者有期徒刑时，行政机关已经给予当事人行政拘留的，应当依法折抵相应刑期。<br>违法行为构成犯罪，人民法院判处罚金时，行政机关已经给予当事人罚款的，应当折抵相应罚金；**行政机关尚未给予当事人罚款的，不再给予罚款。** | 第二十八条　违法行为构成犯罪，人民法院判处拘役或者有期徒刑时，行政机关已经给予当事人行政拘留的，应当依法折抵相应刑期。<br>违法行为构成犯罪，人民法院判处罚金时，行政机关已经给予当事人罚款的，应当折抵相应罚金。 |
| 第三十六条　违法行为在二年内未被发现的，不再给予行政处罚；**涉及公民生命健康安全、金融安全且有危害后果的，上述期限延长至五年。**法律另有规定的除外。<br>前款规定的期限，从违法行为发生之日起计算；违法行为有连续或者继续状态的，从行为终了之日起计算。 | 第二十九条　违法行为在二年内未被发现的，不再给予行政处罚。法律另有规定的除外。<br>前款规定的期限，从违法行为发生之日起计算；违法行为有连续或者继续状态的，从行为终了之日起计算。 |
| **第三十七条　实施行政处罚，适用违法行为发生时的法** | 新增条文 |

| | |
|---|---|
| **律、法规、规章的规定。但是，作出行政处罚决定时，法律、法规、规章已被修改或者废止，且新的规定处罚较轻或者不认为是违法的，适用新的规定。** | |
| 第三十八条　**行政处罚**没有依据或者**实施主体不具有行政主体资格的，行政处罚无效。**<br>违反法定程序**构成重大且明显违法**的，行政处罚无效。 | 第三条第二款　没有~~法定~~依据或者不遵守法定程序的，行政处罚无效。 |
| **第五章　行政处罚的决定** | **第五章　行政处罚的决定** |
| **第一节　一般规定** | |
| **第三十九条　行政处罚的实施机关、立案依据、实施程序和救济渠道等信息应当公示。** | 新增条文 |
| 第四十条　公民、法人或者其他组织违反行政管理秩序的行为，依法应当给予行政处罚的，行政机关必须查明事实；违法事实不清、**证据不足的**，不得给予行政处罚。 | 第三十条　公民、法人或者其他组织违反行政管理秩序的行为，依法应当给予行政处罚的，行政机关必须查明事实；违法事实不清的，不得给予行政处罚。 |
| **第四十一条　行政机关依照法律、行政法规规定利用电子技术监控设备收集、固定违法事实的，应当经过法制和技术审核，确保电子技术监控设备符合标准、设置合理、标志明显，设置地点应当向社会公布。**<br>**电子技术监控设备记录违法** | 新增条文 |

| | |
|---|---|
| 事实应当真实、清晰、完整、准确。行政机关应当审核记录内容是否符合要求；未经审核或者经审核不符合要求的，不得作为行政处罚的证据。<br>行政机关应当及时告知当事人违法事实，并采取信息化手段或者其他措施，为当事人查询、陈述和申辩提供便利。不得限制或者变相限制当事人享有的陈述权、申辩权。 | |
| 第四十二条　行政处罚应当由具有行政执法资格的执法人员实施。执法人员不得少于两人，法律另有规定的除外。<br>执法人员应当文明执法，尊重和保护当事人合法权益。 | 新增条文 |
| 第四十三条　执法人员与案件有直接利害关系或者有其他关系可能影响公正执法的，应当回避。<br>当事人认为执法人员与案件有直接利害关系或者有其他关系可能影响公正执法的，有权申请回避。<br>当事人提出回避申请的，行政机关应当依法审查，由行政机关负责人决定。决定作出之前，不停止调查。 | 第三十七条第三款　执法人员与当事人有直接利害关系的，应当回避。 |

| | |
|---|---|
| 第四十四条　行政机关在作出行政处罚决定之前，应当告知当事人**拟**作出**的**行政处罚**内容及**事实、理由、依据，并告知当事人依法享有的**陈述、申辩、要求听证等**权利。 | 第三十一条　行政机关在作出行政处罚决定之前，应当告知当事人作出行政处罚~~决定~~的事实、理由及依据，并告知当事人依法享有的权利。 |
| 第四十五条　当事人有权进行陈述和申辩。行政机关必须充分听取当事人的意见，对当事人提出的事实、理由和证据，应当进行复核；当事人提出的事实、理由或者证据成立的，行政机关应当采纳。<br>行政机关不得因当事人**陈述、**申辩而给予更重的处罚。 | 第三十二条　当事人有权进行陈述和申辩。行政机关必须充分听取当事人的意见，对当事人提出的事实、理由和证据，应当进行复核；当事人提出的事实、理由或者证据成立的，行政机关应当采纳。<br>行政机关不得因当事人申辩而加重处罚。 |
| **第四十六条　证据包括：**<br>**（一）书证；**<br>**（二）物证；**<br>**（三）视听资料；**<br>**（四）电子数据；**<br>**（五）证人证言；**<br>**（六）当事人的陈述；**<br>**（七）鉴定意见；**<br>**（八）勘验笔录、现场笔录。**<br>**证据必须经查证属实，方可作为认定案件事实的根据。**<br>**以非法手段取得的证据，不得作为认定案件事实的根据。** | 新增条文 |

| | |
|---|---|
| **第四十七条　行政机关应当依法以文字、音像等形式，对行政处罚的启动、调查取证、审核、决定、送达、执行等进行全过程记录，归档保存。** | 新增条文 |
| **第四十八条　具有一定社会影响的行政处罚决定应当依法公开。**<br>**公开的行政处罚决定被依法变更、撤销、确认违法或者确认无效的，行政机关应当在三日内撤回行政处罚决定信息并公开说明理由。** | 新增条文 |
| **第四十九条　发生重大传染病疫情等突发事件，为了控制、减轻和消除突发事件引起的社会危害，行政机关对违反突发事件应对措施的行为，依法快速、从重处罚。** | 新增条文 |
| **第五十条　行政机关及其工作人员对实施行政处罚过程中知悉的国家秘密、商业秘密或者个人隐私，应当依法予以保密。** | 新增条文 |
| **第二节　简易程序** | **第一节　简易程序** |
| 第五十一条　违法事实确凿并有法定依据，对公民处以二百元以下、对法人或者其他组织处以三千元以下罚款或者警告的行政处罚的，可以当场作出行政处罚决定。**法律另有规定的，从其规定。** | 第三十三条　违法事实确凿并有法定依据，对公民处以五十元以下、对法人或者其他组织处以一千元以下罚款或者警告的行政处罚的，可以当场作出行政处罚决定。当事人应当依照本 |

| | |
|---|---|
| | 法第四十六条、第四十七条、第四十八条的规定履行行政处罚决定。（移至第五十三条修改） |
| 第五十二条　执法人员当场作出行政处罚决定的，应当向当事人出示执法证件，填写预定格式、编有号码的行政处罚决定书，并当场交付当事人。**当事人拒绝签收的，应当在行政处罚决定书上注明。**<br>前款规定的行政处罚决定书应当载明当事人的违法行为，行政处罚**的种类和**依据、罚款数额、时间、地点，**申请行政复议、提起行政诉讼的途径和期限**以及行政机关名称，并由执法人员签名或者盖章。<br>执法人员当场作出的行政处罚决定，应当报所属行政机关备案。 | 第三十四条　执法人员当场作出行政处罚决定的，应当向当事人出示执法~~身份~~证件，填写预定格式、编有号码的行政处罚决定书。行政处罚决定书应当当场交付当事人。<br>前款规定的行政处罚决定书应当载明当事人的违法行为、行政处罚依据、罚款数额、时间、地点以及行政机关名称，并由执法人员签名或者盖章。<br>执法人员当场作出的行政处罚决定，必须报所属行政机关备案。 |
| 第五十三条　对当场作出的行政处罚决定，当事人应当依照本法第六十七条至第六十九条的规定履行。 | 第三十三条第二句　当事人应当依照本法第四十六条、第四十七条、第四十八条的规定履行行政处罚决定。 |
| **第三节　普通程序** | **第二节　一般程序** |
| 第五十四条　除本法第五十一条规定的可以当场作出的行政处罚外，行政机关发现公民、法人或者其他组织有依法应 | 第三十六条　除本法第三十三条规定的可以当场作出的行政处罚外，行政机关发现公民、法人或者其他组织有依法应 |

| | |
|---|---|
| 当给予行政处罚的行为的，必须全面、客观、公正地调查，收集有关证据；必要时，依照法律、法规的规定，可以进行检查。<br>**符合立案标准的，行政机关应当及时立案。** | 当给予行政处罚的行为的，必须全面、客观、公正地调查，收集有关证据；必要时，依照法律、法规的规定，可以进行检查。 |
| 第五十五条　执法人员在调查或者进行检查时，应当**主动**向当事人或者有关人员出示**执法**证件。**当事人或者有关人员有权要求执法人员出示执法证件。执法人员不出示执法证件的，当事人或者有关人员有权拒绝接受调查或者检查。**<br>当事人或者有关人员应当如实回答询问，并协助调查或者检查，不得**拒绝或者**阻挠。询问或者检查应当制作笔录。 | 第三十七条　行政机关在调查或者进行检查时，~~执法人员不得少于两人，并~~应当向当事人或者有关人员出示证件。当事人或者有关人员应当如实回答询问，并协助调查或者检查，不得阻挠。询问或者检查应当制作笔录。<br>行政机关在收集证据时，可以采取抽样取证的方法；在证据可能灭失或者以后难以取得的情况下，经行政机关负责人批准，可以先行登记保存，并应当在七日内及时作出处理决定，在此期间，当事人或者有关人员不得销毁或者转移证据。（移至第五十六条修改）<br>执法人员与当事人有直接利害关系的，应当回避。（移至第四十三条第一款修改） |
| 第五十六条　行政机关在收集证据时，可以采取抽样取证的方法；在证据可能灭失或者以后难以取得的情况下，经行政 | 第三十七条第二款　行政机关在收集证据时，可以采取抽样取证的方法；在证据可能灭失或者以后难以取得的情况下，经行 |

| | |
|---|---|
| 机关负责人批准，可以先行登记保存，并应当在七日内及时作出处理决定，在此期间，当事人或者有关人员不得销毁或者转移证据。 | 政机关负责人批准，可以先行登记保存，并应当在七日内及时作出处理决定，在此期间，当事人或者有关人员不得销毁或者转移证据。 |
| 第五十七条　调查终结，行政机关负责人应当对调查结果进行审查，根据不同情况，分别作出如下决定：<br>（一）确有应受行政处罚的违法行为的，根据情节轻重及具体情况，作出行政处罚决定；<br>（二）违法行为轻微，依法可以不予行政处罚的，不予行政处罚；<br>（三）违法事实不能成立的，不予行政处罚；<br>（四）违法行为涉嫌犯罪的，移送司法机关。<br>对情节复杂或者重大违法行为给予行政处罚，行政机关负责人应当集体讨论决定。 | 第三十八条　调查终结，行政机关负责人应当对调查结果进行审查，根据不同情况，分别作出如下决定：<br>（一）确有应受行政处罚的违法行为的，根据情节轻重及具体情况，作出行政处罚决定；<br>（二）违法行为轻微，依法可以不予行政处罚的，不予行政处罚；<br>（三）违法事实不能成立的，不得给予行政处罚；<br>（四）违法行为已构成犯罪的，移送司法机关。<br>对情节复杂或者重大违法行为给予~~较重的~~行政处罚，行政机关~~的~~负责人应当集体讨论决定。<br>在行政机关负责人作出决定之前，应当由从事行政处罚决定审核的人员进行审核。行政机关中初次从事行政处罚决定审核的人员，应当通过国家统一法律职业资格考试取得法律职业资格。<br>（移至第五十八条修改） |

| | |
|---|---|
| 第五十八条　**有下列情形之一，**在行政机关负责人作出**行政处罚的**决定之前，应当由从事行政处罚决定**法制**审核的人员进行**法制**审核；**未经法制审核或者审核未通过的，不得作出决定：**<br>**（一）涉及重大公共利益的；**<br>**（二）直接关系当事人或者第三人重大权益，经过听证程序的；**<br>**（三）案件情况疑难复杂、涉及多个法律关系的；**<br>**（四）法律、法规规定应当进行法制审核的其他情形。**<br>行政机关中初次从事行政处罚决定**法制**审核的人员，应当通过国家统一法律职业资格考试取得法律职业资格。 | 第三十八条第三款　在行政机关负责人作出决定之前，应当由从事行政处罚决定审核的人员进行审核。行政机关中初次从事行政处罚决定审核的人员，应当通过国家统一法律职业资格考试取得法律职业资格。 |
| 第五十九条　行政机关依照本法第五十七条的规定给予行政处罚，应当制作行政处罚决定书。行政处罚决定书应当载明下列事项：<br>（一）当事人的姓名或者名称、地址；<br>（二）违反法律、法规、规章的事实和证据；<br>（三）行政处罚的种类和依据；<br>（四）行政处罚的履行方式和期限； | 第三十九条　行政机关依照本法第三十八条的规定给予行政处罚，应当制作行政处罚决定书。行政处罚决定书应当载明下列事项：<br>（一）当事人的姓名或者名称、地址；<br>（二）违反法律、法规或者规章的事实和证据；<br>（三）行政处罚的种类和依据；<br>（四）行政处罚的履行方式和期限； |

| | |
|---|---|
| （五）申请行政复议、提起行政诉讼的途径和期限；<br>（六）作出行政处罚决定的行政机关名称和作出决定的日期。<br>行政处罚决定书必须盖有作出行政处罚决定的行政机关的印章。 | （五）~~不服行政处罚决定，~~申请行政复议或者提起行政诉讼的途径和期限；<br>（六）作出行政处罚决定的行政机关名称和作出决定的日期。<br>行政处罚决定书必须盖有作出行政处罚决定的行政机关的印章。 |
| **第六十条　行政机关应当自行政处罚案件立案之日起九十日内作出行政处罚决定。法律、法规、规章另有规定的，从其规定。** | 新增条文 |
| 第六十一条　行政处罚决定书应当在宣告后当场交付当事人；当事人不在场的，行政机关应当在七日内依照《中华人民共和国民事诉讼法》的有关规定，将行政处罚决定书送达当事人。<br>**当事人同意并签订确认书的，行政机关可以采用传真、电子邮件等方式，将行政处罚决定书等送达当事人。** | 第四十条　行政处罚决定书应当在宣告后当场交付当事人；当事人不在场的，行政机关应当在七日内依照民事诉讼法的有关规定，将行政处罚决定书送达当事人。 |
| 第六十二条　行政机关及其执法人员在作出行政处罚决定之前，未依照本法第四十四条、第四十五条的规定向当事人告知拟作出的行政处罚**内容及**事实、理由、依据，或者拒绝听取当事人的陈述、申辩，不得作出行政处罚决定；当事人**明确**放弃陈述或者申辩权利的除外。 | 第四十一条　行政机关及其执法人员在作出行政处罚决定之前，不依照本法第三十一条、第三十二条的规定向当事人告知给予行政处罚的事实、理由和依据，或者拒绝听取当事人的陈述、申辩，行政处罚决定不能成立；当事人放弃陈述或者申辩权利的除外。 |

| 第四节　听证程序 | 第三节　听证程序 |
|---|---|
| 第六十三条　行政机关拟作出下列行政处罚决定，应当告知当事人有要求听证的权利，当事人要求听证的，行政机关应当组织听证：<br>（一）较大数额罚款；<br>（二）没收较大数额违法所得、没收较大价值非法财物；<br>（三）降低资质等级、吊销许可证件；<br>（四）责令停产停业、责令关闭、限制从业；<br>（五）其他较重的行政处罚；<br>（六）法律、法规、规章规定的其他情形。<br>当事人不承担行政机关组织听证的费用。 | 第四十二条　行政机关作出责令停产停业、吊销许可证或者执照、较大数额罚款等行政处罚决定之前，应当告知当事人有要求举行听证的权利；当事人要求听证的，行政机关应当组织听证。当事人不承担行政机关组织听证的费用。听证依照以下程序组织：<br>（一）当事人要求听证的，应当在行政机关告知后三日内提出；<br>（二）行政机关应当在听证的七日前，通知当事人举行听证的时间、地点；<br>（三）除涉及国家秘密、商业秘密或者个人隐私外，听证公开举行；<br>（四）听证由行政机关指定的非本案调查人员主持；当事人认为主持人与本案有直接利害关系的，有权申请回避；<br>（五）当事人可以亲自参加听证，也可以委托一至二人代理；<br>（六）举行听证时，调查人员提出当事人违法的事实、证据和行政处罚建议；当事人进行申辩和质证；<br>（七）听证应当制作笔录；笔录应当交当事人审核无误后签字 |

| | |
|---|---|
| | 或者盖章。（移至第六十四条修改）<br>~~当事人对限制人身自由的行政处罚有异议的，依照治安管理处罚法有关规定执行。~~ |
| 第六十四条　听证**应当**依照以下程序组织：<br>（一）当事人要求听证的，应当在行政机关告知后五日内提出；<br>（二）行政机关应当在**举行**听证的七日前，通知当事人**及有关人员**听证的时间、地点；<br>（三）除涉及国家秘密、商业秘密或者个人隐私**依法予以保密**外，听证公开举行；<br>（四）听证由行政机关指定的非本案调查人员主持；当事人认为主持人与本案有直接利害关系的，有权申请回避；<br>（五）当事人可以亲自参加听证，也可以委托一至二人代理；<br>**（六）当事人及其代理人无正当理由拒不出席听证或者未经许可中途退出听证的，视为放弃听证权利，行政机关终止听证；**<br>（七）举行听证时，调查人员提出当事人违法的事实、证据和行政处罚建议，当事人进行申辩和质证； | 第四十二条第一款第三句　听证依照以下程序组织：<br>（一）当事人要求听证的，应当在行政机关告知后三日内提出；<br>（二）行政机关应当在听证的七日前，通知当事人~~举行~~听证的时间、地点；<br>（三）除涉及国家秘密、商业秘密或者个人隐私外，听证公开举行；<br>（四）听证由行政机关指定的非本案调查人员主持；当事人认为主持人与本案有直接利害关系的，有权申请回避；<br>（五）当事人可以亲自参加听证，也可以委托一至二人代理；<br>（六）举行听证时，调查人员提出当事人违法的事实、证据和行政处罚建议；当事人进行申辩和质证；<br>（七）听证应当制作笔录；笔录应当交当事人审核无误后签字或者盖章。 |

| | |
|---|---|
| （八）听证应当制作笔录。笔录应当交当事人**或者其代理人**核对无误后签字或者盖章。**当事人或者其代理人拒绝签字或者盖章的，由听证主持人在笔录中注明。** | |
| 第六十五条　听证结束后，行政机关**应当根据听证笔录，**依照本法第五十七条的规定，作出决定。 | 第四十三条　听证结束后，行政机关依照本法第三十八条的规定，作出决定。 |
| **第六章　行政处罚的执行** | **第六章　行政处罚的执行** |
| 第六十六条　行政处罚决定依法作出后，当事人应当在行政处罚决定**书载明**的期限内，予以履行。<br>当事人确有经济困难，需要延期或者分期缴纳罚款的，经当事人申请和行政机关批准，可以暂缓或者分期缴纳。 | 第四十四条　行政处罚决定依法作出后，当事人应当在行政处罚决定的期限内，予以履行。<br>第五十二条　当事人确有经济困难，需要延期或者分期缴纳罚款的，经当事人申请和行政机关批准，可以暂缓或者分期缴纳。 |
| 第六十七条　作出罚款决定的行政机关应当与收缴罚款的机构分离。<br>除依照本法第六十八条、第六十九条的规定当场收缴的罚款外，作出行政处罚决定的行政机关及其执法人员不得自行收缴罚款。<br>当事人应当自收到行政处罚决定书之日起十五日内，到指定的银行**或者通过电子支付系统**缴 | 第四十六条　作出罚款决定的行政机关应当与收缴罚款的机构分离。<br>除依照本法第四十七条、第四十八条的规定当场收缴的罚款外，作出行政处罚决定的行政机关及其执法人员不得自行收缴罚款。<br>当事人应当自收到行政处罚决定书之日起十五日内，到指定的银行缴纳罚款。银行应当收受罚款，并将罚款直接上缴国库。 |

| | |
|---|---|
| 纳罚款。银行应当收受罚款，并将罚款直接上缴国库。 | ~~第六十三条　本法第四十六条罚款决定与罚款收缴分离的规定，由国务院制定具体实施办法。~~ |
| 第六十八条　依照本法第五十一条的规定当场作出行政处罚决定，有下列情形之一，执法人员可以当场收缴罚款：<br>（一）依法给予一百元以下罚款的；<br>（二）不当场收缴事后难以执行的。 | 第四十七条　依照本法第三十三条的规定当场作出行政处罚决定，有下列情形之一~~的~~，执法人员可以当场收缴罚款：<br>（一）依法给予二十元以下的罚款的；<br>（二）不当场收缴事后难以执行的。 |
| 第六十九条　在边远、水上、交通不便地区，行政机关及其执法人员依照本法第五十一条、第五十七条的规定作出罚款决定后，当事人到指定的银行**或者通过电子支付系统**缴纳罚款确有困难，经当事人提出，行政机关及其执法人员可以当场收缴罚款。 | 第四十八条　在边远、水上、交通不便地区，行政机关及其执法人员依照本法第三十三条、第三十八条的规定作出罚款决定后，当事人向指定的银行缴纳罚款确有困难，经当事人提出，行政机关及其执法人员可以当场收缴罚款。 |
| 第七十条　行政机关及其执法人员当场收缴罚款的，必须向当事人出具**国务院财政部门或者**省、自治区、直辖市**人民政府**财政部门统一制发的专用票据；不出具财政部门统一制发的专用票据的，当事人有权拒绝缴纳罚款。 | 第四十九条　行政机关及其执法人员当场收缴罚款的，必须向当事人出具省、自治区、直辖市财政部门统一制发的罚款收据；不出具财政部门统一制发的罚款收据的，当事人有权拒绝缴纳罚款。 |

| | |
|---|---|
| 第七十一条　执法人员当场收缴的罚款，应当自收缴罚款之日起二日内，交至行政机关；在水上当场收缴的罚款，应当自抵岸之日起二日内交至行政机关；行政机关应当在二日内将罚款缴付指定的银行。 | 第五十条　执法人员当场收缴的罚款，应当自收缴罚款之日起二日内，交至行政机关；在水上当场收缴的罚款，应当自抵岸之日起二日内交至行政机关；行政机关应当在二日内将罚款缴付指定的银行。 |
| 第七十二条　当事人逾期不履行行政处罚决定的，作出行政处罚决定的行政机关可以采取下列措施：<br>（一）到期不缴纳罚款的，每日按罚款数额的百分之三加处罚款，**加处罚款的数额不得超出罚款的数额**；<br>（二）根据法律规定，将查封、扣押的财物拍卖、**依法处理**或者将冻结的存款、**汇款**划拨抵缴罚款；<br>**（三）根据法律规定，采取其他行政强制执行方式；**<br>（四）**依照《中华人民共和国行政强制法》的规定**申请人民法院强制执行。<br>**行政机关批准延期、分期缴纳罚款的，申请人民法院强制执行的期限，自暂缓或者分期缴纳罚款期限结束之日起计算。** | 第五十一条　当事人逾期不履行行政处罚决定的，作出行政处罚决定的行政机关可以采取下列措施：<br>（一）到期不缴纳罚款的，每日按罚款数额的百分之三加处罚款；<br>（二）根据法律规定，将查封、扣押的财物拍卖或者将冻结的存款划拨抵缴罚款；<br>（三）申请人民法院强制执行。 |

| | |
|---|---|
| 第七十三条　当事人对行政处罚决定不服，申请行政复议或者提起行政诉讼的，行政处罚不停止执行，法律另有规定的除外。<br>**当事人对限制人身自由的行政处罚决定不服，申请行政复议或者提起行政诉讼的，可以向作出决定的机关提出暂缓执行申请。符合法律规定情形的，应当暂缓执行。**<br>**当事人申请行政复议或者提起行政诉讼的，加处罚款的数额在行政复议或者行政诉讼期间不予计算。** | 第四十五条　当事人对行政处罚决定不服申请行政复议或者提起行政诉讼的，行政处罚不停止执行，法律另有规定的除外。 |
| 第七十四条　除依法应当予以销毁的物品外，依法没收的非法财物必须按照国家规定公开拍卖或者按照国家有关规定处理。<br>罚款、没收**的**违法所得或者没收非法财物拍卖的款项，必须全部上缴国库，任何行政机关或者个人不得以任何形式截留、私分或者变相私分。<br>**罚款、没收的违法所得或者没收非法财物拍卖的款项，不得同作出行政处罚决定的行政机关及其工作人员的考核、考评直接或者变相挂钩。除依法应当退还、退赔的外，**财政部门不得以任何 | 第五十三条　除依法应当予以销毁的物品外，依法没收的非法财物必须按照国家规定公开拍卖或者按照国家有关规定处理。<br>罚款、没收违法所得或者没收非法财物拍卖的款项，必须全部上缴国库，任何行政机关或者个人不得以任何形式截留、私分或者变相私分；财政部门不得以任何形式向作出行政处罚决定的行政机关返还罚款、没收的违法所得或者~~返还~~没收非法财物~~的~~拍卖款项。 |

| | |
|---|---|
| 形式向作出行政处罚决定的行政机关返还罚款、没收的违法所得或者没收非法财物拍卖的款项。 | |
| 第七十五条　行政机关应当建立健全对行政处罚的监督制度。县级以上人民政府应当**定期组织开展行政执法评议、考核，**加强对行政处罚的监督检查，**规范和保障行政处罚的实施**。<br>**行政机关实施行政处罚应当接受社会监督**。公民、法人或者其他组织对行政机关实施行政处罚的行为，有权申诉或者检举；行政机关应当认真审查，发现有错误的，应当主动改正。 | 第五十四条　行政机关应当建立健全对行政处罚的监督制度。县级以上人民政府应当加强对行政处罚的监督检查。<br>公民、法人或者其他组织对行政机关作出的行政处罚，有权申诉或者检举；行政机关应当认真审查，发现~~行政处罚~~有错误的，应当主动改正。 |
| **第七章　法律责任** | **第七章　法律责任** |
| 第七十六条　行政机关实施行政处罚，有下列情形之一，由上级行政机关或者有关机关责令改正，对直接负责的主管人员和其他直接责任人员依法给予处分：<br>（一）没有法定的行政处罚依据的；<br>（二）擅自改变行政处罚种类、幅度的；<br>（三）违反法定的行政处罚程序的；<br>（四）违反本法第二十条关于委托处罚的规定的； | 第五十五条　行政机关实施行政处罚，有下列情形之一的，由上级行政机关或者有关部门责令改正，~~可以~~对直接负责的主管人员和其他直接责任人员依法给予~~行政~~处分：<br>（一）没有法定的行政处罚依据的；<br>（二）擅自改变行政处罚种类、幅度的；<br>（三）违反法定的行政处罚程序的；<br>（四）违反本法第十八条关于 |

| | |
|---|---|
| **（五）执法人员未取得执法证件的。**<br>**行政机关对符合立案标准的案件不及时立案的，依照前款规定予以处理。** | 委托处罚的规定的。 |
| 第七十七条　行政机关对当事人进行处罚不使用罚款、没收财物单据或者使用非法定部门制发的罚款、没收财物单据的，当事人有权拒绝，并有权予以检举，**由**上级行政机关或者有关机关对使用的非法单据予以收缴销毁，对直接负责的主管人员和其他直接责任人员依法给予处分。 | 第五十六条　行政机关对当事人进行处罚不使用罚款、没收财物单据或者使用非法定部门制发的罚款、没收财物单据的，当事人有权拒绝处罚，并有权予以检举。上级行政机关或者有关部门对使用的非法单据予以收缴销毁，对直接负责的主管人员和其他直接责任人员依法给予~~行政~~处分。 |
| 第七十八条　行政机关违反本法第六十七条的规定自行收缴罚款的，财政部门违反本法第七十四条的规定向行政机关返还罚款、**没收的违法所得**或者拍卖款项的，由上级行政机关或者有关机关责令改正，对直接负责的主管人员和其他直接责任人员依法给予处分。 | 第五十七条　行政机关违反本法第四十六条的规定自行收缴罚款的，财政部门违反本法第五十三条的规定向行政机关返还罚款或者拍卖款项的，由上级行政机关或者有关部门责令改正，对直接负责的主管人员和其他直接责任人员依法给予~~行政~~处分。 |
| 第七十九条　行政机关截留、私分或者变相私分罚款、没收的违法所得或者财物的，由财政部门或者有关机关予以追缴，对直接负责的主管人员和其他直接责任人员依法给予处分；情节 | 第五十八条　行政机关将罚款、没收的违法所得或者财物截留、私分或者变相私分的，由财政部门或者有关部门予以追缴，对直接负责的主管人员和其他直接责任人员依法给予~~行政~~处分； |

| | |
|---|---|
| 严重构成犯罪的，依法追究刑事责任。<br>执法人员利用职务上的便利，索取或者收受他人财物、**将**收缴罚款据为己有，构成犯罪的，依法追究刑事责任；情节轻微不构成犯罪的，依法给予处分。 | 情节严重构成犯罪的，依法追究刑事责任。<br>执法人员利用职务上的便利，索取或者收受他人财物、收缴罚款据为己有，构成犯罪的，依法追究刑事责任；情节轻微不构成犯罪的，依法给予行政处分。 |
| 第八十条　行政机关使用或者损毁**查封、**扣押的财物，对当事人造成损失的，应当依法予以赔偿，对直接负责的主管人员和其他直接责任人员依法给予处分。 | 第五十九条　行政机关使用或者损毁扣押的财物，对当事人造成损失的，应当依法予以赔偿，对直接负责的主管人员和其他直接责任人员依法给予行政处分。 |
| 第八十一条　行政机关违法实施检查措施或者执行措施，给公民人身或者财产造成损害、给法人或者其他组织造成损失的，应当依法予以赔偿，对直接负责的主管人员和其他直接责任人员依法给予处分；情节严重构成犯罪的，依法追究刑事责任。 | 第六十条　行政机关违法实行检查措施或者执行措施，给公民人身或者财产造成损害、给法人或者其他组织造成损失的，应当依法予以赔偿，对直接负责的主管人员和其他直接责任人员依法给予行政处分；情节严重构成犯罪的，依法追究刑事责任。 |
| 第八十二条　行政机关对应当依法移交司法机关追究刑事责任的**案件**不移交，以行政处罚代替**刑事**处罚，由上级行政机关或者有关机关责令改正，对直接负责的主管人员**和其他直接责任人员依法**给予处分；情节严重构成犯罪的，依法追究刑事责任。 | 第六十一条　行政机关为牟取本单位私利，对应当依法移交司法机关追究刑事责任的不移交，以行政处罚代替刑罚，由上级行政机关或者有关部门责令纠正；拒不纠正的，对直接负责的主管人员给予行政处分；徇私舞弊、包庇纵容违法行为的，依照刑法有关规定追究刑事责任。 |

| | |
|---|---|
| 第八十三条　行政机关对应当予以制止和处罚的违法行为不予制止、处罚，致使公民、法人或者其他组织的合法权益、公共利益和社会秩序遭受损害的，对直接负责的主管人员和其他直接责任人员依法给予处分；情节严重构成犯罪的，依法追究刑事责任。 | 第六十二条　执法人员玩忽职守，对应当予以制止和处罚的违法行为不予制止、处罚，致使公民、法人或者其他组织的合法权益、公共利益和社会秩序遭受损害的，对直接负责的主管人员和其他直接责任人员依法给予~~行政~~处分；情节严重构成犯罪的，依法追究刑事责任。 |
| **第八章　附　　则** | **第八章　附　　则** |
| **第八十四条　外国人、无国籍人、外国组织在中华人民共和国领域内有违法行为，应当给予行政处罚的，适用本法，法律另有规定的除外。** | 新增条文 |
| **第八十五条　本法中"二日""三日""五日""七日"的规定是指工作日，不含法定节假日。** | 新增条文 |
| 第八十六条　本法自2021年7月15日起施行。 | 第六十四条　本法自1996年10月1日起施行。<br>~~本法公布前制定的法规和规章关于行政处罚的规定与本法不符合的，应当自本法公布之日起，依照本法规定予以修订，在1997年12月31日前修订完毕。~~ |

**图书在版编目（CIP）数据**

中华人民共和国行政处罚法评注 / 李洪雷主编 . —北京：中国法制出版社，2021.4

ISBN 978-7-5216-1818-1

Ⅰ . ①中… Ⅱ . ①李… Ⅲ . ①行政处罚法—法律解释—中国 Ⅳ . ① D922.115

中国版本图书馆 CIP 数据核字（2021）第 071373 号

责任编辑：李璞娜　　封面设计：李　宁

**中华人民共和国行政处罚法评注**

ZHONGHUA RENMIN GONGHEGUO XINGZHENG CHUFAFA PINGZHU

主编 / 李洪雷

经销 / 新华书店

印刷 / 三河市紫恒印装有限公司

开本 / 880 毫米 ×1230 毫米　32 开　　印张 / 22.125　字数 / 500 千

版次 / 2021 年 4 月第 1 版　　2021 年 4 月第 1 次印刷

中国法制出版社出版

书号 ISBN 978-7-5216-1818-1　　定价：78.00 元

北京西单横二条 2 号　邮政编码 100031　　传真：010-66031119

**网址：http://www.zgfzs.com**　　**编辑部电话：010-66075800**

**市场营销部电话：010-66033393**　　**邮购部电话：010-66033288**

（如有印装质量问题，请与本社印务部联系调换。电话：010-66032926）